最新

不正競争
防止法概説

上巻

小野昌延
松村信夫 ［著］

青林書院

□　はしがき

　今般，令和 5 年法律第51号までの法改正を取り込んだ不正競争防止法の最新の概説書として本書を刊行する運びとなった。しかし，本書は実質的には青林書院からこれまで 3 回にわたり出版をしてきた小野昌延先生との共著『新・不正競争防止法概説』の改訂版であり，さらにその源流をたどれば，小野先生が1961年に有斐閣から公刊された『不正競争防止法概説』（以下これを『旧概説』という）にまで遡るであろう。

　小野先生が2018年（平成30年）に逝去された後も，青林書院のご厚意とお勧めにより，上記書籍は今日まで改訂を重ねることになった。

　小野先生は，旧概説を執筆された1961年頃の状況について，「50年前には，私の不正競争についての根本観念である『流通・消費に対する公害』を表現しようとしても，『生産における企業災害』という言葉はあっても，『公害』という言葉すらなかった，今日，重要視される消費者行政も，通産省の『日用品課』が主管庁であった」（後掲ⅴ頁の『新・不正競争防止法（初版）「はしがき」』より）と往時を懐古されている。しかし，今日では取引社会の拡大に伴って，日々発生する不正競業類型を対象とする不正競争防止法は，ほぼ毎年のように改正が行われ，関係する判例や論考も飛躍的に増加している。

　しかし，「流通・消費に対する公害」としての不正競争行為や不公正な取引方法に対処するには，不正競争防止法のみでは不十分であり，独禁法，景表法等の経済法や民法の契約法理や不法行為法等々のあらゆる分野にわたる法規の総合的な連携が必要である。

　筆者も，江口順一先生がよく口にされていた「市場における公正行動準則」と位置付けられる法ないし法システムが必要であると考える。

　しかし，このような法システムは徐々に形成されつつあるものの，明確にその姿を成すに至ってはいない。

　しがたって，まだ不正競争防止法が活躍できる余地が残されているようである。

　ところが，そう思って改訂作業に着手したものの，弁護士としての日常業務

や法科大学院での講義に時間を取られた上，種々の理由により改訂作業は大幅に遅れた。

　読者には，このような次第で本書が改訂（公刊）されたことをご理解いただき，執筆者の至らぬ点が多々あることをご寛恕いただきたい。

　なお，本書の刊行にあたっては，ややもすれば滞りがちな改訂作業を叱咤激励し，支援を続けてくださった青林書院顧問の宮根茂樹氏には心から御礼を申し上げたい。

　　　2025年（令和7年）2月

松 村 信 夫

第3版はしがき
（小野昌延先生との思い出）

　本書の共著者である小野昌延弁護士（勝手ではあるが，以下「小野先生」と表記させていただく）が逝去されて，はや2年近い歳月が流れた。

　小野先生とは，1984年（昭和59年）に，先輩の芹田幸子弁護士のご紹介で面識を得て以来，同先生のご紹介で多数の知的財産関係の事件を共同受任し，あるいはその編著にかかる著作等に関して共著あるいは共同執筆する機会を与えていただくなど，公私にわたり様々な形でご指導ご鞭撻をいただいた。

　同先生との思い出は尽きないが，本書を再刊するにあたり，特に思い出に残るエピソードを一つ紹介させていただく。

　それは，ちょうど時代が昭和から平成に変わろうとする頃，芹田幸子弁護士，三山峻司弁護士とともに，小野先生が控訴審から受任された事件につきお手伝いをしたことがあった（実際の訴訟は小野先生のご指導の下に3人が担当した）。

　事件の詳細は紹介できないが，海外のさる地方において民族衣装として着用される商品に関して，わが国の製造販売事業者が国内で開発し輸出した斬新な模様や配色の商品が同地方で好評を博していたところ，後発事業者が国内においてその模様や配色と酷似した同種商品を製造し同地方に輸出したため，現地で混同が生じ，先行開発業者の営業上の利益が侵害されたという事案であった。

　平成5年改正前の不正競争防止法1条1項1号の「本法施行の地域内において」との文言に関して，「日本国内」に限定されるとの当時の通説や判例の解釈を前提にすると，その商品表示（形態）の周知性の立証が困難な事案であり，やむなく，小野先生のご示唆もあり，控訴審からは，他人の商品形態の酷似的な模倣は違法であるとの理由で不法行為による損害賠償請求を追加して主張立証を行うことにした。そこで，小野先生のご指導のもと，芹田弁護士や三山弁護士とともに海外文献や判例を翻訳して主張や立証をおこなったが，裁判所のご理解が得られず，逆に「控訴人はもう少し他の主張立証に力を注いではどうか」とのご示唆を受ける始末であった。

　ちょうど別の用件で小野先生とお会いした折，この事件のことが話題になったので，自らの努力不足をかえりみず，「先生，外国法の判例や文献を積み上げても，日本の裁判所は簡単に説得できませんよ」と申し上げたところ，先生は叱るどころか温顔で「確かに，新しい判例をつくることは簡単なことではないだろう。しかし，だれかがその努力をしなければ，一歩も前に進まないのではなかろうか。それに，君はいま，外国の判例はどうだとか，日本の裁判所はこうだとか言ったが，広い意味では，日本もその外国の一部と違うの？」と諭され「まあ，君たちには荷が重いと思うが勉強のつもりでしっかりやりなさい」と激励されたことが，30有余年が経過した今でもありありと思いだされる。

　このように，小野先生は常に海外の判例や学説の動向に目を注ぐとともに，実務家としての優れた感覚のもとにその成果を国内の事件解決に還元され，数々の著名な判例を生み出される原動力となられたことは衆目の一致するところであろう。

　この度，青林書院から，本書の再刊のお話を受けたときには，正直，先生亡き後に，その遺

iv　旧版（第2版）はしがき

稿に手を加えて，これを公刊することの責任の重さに身がすくみ，お断りしようかと思い悩んだ。

　しかし，小野先生の書き残された本書旧版の成果が今後も長く皆様の目に触れる一助となればと思いお引き受けした次第である。

　したがって，本書でも，小野先生のご遺志に反して，内容の補充や変更を行ったところも多数存在しており，その誤りは一に本書執筆者である私の責任に帰する。

　また，本書第1章から第4章の不正競争防止法の歴史的な沿革や比較法的な検討部分は小野先生が執筆されてから相当の日時が経過しているが，執筆者である私には，小野先生の原著部分を生かしつつ，そのリニューアルを行う能力はないため，旧版の記述をそのまま維持することにした。

　今後，若き研究者や実務家が，小野先生の原著部分の記述から何らかの示唆を受けられることがあるとすれば，それこそが，本書を再刊する最大の意義かもしれない。

　「（本書を再刊することは）君には荷が重すぎるかもしれないが，まあ勉強のつもりでしっかりやりなさい」との小野先生の声が今もきこえてくるような気がする。

　あらためて，小野先生のご冥福をお祈りするとともに，そのご霊前に本書をささげたい。
　　令和2年7月

　　　　　　　　　　　　　　　　　　　　　　　　　　　　　　松　村　信　夫

第2版はしがき

　かつて1961年（昭和36年）当時，不正競争は，「流通・消費に対する公害」であるという私の体系的根本観念を表現しようとしても，「公害」という言葉もなかった。「消費・流通」は無視され，「生産」中心であり，「生産における企業災害」という言葉のみがあった。消費者庁の主管する消費者行政は，僅か当時の通商産業省・日用品課が業務の一部として主管するところにすぎなかった。

　不競争防止法の概説書を書こうとしても，関係判例も極めて数少なかった。例えば，表示関係についても，商標法や民法関係の判例を用いて，行を埋めなくてはならなかった。今日の本書は，簡単な当時の書籍に，その後次々と出てくる判決例を差し込んで，今日の浩瀚な姿になったものである。

　昔は商品表示や原産地の虚偽表示などを対象とした，民事的な保護を中心とする狭い領域の法律であったが，現在では，広範な領域の法律となった。それは，営業秘密の民事的保護のみならず刑事的保護をも含み，商品形態の保護，技術的制限手段や，ドメインネームの保護，外国公務員への贈賄禁止まで含む，極めて広い分野を包含する，経済的基本的法律になってきた。

　今後，本法の重要性は，これまで以上になってくると思われる。本来本書に取り入れるべき本法の判決例も，膨大に成りすぎ，紙幅が足りなくなった。すべての判決例を引用するのには，浩瀚となり，取捨選択が困難となった。大部の注解書に委ねざるを得ない量に達した。し

かし，概説書としては，現在では最も充実したものであろう。

　共著者の松村信夫弁護士には，本論の大部分と，その判例の充実などに当たってもらった。また，いつもながら，青林書院編集部の宮根茂樹氏には格段の協力を戴いた。本書は両氏の手になるといってよい。また，改訂に関係願った総ての方々には，厚く御礼申し上げる次第である。

　　平成27年8月

小　野　昌　延

はしがき

　かつて『不正競争防止法概説』（有斐閣双書，1974年），『不正競争防止法概説〔新版〕』（1994年）を刊行した。前者は資料を除けば，本文僅か132頁のものであった。後者は本文382頁と，前者より詳しくなっているが，構成・体系は前者の小著によっている。前著は体系を考えに考え抜いた。この1974年から1994年の間に，判決例も多くなされた。私も『注解　不正競争防止法』（1990年）を刊行している。それは『註解　不正競争防止法』（1961年）によっている。1961年（昭和36年）すなわち，50年前には，私の不正競争についての根本観念である「流通・消費に対する公害」を表現しようとしても，「生産における企業災害」という言葉はあっても，「公害」という言葉すらなかった。今日，重要視される消費者行政も，通産省の「日用品課」が主管庁であった。

　当然，不正競争防止法関係の判例も数は少なかった。それはないに等しかった。商標法や民法関係の判例を用いて，やっとコンメンタールらしい体裁を整えた。今から見ると幼稚であったが，考えに考え抜いた。今日私の編著になる二分冊の『新・注解　不正競争防止法〔新版〕』上・下巻も，当初の貧弱な書物に次々と判決を自ら，もしくは，協力者に差し込んでもらって，出来上がってきたものである。

　しかし，現在は昔と異なる。数多くの判決を引用していては，膨大になりすぎるので，本書も今回は主として改正法令，最高裁判例，知財高裁の注目される判決に限定して引用し，すべての判決を引用するものは，「次の，次の」コンメンタールに譲ることにした。というのは，二分冊の『新・注解　不正競争防止法〔新版〕』上・下巻にも既に改版の要求があり，最小限の改訂で刊行する予定が進行中であり，希望の書籍は，その次に委ねざるを得ない情勢である。

　松村信夫弁護士には，本論大部分の判例の差し込みなどに協力願った。序論・本論の一部に判例を差し込み，一部を書き加えたり，見直すためには，重冨貴光弁護士にも協力願った。また，いつもながら，青林書院編集部の宮根茂樹氏には格段の協力を戴いた。この機会に厚く御礼申し上げる次第である。

　　2011年2月

小　野　昌　延

□　凡　　例

1　叙述方法

(1)　叙述の段落記号は，原則として，ⅠⅡⅢ…，*123*…，(1)(2)(3)…，(a)(b)(c)…，(ⅰ)(ⅱ)(ⅲ)…の順とした。なお，本文中の列記事項については，①②③…などを用いた。

(2)　叙述にあたっては，常用漢字，現代仮名遣いによることを原則としたが，引用文は原文どおりとした。

2　法令の引用表記

(1)　「不正競争防止法」の引用表記

  (a)　「不正競争防止法」は，平成5年全面改正後の現行法（令和5年法律第51号（令和5年6月14日公布，令和6年4月1日施行）までの改正法）の条文によっている。ただし，令和7年1月末日現在未施行の条文についてもその旨を明記して取り込んでいる。

  (b)　平成5年改正以前の不正競争防止法は「旧法」又は「旧不正競争防止法」（カッコ内では「旧法○○条」又は「旧○○条」）と表し，平成5年以降現行法までの改正に関して，当該改正前の条文を引用するときは「平成（令和）○○年改正前○○条」，当該改正後の条文を引用するときは「平成（令和）○○年改正○○条」と表記した。

  (c)　カッコ内を除く本文中における「不正競争防止法」は，段落の初めにあるものにのみ「不正競争防止法」を付け，その他のものは原則として「条文番号」のみで表した。

  (d)　カッコ内における「不正競争防止法」は，原則として，条文番号のみで表した。ただし，説明文では「不正競争防止法」を，他の法令との併記などにより紛らわしい場合には「不競」を付した。

(2)　本文中における法令の引用表記

  (a)　カッコ内を除く本文中に引用する法令は，原則として，「正式名称」を用いて表した。

  (b)　ただし，一部の法令については「慣用略語」（例：独占禁止法（独禁法），景品表示法（景表法）など）を用いて表した。

(3)　カッコ内における法令の引用表記

viii 凡　　例

(a)　主要な法令名については，原則として，後掲の「法令名略語例」の略語により，それ以外のものは正式名称で表した。
(b)　カッコ内における説明文では正式名称を用いて表した。
(c)　カッコ内において複数の法令条項を引用する際，同一法令のの条文番号は「・」で，異なる法令のの条文番号は「, 」で併記した。それぞれ条・項・号を付し，原則として「第」の文字は省いた。

3　判例・裁判例の引用表記

判例・裁判例は，原則として，次の〔例〕のように記載して引用した。なお，その際後掲の「判例集・雑誌等略語例」の略語を用いた。

〔例〕平成18年 1 月20日，最高裁判所判決，最高裁判所民事判例集60巻 1 号137頁
　　→最判平成18年 1 月20日民集60巻 1 号137頁

4　文献の引用表記

本文中に引用した文献のうち，主要と思われるものについては後掲の「主要文献略語例」の略語により，それ以外のものはフルネームで示すことを原則とした。

5　各種略語例

上記の各種略語例は，以下のとおりである。

■法令名略語例■

意	意匠法		禁止法／独禁法）
一般法人	一般社団法人及び一般財団法人に関する法律	特	特許法
		TRIPS 協定	知的所有権の貿易関連の側面に関する協定
会	会社法		
刑	刑法	パリ条約	工業所有権保護に関するパリ条約
景表	不当景品類及び不当表示防止法（景品表示法／景表法）		
		不競	不正競争防止法
憲	憲法	不競令	不正競争防止法施行令
実	実用新案法	マドリッド協定	虚偽の又は誤認を生じさせる原産地表示の防止に関するマドリッド協定
商	商法		
商標	商標法		
商標施	商標法施行法	民	民法
地自	地方自治法	民執	民事執行法
著	著作権法	民訴	民事訴訟法
独禁	私的独占の禁止及び不公正取引の確保に関する法律（独占	民訴規	民事訴訟規則

凡　　例　*ix*

■判例等略語例■

大	大審院	速　報	工業所有権関係判決速報／知
最	最高裁判所		的所有権判決速報／知的財産
最大	最高裁判所大法廷		権判決速報
控	控訴院		
高	高等裁判所	学会年報	日本工業所有権法学会年報
地	地方裁判所	金法	金融法務事情
支	支部	刑裁月報	刑事裁判月報
判	判決	工業研究	工業所有権法研究
決	決定	裁時	裁判所時報
		最判解説	最高裁判所判例解説
民　録	大審院民事判決録	ジュリ	ジュリスト
刑　録	大審院刑事判決録	新聞	法律新聞
民　集	最高裁判所（または大審院）	知財協判例集	日本知的財産協会判例集
	民事判例集	特管	特許管理
刑　集	最高裁判所（または大審院）	特企	特許と企業
	刑事判例集	特研	特許研究
裁判集民事	最高裁判所裁判集民事	知管	知財管理
裁判集刑事	最高裁判所裁判集刑事	ニュース	特許ニュース
高民集	高等裁判所民事判例集	パテ	パテント
高刑集	高等裁判所刑事判例集	判時	判例時報
東高刑時報	東京高等裁判所刑事判決時報	判タ	判例タイムズ
下民集	下級裁判所民事裁判例集	判評	判例評論
行　集	行政事件裁判例集	法協	法学協会雑誌
無体集	無体財産権関係民事・行政裁	法時	法律時報
	判例集	法曹	法曹時報
知的集	知的財産権関係民事・行政裁	民商	民商法雑誌
	判例集	L＆T	Law ＆ Technology
取消集	審決取消訴訟判決集		

■文献略語例■

小野・営業秘密
　　　小野昌延『営業秘密の保護』（有信堂，1968）
小野・新営業秘密
　　　小野昌延『営業秘密の保護』〔増補〕（信山社，2013）
小野・概説
　　　小野昌延『不正競争防止法概説』（有斐閣，1974，〔新版〕1994）
小野・旧註解
　　　小野昌延『註解　不正競争防止法』（有信堂，1961）
小野編・注解
　　　小野昌延編著『注解　不正競争防止法』（青林書院，1990）
小野編・新注解

x　凡　　例

　　　小野昌延編著『新・注解　不正競争防止法』(青林書院，2000)
小野編・新注解〔新版〕(上)(下)
　　　小野昌延編著『新・注解　不正競争防止法〔新版〕上巻・下巻』(青林書院，2007)
小野編・新注解〔第3版〕(上)(下)
　　　小野昌延編著『新・注解　不正競争防止法〔第3版〕上巻・下巻』(青林書院，2012)
小野編・注解商標法〔新版〕(上)(下)
　　　小野昌延編『注解　商標法〔新版〕上巻・下巻』(青林書院，2005)
小野＝三山・新・商標法概説〔第3版〕
　　　小野昌延＝三山峻司『新・商標法概説〔第3版〕』(青林書院，2021)
小野還暦
　　　小野昌延還暦記念論文集『判例不正競業法』(発明協会，1992)
逐条解説営業秘密
　　　通商産業省知的財産政策室監修『営業秘密—逐条解説改正不正競争防止法』(有斐閣，1990)
通産省・逐条解説
　　　通商産業省知的財産政策室監修『逐条解説　不正競争防止法』(有斐閣，1994)
経産省・逐条解説〔平成13年改正版〕
　　　経済産業省知的財産政策室編著『逐条解説　不正競争防止法〔平成13年改正版〕』(有斐閣，2002)
経産省・逐条解説〔平成15年改正版〕
　　　経済産業省知的財産政策室編著『逐条解説　不正競争防止法〔平成15年改正版〕』(有斐閣，2003)
経産省・逐条解説〔平成16・17年改正版〕
　　　経済産業省知的財産政策室編著『逐条解説　不正競争防止法〔平成16・17年改正版〕』(有斐閣，2005)
経産省・逐条解説〔平成23・24年改正版〕
　　　経済産業省知的財産政策室編著『逐条解説　不正競争防止法〔平成23・24年改正版〕』(有斐閣，2012)
経産省・逐条解説〔平成23・24年改正版〕
　　　経済産業省知的財産政策室編著『逐条解説　不正競争防止法〔平成23・24年改正版〕』(有斐閣，2012)
経産省・逐条解説〔令和元年7月1日施行版〕
　　　経済産業省知的財産政策室編『逐条解説　不正競争防止法〔令和元年7月1日施行版〕』(経済産業省ホームページ，2018)
経産省・逐条解説〔令和6年4月1日施行版〕
　　　経済産業省知的財産政策室編『逐条解説　不正競争防止法〔令和6年4月1日施行版〕』(経済産業省ホームページ，2024)
渋谷・講義Ⅰ
　　　渋谷達紀著『知的財産法講義Ⅰ』(有斐閣，2004／〔第2版〕2006)
渋谷・講義Ⅲ
　　　渋谷達紀著『知的財産法講義Ⅲ』(有斐閣，2005／〔第2版〕2008)
商標・意匠・不正競争判例百選
　　　『商標・意匠・不正競争判例百選』(有斐閣，別冊ジュリスト188号，2007／〔第2版〕別冊ジ

ュリスト248号，2020)

商標判例百選

『商標・商号・不正競争判例百選』(有斐閣，別冊ジュリスト14号，1967)

田倉＝元木編・実務相談

田倉整＝元木伸編『実務相談・不正競争防止法』(商事法務研究会，1989)

田村・概説

田村善之『不正競争法概説』(有斐閣，1994／〔第2版〕2003)

著作権判例百選

『著作権判例百選』(有斐閣，別冊ジュリスト91号，1987／〔第2版〕別冊ジュリスト128号，1994／〔第3版〕別冊ジュリスト157号，2001／〔第4版〕別冊ジュリスト198号，2009／〔第5版〕別冊ジュリスト231号，2016／〔第6版〕別冊ジュリスト242号，2019)

特許庁・逐条解説

特許庁編『工業所有権法逐条解説』(発明協会，〔改訂版〕1976／〔改訂増補版〕1979／〔改訂増補8版〕1986／〔改訂9版〕1989／〔第10版〕1991／〔第11版〕1992／〔第12版〕1995／〔第13版〕1996／〔第14版〕1998／〔第15版〕1999／〔第16版〕2001)

特許庁編『工業所有権法（産業財産権法）逐条解説』(発明協会，〔第17版〕2008／〔第18版〕2010)

特許庁編『工業所有権法（産業財産権法）逐条解説』(発明推進協会，〔第19版〕2012／〔第20版〕2017／〔第21版〕2020／〔第22版〕2022)

特許判例百選

『特許判例百選』(有斐閣，別冊ジュリスト8号，1966／〔第2版〕別冊ジュリスト86号，1985／〔第3版〕別冊ジュリスト170号，2004／〔第4版〕別冊ジュリスト209号，2012／〔第5版〕別冊ジュリスト244号，2019)

豊崎・全集

豊崎光衛『工業所有権法』(有斐閣，1960／〔新版〕1975／〔新版増補〕1980)

豊崎ほか・注解

豊崎光衛＝松尾和子＝渋谷達紀『不正競争防止法』(特別法コンメンタール)(第一法規，1982)

中山編・注解特許法（上）（下）

中山信弘編著『注解 特許法（上巻）（下巻）』(青林書院，1982／〔第2版〕1988／〔第2版増補〕1994／〔第3版〕2000)

蕚・条解

蕚優美『条解工業所有権法〔増補版〕』(博文社，1956)

原退官（上）（下）

原増司判事退官記念『工業所有権法の基本的課題（上巻）（下巻）』(有斐閣，上巻＝1971，下巻＝1972)

判例工業所有権法

兼子一＝染野義信編著『判例工業所有権法』(第一法規，1954～1990)

判例不競法

不正競業法判例研究会編『判例不正競業法』(新日本法規，1978～)

不競集

古関敏正編『不正競業法判例集』(商事法務研究会，1967)

平10改正解説

xii　凡　　例

　　　特許庁総務部総務課工業所有権制度改正審議室編『平成10年改正工業所有権法の解説』（発明協会，1998）
平11改正解説
　　　特許庁総務部総務課工業所有権制度改正審議室編『平成11年改正工業所有権法の解説』（発明協会，1999）
牧野編・裁判実務大系(9)
　　　牧野利秋編『工業所有権訴訟法』（裁判実務大系(9)）（青林書院，1985）
牧野＝飯村編・新裁判実務大系(4)
　　　牧野利秋＝飯村敏明編『知的財産関係訴訟法』（新・裁判実務大系(4)）（青林書院，2001）
牧野＝飯村編・座談会不競法
　　　牧野利秋監修＝飯村敏明編『座談会　不正競争防止法をめぐる実務的課題と理論』（青林書院，2005）
松村・実務〔第4版〕
　　　松村信夫『不正競業訴訟の法理と実務―最新の判例・学説に基づく実務解説〔第4版〕』（民事法研究会，2004）
松村・新実務
　　　松村信夫『新・不正競業訴訟の法理と実務―最新の判例・学説に基づく実務解説』（民事法研究会，2014）
山本・要説
　　　山本庸幸『要説　不正競争防止法』（発明協会，1993／〔第2版〕1997／〔第3版〕2002／〔第4版〕2006）

□　著　者　紹　介

小　野　昌　延（おの　しょうえん）

1953年　京都大学法学部卒業
1974年　特許庁・工業所有権審議会委員
1975年　日本工業所有権法学会常任理事
1978年　日本弁護士連合会・無体財産権制度委員会委員長
1982年　神戸大学法学部非常勤講師
1999年　日本商標協会会長
2018年　逝去
〔主要著書〕
　『註解不正競争防止法』（有信堂，1961年）
　『営業秘密の保護』（有信堂，1968年）
　『不正競争防止法概説』（有斐閣，1974年）
　『ノウハウ』（日本経済新聞社，1974年）
　『商標法概説』（有斐閣，1988年）
　『注解商標法』（編著）（青林書院，1990年）
　『不正競争防止法概説〔新版〕』（有斐閣，1994年）
　『注解商標法〔新版〕上・下巻』（編著）（青林書院，2005年）
　『新・注解不正競争防止法〔第3版〕上・下巻』（編著）（青林書院，2012年）
　『新・商標法概説〔第3版〕』（共著）（青林書院，2021年）　など

松　村　信　夫（まつむら　のぶお）

1975年　同志社大学法学部法律学科卒業
2001年　日本弁護士連合会知的財産制度委員会（現知的財産センター）委員
2003年　特許庁工業所有権審議会臨時委員
2007年　日本弁護士連合会知的財産制度委員会（現知的財産センター）委員長
現　在　弁護士・弁理士
　　　　大阪公立大学法科大学院特任教授
〔主要著書〕
　『注解商標法〔新版〕上・下巻』（共同執筆）（2005年，青林書院）
　『知的財産契約の理論と実務』（編著）（2007年，商事法務）
　『著作権法要説　実務と理論』（共著）（2009年，世界思想社）
　『新・注解不正競争防止法〔第3版〕上・下巻』（共同執筆）（2012年，青林書院）
　『新・不正競業訴訟の法理と実務』（2013年，民事法研究会）

xiv　著者紹介

〔主要論文〕

「我が国における営業秘密保護法制の系譜─平成2年不正競争防止法改正に至る道程
　─」小野昌延先生古稀記念論文集『知的財産法の系譜』（2002年，青林書院）

「退職従業者に対する競業行為の制限」日本工業所有権法学会年報30号184頁

「商標の類似」日本工業所有権法学会年報31号73頁

「不正競争防止法と産業財産権法の交錯領域に関する若干の検討」牧野利秋先生傘寿記
　念論文集『知的財産権法理と提言』（2013年，青林書院）

「原産地名称・地理的表示の保護と我国における原産地誤認表示規制及び地域団体の商
　標登録制度」飯村敏明先生退官記念論文集『現代知的財産法─実務と課題─』（2015
　年，発明推進協会）915頁

「営業秘密をめぐる判例分析─秘密管理性要件を中心として─」ジュリスト1469号32
　頁

目　　次（上巻）　*xv*

□　目　　次（上巻）　　　*Contents ［Vol.1（of two）］*

はしがき
旧版（『新・不正競争防止法概説』）はしがき
　［第3版はしがき（小野昌延先生との思い出）／第2版はしがき／はしがき］
凡　　例
著者紹介

第1編　　序　　　論

第1章　不正競業の概念 ……………………………………………………… 5
　第1節　営業の自由 ………………………………………………………… 6
　　Ⅰ　営業の自由 ………………………………………………………… 6
　　Ⅱ　営業の自由とその限界 …………………………………………… 6
　第2節　競　　業 …………………………………………………………… 8
　　Ⅰ　競　　争 …………………………………………………………… 8
　　Ⅱ　競　　業 ………………………………………………………… 10
　第3節　不 正 競 業 ………………………………………………………… 15
　　Ⅰ　競業における不正 ………………………………………………… 15
　　Ⅱ　不正競業 …………………………………………………………… 16
　　　1　不正競争とパッシング・オフ（*16*）
　　　2　不正競争と不公正取引方法（*17*）
　　　3　不正競業（*18*）
　　Ⅲ　不正競業行為の類型 ……………………………………………… 19
　　　1　不正競業行為の種類（*19*）
　　　2　不正競業の行為類型（*20*）
第2章　不正競業法の成立と発展 ………………………………………… 24
　第1節　不正競業法の沿革 ……………………………………………… 24
　　Ⅰ　前　　史 …………………………………………………………… 24
　　Ⅱ　フランス …………………………………………………………… 25
　　Ⅲ　イギリス …………………………………………………………… 26
　　Ⅳ　アメリカ …………………………………………………………… 27

xvi　目　　次（上巻）

　　　Ⅴ　ド　イ　ツ………………………………………………………………… *28*

　第2節　わが国の不正競業法の沿革……………………………………… *30*

　　　Ⅰ　前　　史………………………………………………………………… *30*

　　　Ⅱ　不正競争防止法の制定まで……………………………………… *30*

　　　Ⅲ　不正競争防止法の制定…………………………………………… *31*

　　　Ⅳ　不正競争防止法の改正…………………………………………… *31*

　　　Ⅴ　不正競業法の発展動向…………………………………………… *34*

第3章　不正競争防止法の概念…………………………………………… *36*

　第1節　不正競争防止法の概念…………………………………………… *36*

　　　Ⅰ　実質的意味における不正競争防止法………………………… *36*

　　　Ⅱ　形式的意味における不正競争防止法………………………… *37*

　第2節　不正競争防止法の性格…………………………………………… *38*

第4章　不正競争防止法の地位…………………………………………… *40*

　第1節　不正競争防止法の社会的意義………………………………… *40*

　第2節　不正競争防止法の法律的地位………………………………… *41*

　　　Ⅰ　不正競争防止法と不法行為法………………………………… *41*

　　　　1　権利侵害論と違法性論（*41*）

　　　　2　不正競争防止法と不法行為法（*43*）

　　　　　⑴　両者の関係（*43*）　　⑵　非営利事業名称の冒用（*43*）

　　　　　⑶　ノウハウ侵害（*44*）　　⑷　隷属的模倣（*45*）　　⑸　著名商品等

　　　　表示の冒用（*46*）　　⑹　マーチャンダイジング問題（*47*）

　　　Ⅱ　不正競争防止法と商標法………………………………………… *48*

　　　　1　不正競争防止法と商標法の各制度目的（*48*）

　　　　2　不正競争防止法による規制と商標法による規制の対比（*49*）

　　　　3　不正競争防止法と商標法の相互関連関係（*50*）

　　　　4　不正競争防止法の権利行使と商標権（*51*）

　　　Ⅲ　不正競争防止法と独占禁止法…………………………………… *53*

　　　　1　独占禁止法と不公正な取引方法（*53*）

　　　　2　不正競争と不公正な取引方法（*54*）

　　　　3　不正競争防止法と独占禁止法の関係（*56*）

　　　Ⅳ　不正競争防止法と創作権法……………………………………… *57*

　　　　1　不正競業法と特許法（*57*）

　　　　2　工業所有権保護と不正競争防止法による保護の重複（*58*）

　　　　3　不正競争防止法と未特許の商品形態などの保護（*59*）

目　次（上巻）　*xvii*

　　(1)　はじめに（*59*）　　(2)　周知商品等表示としての形態問題について
　　の要約（*62*）
　4　不正競争防止法と著作権法（*65*）
　5　不正競争防止法とノウハウ及びトレード・シークレット（*67*）
　　(1)　ノウハウ（*67*）　　(2)　不正競争防止法によらないノウハウないし
　　営業秘密の法的保護（*67*）　　(3)　営業秘密保護と刑事規制（*71*）

第2編　　不正競争行為

第1章　序　　　説 ………………………………………………………… *79*
第1節　不正競争防止法の構成 …………………………………………… *79*
第2節　不正競争防止法に定められた不正競争行為類型 ……………… *82*
　Ⅰ　何人の利益を害するかという観点から ……………………………… *82*
　Ⅱ　内容の観点から ………………………………………………………… *83*
　Ⅲ　その他の観点から ……………………………………………………… *83*
第2章　周知商品等表示混同行為（2条1項1号） ……………… *84*
第1節　総　　　説 ………………………………………………………… *84*
　Ⅰ　保護対象——周知商品等表示 ………………………………………… *84*
　Ⅱ　周知商品表示混同行為 ………………………………………………… *86*
　Ⅲ　周知営業表示混同行為 ………………………………………………… *89*
第2節　商 品 表 示 ………………………………………………………… *90*
　Ⅰ　商品の概念 ……………………………………………………………… *90*
　Ⅱ　表示の概念 ……………………………………………………………… *92*
　1　識　別　性（*92*）
　　(1)　名　　称（*92*）　　(2)　キャラクター（*94*）
　2　識別性のない表示（*94*）
　3　識別性と類似性（*100*）
　4　使用による識別性（*101*）
　Ⅲ　表示としての商品の形態 ……………………………………………… *105*
　1　意　　義（*105*）
　2　裁判例の動向（*105*）
　　(1)　商品形態の商品表示性を否定した初期の判例（*105*）　　(2)　旧不正
　　競争防止法の下における商品等表示性の認容例（*107*）　　(3)　旧不正競
　　争防止法の下における商品等表示性の否定例（商品等表示性を妨げる事

情）(*108*)　　(4)　平成5年改正後の判例の動向（*112*)　　(5)　判決例
が定立した商品形態の「商品等表示」該当性判断の基準（*114*)
(6)　二次的出所表示機能の取得を妨げる事情（*115*)　　(7)　識別力が弱
い商品形態（*119*)　　(8)　不法行為法による規制（*121*)

  IV　商品の技術的機能と商品等表示性 ………………………………… *122*
　　1　問題の所在（*122*)
　　2　判例の動向（*124*)
　　3　技術的機能論の再検討（*125*)
　　4　競争上似ざるを得ない形態の除外（*128*)
  V　商品等表示の拡大 …………………………………………………… *130*
　　1　映像・キャラクター（*130*)
　　2　容器・包装（*131*)
　　3　複合的要素の結合から成る商品等表示（*132*)
　　4　書籍の題号（*135*)
　　5　スローガン・キャッチフレーズ（*137*)
　　6　検索連動広告と商品等表示の使用（*138*)
第3節　営　業　表　示 …………………………………………………… *142*
  I　営業表示の意義 ……………………………………………………… *142*
　　1　表　　示（*142*)
　　2　フランチャイズ・特約店（*145*)
　　3　商標の商号化（*147*)
  II　営業表示としてのサービス・マーク（役務商標）…………………… *148*
  III　ドメイン名・URL と商品表示又は営業表示 ……………………… *149*
  IV　その他の営業表示 …………………………………………………… *149*
  V　営　　業 ……………………………………………………………… *151*
　　1　営業の意義（*151*)
　　2　音曲，拳法，舞踊などの流派（*153*)
　　3　宗教団体（*153*)
　　4　その他の公益的組織（*158*)
　　5　企業グループ・団体（*159*)
　　6　団体・企業グループの分裂（*161*)
  VI　店舗外観・商品の陳列方法 ………………………………………… *165*
第4節　周　知　性 ……………………………………………………… *172*
  I　周知性の意義 ………………………………………………………… *172*

目　　次（上巻）　*xix*

　　Ⅱ　周知性の内容 ……………………………………………………… *173*
　　　1　周知性の地理的範囲（*173*）
　　　2　周知性（広く認識されている）の要件（*174*）
　　　3　周知性の地域的範囲（*174*）
　　Ⅲ　周知性の認定 ……………………………………………………… *179*
　　　1　認定の対象（*179*）
　　　2　取引者又は消費者の範囲（*180*）
　　　3　周知の程度と認識の浸透度（*182*）
　　　4　周知性の認定時期（*183*）
　　　5　周知性の承継（*184*）
　　　6　周知性の獲得の過程における知的財産権の権利行使（*186*）
第5節　混 同 行 為 ……………………………………………………… *190*
　Ⅰ　混同の意義 ………………………………………………………… *190*
　Ⅱ　混同の具体性の意味 ……………………………………………… *191*
　Ⅲ　混同の構造 ………………………………………………………… *192*
　　　1　混同の種類（*192*）
　　　2　狭義の混同と広義の混同（*192*）
　　　3　フリーライドなどの相違（*194*）
　　　4　混同と混同のおそれ（*195*）
　Ⅳ　表示の類似 ………………………………………………………… *196*
　　　1　はじめに（*196*）
　　　2　混同と類似の関係（*196*）
　　　3　表示の類否の判断（*197*）
　　　⑴　不正競争防止法の類似と商標法の類似（*197*）　　⑵　類否判断方法
　　　（*197*）　　⑶　類似否定例（*201*）　　⑷　店舗外観その他複合的要素か
　　　らなる表示に関する類似判断（*204*）　　⑸　結合表示等につき類似性が
　　　否定された例（*206*）　　⑹　類似肯定例（*211*）
　　　4　表示の使用（*216*）
　　　⑴　商品についての表示の使用（*216*）　　⑵　営業における表示の使用
　　　（*218*）
　Ⅴ　周知営業表示混同行為における混同の概念 ………………………… *220*
　　　1　営業表示に関する広義の混同（*220*）
　　　2　混同に関する判例（*222*）
　　　3　商号の類似と混同（*225*）

xx 目　　次（上巻）

  4 広義の混同と表示の著名性（*227*）

  5 混同のおそれを否定する事情（*227*）

 Ⅵ 混同をめぐるその余の問題 ……………………………………………… *229*

  1 逆 混 同（*229*）

  2 購入後の混同（*230*）

第3章　著名商品等表示冒用行為（2条1項2号） ……………………… *232*

第1節　総　　　説 …………………………………………………………… *232*

 Ⅰ 2条1項2号の意義 ………………………………………………………… *232*

 Ⅱ 2条1項1号との相違点 ………………………………………………… *233*

第2節　著名商品等表示冒用行為の成立 ………………………………… *233*

 Ⅰ 旧法における著名商品等表示の保護の限界 ……………………… *233*

  1 広義の混同（*233*）

  2 広義の混同理論の限界（*234*）

  3 平成5年改正前の著名表示保護に対する認識（*236*）

 Ⅱ 問題点とその解決 ………………………………………………………… *239*

第3節　著名商品等表示冒用行為の要件 ………………………………… *240*

 Ⅰ 著名商品等表示 …………………………………………………………… *240*

  1 著 名 性（*240*）

  ⑴ 著名性の地域的範囲（*240*）　⑵ 著名性認定の対象と程度

  （*245*）　⑶ 不正競争防止法2条1項2号の著名性と商標法の周知・

  著名（*248*）　⑷ 不正競争防止法2条1項2号の著名性と立法趣旨

  （*248*）　⑸ 表示の混同・ただ乗り・希釈化・汚染の相違（*250*）

  2 商品等表示（*252*）

 Ⅱ 表示の類似 ………………………………………………………………… *253*

  1 趣　　旨（*253*）

  2 他の類否判断との相違（*254*）

  3 類否判断の方法（*257*）

  4 類似と原表示認識との関係（*258*）

第4節　請 求 権 者 …………………………………………………………… *259*

第4章　商品形態模倣行為（2条1項3号） …………………………… *260*

第1節　総　　　説 …………………………………………………………… *260*

 Ⅰ 2条1項3号の意義 ………………………………………………………… *260*

 Ⅱ 商品形態模倣規制の趣旨 ……………………………………………… *261*

第2節　商品形態の模倣に対する従来の規制 ………………………… *262*

目　次（上巻）　*xxi*

Ⅰ　わが国における規制 ··· *262*

  1　不正競争防止法による規制（*263*）

  2　意匠法による規制（*263*）

  3　著作権法による規制（*263*）

  4　不法行為法による規制（*265*）

Ⅱ　主要国の法制 ··· *266*

Ⅲ　規制の方法 ··· *268*

第3節　商品形態模倣行為の要件 ·· *269*

Ⅰ　旧3号の規定 ·· *269*

Ⅱ　旧3号の要旨 ·· *270*

Ⅲ　2条1項3号の対象とする行為 ··· *270*

Ⅳ　2条1項3号における「商品」の意義 ····························· *271*

Ⅴ　デジタル時代における「商品」の概念 ························· *274*

Ⅵ　形態の模倣 ··· *275*

  1　2条1項3号による模倣規制の趣旨（*275*）

  2　商品の形態（*275*）

   ⑴　保護の対象となる商品形態（*275*）　⑵　外国商品（*276*）

   ⑶　「形態」の意義（*277*）　⑷　商品の形態をめぐるその他の問題点

  （*289*）

Ⅶ　模　　倣 ·· *293*

  1　模倣の概念（*293*）

  2　模倣の要件（*295*）

  3　主観面の問題（依拠性）（*296*）

  4　客観面の問題（実質的同一性）（*298*）

Ⅷ　当該商品の機能を確保するために不可欠な形態 ········· *306*

  1　趣旨・沿革（*306*）

  2　旧3号の除外規定である「同種の商品が通常有する形態」について（*307*）

  3　「同種の商品が通常有する形態」に関する学説及び判例（*308*）

   ⑴　学　説（*308*）　⑵　判　例（*309*）

  4　平成17年改正後の2条1項3号における「当該商品の機能を確保するために不可欠な形態」の意義（*313*）

  5　類似商品の通常有する形態（*315*）

第4節　2条1項3号の規制期間の制限 ····················· *316*

Ⅰ　保護期間の制限の趣旨 ··· *316*

Ⅱ　保護期間の開始及び終了 ……………………………………………………… 318

　　1　「最初に販売された日から起算して3年」の意味（318）

　　2　「日本国内において最初に販売された日」を起算点とすることの意義
　　　　（321）

　　3　保護期間経過後における他の規定による保護（322）

Ⅲ　起算日の主張及び立証 ………………………………………………………… 322

第5節　競業上の良俗に反しない商品形態の模倣 ……………………………… 323

Ⅰ　模倣商品の善意取得者の保護 ………………………………………………… 323

Ⅱ　旧3号の製作上回避不可能な形態や商品の本来的性格に伴う形態 …… 323

第6節　2条1項3号違反の行為に対する差止請求・損害賠償請求等の
　　　　主体となりうる者 ……………………………………………………… 324

Ⅰ　商品の開発を行った者 ………………………………………………………… 324

Ⅱ　独占的販売業者 ………………………………………………………………… 326

Ⅲ　他人の商品形態の模倣者 ……………………………………………………… 328

第5章　営業秘密に係る不正行為（2条1項4号〜10号）…………… 330

第1節　総　　　説 ………………………………………………………………… 330

第2節　営　業　秘　密 …………………………………………………………… 331

Ⅰ　秘密の意義 ……………………………………………………………………… 332

Ⅱ　不正競争防止法における営業秘密の意義 ………………………………… 333

Ⅲ　秘密管理性 ……………………………………………………………………… 333

　　1　管理要件の必要性（333）

　　2　秘密管理の内容（334）

　　3　「秘密管理性」をめぐる判例（336）

　　　(1)　秘密の特定と明示（当該情報にアクセスした者に当該情報が営業秘
　　　密であることを認識できるようにしていること）（337）　　(2)　当該情
　　　報にアクセスできる者が制限されていること（339）

　　4　経済産業省による「営業秘密管理指針」の公表（347）

Ⅳ　生産方法，販売方法その他の事業活動に有用な技術上又は営業上の情報
　　…………………………………………………………………………………… 348

　　1　「技術上又は営業上の情報」（348）

　　　(1)　はじめに（348）　　(2)　技術上の情報（348）　　(3)　営業上の情
　　　報（349）　　(4)　営業秘密とノウハウ（351）

　　2　事業活動に有用なる情報（352）

Ⅴ　公然と知られていないもの …………………………………………………… 356

目　次（上巻）　*xxiii*

　　1　相対的秘密（*356*）

　　2　公知と開示（*357*）

　Ⅵ　営業秘密に関するその余の問題点……………………………………… *362*

　　1　秘密として保護されるに値する利益（*362*）

　　2　一般的知識・情報に関する問題（*362*）

　Ⅶ　保有する事業者（保有者）……………………………………………… *364*

第3節　営業秘密に係る不正競争行為…………………………………… *366*

　Ⅰ　不正取得秘密の取得・使用・開示行為（2条1項4号）………… *367*

　　1　意　　義（*367*）

　　2　その他の不正手段（*368*）

　　3　使用と開示（*369*）

　　4　2条1項4号の差止請求（*370*）

　Ⅱ　不正取得秘密の悪意転得者による取得・使用・開示行為（2条1項5号）

　　……………………………………………………………………………… *371*

　Ⅲ　不正取得秘密の事後的悪意転得者による使用・開示行為（2条1項6号）

　　……………………………………………………………………………… *372*

　Ⅳ　保有営業秘密の不正使用・開示行為（2条1項7号）………………… *374*

　　1　意　　義（*374*）

　　2　保有者より示された営業秘密（*375*）

　　3　従業者が職務上知得した営業秘密（*377*）

　　4　不正利益を図る行為・損害を加える目的（*380*）

　　5　行　為　者（*381*）

　　6　使用と開示（*382*）

　Ⅴ　不正開示秘密の悪意転得者による取得・使用・開示行為（2条1項8号）

　　……………………………………………………………………………… *383*

　Ⅵ　不正開示秘密の事後的悪意転得者による使用・開示行為（2条1項9号）

　　……………………………………………………………………………… *385*

　Ⅶ　技術上の営業秘密に関する不正使用行為によって生じた物の譲渡等行為

　　（2条1項10号）……………………………………………………………… *386*

　Ⅷ　技術上の営業秘密の使用による生産等の推定（5条の2）…………… *388*

　　1　5条の2の趣旨（*388*）

　　2　令和5年不正競争防止法改正による適用対象の拡大（*390*）

　　3　技術上の秘密の意義（*391*）

　　4　前提となる行為態様と推定の範囲（*392*）

xxiv　目　　次（上巻）

　　　⑴　2条1項4号，5号，8号に該当する不正競争行為について（*392*）
　　　⑵　2条1項7号に該当する不正競争行為について（*393*）
　　　⑶　2条1項6号及び9号に該当する不正競争行為について（*394*）

判例索引（上巻）
事項索引（上巻）

【下巻】大 目 次

第2編　不正競争行為

第6章　限定提供データの不正取得等行為（2条1項11号～16号）

第1節　平成30年改正の背景

第2節　限定提供データの意義

Ⅰ　保護対象となるデータの範囲を限定する必要性／Ⅱ　限定提供データの定義・要件

第3節　限定提供データに係る不正競争行為の類型

Ⅰ　不正取得データの取得・使用・開示行為（2条1項11号）／Ⅱ　不正取得データの悪意転得者による取得・使用・開示行為（2条1項12号）／Ⅲ　不正取得データの事後的悪意転得者による使用・開示行為（2条1項13号）／Ⅳ　信義則違反による使用・開示行為（2条1項14号）／Ⅴ　不正開示データの悪意転得者による取得・使用・開示行為（2条1項15号）／Ⅵ　不正開示データの事後的悪意転得者による開示行為（2条1項16号）

第7章　技術的制限手段に対する不正競争行為（2条1項17号・18号）

第1節　平成11年改正の背景

Ⅰ　デジタルコンテンツの保護／Ⅱ　技術的保護手段の回避などに関する国際的動向／Ⅲ　平成11年著作権法改正による技術的保護手段の保護／Ⅳ　技術的制限手段を無効化する装置やプログラムの譲渡等の規制を内容とする不正競争防止法改正

第2節　平成11年改正による不正競争行為の規制

Ⅰ　はじめに／Ⅱ　技術的制限手段の意義（平成11年改正2条5項）／Ⅲ　技術的制限手段は誰が設けてもよいのか／Ⅳ　技術的制限手段の用途（平成11年改正2条1項10号・11号）

第3節　平成11年改正による不正競争行為の態様

Ⅰ　はじめに──不正競争行為となる技術的制限手段に対する侵害態様／Ⅱ　侵害態様(1)（無効化装置の譲渡等）の概要／Ⅲ　侵害態様(2)（無効化プログラムの譲渡等）の概要／Ⅳ　侵害態様(1), (2)に共通する論点／Ⅴ　侵害態様(1)（無効化装置の譲渡等）の内容／Ⅵ　侵害態様(2)（無効化プログラムの譲渡等）の内容／Ⅶ　適用除外

第4節　平成23年改正による規制の強化

Ⅰ　平成23年改正の背景／Ⅱ　「のみ」要件の削除

第5節　平成30年改正による規制の強化

Ⅰ　アクティベーション方式によるアクセス制限／Ⅱ　技術的制限手段の無効化に関連するサービス／Ⅲ　技術的制限手段の定義／Ⅳ　技術的制限手段の無効化行為

第8章　ドメイン名の不正目的使用行為（2条1項19号）

第1節　はじめに

第2節　改正前のわが国における法規制の問題点

第3節　不正の目的によるドメイン名の取得などに関する不正競争防止法上の規制

Ⅰ　改正の背景／Ⅱ　ドメイン名の定義／Ⅲ　特定商品等表示の不正使用等（不正な

xxvi 【下巻】大 目 次

ドメイン名の使用など）
第9章　原産地・質量等誤認惹起行為（2条1項20号）
第1節　総　　説
　Ⅰ　2条1項20号の意義／Ⅱ　2条1項20号の趣旨
第2節　原産地・質量等誤認惹起行為の問題点
第3節　2条1項20号の誤認惹起行為全体の概観
　Ⅰ　法的性格／Ⅱ　虚偽広告に対する法的規制／Ⅲ　誤認惹起表示行為／Ⅳ　品質・
　内容・製造方法・用途・数量／Ⅴ　その他の事項に関する表示／Ⅵ　誤認させるよう
　な表示／Ⅶ　裁判例／Ⅷ　不公正な取引方法との関係
第4節　原産地誤認惹起行為
　Ⅰ　意　義／Ⅱ　原産地誤認惹起行為の禁止／Ⅲ　原産地と決定基準／Ⅳ　出所地と
　2条1項20号の原産地／Ⅴ　誤認の判断／Ⅵ　裁判例
第10章　営業誹謗（信用毀損）行為（2条1項21号）
第1節　総　　説
第2節　競争関係
第3節　虚偽事実
　Ⅰ　誹謗対象／Ⅱ　誹謗内容／Ⅲ　比較広告／Ⅳ　警　告（知的財産侵害警告）
第4節　告知・流布行為
第11章　代理人等の商標冒用行為（2条1項22号）

第3編　不正競争行為とならない行為

第1章　適用除外行為（19条1項）
第1節　普通名称，慣用表示の善意使用（19条1項1号）
　Ⅰ　19条1項1号の意義／Ⅱ　商標法の対応規定との対比／Ⅲ　商品又は営業の普通
　名称／Ⅳ　商品又は営業の慣用表示／Ⅴ　普通に用いられる方法
第2節　自己氏名の善意使用（19条1項2号）
　Ⅰ　19条1項2号の意義／Ⅱ　氏名の意味／Ⅲ　不正の目的でない使用
第3節　コンセント制度による登録を受けた登録商標の使用（19条1項3号）
第4節　旧来表示の善意使用（19条1項4号・5号）
　Ⅰ　総　説／Ⅱ　周知商品等表示における旧来表示の善意使用（19条1項4号）／Ⅲ
　著名商品等表示における旧来表示の善意使用（19条1項5号）
第5節　形態模倣商品の善意取得（19条1項6号ロ）
　Ⅰ　要　件／Ⅱ　趣　旨／Ⅲ　譲受けの意義／Ⅳ　善意・無重過失／Ⅴ　効　果
第6節　正当に取得した営業秘密の善意使用（19条1項7号）
　Ⅰ　要　件／Ⅱ　趣　旨／Ⅲ　取引の意義／Ⅳ　ライセンス問題
第7節　技術上の営業秘密の不正使用に関する差止請求権消滅後に生じた物の
　　　　譲渡等（19条1項8号）
第8節　取引によって取得した限定提供データの開示行為（19条1項9号イ）
　Ⅰ　趣　旨／Ⅱ　対象となる行為／Ⅲ　取引により取得した権原の範囲内での開示
第9節　無償で公衆に利用可能となっている情報と同一の限定提供データ（19

条1項9号ロ）

第10節　試験研究のための技術的制限手段の無効化装置等の譲渡等（19条1項10号）

第2章　その他の不正競争行為とならない行為

第1節　はじめに

第2節　真正商品の並行輸入

第3節　競業が違法である場合

Ⅰ　業務が法令に違反している場合／Ⅱ　相手方が公序良俗などに違反している場合／Ⅲ　他人の権利を侵害する表示の場合

第4節　正当行為など

Ⅰ　法令行為及び正当行為／Ⅱ　正当防衛及び緊急避難／Ⅲ　被害者の承諾

第5節　外形的に該当しても不正競争行為とならない場合

Ⅰ　外形的に該当しても著名商品等表示冒用行為とならない場合／Ⅱ　外形的に該当しても商品形態模倣行為とならない場合

第4編　救　　済

第1章　民事的救済

第1節　総　　説

Ⅰ　救済の方法／Ⅱ　保護法益論／Ⅲ　当事者／Ⅳ　失効理論

第2節　差止請求権（3条）

Ⅰ　意　義／Ⅱ　差止請求権の要件／Ⅲ　差止請求権の行使態様／Ⅳ　商品形態の模倣行為における差止請求／Ⅴ　営業秘密に係る不正行為に対する差止請求

第3節　混同防止表示付加請求権（19条2項）

Ⅰ　差止請求権者と善意使用者との調整／Ⅱ　単なる商品販売などの除外／Ⅲ　付加の内容と強制／Ⅳ　表示の衝突

第4節　損害賠償請求権（4条・5条）

Ⅰ　総　説／Ⅱ　損害賠償請求／Ⅲ　損害賠償額の算定／Ⅳ　営業秘密に係る不正行為の損害賠償請求／Ⅴ　限定提供データに関する損害賠償請求権の期間の制限

第5節　信用回復措置請求権（14条）

Ⅰ　総　説／Ⅱ　要　件／Ⅲ　効　果

第6節　侵害及び損害の主張・立証方法に関する特則（6条～13条）

Ⅰ　具体的態様の明示義務（6条）／Ⅱ　書類提出制度（7条）／Ⅲ　損害計算のための鑑定（8条）／Ⅳ　相当な損害額の認定（9条）／Ⅴ　秘密保持命令（10条～13条）

第2章　刑事的救済

第1節　行為類型(1)──営業秘密侵害以外の不正競争行為（21条3項）

Ⅰ　周知商品等表示混同行為，原産地・質量等誤認惹起行為（21条3項1号）／Ⅱ　著名商品等表示冒用行為（21条3項2号）／Ⅲ　商品形態模倣行為（21条3項3号）／Ⅳ　技術的制限手段に対する不正競争行為（21条3項4号）／Ⅴ　原産地・質量等誤認惹起行為（21条3項5号）／Ⅵ　秘密保持命令違反（21条3項6号）／Ⅶ　処罰／Ⅷ　外国国旗等の不正使用（21条3項7号）

xxviii 【下巻】大 目 次

第2節　行為類型(2)——営業秘密侵害行為（21条1項・2項・4項1号～3号・5項）

　　Ⅰ　営業秘密侵害行為に刑事規制が導入された背景／Ⅱ　構成要件——営業秘密侵害行為の類型／Ⅲ　営業秘密不正取得罪（21条1項1号）／Ⅳ　不正取得営業秘密使用・開示罪（21条1項2号）／Ⅴ　営業秘密記録媒体等不法領得罪（21条2項1号）／Ⅵ　営業秘密不正領得後使用・開示罪（21条2項2号）／Ⅶ　役員・従業者等営業秘密不正使用・開示罪（21条2項3号）／Ⅷ　請託を受けた退職役員・従業員による不正使用・開示罪（21条2項4号）／Ⅸ　図利加害目的の営業秘密侵害の譲渡等（21条2項5号）／Ⅹ　不正開示者からの営業秘密の取得等罪（21条1項3号）／ⅩⅠ　不正開示された営業秘密の転得等罪（21条1項4号）／ⅩⅡ　技術上の営業秘密より生じた物の譲渡等罪（21条1項5号）／ⅩⅢ　国外不正使用目的の譲渡等及び国外で行われる営業秘密侵害行為等に対する加重類型（21条4項1号～3号・5項）／ⅩⅣ　処　罰／ⅩⅤ　没　収

第3節　行為類型(3)——外国公務員への不正利益供与（18条・21条4項4号）

　　Ⅰ　背　景／Ⅱ　構成要件——外国公務員への不正利益供与の類型／Ⅲ　適用対象行為／Ⅳ　対象となる外国公務員など／Ⅴ　行為全体及び場所的適用範囲／Ⅵ　処　罰／Ⅶ　施行時期／Ⅷ　適用事例

第4節　違 法 性

第5節　責　　任

　　Ⅰ　故　意／Ⅱ　違法性の意識／Ⅲ　故意の認定／Ⅳ　動機・目的

第6節　両罰規定（22条）

　　Ⅰ　両罰規定の趣旨／Ⅱ　代理人，使用人，従業者等／Ⅲ　業務に関し／Ⅳ　違反行為／Ⅴ　行為者／Ⅵ　事業主たる法人又は人

第7節　営業秘密侵害罪に関する刑事訴訟手続の特例（23条～31条）

　　Ⅰ　平成23年改正の背景／Ⅱ　手続の概要

第8節　営業秘密侵害事案における国際管轄に関する特例（19条の2）

　　Ⅰ　立法の背景／Ⅱ　対象となる係争／Ⅲ　わが国の裁判所による裁判を行う際の管轄等／Ⅳ　今後の課題

最新

不正競争防止法概説

【上　巻】

第 1 編

序　　論

□第 *1* 章

不正競業の概念

　営業の自由は，近代市民法の基本原理であり，現在のわが国の憲法においても，職業選択の自由の一部として保障されている基本的人権の１つである（憲22条１項）。営業の自由は現行不正競争防止法体系の基調である。

　営業の自由と自由競争は，初期資本主義における指導原理であった。これによって，産業は中世の封建的束縛から解放され，自由な競争を基本とする経済生活が展開されるに至ったのであって，近代法の不正競業の法的概念も，営業の自由の確立された近代市民社会における自由競争を前提として初めて成立する。

　しかし，競業の自由も無制限なものではない。無制限な活動の自由ないし不拘束は，恣意的な活動の影響をうける反対の立場からみれば，不当な拘束を放任すること，ないしは，活動の自由を不当に制限されることを放任することになる。したがって，営業の自由にも当然限界が存在する。そして，営業の自由は，等価交換を維持し，いわゆる価格的調和を保つ限度においてのみ正当とされる。

　すなわち，資本主義経済においては，等価交換の法則が妥当するとともに，等価交換を維持すべき倫理としての，等価交換を妨害しないとの倫理的要請がなされる。価格を不公正に歪める慣行は排除されるべきであり，すべての経済人に競業上，フェア・プレイの倫理的義務が要請される。不正競業の法理も，この意味のフェア・プレイの倫理の法的表現と考えられる。

　それは，資本主義経済の発展・成熟とともに，初期の市民法的不正競業法より，企業間の利益調整に主眼をおいた商法的不正競業法，さらには，社会法的ないし経済法的不正競業法へと発展する。そして，その目的も利益保護から，競業秩序の純正維持へと発展している。

　まず，本章においては，営業の自由と競業，及び不正競業について，その概

6　第1編　序　　論　第1章　不正競業の概念

略をみてみよう。

第1節　営業の自由

Ⅰ　営業の自由

営業の自由は,
① 開業の自由（営業を自由に翔始しうること）
② 営業継続及び廃業の自由（開始した営業を継続することも廃止することも自由であること）
③ 取引の自由（営業継続中において, その活動を自由に行いうること）
を包含しているといわれる（服部栄三・商法総則（青林書院新社, 1972）499頁参照）。

　ここで問題となる競争の自由は, 上記③の「取引の自由」に属し, 広義の営業の自由に包含される。

　営業の自由は, 職業選択の自由の一部として憲法上も保障されているが, その理由をたずねてみよう。

　現在の経済制度の基礎は, 意思の自由と自己責任の原則に立っている。そして, 私的所有が認められ, 契約の自由, 移転の自由, 営業の自由が私法の基調とされている。この資本主義的流通経済といわれる機構においては, 自由かつ公正な市場における商品交換が重要な構成要素とされ, そこにおいて価格的調和が保たれるとされた。そして, この価格的調和が保たれる限り, 営業活動は自由であり, われわれは, その範囲において, いかなる方法によっても, 営業活動において政治権力から干渉されることなく自由に活動しうる。これは, 営業者間において, 競争の自由となって現れ, この自由競争原理によって社会の発展が可能であるとされたのである。この自由権は, 過去においては封建的権力によって侵され, また, 不当な特権的独占が特定人に与えられてきた歴史にかんがみ, 基本的人権として保障されたのである。

Ⅱ　営業の自由とその限界

　不正競争防止法の法的基礎が, 等価交換を妥当せしめることにある限り, 営

業の自由は，価格的調和が保たれる範囲に限定される。したがって，不当な独占や不正競業は，他者の営業の自由を拘束し，価格的調和を破壊するため，望ましいものではない。不当な独占は競業の自由を奪い，不正競業は競業の公正を破壊する。したがって，営業の自由といえども，無制限なものではない。

自由を極端にまで拡張することは，国民経済上，競業秩序を破壊し有害である。そこで，競業秩序を破壊し，価格的調和を破るこれらの行為に対し，競争制限立法や不正競業防止立法によって，これを規制する必要が生じてくる。

> ＊　開業の自由などの制限には，届出制（旧航空機製造事業法における航空機製造事業），登録制（家畜市場，家畜取引法），許可制（医師，薬剤師の免許など，医師法・薬機法），特許制（電気・ガス事業，電気事業法・ガス事業法，鉄道事業，鉄道事業法），営業禁止などがある。
>
> 　競争制限に関係する立法の代表的なものとされるのは，「私的独占の禁止及び公正取引の確保に関する法律」いわゆる「独占禁止法」（ないし「独禁法」）であるが，これには，いろいろな内容の規定が含まれている。特に，カルテル行為などの私的協定による競争制限を統制，禁止することによって競業の自由を確保し，市場における価格硬直性をなくそうとしている。

この反対に，直接の競争制限立法としては，各種の事業法や，カルテルを認めることに関する各種の臨時措置法，中小企業基本法などがある。それは公共の福祉のための競争制限，弱肉強食の弊を除去するための過度の競争制限などを定める。

> ＊　不正競業立法の代表的なものが，「不正競争防止法」である。しかし，競業法の意味は商標法も，ときには独禁法も含む極めて広い意味で用いられることもあり，ときには創作権法と区別されながら，特許法・実用新案法・意匠法なども，競業法的観点も考慮しつつ考察される（例えば，松本重敏・特許発明の保護範囲（有斐閣，1981）20頁以下参照）。

なお，沖縄復帰以前においては，当該地域では「琉球不正競争防止法」において，特許・実用新案・意匠・商標など工業所有権法の保護対象をすべて規制していた。平成5年の不正競争防止法の改正においては，同法2条1項3号に，商品形態模倣の規制が追加され，特許法・実用新案法・意匠法と同じ創作法の一部を構成する条項が挿入され，「琉球不正競争防止法」の保護対象に極めてわずかながらも近づいたともいえよう。

独禁法の公正取引に関する規定や，「不当景品類及び不当表示防止法」，さらには軽犯罪法1条34号，輸出入取引法2条など，あるいは，薬機法（医薬品，医療機器等の品質，有効性及び安全性の確保等に関する法律）66条，農薬取締法21条，食品衛生法19条・20条，家庭用品品質表示法3条などの経済立法に存する不当表示規制規定なども，実質的には不正競業法に属するものである。

なお，本書は，実質的不正競業法（以下「不正競業法」という）のうち，成文法の「不正競争防止法」のみをとりあげて概説するものである。

第2節　競　　業

I　競　　争

「不正競業」というのは，不正な競業であり，「競業」というのは，営業における競争である。そこで，不正競業の概念をみる前提として，競業，さらには，その前提としての競争について概観しておこう。

「競争」とは，2以上の者が，限りある目的を達成するために，その目的に対して努力する現象をいう。そして，その努力の質量的差異によって，ある者は多くの目的を達成し，ある者は少ししか目的を達成することができないし，ときにはまったく排除される。競争は，ここに至るまでの過程，又は，過程を生ずる状態をいう。前者が顕在的競争であり，後者の競争過程を生ずる状態が潜在的競争である。後者の潜在的競争は，顕在的競争を生じうる状態であって，極めて狭義に競争の意義を顕在的競争に限定すれば，狭義の競争の前提状態にすぎない。

競争は，2以上の者が限りある目的を達成しようとする活動のあることを要する。ただ1人のみが，ある目的のために活動する場合には競争は生じない。例えば，目的を煙草製造販売に限定すると，専売制下における煙草業においては競争はない。しかし，それは煙草製造販売の範囲内においてのことであって，目的を贈答品製造販売の範囲に広げると，他の贈答品販売と煙草販売とは競争関係にあり，専売制下においても煙草業と他の贈答品販売業とが販売競争を行うわけである。活動目的を広げると範囲はさらに広がる。

第2節　競　　業　I　競　　争　　9

　競争の対象には有限性が必要であって，努力の対象が無限定である場合には競争はない。しかし，努力は限定目的に指向されていることを要し，数人が，ばらばらに別の目的のために活動している場合には，主観的には競争は生じていない。ただし，競争は自分のために目的を達成しようとして，活動する必要はなく，第三者のために競争することもある。

　競争には相手方が必要であるが，その相手方の存在を知っている必要があるであろうか。競争の典型としては，相互の対立を認識した，いわゆる競争意思の存在する場合があげられよう。例えば，数人が同一目的のため，競争意思なくして別々に努力している場合には，狭義においての競争はない（しかし，そこには次の広義の競争がありうる）。しかしながら，主観的要件のない競争も存在する。不正競争防止法にいう競争も広義のものであってよい。競争には相互の対立を認識した競争意思の存在する競争のみならず，過失による競争，過失なき競争も存在する。

　競争の目的は，厳密な同一の目的を達成しようとするものでなくてもよい。一方が他方の活動目的の有効性を奪うことによる競争も存在する。例えば，医業と売薬業もこの意味において競争関係にある。

　競争において，優先獲得性は，次の各条件の変化によって変動する。
　①　自己の有利条件の増加（例えば，自己の商標を周知・著名ならしめること，あるいは，著名商標の冒用）
　②　自己の不利条件の減少（例えば，品質の改良，あるいは，誇大広告）
　③　他者の不利益条件の増加（例えば，比較広告による自己の商品特性の周知化，あるいは，比較広告による競業者の営業誹謗）
　④　他者の有利条件の減少（例えば，競業者の特許期間の満了，あるいは，ノウハウの窃取）
　これらによって，一方は，競争上優位となる。

　しかし，競争において，競争者が上記の条件の変化を意識する必要はない。例えば，誇大広告をする際に，他者を害する意思がある必要はない。他者を害する意思がない誇大広告が，直接的には自己の顧客獲得可能性の増大のみを目的としていても，結果的には他者の顧客獲得可能性を害することになる。それは，自己の有利条件を不正に増加することによって，競争上不正に優位性を獲

10　第1編　序　　論　　第1章　不正競業の概念

得しているのである（なお，競争概念の競業法的詳察については，ウォルクガング・フィケンチャ（丹宗曉信監訳）・競争と産業上の権利保護（六法出版社，1980）31頁以下）。

Ⅱ　競　　業

「競業」とは，営業上の競争である。競争が，たんに営業活動においてのみならず，意思活動のあらゆるものにわたって認められるのに対し，競業は営業上のものに限定される。この営業の意義については，不正競争防止法の適用をめぐって，その範囲につき争いがある。すなわち，営利事業がこれに入ることは争いないが，営利事業以外の事業とか，自由業などについて，これを営業とみるかどうかの問題がある。

* 上記のほか，主体において，営業秘密の窃取に対する規制などは，補助的競業者として労働者などが規制対象に入ってくる。これはさておき，商業及び工業のみならず，農・鉱・水産業などの第1次産業はここにいう営業に入るのであって，この意味でもここにいう営業は，広義のものである。

* 営業概念については，通説や下級審の判例も広く解し，営利事業以外の「経済上その収支計算の上に立って行なわるべき事業」の間で認める傾向にある。「財団法人研数学館」が「東京研数学館」という予備校に対し，名称使用の差止めを求めた事件において私法上の原則から使用差止めを認めた判例（東京地判昭和36年7月15日下民集12巻7号1707頁〔研数学館事件〕）について，不正競争防止法の適用ないし類推適用が示唆され（豊崎光衞「商号と商標の保護の交錯」学習院大学法学部研究年報⑴68頁，同［判例評釈］判評42号8頁，椎原国隆［判例評釈］ジュリ293号100頁），また，「京橋病院」が「京橋中央病院」に対し名称の使用差止めを求めた事件において，不正競争防止法により使用差止めを認めた事例がある（東京地判昭和37年11月28日下民集13巻11号2395頁〔京橋中央病院事件〕）。

　　また，この他技芸などの教授を目的とする団体（大阪高決昭和54年8月29日判タ396号138頁〔都山流尺八事件（抗告審）〕，大阪地判昭和55年3月18日無体集12巻1号65頁〔少林寺拳法事件〕，大阪地決昭和56年3月30日無体集13巻1号507頁〔花柳流名取事件〕，大阪地判平成7年9月28日知的集27巻3号580頁〔音羽流事件（第一審）〕，大阪高判平成9年3月25日判時1626号133頁〔音羽流事件（控訴審）〕，最判平成10年12月18日判例集未登載〔音羽流事件（上告審）〕），中小企業協同組合法上の組合（大阪高判昭和60年10月24日無体集17巻3号517頁〔コードプロテクター事件（仮処分異議）〕），宗教法人（大阪地判平成12年10月26日判タ1060号252頁〔歌川派事件〕）などについても不正競争防止法上の「営業」に該当するとし，あるいは該当

第2節 競　　業　Ⅱ　競　　業　　*11*

することを前提とした判例がある。

　　最判平成18年1月20日（民集60巻1号137頁〔天理教豊文教会事件（上告審）〕）では，平成5年改正前不正競争防止法2条1項1号，2号の「営業」の意義は，取引社会における競争関係を前提とするものとして解釈されるべきであり，「営業」には宗教法人の本来的な宗教活動及びこれと密接不可分の関係にある事業を含まないと解するのが相当であるとして，「天理教豊文教会」の名称使用に対する差止請求が排斥されている。

　　結論は異ならないが，不正競争防止法を類推すべきであるという説と，適用を認める説に分かれる。これらについては，差止請求などの救済の「営業の意義」のところ（後記第2編第2章第3節**Ⅴ1**）で詳述する（なお，上記のほか，「研数学館」事件についての判例評釈として，満田重昭・ジュリ336号125頁，喜多川篤典・商標判例百選182頁）。

　競業は，商品の供給たる営業に関すると，サービスの提供たる営業に関するとを問わない。両者の商品・役務は同一たることを必要とせず，一般に広く競業は存在する。

　例えば，競業は洋酒商と日本酒商の間はもちろん，ビール商と清涼飲料商との間，さらには一般食料品商との間にも存し，贈答品などとしては代替性があるから，酒商と電気器具商の間にも競業は存在する（例えば，酒は贈答品として不向きであるなどと虚偽の事実をもって誹謗するような場合は，不正競業である）。

　競業には，対象の有限性と共通性が必要である。しかし，それは代替的関係にある営業間にも存し（鉄道業と航空機営業，劇場と遊園地間など），代替関係にある事業部門を有する企業間には，一般的に競業関係がある。すなわち潜在的競業関係があるとみうるときである。

　　＊　判例は，独禁法上の競争関係について，「甲会社は映画の製作配給興行などの事業を営み乙会社は自身映画の配給業務を行わず，そのままの機構では映画の配給を行うことができないとしても，配給業務にあかるいものを多少加えれば事業活動の施設又は態様に重要な変更を加えないでも映画の配給業務を行うことができる状態にある場合は，この甲会社と乙会社とは映画配給の取引分野において潜在的競争関係にあるものと解すべきである」としている（東京高判昭和28年12月7日行集4巻12号3215頁〔新東宝事件〕）。これは，独禁法に関するものである。したがって，不正競業法とは競争概念をとらえるべき観点はまったく異なるが，不正競業法においてもその競争概念は広い。

　競業の把握において，潜在的競争を含まないような，すなわち，直接的な顕

在的競争行為に限定して競争をとらえるような狭義のものとすることは，不正競争防止法の全体的把握を不可能にする。

　競業の意義は，不正競争防止法においては，潜在的・顕在的というような観点からでなく，「競業秩序を破壊するか否か」という観点からとらえねばならない。そして，そこにおける「競業秩序」にいう競業とは何か，ということがここでの問題である。

　したがって，需要者・取引者よりみて，営業者が自己の顧客獲得優先性を拡大しようとしている競争行為は，競業であるといわねばならない。例えば，異業種の企業による他業種の企業の著名商標の冒用においては，企業どうしにおいては直接の競争がなくても，需要者の観点よりみて，そこに一方の不当な顧客獲得優先性の拡大，すなわち，一方を他方と何らかの関係ある企業と混同させる危険性のある状態をもたらす行為があれば，異業種間においても競業があるといいうる。言い換えれば，混同の危険によって，一方が自己の有利条件を減少している状態があれば，標識関係において，両者に競業関係が存するものとみなければならない。

> ＊　この意味において，永大産業株式会社が，他の永大産業株式会社に対して表示の差止請求をなした事件（ただし，先使用関係において被告は前に永大洋行の表示を用いていたなどの問題を含んでいる）において，原告が両者ともにデスクワークによる物品販売業であるという点に競業の基礎を求めた原告の主張も形式的にすぎたが，判決がこの主張についてのみ判断し（民事訴訟法の当事者の主張しないことは判断しないという問題はしばらくおく），直ちに競業関係がないとしたことには問題が残っている（東京地判昭和40年12月21日不競集826頁〔永大産業事件〕）。

　さらに，競争業者のすべてが不正な行為に加担する不実広告における競争問題がある。例えば，甲が鯨肉缶詰に牛肉と表示したときはどうであろうか。そこにおいては，甲対乙という個対個の関係で自己の有利条件を増加させ，又は，不利条件を減少させているのではない。直接的には，甲業者対需要者及び他の競業者の関係である。すなわち，甲業者対同種事業を営む他の事業者という個対営業群の関係で自己の有利条件を増加させている。それは個対営業群の関係である。さらに，甲のみならず，全同業者が不実表示をしているときには（他の食品缶詰業者との関係をしばらくおくとすれば），それは個対営業者群の問題ですらない。全業者（甲業者・乙業者も含む）対需要者の関係である。それは競業

秩序を破壊していることにおいて，また，消費者を害するという意味におい
て，あるいは，市場の公正を破壊しているという意味において不正競業といい
うる。すなわち，これらの不正競業行為をも，不正競業法の体系中に包含させ
ようとすると，そこにいわれる競業概念は極めて広いものになるといわなけれ
ばならない。

　競業において，行為者の営業規模の大小によって，競争関係がなくなるもの
ではない。競業法における競業は，独占指向の場において，一方が他方を打倒
して市場を拡張しようとする競争や，市場価格に影響を与えるような競争を前
提としているのではなく，市場における公正競争による競業秩序の維持，言い
換えれば，競業秩序を破壊する競争行為の禁止を前提としているのである。表
示の冒用などは，小企業が大企業に対して行うことが多いが，そこでは営業規
模の大小は関係がない。

　　＊　有限会社菊屋は，菊屋という周知商品等表示や，周知の「福島名物菊屋の羊かん」
　　　という表示について，これに類似する表示や「福島名物駅前菊屋の羊かん」という
　　　表示を用いた有限会社菊屋本店に対して，商号使用禁止など請求の民事事件を提起
　　　し，勝訴した（福島地判昭和28年10月14日下民集４巻10号1476頁〔菊屋事件（仮処
　　　分異議）〕，福島地判昭和30年２月21日下民集６巻２号291頁〔菊屋事件〕）。この事件
　　　の不正競争防止法違反としての刑事事件（第一審：福島地判昭和32年10月８日刑集
　　　14巻５号533頁，第二審：仙台高判昭和33年１月29日刑集14巻５号537頁）で，最高
　　　裁（大法廷）は，上告理由の「不正競争防止法が維持せんとする公共の福祉の実質
　　　的内容は直接的には競争関係にある企業体間の企業活動における秩序維持であり」
　　　……大企業と小商人との間には，何ら対立する競争関係は存しないと考えるべきで
　　　あるとして，同法を適用することは営業の自由を害し憲法22条に違反するとした上
　　　告人の主張に対し次のように述べている。
　　　　平成５年改正前不正競争防止法１条１項１号又は２号に該当する行為がなされるこ
　　　とは「ただに被害者たる他の営業者に対する不法な行為であるに止まらず，業界に
　　　混乱を来たし，ひいて経済生活一般を不安ならしめるおそれがあると認められ，こ
　　　のことは所論のような両者の営業規模の大小にはかかわらないものというべきであ
　　　る」（最大判昭和35年４月６日刑集14巻５号525頁〔菊屋刑事事件（上告審）〕）。
　　　　この点については異論をみない（喜多了祐〔判例評釈〕商標判例百選188頁，金沢
　　　良雄〔判例評釈〕民商43巻５号162頁，高橋幹雄〔判例評釈〕最判解説刑事篇昭和35
　　　年度175頁）。
　　＊　整髪料「バイタリス」に関する不正競争防止法違反事件でも，平成５年改正前不正

14　第1編　序　　論　　第1章　不正競業の概念

競争防止法1条1項1号に違反する行為をしたときは「同法第5条第2号に該当し，同号所定の罰則の適用を受けることとなるのであって所論のような両者の営業規模の大小にはかかわらないものというべきである。……たとえ被告人らにおいてライオン歯磨株式会社のような大会社に対し大きな打撃を与えるとは思っていなかったとしても，……営業規模の大小にかかわりなく，被告人らにおいて不正の競争の目的があったといわなければならない」としている（大阪高判昭和43年12月13日判時564号85頁〔バイタリス刑事事件（控訴審）〕。同旨，東京地判平成4年4月27日判タ819号178頁〔リッツショップ事件〕，東京高判平成5年3月31日特企291号54頁〔リッツショップ事件（控訴審）〕，最判平成5年11月25日取消集36号464頁〔リッツショップ事件（上告審）〕）。

　不正競業事件，特に表示に関する事件において，上記の営業規模の問題のほか，よく被告の侵害者より，原告の差止請求などは大企業の横暴であるとか，不正競争防止法（又は商標法）が大企業に有利であり平等に反する，とかいうような主張がなされることがあるが，ここには標識法の性格に対する誤解がある。標識法一般において，通常の表示よりも，著名表示の保護範囲が拡大されるのは，標識法の構造や性格から保護範囲が拡大されるのである。それは，大企業がしばしば著名表示を有しているから，上記のように錯覚するのであって，大企業であるから表示の保護範囲が拡大されるのではない。仮に小企業といえども，限定された分野において，大企業のもつ表示よりも著名な表示をもっているとすれば，小企業のもつその表示のほうが，大企業の表示よりも保護範囲を拡大して解釈されるのである。企業規模の小さいものの請求が認められることも（例えば，東京地判昭和62年3月20日判タ651号211頁〔ベルモード事件〕），企業規模は小さいが，地域的にはより知られたほうの請求が認められることもあるのである（例えば，静岡地判平成2年8月30日知的集23巻2号567頁〔ジェットスリム・クリニック事件〕，東京高判平成3年7月4日知的集23巻2号555頁〔ジェットスリム・クリニック事件（控訴審）〕）。

　また，表示を信頼する消費者の立場に観点を移して，異なる面より説明すれば，消費者を保護するため，著名商品等表示の保護が必要であることは容易に理解できるであろう。近時保護が強められている対象は，著名商品等表示なのであり，著名商品等表示を信頼する消費者であって，大企業なのではない。

第3節 不正競業

I 競業における不正

「不正競業」は，競業秩序を破壊する不正ないし不公正な行為である。何が不正な行為ないし不公正な行為であるかについてみていこう。

基本的には，競業秩序を破壊する行為というのは，自由競争の範囲を逸脱した行為である（いわゆる市場の価格的調和を破壊する不公正な手段・行為である）ということができる。競業の自由は，社会に貢献するいわゆる寄与的行為をなすため，ないしは，競業秩序の存在を前提とし経済市場発展のために与えられているものであって，これを濫用し，もって市場を破壊するために与えられている自由ではない。すなわち，建設的努力ないし寄与的努力のために自由が与えられているのであって，市場の秩序を破壊することは，自由競争の許容範囲を逸脱するものである。

具体的になにが不正であるかは，経済社会の通念によって決定するほかはないが，いま少しこれをみてみよう。

まず，いわゆる違法競業と比較してみよう。競業は，制定法に定められた範囲内でなすことが必要である。これに反する競業が，いわゆる違法競業である。競業は，もちろん行政法規その他の法律・命令に従って行わなければならない。違法競業は不正競業のうちで，最も違法性の高い不正競業として，広義の不正競業に含まれるが，不正競業はこれにつきるものではない。不正と違法とは同義ではなく，不正は違法より広く，違法競業は不正競業に含まれるが，不正競業は，この他取引上の公序良俗・信義衡平に反する一切の競業を含むものである。

> ＊ いわゆるパリ条約10条の2第2項は，「工業上又は商業上の公正な慣習に反するすべての競争行為は，不正競争行為を構成する」と規定している。そして，ドイツ1909年不正競業防止法1条は「営業取引において競争目的のため善良の風俗に反する（die gegen die guten Sitten vorstosen）行為をなしたる者に対しては，差止め及び損害賠償の請求をすることができる」と規定する。

16   第1編　序　　論　第1章　不正競業の概念

また，スイス1943年不正競業防止法1条1項も「信義誠実の原則に反する欺瞞的
又はその他の手段による経済的競業の濫用」と規定している。

このように不正が，公序良俗・信義衡平に反するという性格のものである以
上，法的基準としては相対的なものにならざるを得ない。すなわち，法規に反
し競業上の優位を獲得することも，もちろんフェア・プレイに反し不正競業で
あり，この場合には法規違反であるから基準は明確であるが，不正競業におい
てはこの法規違反にとどまらず，誠実なる取引慣行に反することまで含まれる
からである。

このように不正競業は，競業上における反良俗とか，誠実なる慣習に反する
という行為を含んでいる。これらの反良俗とか誠実なる慣習に反するという観
念は，時代によって変化し，この意味において相対的なものである。しかし，
行為者がどう思っているかという行為者の主観は，不正競業の概念にはまった
く関係がない（ここでは，行為者の意思が要件中に含まれた不正競業類型を問題にしてい
るのではない。なお行為者の主観は，損害賠償請求などでは関係してくる）。良俗とか慣
習というものは，相対的ではあるが，この意味では客観的なものである。

そして，この決定は裁判所の判断に委ねられる。不正の判断は，証拠調べに
よって解決する事実問題でなく，裁判所の法的判断を含む。それは，変化する
社会の一般人の意見を背景に，具体的案件の解決にあたって，信義衡平の原理
に基づく法的判断により探し求め出されるものである。なお，市場が国際化し
た今日，不正の判断は独断的なものではなく，国際的に調和したものでなけれ
ばならず，裁判所にこの任務が課せられている。

Ⅱ　不 正 競 業

1　不正競争とパッシング・オフ

「不正競争」（unfair competition）という語は，初期の段階においては，商標な
どの表示に関する概念として，また，これを補うための概念として用いられた
ものであった。そして，特にアメリカにおける不正競争（unfair competition）の
概念は，当初イギリスにおけるパッシング・オフ（passing off；詐称通用。イギリ
スは最近まで不正競争の観念をもたなかった）の概念と同じであった。自分のものを
他人のものとみせかけ，つかませるというパッシング・オフを差し止める訴え

が，イギリスでは商標保護などの役割を果たしていた（塚本重頼「英国不法行為法に於ける所謂 passing off に就て」法学新報57巻6号41頁・7号23頁）。アメリカにおいては不正競争に対する訴えが，商号や未登録商標の保護（いわゆる commom law trade mark；コモン・ローによる商標保護）について，同様の役割を果たしていた。しかし，この概念は，営業上の信用の保護の一切に拡大された。ただ，不正競争についての明確な概念は確定されなかったので，不正競争の理論は，当初パッシング・オフの理論と同じであるとする判例も存在していた。その後，不正競争は欺罔的行為（fraudulent conduct）であるとする判例も現れ，さらに契約破棄の誘引や営業誹謗などが，このなかに含まれるものと認識されてきたが，誇大広告は，まだ不正競争として認識されていなかった。

　しかし，今日それは，より広い意味に発展し，他方，「誠実なる慣習に反するすべての競争行為」を不正競争なりと規定するパリ条約などにより，コモン・ロー（common law）上の不正競争概念よりも広い，フランス・ドイツ・スイスなどの大陸法下において形成されていた不正競争概念が各国で定着し始めてきた。

> 　＊　わが国の最高裁判所は，菊屋事件において「(旧)不正競争防止法5条2号にいう『不正競争ノ目的』とは公序良俗，信義衡平に反する手段によって，他人の営業と同種または類似の行為をなし，その者と営業上の競争をする意図をいう」としている。しかし，それは当該案件が同法（旧不正競争防止法）5条2号にかかる案件であり，同号がパッシング・オフの類型に属する不正競争行為を規定した法条であったので，このような表現で判示されたものにすぎない（最大判昭和35年4月6日刑集14巻5号525頁〔菊屋刑事事件（上告審）〕）。一部の教科書などで，この判示事項を「不正競争の目的」全般を示す意義として引用していることは，定義として狭きにすぎ，判例の引用方法として不適切である。

2　不正競争と不公正取引方法

　アメリカにおけるコモン・ロー（common law）上の不正競争（unfair competition）の概念は，通常の意義においては，当初パッシング・オフ（passing off）の意義と同義であった。そして，大陸法で不正競争行為に包含されていた誤認的広告の問題を，このコモン・ロー上の不正競争の概念に含ませることには，当時問題が存した。

　そこで，連邦取引委員会法（FTC法：Federal Trade Commission Act, 38 stat.717

1914. この委員会はわが国の公正取引委員会にあたる。そして委員会法は，わが国の独禁法にあたる）は，不正競争（unfair competition）の文言より広く解しやすい不公正な競争方法（unfair methods of competition）の用語を同法にとり入れた。これは，コモン・ロー（commom law）上の不正競争をも含み，より広い概念である。そして，シャーマン反トラスト法（Sherman Antitrust Act，1890）が，独占的結合組織の禁圧を主目的とし，かつ，すでに普通法により認められた不正競争を規制していたのに対し，さらにこれのみの規制では公正競業秩序維持の目的が達せられないとして，競争を圧迫する「不公正競争方法」に用語を改めることによって，より規制範囲を拡大し強化しようとしたのである。

　しかし，この不公正な競争方法の意義についても，裁判所は消極的態度であったので，さらに，1938年ホイーラ・リー法（Wheeler-Lea Act）が制定され，FTC法5条に，unfair methods of competition のほか，「不公正又は欺瞞的な行為又は慣行」（unfair or deceptive acts or practices）なる文言を追加した。そして，ここに「不公正な取引慣行」（unfair trade practices）という語が生じた。

　わが国のいわゆる独占禁止法が「不公正な取引方法」という語を用いているのは（独禁1条・2条9項・19条など），上記の用語を継受したものである。

3　不正競業

　不正競業の範囲は，その沿革をたどってみると，次第に広がっている。初期の段階では，他人の表示の僣称が不正競業の典型であり，営業上の信用の保護が対象であった。しかし，その後個人対個人の不正競業のみならず，個人対営業群の関係も問題となる。その典型は，原産地名称の詐称行為などである。

　そして，さらに個人対営業群の関係を超えて，消費者に対する不正行為，例えば，誇大広告のようなものが登場する。そこにおいては，競業秩序の破壊という意味において不正競業なのであり，もはや個対個の競争関係にとどまっているものではない。不正なダンピング，ボイコット，リベートのような行為についても同様である。

　そこで，不正競業の概念は，その規制対象からみて，競業における公序良俗・信義衡平に反する行為として把握するほかない広範なものとなった。この意味において，パリ条約が「工業上又は商業上の公正な慣習に反するすべての競争行為は，不正競争行為を構成する」（10条の2第2項）と規定しているのは

適切である。

不正競業の概念に含まれる不正競業行為が多様化するに従い，狭義の競争概念は後退し，個対個の競争のない場合においても不正競業は存在するとされるに至っている。不正競争なる語は，不公正な取引方法なる語によってより適切に表されるような範囲にまで広げられた。

> ＊　しかし，不正競争（unfair competition）なる語は，それをいかに広く解するにせよ，競争関係の存在を特徴とする概念であることにおいて，不正取引（unfair trading）と異なると解するならば，競争（competition）概念をどこまで薄められるかが，不正競業法の１つの課題である。

Ⅲ　不正競業行為の類型

1　不正競業行為の種類

不正競業は競業における公序良俗・信義衡平に反する行為であるから，不正競業行為の種類は極めて多種多様である。

わが国の「不正競争防止法」は，不正競業行為を一般的に禁止するいわゆる一般条項をもたず，また，禁止行為について制限的列挙主義をとっているから，下記の多種多様な不正競業行為のうちのごく一部を規制しているにすぎない。

以下，多種多様な不正競業行為のうちから主要なものを列挙してみよう（以下は，体系的に分類して列挙するものではなく，考察の便宜のため主要なものを列挙するものである。分類については次項の*2*で述べる）。

①　商標・商号及びその他の標識の冒用――これには商標・商号の冒用ほか，表示としての商品の外観・営業活動の標識（電信略号など）・作品の題号・植物品種名・原産地名称など各種標識の冒用問題がある。

②　誤認惹起的広告及びラベルの不正――これには商品・役務の品質・出所・価格などの誤認惹起行為・虚偽広告・誇大広告・不正ラベルなどの問題がある。

③　競業相手の信用や労力・費用の無断利用――上記のパッシング・オフ行為のほか，競業相手の広告やラベルの冒用，商品などの模倣，営業秘密の開示・窃取・不当使用などがある。

④　競業相手・営業，商品の誹謗——これには比較広告・商品比較試験の公
　　表などの問題がある。
⑤　競争相手に対する企業侵害——ボイコット，商業的贈賄，被用者買収，
　　不当商業的ピケッティング，ダンピング，契約破棄の誘引，競業相手に起
　　こったストに対する金銭的援助，不当商業的ボイコット。
⑥　価格競争など不正取引行為——割引，ダンピング，再販売価格維持，不
　　当競争制限，不当販売組織，ねずみ算式販売などの問題。
⑦　プレミアム・おまけ販売，懸賞付販売，不当リベート——不正競業とし
　　ての法規違反による優越的地位の獲得，不正競業としての契約違反。
以上のように，多岐にわたるのである。

　これに対し，不正競争防止法は，①周知商品等表示混同行為（2条1項1号），
②著名商品等表示冒用行為（2号），③商品形態模倣行為（3号），④営業秘密に
係る不正行為（4号〜10号），⑤限定提供データに対する不正取得等行為（11号
〜16号），⑥技術的制限手段に対する不正競争行為（17号・18号），⑦ドメイン名
の不正目的使用行為（19号），⑧原産地・質量等誤認惹起行為（20号），⑨営業
誹謗（信用毀損）行為（21号），⑩代理人等の商標冒用行為（22号），⑪外国・国
際機関などの記章・表示などの不正使用行為（16条・17条）などを規定するに
とどまる。

　不正競争防止法に列挙された以外の上記不正競業行為が，現在のわが国の競
業秩序においてまったく放任されているわけではない。民法の不法行為に関す
る規定は，民事法的にこれを補っているわけであるし，また実質上の不正競業
法制を形成する独禁法の不公正な取引方法に関する規定や，薬機法その他の特
別法中の誇大広告禁止などに関する規定，その他多くの規定が，行政法的・刑
事法的に，これを補っているわけである。この点は後述するが，それにして
も，不正競争防止法の規定は，列挙主義をとりながら，やや類型の種類が少な
い傾向もある。そこで，一般条項導入の可否の問題が生ずるのである。

2　**不正競業の行為類型**

　不正競業行為が極めて多岐にわたることは，上記のとおりであるが，各種不
正競業行為について，そのうちから同じような性格の行為をどのように類型化
することができるであろうか。この点について，いろいろな類型化の試みがみ

られるドイツの学説の主要なものをみてみよう（わが国の不正競争防止法上の不正競争行為の類型化については，第2編において行う）。

ローペ（Lobe）は，「自己の効果的期待を促す行為」と「他人の効果的期待を減ずる行為」に分けた。これは，ニッパーダイ（Nipperdey）の「寄与的競業」と「妨害的競業」の分類につながるものである。この分類は，競争が競業者相互の目的達成における有利・不利条件の増加・減少にあることに着眼し，また，競業が建設的・寄与的になされなければならない性格を明らかにするものであるが，類型化は十分ではない。

不正競業について，初めて体系化を行ったものはコーラー（Kohler）である。彼は，「詐称行為」と「強圧行為」又は「敵対行為」に分類した。これは，行為の性格に基づいて類型化したものである。

これに対して，不正競業行為の相手方によって分類したのはカッツ（Katz）である。彼は，「個々の者とのみ競争をなす行為」と「多数人すなわち競業者全体に向けられた行為」に分類した（豊崎光衞博士も，不正競争行為を「営業者の営業上の利益を直接侵害するもの」と「消費者が直接の被害者である点で消費者保護の作用をするもの」に大別される。豊崎光衞「競争と企業」岩波講座・現代法9現代法と企業（岩波書店，1966）279頁）。

コールマン（Callmann）は，「寄与的競業」，「暗示的競業」，「強圧的競業」に分類した。これに対して，ヘファメール（Hefermehl）は，さらに，「顧客獲得行為」，「妨害行為」，「剽窃行為」，「法規違反による優位獲得行為」に分けている（有馬忠三郎博士は，「営業誹譏による不正競業」，「混同による不正競業」，「精神的産物の借窃による不正競業」，「企業の侵害による不正競業」に類型化されている（有馬忠三郎・不正競業論（弘文堂書房，1922）348頁以下）。競業形態の多様化した今日の状況下では，やや類型が簡単かとも思われる）。

ヘファメールの上記分類は代表的な類型で，これに近い類型化がよく行われる。そのうちの1つであるメストメッカー（Mestmacker）の類型をヘファメールの類型と対比しながら説明しよう。メストメッカーは次のように分類する。

①「競業者の営業の侵害」（これは，ヘファメールの妨害行為にあたる。ボイコットや特許侵害なりとの不当警告・営業誹謗行為などがこれに属する）。②「顧客の不当獲得」（これは顧客獲得行為にあたり，誇大広告・出所地詐称・不当懸賞などがこれに属す

る）。③「他人により創られた価値の冒用」（これは剽窃行為にあたる。営業秘密の窃取・商品の模倣などがこれに属する）。④「法違反による優位的地位の獲得」（これは，法規違反による優位獲得行為にあたる）。

　このようにメストメッカーの類型はヘファメールとほとんど同じであり，その他にも，このような観点からする類型化は多い。

　コールマンは，Unfair Competition，Trade-marks and Monopolies，4th Ed. の不正競業の部分（Vol.1A Part Ⅰ～Vol.2 PartⅤ）を，「不正広告及び価格」（虚偽及び誤導広告，不正価格競争，再販売価格維持，価格戦争，贈物・プレミアム，懸賞），「競業者の営業関係への不正侵害」（競業者の契約上の権利及び購入機会の侵害，商標的ボイコットによる侵害，競業者及びその製品の誹謗，商業的贈賄，妨害的及び身体的侵害），「競業者の価値の冒用」（営業秘密，競業者の努力・労力・投資及び技能の不法利用），「不法営業行為」（不正競業としての法規違反及び契約義務違反）に分類している。

　これは，競業的衡平原理としてあげる，①「競業者に対する直接的攻撃」，②「消費者の自由選択の機会の否定」，③「競争企業の価値の濫用」，④「営業における不公正行為」に対応する類型化である（コールマン・前掲 Chapter 2, E §2.28～2.38）。

　フーブマン（Hubmann）は，「競業者の保護」，「関係者の保護」，「競業秩序の保護」に分ける。これは競業法上の保護価値を，第1に個々の競業者の寄与的成果及び活動の自由を保証する利益，第2に供給に対する自由なる決定に関する市場関係者の利益，第3に競業秩序の保護に関する公共の利益に分けることより生ずる。ここにおいては競業秩序についての利益という一般市場保護が押し出されているところに興味が深い。

　ちなみにホーイン（Houin）は，「営業誹謗」，「誤認惹起行為」，「競業者の営業の内部破壊を目的とする行為」，「市場の一般的破壊を目的とする行為」に分け，デボア（Desbois）も「混同惹起行為」，「競争企業の誹謗」，「競争企業の破壊」，「市場の破壊」と類型化はホーインとほとんど等しく，また，いずれも「市場の破壊」を類型としてあげていることは興味深い。

　以上の類型化のうちのいずれが最もよいかは，一概にいえない。それぞれ有益に示唆するところを有する。また，類型化を行う目的によって，その目的に適した類型化があろう。

わが国の不正競争防止法に列挙された類型は極めて少ない。ヘファメールの整った類型や，「一般市場の破壊」という興味ある類型は，不正競争防止法に列挙されていない不正競業行為をも含めた全般的な不正競業法を概説するときには便宜である。しかし，わが国の不正競争防止法に列挙された数少ない行為をこれにあてはめると，欠けるものが多く，かえってわが国の不正競争防止法を理解し難くすると思われる。本書では列挙事項を条文の順序でこれを説明することで十分であろう。ライマー（Reimer），ユリウス・フォン・ギールケ（J.v.Gierke）も，法規の構成そのものに基づいた配列によって概説している。類型化については，第2編第1章第2節で再びふれよう。

> ＊　以上は，Alfons Kraft，Interssenabwagung und gute Sitten im Wettbewerbstrecht（1963）S.268ff.;Baumbach-Hefermehl，Wettbewerbs und Warenzeichenrecht，8.Aufl. S.109ff.; B.I.I.C.L.Comparative Law Series No.4（1962）and No.12（1966）その他によった。

□第 *2* 章

不正競業法の成立と発展

第1節　不正競業法の沿革

　社会生活において競争はあらゆる面において行われる。そして，経済生活において，不正な競争手段が用いられたことも，また，極めて古いものと想像される。しかし，現在の不正競業は，営業における経済的「自由」の確立・自由競争をとおしての経済生活の展開という市民社会の成立を前提としている。したがって，不正競業に関する法も，また，経済の発展成熟と歩調をともにしつつ，各国の法制を背景に発展をとげてきた。

I　前　　史

　社会生活に競争はつきものであり，ローマ法においても，不正な競争手段を抑止する法制がなかったわけではない。このような意味においては，かかる法は，さらに古くから存在した（特に，Aurthur A.Schiller，Trade Secrets and the Roman Law，30 Cal.L.Rev.837（1930）は営業秘密の侵害という不正競争行為が，奴隷誘惑の訴権（actio servi corrupti。古代ローマの奴隷は，人格を有しないというだけであって，奴隷の技術者や教師，経理書記等も奴隷であった。現代において従業員買収と秘密侵害が関連するように，actio servi corrupti は不正競争にあたると考えたのであろうか）によって処理されていることを証明することによって，近代不正競業法とローマ法との等価性を認めようとした。小野・営業秘密47頁以下）。しかし，両者に等価性を認めることは疑問である。このような技術秘密の保全そのものは，紀元105年に蔡倫によってなされた紙の発明や，東西通商の新商業路などにおいてもはかられていた。

　中世においても，強いて求めるならば，特許営業者あるいは同業組合員の間において，不正競争と目しうるものがないではない。しかし，これに対して

は，領主の権力によって禁圧することをもって足りた。しかし，領主の権力の衰退並びに中世都市の勃興とともに，所により領主の専制よりのがれ商工業者の自治権が拡大したが，そこにおいては，組合規約で不正競業的行為に対する統制が行われた。

  * 例えば，ドイツにおいては1400年代より営業誹謗・顧客不当誘引・秘密漏洩などを禁ずる同業組合（Zunft；ツンフト）規約があり，フランスにおいてもルイ王朝時代より不正競業禁止令があったのがその例である。また，イギリスにおいては，ギルドは組合員らに裁判権を有し，その公正競争規約に従わねば営業しえなかった。なお，イギリスでは1580年に，すでに，パッシング・オフに関する判例が現れている。

Ⅱ フランス

中世におけるものは，領主の支配権の侵害，又は組合の自治権の侵害に対する制裁である。この種のものは，中世よりさらに古い時代にも存したことはすでに述べた。自由競争下における不正競業禁圧の法理は，営業の自由を初めて確立したフランスにおいて成立した。

フランス革命の直後，1791年3月17日法は「各人は正当と認められる一切の商業若しくは職業を遂行する自由を有する」旨を宣言した（同法7条）。

しかし，これは封建的特権打破に本来的意義があったので，不正競業法が形成されていったのは，これより遅れ，19世紀のフランス資本主義の形成に随伴してのことであった。

このような長い伝統にもかかわらず，フランスにおいては，不正競争行為に適用されるべき特別の一般的立法は制定されず，民法1382条（不法行為）・1383条（準不法行為）の規定を基礎として，判例によって不正競業法は展開・形成された。判例は故意を要件とする1382条の適用から1383条の過失による不正競業法を認めるに至った（ベルギー，オランダ，イタリア，あるいはフランス統治下のドイツのライン地方でも同様であった）。

  * もちろん，1824年製品名僭用模倣に関する法律，1905年商品・食料品・農産品の販売上の詐欺取締法等々の部分的な不正競業法は制定された。また，不正競業についての一般的立法は，ビシー政権によって作られた営業秩序に関する委員会によって第2次大戦中公布されたが，それほど完全なものでなく，また，解放後には法的

26 第1編 序 論 第2章 不正競業法の成立と発展

効力を失ったとされる（なお，フランスの不正競業法については，モランディエール「仏国法における不正競業に就て」法学4巻5号1頁，染野義信「フランスの不正競業法」比較法研究19号16頁参照）。

Ⅲ イギリス

　フランスが不正競争の概念のもとに，不正競業に関する判例法を形成したのに対し，同じく判例法によってこの問題を解決してきたにもかかわらず，イギリスにおいては不正競争という特別の概念は構成されなかった。不正競争（unfair competition）なる語は，パッシング・オフ・アクション（passing-off action；詐称通用の訴え）や商標訴訟の分野において，しばしば現れたけれども，それは，フランス法がそれに内包させたような広い意味の不正競争なる概念は存在していなかった。

　unfair competition（不正競争）なる英語も，アメリカにおいて用い始められた語である。ただ，イギリスが欧州共同体（EC）に加入するにあたり，大陸法との比較法的研究が始められ，この広い意味の使用法も学問的に始まった。不正競争という単一の観念で法理を進める試みは，general principle of negligence（過失の一般法理）をもとに展開される余地がなかったわけではないといわれる。しかし，彼らの思考法はかかる形をとらなかった。

　同じ判例法であっても，フランス判例法は，民法典，特にその1382条を中心に展開されたのに対し，イギリスにおいては，数個の型の不法行為（tort）から発展したものであって，単一の型から発展したものではない。そして，1580年には早くもパッシング・オフの判例が，16世紀末にはスランダー・オブ・タイトル（slander of title；信用毀損）の判例が存し，不正競業法理の萌芽的存在をなしていたが，さらに malicious falsehood，defermation，negligence，conspiracy（悪意，信用毀損，過失，共同謀議）その他，あまたの法理を用いて，現在不正競争の防止について，ほとんど大陸法と大差なき保護が与えられている。

　　＊　なお，買収禁止令（Prevention of Corruption Act of 1906），賞牌法（Exhibition Medals Act of 1863），その他の特別法などの制定法が部分的に存することはフランスと同様である（なお，田中和夫「英米法における不正競争」一橋論叢28巻8号4

頁，有泉亨「イギリスの不正競業法」比較法研究19号7頁参照）。

Ⅳ　アメリカ

　アメリカはイギリス法の原理を継受した。したがって，イギリスの普通法裁判所において不法行為とされるものが，不法行為として認められたことにおいて，その基本はイギリスと同様である。しかし，アメリカにおける産業の発展は著しく，特に大資本の威力として現れた各種競業においては，その処理において，イギリス法の原理を超える独創的解決を図る必要に迫られた。その典型は，いわゆる独禁法理であり，また，不正競業分野における連邦取引委員会（Federal Trade Commission，FTCと略称）をはじめとする各種行政委員会の活躍にそれがみられる。1890年のシャーマン反トラスト法も，すでに普通法上認められていた不正競争行為を不法なりと明言していた。

　そして，さらに，1914年のクレイトン法（Clayton act）及び連邦取引委員会法（FTC法：Federal Trade Commission Act）は「不公正な競争方法」（unfair methods of competition）を防止する管轄を有するものとしていたが，1938年のホイーラ・リー法（Wheeler-Lea Act）が制定され，FTC法5条は「不公正又は欺瞞的な行為又は慣行」（unfair or deceptive acts or practices）を防止する管轄をも追加して，パッシング・オフ，原産地虚偽表示，不正広告などの典型的不正競争行為の規制へと範囲を拡大強化した。

　このような，アメリカにおける不正競業法の不法行為法的ないし商法的不正競業法より行政法的ないし経済法的不正競業法への発展は，興味深いところである。

　　＊　連邦取引委員会は，さらに1937年の毛製品表示法（Wool Products Labeling Act），1951年の毛皮製品表示法（Fur Products Labeling Act），1953年の可燃繊維法（Flammable Fabrics Act）などにより，特定商品についての表示規制についても多くの権限を与えられている。また，連邦取引委員会のほか，食品薬品委員会（Food and Drug Administration）などの誇大広告，虚偽広告などの規制をする各種行政機関が発達した。

　　　なお，ロバート・ブラウカー（道田信一郎訳）「不正競争防止の分野におけるアメリカ行政部の活躍」比較法研究19号1頁，田中・前掲一橋論叢28巻8号4頁，同「アメリカにおける競争規制」法時31巻2号22頁参照）。

Ⅴ ド イ ツ

ドイツにおける不正競業に対する法的規制は，フランスの影響を受けながら
も，かなりこれに遅れた。それは，ドイツが，イギリス・フランスに比べて後
進資本主義国であったからである。まず営業の自由についての法制が整備され
たのも19世紀の後半になってからのことであった。ドイツにおいては同業組
合規約で不正競業的行為に対する統制が行われたが，これは不正競業法という
より，むしろ前史的なものである。そして，資本主義的発展は遅れ，諸州に同
業組合（Zunft；ツンフト）の営業特権が長く残存した。

ドイツにおいては，プロシャが1810年に営業条例を実施したが，営業の自
由が法的に確立したといいうるのは，1868年7月8日及び1869年6月21日の
ドイツ帝国営業条例（Gewerbeordnung）においてである。同条例4条は組合（ツ
ンフト）強制を廃止し，営業に対する国家的干渉を禁止し，自由競争を可能な
らしめた。営業条例は不正競争禁止の規定を置かず，そこで，競争に関して特
別法で禁止されていないことは，すべて許されると考えられていた。他方，
19世紀においては，民法は一般的法理としての競業法を認識していなかった。
そして，わずかな特別法，例えば旧商標法（Gesetz uber Markenschutz 1874年11月
30日 RGBl.S.143）などがこれを扱うにすぎなかった。しかも，ドイツ大審院
（Reichsgericht）は，当初，これらの特別法が排他的に救済を行うものと解し，
民法の不法行為の規定が不正競業に適用されないとした（1880年 RGZ3 67，これ
は，途方もない誤った反対解釈の結果に基づく判断であるといわれる。例えば，Kohler,
Der Unlautere Wettbewerb（1914））。例えば，不正な意図での類似商号の選定に対
する対抗手段もない状態であった。さらにつづいて，裁判所は1895年に，営
業には保護されるべき利益はないとした（1895年，RGZ35 166. この営業権論につい
ては，わが国はまだこの段階に近い状況にとどまっている）。裁判所は，フランス民法
1382条のもとにおける不法行為による不正競業法への発展を拒絶しつづけた
（1891年，RGZ20 50）。したがって，次に述べる1896年法の制定までは不正競争
の概念は存在しなかった。

ところが，19世紀末に不当廉売，産業スパイなど不正競業の弊害が意識さ
れ，裁判所の判例変更をまたずして，1896年に不正競業禁止法（Gesetz zur

Bekampfung des unlauteren Wettbewerbs）が制定された。

　1896年法は一般条項を備えず，5種類だけの制限的列挙の不正競業類型を
もつ規制範囲の狭いものであった。しかし民事的救済のほかに，刑事的救済も
有するものであった。他方，1900年民法典の制定後，裁判所も従前の態度を
変え（RG 74, 434 1910年12月22日），判例変更をなして，民法824条・826条に不
正競業禁止の一般規定の役割を果たさせるに至った。さらに，営業権（Recht
am eingerichteten und ausgeubten Gewerbebetrieb）を民法823条1項の意味での絶対
権であると認めた（RG 149, 332）。

　しかし，制限列挙主義による上記特別法は，社会の要請に十分に応えないと
して，1909年列挙行為を拡大し，かつ一般条項（1条）を加えた不正競業法
（Gesetz gegen den unlauteren Wettbewerb）が制定された（その後，同法は，1925年3月
21日，1932年3月9日，1935年2月26日，1940年3月8日，1957月3月11日，1965年7
月21日，1969年6月25日，1969年6月26日，1970年6月23日，1974年3月2日，1975年
3月10日，1986年7月27日等の各改正を経て今日に至る）。

　　　＊　ワイマール共和国時代は，競業規制にやや懐疑的であったといわれるが，ナチスは
　　　　そのアウタルキー政策による競争の激化を背景として，同法を拡充し，さらに，景
　　　　品令（1932年），割引法（1932年），商業宣伝法（1933年），価格表示法（1940年）
　　　　などの監督的法令も出された。第2次大戦後において，これらナチス色は払拭され
　　　　たが，不正競業法は，ほぼ同様の姿で存続せられており，東ドイツにおいても事情
　　　　は同様であった（なお，豊崎光衞「ドイツの不正競業法」比較法研究19号22頁，満
　　　　田重昭「西ドイツの不正競争防止法」不正競業法の研究（発明協会，1985）427頁参
　　　　照）。そして，東西ドイツの併合により，西ドイツの不正競業法が統一ドイツの不正
　　　　競業法として施行されている。

　以上，資本主義発展段階に応じ，国情によって不正競業法の形成過程に差違
はあるものの，これらが，各国とも漸次新たな方向に発展しつつある姿が見受
けられる。

第2節　わが国の不正競業法の沿革

Ⅰ　前　　史

　社会生活に競争がつきものである以上，前節の「前史」において述べたような現象が，わが国にも存在していたことは容易に想像しうる。例えば，大宝令には，産地表記の強制が規定されていた。また，商標の冒用が古くより存したことも伝えられている。また，室町時代以後の座とか株仲間が，規約によって同業者の不正競争を規制したことも伝えられているが，いずれもこれらは，今日の不正競業法からみて前史的なものにすぎない。

Ⅱ　不正競争防止法の制定まで

　明治維新の結果，商工業は自由となったが，1884年（明治17年）の商標条例なども，商標権中心の考え方にすぎず，「不正競争」の文字がわが国の成文法に現れたのは1899年（明治32年）の商法20条・22条に用いられたのが，その初めであろう。

　そして，わが国において不正競争取締立法が初めて問題となったのは1909年（明治42年）にドイツにおいて改正不正競業禁止法が制定され，これに刺激されたことに始まる。しかし，当時の取引界が不正競業の弊害を痛感していたのかどうかは必ずしも明確ではない（豊崎・全集33頁）。

　日露戦争後の急激なる資本主義の発展に伴い，不正競業の弊害もようやく識者に認識され，一方ドイツの1909年法に刺激されたこともあって，農商務省の手によって，不正競争取締りに関する明治44年法案が立案された。このときのモデルはむしろドイツの1896年法であるといわれる（「不正競争防止法制定関連資料」特研5号40頁）。しかし各方面において，この法案に対する反対の声が強く，法律として制定されるまでには至らなかった。

　その後，これを基礎としての再検討が国内法について始められ，また，第1次大戦後の講和条約あるいは国際連盟をめぐって国際的不正競争に属する諸問題が国際的に議せられたが，特に，1925年（大正14年）のヘーグの改正条約会

議を目前にして不正競業法の制定が採りあげられ，大正15年法案が準備された。しかし，これもまた立法化されるに至らなかった。

Ⅲ　不正競争防止法の制定

　1933年（昭和8年）にロンドンで開催されるはずの改正会議は，その翌年に延期され，1934年（昭和9年）5月1日に開かれることになったが，ロンドン会議に参加するためには，ヘーグ改正条約を批准しなければならなかった。すなわち，同条約10条の3において不正競争を防止するための法律上の救済が確保されるべきことが定められ，かつ，不正競争防止に関する規制法を有しない国は，このときまでに法律を制定すべきことが申し合わされていたので，これを制定しなければならなかったのである。

　そこで，商工省は法案を作成し，第65回帝国議会に提出し，1934年（昭和9年）3月法律第14号として公布，1935年（昭和10年）1月1日，ヘーグ改正条約加入の効力発生と同時に施行されたのが昭和9年の不正競争防止法である。

　この昭和9年法は，大正15年法案に近く，条約の要求を過不足なく満たすにとどまる6ヵ条の簡単なものであった。しかし，同法は，わが国初の不正競業立法であって，その点において画期的なものであった。ただ，第1条の不正競業類型もわずか周知商品表示混同行為，原産地虚偽表示，営業誹謗行為の3項目のみであり，罰則は国の紋章などの使用禁止についてのみであって，上記3項目についての罰則はなく，決して完全な立法ではなかった。

Ⅳ　不正競争防止法の改正

　不正競争防止法は，その後の改正によって，現行法のとおりかなり整備されたが，それでも，いまだ不正競業類型も不十分であり，かつ，限定的であり，加えて一般条項を有しないゆえに，十分なものとはいえなかった。そして改正は，当初は主として国際的な必要性に促されたものであった。

　まず，1938年（昭和13年）の改正では，周知商品表示混同行為に加えて周知の営業表示についての混同行為の禁止が追加されたが，これは1934年のパリ条約ロンドン改正会議において，パリ条約10条の2の不正競争防止の対象が生産物だけでなく営業にも及ぶこととなったことに対応する。

32　第1編　序　　論　第2章　不正競業法の成立と発展

　また，1950年（昭和25年）の改正は，1949年（昭和24年）9月9日の連合国極東委員会の指令「日本における商標・商号及び商品のマークに関する件」の覚書によるものである。しかし，それは覚書による簡単なものとはいえ，このとき初めて差止請求権の規定が設けられ，また刑事的制裁規定が強化された重要な改正であった。これは，差止請求権の「不正競争の目的」という主観的要件を削除して請求を容易にし，輸入行為を追加し，類型としても原産地虚偽表示の要件にあった「仮設又ハ僭用ノ商号ニ付加シテ」の文言を削除して立証事項を減らして請求することを容易にし，また，出所地詐称行為，商品の品質・内容・数量誤認行為の禁止の規定などもこのときに挿入され，不正競争行為の範囲が拡大された。

　次いで，1953年（昭和28年）の改正は，平和条約の附属宣言で，平和条約の効力発生から1年以内に「虚偽の又は誤認を生じさせる原産地表示の防止に関するマドリッド協定」に加入することになっていたことに関係する改正であった。すなわち，同協定を受けて原産地詐称並びに出所地詐称に「公衆ノ知リ得ベキ方法ヲ以テ取引上ノ書類若ハ通信ニ」を追加して範囲の拡大をはかり，また，ぶどう生産物の原産地（例，シャンパーニュ，ボルドー等）を普通名称としないことについての特例を規定した（付属資料12頁以下）。

　さらに，1965年（昭和40年）に，1958年（昭和33年）のパリ条約のロンドン改正及びマドリッド協定のリスボン改正との関係において，質量誤認禁止行為に「製造方法，用途」を加え（平成5年改正前1条1項5号），商標権者の代理人・代表者の商標冒用行為の禁止（同1条2項），政府間国際機関の紋章等の使用禁止（同4条ノ2）規定などが加えられた。

　1990年（平成2年）には，ガット・ウルグアイラウンドTRIPS交渉に関連し，ノウハウなどの技術上又は営業上の秘密を保護するにあたり，営業秘密侵害行為に対する差止請求権等を規定するなど重要な改正が行われた。

　続いて1993年（平成5年）には，わが国において初めて自発的な大改正が行われた。すなわち，平成5年までに改正を受けてきた昭和9年法を全面（全部）改正し，法文も片仮名書きから平仮名書きに改めるなどして新しい法律となった（これにより以下では平成5年改正以前の不正競争防止法を「旧法」又は「旧不正競争防止法」（カッコ内では「旧法○○条」又は「旧○○条」）と呼称する）。この平成5

年（全面）改正後の新法が現行の不正競争防止法の骨格をなしている（なお，以下本文において条文を引用する際には，原則として，現行法（令和5年法律第51号（令和5年6月14日公布，令和6年4月1日施行）までの改正法）の条文によるものとし（ただし，令和7年1月末日現在未施行の条文についてもその旨を明記して取り込んでいる），平成5年以降現行法までの改正に関して，当該改正前の条文を引用するときは「平成（令和）○○年改正前○○条」，当該改正後の条文を引用するときは「平成（令和）○○年改正○○条」と表記するものとする）。しかし，他面，請求権者の拡大や一般条項の採用は見送られ，類型の追加や損害賠償請求に関する推定規定の新設にとどまった。

　平成5年全面改正後の不正競争防止法は，類型的には，誤認惹起行為に「商品」のほかに「役務」を追加して規制対象とした（同改正2条1項10号（現20号））ほか，個人に対する罰金額が50万円から300万円に，法人に対する罰金額が50万円から200倍の1億円に著しく増額された。さらには，混同を要件としない著名商品等表示の保護（2条1項2号），商品形態模倣行為の禁止（同項3号）という重要な規定の追加が行われた。これは，無体財産権の権利行使行為に対する適用除外規定（平成5年改正前6条）の廃止という改正と相まって，実務上重要な役割を不正競争防止法が果たすきっかけとなった。

　この改正不正競争防止法は，平成6年5月1日より施行された。

　その後，本法は種々の改正が行われ，重要な条項の追加も順次なされた。追加された重要な条項を列記すると，以下のとおりである。

　平成10年には，外国公務員に対する不正の利益の供与者（同改正10条の2，現18条），同11年には技術的制限手段に対する不正競争行為（同改正2条1項10号・11号（現17号・18号）），同13年には不正の利益を得る目的によるドメイン名の不正目的使用行為（同改正2条1項12号（現19号）），同15年には損害賠償額に関する算定規定の強化（同改正5条1項），損害計算のための鑑定（同改正6条の2（現8条）），損害の立証が困難な場合における相当の損害額の認定（同改正6条の3（現9条）），営業秘密侵害に対する刑事処罰の導入（同改正14条3号ないし6号（現21条））等，同16年には営業秘密侵害訴訟における秘密保持命令制度（同改正6条の4ないし6条の7（現10条））を導入，同17年には商品形態模倣行為における「商品の形態」や「模倣」に関する定義規定（同改正2条4項・5項），同21年と23年には営業秘密侵害に対する刑事処罰及び刑事訴訟手続の変更・強化（同改

34　第1編　序　　論　第2章　不正競業法の成立と発展

正21条1項1号・2項4号・23条ないし31条）と，矢継ぎ早な改正が行われたが，基本的な枠組みは平成5年改正の範囲を大きく出るものではない。

　以上のように，わが国において比較的不正競争防止法制の整備が遅れたのは，わが国が後進資本主義国であったことや，昭和の初め，営業競争がようやく盛んになろうとするや直ちに戦時体制に移行してしまったことなどによる。しかし，昭和30年代からのわが国の経済発展に相対応して，今日この法律は，徐々に国内経済競争秩序を構成する重要な法律となった。また，現に，不正競争防止法に基づく案件も増加しつつあり，不正競争防止法は重要な役割を果たしつつある。そして，このことは，経済界においても，認識されつつある。

　さらに，平成2年の営業秘密の侵害に係る改正及び平成5年の全面改正は，経済界の不正競争防止法に対する認識を一変させた。

V　不正競業法の発展動向

　不正競業法は，営業の自由を前提として成立した。そして営業の自由は，市民に経済活動における国家の干渉からの自由を与え，自由競争によって，全体に利益をもたらす経済的前進が促されるという仮定にたつ。このことは，現行不正競争防止法秩序において，根本的には否定されず，現行経済制度の1つの基礎を形成している。

　しかし，この自由競争を破壊する現象が現れ，かつ，社会・経済組織も複雑化して，自由競争のみに委ねることの欠陥も見受けられる。現行不正競争防止法の事実的基礎である経済制度も，初期の資本主義から大きく変化し，混合経済とまでいわれる方向に修正されつつある。すなわち，「不正競争より統制的競争へ」（From Unfair competition to Controlled Competition）とまでいわれるほどになった。

　ここにおいて，不正競業法も，初期の資本主義下の不正競業法と，混合経済とまでいわれる状況下の不正競業法とでは，同じであってよいはずはない。

　「競争の純正」，さらには「競争における公正」の維持の正当性は動かぬ基本原則であっても，法制度としては，どうしても経済法的性格の方向に動いていくであろうことは否定できない。

　不正競業法全体については上記のようにいえるとしても，旧不正競争防止法

に目をむける限り，それは私法的救済としてすら十分なものではなかった。わが国の経済の発展に即応し，平成５年に，全面的に改正され，不正競業類型は一部充足された。しかし，一般条項は今後の検討事項として，規定化は見送られた。

さらに，不正競業類型の拡大充足化のほかに，請求権者についての，人的範囲の拡大も議論された。旧法には，「営業上の利益を害せられる虞ある者」に限定されていることよりくる請求権者についての制約がある。しかし，原告適格者について，スイス法のように「消費者」をこれに加えることが見送られたのみならず，「消費者団体」もこれらの者からの訴えは少ないとして見送られ，さらには，ドイツ・スイス法の有する「同業者団体」の原告適格の規定化も見送られた。

このことは，不正競争防止法の色彩が，なお私法的色彩を色濃く有していることを示しており，不正競争防止法は単に特定の業者保護にとどまらないものではあるが，業界全体，さらには，消費者保護など国民経済全体を考慮した，広い経済秩序維持法への変革は，今後の検討事項となった。

36　第1編　序　　論　第3章　不正競争防止法の概念

□第 *3* 章

不正競争防止法の概念

第1節　不正競争防止法の概念

　不正競争防止法とは何か。それはこの不正競争防止法という名称にいかなる意味をもたせるかによって異なってくる。

I　実質的意味における不正競争防止法

　すでに述べてきたように，営業の自由における自由競争は，論理上，競争秩序を破壊しない限度においてのみ許されるという制約を有する。このような限度を超える競業行為を規制する法が，実質的意味における不正競争防止法である。それは，成文法であるか否か，また，その法にいかなる名称が与えられているかを問わない。

　これにはもちろん，成文法たる「不正競争防止法」（昭和9年法律第14号，改正昭和13年法律第2号，同25年法律第90号，同28年法律第26号，同40年法律第81号，同50年法律第46号，平成2年法律第66号，同5年法律第47号，同6年法律第116号，同8年法律第68号，同10年法律第111号，同11年法律第33号・法律第160号，同13年法律第81号，同15年法律第46号，同16年法律第51号・法律第120号，同17年法律第75号・法律第87号，同18年法律第55号，同21年法律第30号，同23年法律第62号・法律第74号，同24年法律第12号，同27年法律第54号，同28年法律第54号，同29年法律第45号，同30年法律第33号，令和4年法律第48号・法律第68号，同5年法律第28号・法律第51号）が含まれる。そして，主たる法源は，同法を主とするものであるが，不正競争防止法の意義を競争法に近い広い意義に用いる場合には，成文法たる「不正競争防止法」のみではなく，一般的法源として憲法の営業自由の規定（憲22条，工業所有権などの私有財産権保障の憲29条），権利濫用禁止の規定（民1条3項）などをはじめとして，不正競争

防止法の補充法令たる民法の不法行為規定など，あるいは，刑法の規定などの一般規定，商標法の商標保護・不正競争防止規定，商法の総則・商業登記法の商号保護規定，独占禁止法の規定の一部，不公正な取引方法に関する規定はもちろん，輸出入取引法，輸出品デザイン法，さらには，不当景品類及び不当表示防止法，その他，軽犯罪法，薬機法，農薬取締法，肥料取締法，食品衛生法，繊維製品品質表示法などの誇大広告に関する規定など多くの特別法令を法源とする。

　そして，その対象も，「不正競争防止法」が規定するもののみならず，被用者買収，割引又は景品付販売，ダンピング，ボイコットなど，一般に，講学上において不正競業類型としてあげられるものすべてに及ぶ。

　本書では，この「実質的意味における不正競争防止法」をなるべく「不正競業法」と呼ぶことにし，次項Ⅱの「形式的意味における不正競争防止法」を単に「不正競争防止法」と呼ぶことにして両者を区別している（満田重昭・不正競業法の研究（発明協会，1985）21頁注４。なお，本書ではドイツの形式的意味における不正競争防止法を「不正競業法」と呼ぶなど，厳密に用いているわけではないが，ドイツ不正競業法はわが国の「不正競争防止法」と異なり不正競業類型も多く，また，一般条項を有するゆえに，その対象の相対的広さより，「不正競業法」と称するに値する）。

Ⅱ　形式的意味における不正競争防止法

　上述のように本書では，制定法たる不正競争防止法（平成５年法律第47号）を「形式的意味における不正競争防止法」と呼び，「実質的意味における不正競争防止法」を表す「不正競業法」と区別している。制定法としての不正競争防止法は，実質的意味における不正競争防止法の対象を規制するものであるが，両者は外延において一致していない。すなわち，不正競争防止法は不正競業法の対象のごく一部を規定するにすぎない。しかし，実務上頻繁に運用されている不正競業類型の主たるものが不正競争防止法に規定されている。

　なお，不正競争防止法（昭和９年法律第14号）は全面改正がなされ，平成５年５月12日に参議院，５月13日に衆議院を通過し，平成５年５月19日に法律第47号として公布され，公布の日から起算して１年を超えない政令で定める日である平成６年５月１日から施行された。本書は，形式的意味における「不正

競争防止法」の概説書である。

第2節　不正競争防止法の性格

　不正競争防止法は，40条よりなっている。それは主として民事法的規定である（3条～20条）。しかし，公法的規定も存し（16条～18条），特に，21条・22条は刑事法的規定である。

　不正競争防止法の体系的地位については次章で述べ，ここでは不正競争防止法の基本理念についてみてみよう。

　自由競争において，競業者は，おのおの経済主体として，自主的に等価交換の原理に従って，自由に交換関係を設定すべきことが予期されてきた。それが公正に行われる限り，法は何ら干渉を試みる必要はない。このことが，不正競争防止法の根本的基礎である。

　しかし，仮に，そこに不正な競争行為が行われているときには（より的確な表現としては不公正な取引慣行行為が行われているときには），すなわち，「フェア・プレイ」の原則が行われていない場合には，これらの諸行為を放任することは，市場において競業の純正を保つゆえんではない。不正競争行為の規制は，衡平の名において行われる一種の利益衡量・調和である。

　第1に，それは「競業における信義誠実の原則」という表現形態ということができる（スイス法にその典型が現れている）。具体的な場合において，不正競争が存在するか否かは，競争に用いられた手段・方法による。もし，それが競争上の信義誠実の原則に反するならば，その行為は不正競業という名に値する。不正競業は，競業活動において，あいふさわしい建設的な手段によらないで，競業秩序を破壊するとき，例えば，他者を妨害したり，欺まんしたりして，自己の競争的地位を不正に優位たらしめようとするときに存在するのである。そして，それが，不正競争防止法においては2条1項の各号に類型的に列挙されているのである。

　第2に，それは，「自由競争上の権利の濫用の禁止」としてみることができる。営業の自由権は，基本的人権の1つとして保障されているが，競業者がこの権利のもつ意味や目的を超え，その内在的限界を超えた行為に及ぶときは，

もはやそれを保障する必要はない。競業は建設的に行われることが望ましいのである。ところで，競業における成果は，すべて建設的行為や原因にのみ起因しているとは限らない。成果は，単なる人間的関係や，特殊の都合のよい状態，ときには偶然の出来事に起因することもある。しかし，このようなことがらには，不正競争は関係がない。不正競争に関係のあることは，営業自由権で保障されている限界を超えた競業者の権利濫用行為なのである。

第3に，それは，「公正競業秩序」という公共福祉の維持としてみることができる。

最高裁判所は，不正競争行為は「被害者たる他の営業者に対する不正な行為であるに止まらず，業界に混乱を来し，ひいては経済生活一般を不安ならしめるおそれがある」（最大判昭和35年4月6日刑集14巻5号525頁〔菊屋刑事事件（上告審）〕）行為と判示した。

不正競争防止法は理念的に競業秩序の純正を維持しようとしているものである。結果的に営業者の利益が保護されるということがあっても，それは，公正競業秩序の維持の目的よりくるものである。この意味において，不正競争防止法では消費者の保護も十分考慮されなければならない。

また，この競業秩序は，今日（内外国の判例・学説において）非常に広範囲にとらえられ，芸術・文化運動において事業活動をしている者までも含むものとしてとらえられている。恒常的でないある種の事業活動には不正競争防止法は関係ないが，他方，広義では，営業秩序というより，むしろ事業秩序というべきものであり，自由業や農水産業にまで関連してきている。

第4に，「競業秩序における利益衡量」という面よりみることができる。競業秩序における公正は，それが経済的行為者間の問題であることから，基本理念として，競業者間の競争自由に基づく行為の調和ということに1つの基礎が求められる。不正競争防止法において，そこに不正競争類型を定める一方（2条1項各号），他方この適用除外行為を定めていること（19条1項各号）も，この現れの1つである。今日，経済機構は複雑化し，取引方法も多様化している。したがって，関係当事者の利害関係もまた錯綜している。不正競争防止法は，商標法その他を含む広義の競業法の一環として，そのうちでも特に衡量器としての役割をもつ法律の1つといえよう。◆

□第 *4* 章

不正競争防止法の地位

第1節　不正競争防止法の社会的意義

　不正競争防止法は，われわれの経済生活といかなる関連を有し，どの程度の重要性をもっているのであろうか。ここにおいて，不正競争防止法が，不正競業法全体よりみて，そのうちの一部分しか規定していないということが，これに影響している。すなわち，経済法規のうち，不正競業法制は，独禁法制とあい並んで重要なものであるにもかかわらず，後者に比して，まだその発達がわが国においては遅れている。特に，誇大広告の規制のほか，いわゆる消費者保護法制は，不正競争防止法のうちに不十分な形でしか規定されていない。また，この運用も十分なされているとはいえない。しかし，これからの経済社会において重要視されるべき法制の原理が，そこに存在することは否定することができない。

　さらに，不正競争防止法の社会的意義を実効あらしめるべき，不正競争に対する国民の意識は決して高いものではなかった。というよりも，国民に（さらには法律実務家においてすら）不正競争防止法の存在自体が意識されていなかった。それは，経済の拡大のみを目的としてきた風土に起因するのかもしれない。また，戦時統制時代，及び物資の欠乏が著しかった戦後においては，競争はもっぱら，この法律と関係のないところで行われていたことに起因するのかもしれない。

　近年における経済競争の激化とともに，多少本法が国民に知られてきた結果，従前に比して活用し始められた。しかし，不正競業法が理論的には工業所有権法をも含む広い経済競業法制のベースをなしていることは，あまり認識されていない。これは，わが国が，外国法を表面的に継受したことに基づこう。

また，不正競争防止法も，かつては実務的には，未登録商標の保護や，サービス・マークの保護に用いられていたものがほとんどであった。しかし，商品形態の保護や商品化問題での紛争に用いられ始め，訴訟事件数や起訴件数も商標法事件のそれに劣らないまでに利用し始められるに至った。平成5年の全面改正により，原産地誤認惹起行為に役務が追加され（2条1項旧10号）（現20号），法人に対する罰金額が1億円と著しく増額されたほか，著名商品等表示の冒用行為（2条1項2号），商品形態模倣行為（2条1項3号）という重要規定が追加され，すでに平成2年の改正で新設されていた営業秘密の保護に加えて，知的財産権保護における極めて重要な法律となった。そして，工業所有権登録が不正競争防止法の適用を除外（旧法6条）しないことになったゆえに，工業所有権法と相まって，実務上創作の保護にも重要な役割を果たすことになるであろう。

第2節　不正競争防止法の法律的地位

　不正競争防止法は，広くは特許法などを含む広義の競業法の一環として，あるいは，少なくとも商標法などとともに流通秩序を維持すべき競業法の一環として存在する。そして，競業法は，競業秩序の維持を図る支柱として，独占禁止法と並んで，広義の競業法を形成するものといわれる。

　このような，広汎な法域にまたがる体系的位置づけは，将来の課題として残されている。本書では，不正競業法全般を概説しようとしているものではなく，成文法の不正競争防止法をとりあげているものであるから，この不正競争防止法と他法との関係，及びそこに存する問題点のいくつかを指摘するにとどめたい。

I　不正競争防止法と不法行為法

1　権利侵害論と違法性論

　不法行為理論の発展においては，不法行為は他人の権利を侵害することにおいて成立するものとする権利侵害理論がまず生じ，わが民法も不法行為成立の客観的要件として「権利」侵害を規定した（平成16年改正前民709条）。しかし，

42　　第1編　序　　　論　　第4章　不正競争防止法の地位

これは権利侵害という点に拘泥して，真に救済を要する場合にも，不法行為の
成立を認めないというきらいが生じた（いわゆる雲右衛門レコード事件が著名であ
る。大判大正3年7月4日刑録20輯1360頁〔雲右衛門レコード刑事事件〕，あるいは大判大
正7年9月18日民録24輯1710頁〔雲右衛門レコード民事事件〕参照）。そこで，これに
対する反省が生じ，判例・学説ともに権利侵害論より，いわゆる違法性論に移
行していった（違法性論では，いわゆる大学湯事件が著名である。大判大正14年11月28
日民集4巻670頁〔大学湯事件〕，末川博・権利侵害論（日本評論新社，1935）参照）。

　かかる違法性理論の立場を進めれば，不正競争防止法の内容も，また当然の
事理を表明するにすぎないものとさえ考えられるのである。しかし，わが不法
行為法の判例・通説は金銭賠償の原則がとられ，違法行為に対する差止請求権
は発生しないものと解されていたので，この意味においては，不正競争防止法
が差止請求権を明文で認めたことは注目すべきことであった。

　　＊　違法性理論の立場からは，不正競争防止法（昭和9年法）が損害賠償請求権を認め
　　　たことは当然とされる（我妻栄・現代債権法の基礎理論（日本国家科学大系7）（実
　　　業之日本社，1942）49頁）。これに対し，当時の通説は，権利侵害理論の立場より特
　　　別法がなければ，不正競業行為に対して救済は求められないとして，特別立法の必
　　　要を説いていた（有馬忠三郎・不正競業論（弘文堂書房，1922）517頁など）。した
　　　がって，この当時においては本法の意義は特に大きかった。差止請求権についても，
　　　舟橋諄一・物権法（法律学全集）（有斐閣，1984）35頁以下，我妻栄・債権法（現代
　　　法学全集）（日本評論社，1932）211頁，同・物権法（現代法学全集，初期の記述に
　　　『民法講義』にない興味ある記述がある）（同，1930）39頁のような違法行為に対す
　　　る差止請求を認める立場からすれば，不正競争防止法（旧法）のような特別法がな
　　　くても，ある程度救済しうるとする。この立場からすれば，不正競争防止法（旧法）
　　　は当然の事理を表明したもので，差止めを求めうる場合を類型的に明確にしたとい
　　　うことになろう。
　　　　なお，わが国においては営業権概念，及び企業権概念もまだ完全に研究解明され，
　　　消化されているとはいい難い。したがって，この問題が論じられる余地は残ってい
　　　る（舟橋諄一編・注釈民法(6)（有斐閣，1967）94頁〔好美清光〕参照）。なお，営業
　　　上の利益ないし競争地位権を，営業権と解するかどうかは別として，かかる利益な
　　　いし状態の違法な侵害が不法行為となることについては，判例・学説は一致してい
　　　る（加藤一郎編・注釈民法(19)（有斐閣，1965）84頁〔三島宗彦〕参照）。
　　＊　例えば，雪印乳業事件において，判例は，「得意先は，営業用の有体，無体の財産
　　　とともに，経済的組織体である営業の客観的構成要素の1つであり……不公正な方

第2節　不正競争防止法の法律的地位　　Ⅰ　不正競争防止法と不法行為法　　*43*

法によって他人の得意先を奪うことは許されないという限度においては，法律上の保護の対象となるものと解するのが相当である。すなわち，社会的に是認されないような不公正な方法で他人の営業上の得意先を奪うことは，……不法行為を行った者として，その損害を賠償すべき義務を負う」としている（東京地判昭和44年6月30日下民集20巻5＝6号438頁〔雪印乳業事件〕）。

　特許権侵害などと取引先に談じ込まれ損害を受けたことを原因として差止めを求めた事件において，営業権侵害などの主張の認められなかった例がある（東京地判昭和30年7月5日下民集6巻7号1303頁〔固型清缶剤事件〕）。この種の事件は，不正競争防止法では，2条1項21号の行為とされる（第2編第10章の21号の解説部分参照，旧法では1条1項6号である）。

2　不正競争防止法と不法行為法

(1)　両者の関係

　不正競争防止法が，権利侵害理論のもとに，不法行為の特殊類型として，損害賠償責任を生ずる不正競争類型を同法に規定したことは立法過程において明らかであり，民法は不正競争防止法の補充法として適用される。

　しかし，わが国の不正競争防止法は，一般条項をもたず，その規制する範囲は不正競業法のすべてに及んでいない。ただ，昭和9年3月27日に周知商品表示混同行為，原産地誤認惹起行為，営業誹謗行為のわずか3類型が制定されてから，徐々に類型が追加され，平成5年の全面改正では，特に営業秘密の不正使用行為，著名商品表示冒用行為，商品形態模倣行為，役務誤認惹起行為などの類型が追加され，平成11年改正では技術的制限手段に対する不正競争行為などの類型が追加され，平成13年の改正ではドメイン名の不正目的使用行為などの類型が追加されるなど順次拡充された。

　しかし，なお不正競争防止法に規定されていない不正競業行為については，民法上の不法行為として，これに対する救済が求められるべきことになる。従前の判例において民法上の不正行為として問題となった不正競業行為には，以下のようなものがある。

(2)　非営利事業名称の冒用

　研数学館事件においては，財団法人研数学館が，東京研数学館に対し名称使用の差止めを求めたが，この件において裁判所は，一般的な私法上の原則により差止判決をなした（東京地判昭和36年7月15日下民集12巻7号1707頁〔研数学館事

件〕）。また，流派名の保護には民法上の保護が求められ，華道の専慶流家元事件（大阪控判大正7年2月9日法律学説判例評論全集7巻民事165頁〔専慶流家元事件〕），弓術の日置当流事件（岡山地判昭和38年3月26日下民集14巻3号473頁〔日置当流事件〕），囲碁の家元井上因碩事件（大阪高判昭和46年4月23日判時647号57頁〔家元井上因碩事件〕）などにおいても，民法上の氏名権によって，名称冒用者に対し差止めが求められた。天理教豊文教会事件（最判平成18年1月20日民集60巻1号137頁〔天理教豊文教会事件（上告審）〕）では，結論において差止請求が認容されなかったものの，氏名権に基づく差止請求が法律上可能であるとの考え方が採用されている。しかし，後述のように京橋中央病院事件（東京地判昭和37年11月28日下民集13巻11号2395頁〔京橋中央病院事件〕），都山流尺八事件（京都地決昭和52年2月24日判タ364号294頁〔都山流尺八事件〕，大阪高決昭和54年8月29日判タ396号138頁〔都山流尺八事件（抗告審）〕），少林寺拳法事件（最判昭和60年11月14日特企205号10頁〔少林寺拳法事件（上告審）〕，大阪地判昭和55年3月18日無体集12巻1号65頁〔少林寺拳法事件〕），花柳流名取事件（大阪地決昭和56年3月30日無体集13巻1号507頁〔花柳流名取事件〕），音羽流事件（大阪高判平成9年3月25日判時1626号133頁〔音羽流事件（控訴審）〕，最判平成10年12月18日判例集未登載〔音羽流事件（上告審）〕）などでは，不正競争防止法によって，名称冒用者に対し差止めが求められている。

(3) **ノウハウ侵害**

ワウケシャ事件においてはノウハウ侵害について差止請求を認めなかった（東京高判昭和41年9月5日下民集17巻9＝10号769頁〔ワウケシャ事件〕）。この判決は，当該事件当時は，不正競争防止法に直接関係するものでなく，民法の問題として処理されていたのであるが，案件は不正競業法の分野に属するものであり，かかるノウハウ侵害は，現在では不正競争防止法2条1項4号ないし10号の営業秘密に係る不正使用行為として不正競争防止法上の不正競争行為とされる。

ノウハウの保護については，契約（競業禁止契約に関するフォセコ・ジャパン事件。奈良地判昭和45年10月23日下民集21巻9＝10号1369頁〔フォセコ・ジャパン事件〕），不法行為による保護（得意先名簿の盗取についての，大阪高判昭和58年3月3日判時1084号122頁〔通信販売カタログ事件〕）とともに，民法によって補助的になされていたのであるが，平成2年改正によって不正競争防止法の類型の1つとして明

瞭に追加された。

　しかし，日本企業がアメリカ企業のノウハウを侵害したとされる事案につき，違法行為の重要部分が日本でされたことを理由に，日本法を準拠法として争われた事件においては，ノウハウの秘密性を保持するため非公開の法廷で審理することが認められないなど（東京地判平成３年９月24日判時1429号80頁〔宮越グールド事件〕），審理においていろいろ工夫がなされているが，適用される法律は判然としておらず，法律整備がなお必要である。

（4）　隷属的模倣

　商品形態が周知商品等表示性を獲得した場合には，不正競争防止法（旧１条１項１号，現２条１項１号）によって保護される。しかし，１号は元来パッシング・オフの規定であって，商品模倣防止の規定ではない。そのため，商品形態の表示性，周知性，類似・混同性などが否定され，デッドコピーは不正競争防止法で防止されているとは一概にいえない状態であった。また，意匠法，著作権法の保護要件を満たす場合には，これらの権利で規制されていたが，これらに該当せず，不正競争防止法でも保護されない場合には，不法行為法での保護しかなかった。

　袋帯図柄事件において，被告は，原告の袋帯の図柄と類似する図柄で，かつ品質の劣る袋帯を安価で販売した。これについて，佐賀錦袋帯に用いられた垂梅丸紋散らしの図柄は，それ自体から商品の出所を識別することは困難である（表示性がない）として，旧不正競争防止法１条１項１号に基づく形態の商品等表示該当性事件としては請求が棄却された。しかし，原告の営業上の信用を害する行為にはあたるとして，不法行為に基づく謝罪広告請求が認められた（京都地判平成元年６月15日判時1327号123頁〔袋帯図柄事件〕）。これは，後述の木目化粧紙事件などとともに，現不正競争防止法２条１項３号の新設の動因ともなった。

　木目化粧紙事件において，控訴裁判所は，著作権侵害に基づく差止請求を棄却した。しかし，「該物品と同一の物品に実質的に同一の模様を付し，その者の販売地域と競合する地域においてこれを廉価で販売することによってその営業活動を妨害する行為は，公正かつ自由な競争原理によって成り立つ取引社会において，著しく不公正な手段を用いて他人の法的保護に値する営業活動上の

46　第1編　序　　論　第4章　不正競争防止法の地位

利益を侵害するものとして，不法行為を構成する」として不法行為の成立を認め，損害賠償請求を認容した。

　なお，差止請求については，「特別にこれを認める法律上の規定が存し」ないので許されないとしている（東京高判平成3年12月17日知的集23巻3号823頁〔木目化粧紙事件（控訴審）〕，この第一審は，東京地判平成2年7月20日無体集22巻2号430頁〔木目化粧紙事件〕）。

　タイプフェイス事件は，写植機用文字書体を機械的に複写し，その一部にわずかな修正を加えたものを自社の電算写植システムに搭載し，販売した事件である。この事件でも，本書体は実用性が強く平均的一般人の審美感を満足させる程度の美的創作性を有しないとして著作物性は否定され，また被告が原告の書体をそっくりそのまま流用したとはいえないとして不法行為の成立も認められなかった。しかし，その傍論において，「実用的な文字の書体についても，……，創意，工夫を凝らし，新しい書体の製作や改良……作業には，多くの労力と時間，そして費用を要すること……写植業界等では，他人が製作した書体の文字を使用する場合には，その製作者ないし保有者に対し，使用についての許諾を求め，更に対価を支払うことも，かなり広く行われるようになってきていること……を参酌すると……著作物性の認められない書体であっても，真に創作性のある書体が，他人によって，そっくりそのまま無断で使用されているような場合には，これについて不法行為の法理を適用して保護する余地はある。」とされている（大阪地判平成元年3月8日無体集21巻1号93頁〔タイプフェイス事件〕）。

　これらの判決例の動きにも沿って，商品の形態の模倣については，平成5年の全面改正で，不正競争防止法2条1項に3号が新設された。これもまた，不正競争防止法に規定されていない時期に，不正競業法分野の事案に不法行為法が働き，やがて不正競争防止法に類型が追加された1つの例である。

(5)　著名商品等表示の冒用

　不正競争防止法は，周知商品等表示の保護を混同防止の観点から行っている。混同は原則的には同業種間で起こる。しかしながら，現代における経営の多角化，企業の系列化・グループ化などの傾向に伴い，商品表示・営業表示の不正使用により営業上の利益が害される範囲も拡大されてきている。原被告間

に直接の競業関係がなくても，両者間に取引上，経済上あるいは組織上何らかの関係があるのではないかとの誤信が生ずる場合が生じてきており，判例もこのような場合に混同を認めている（広義の混同については，三菱建設事件（大阪高判昭和39年1月30日下民集15巻1号105頁〔三菱建設事件（仮処分控訴審）〕），マンパワー事件（最判昭和58年10月7日民集37巻8号1082頁〔マンパワー事件（上告審）〕），フットボールチームマーク事件（乙）（最判昭和59年5月29日民集38巻7号920頁〔フットボールチームマーク事件（乙）（上告審）〕）などがある。最近では，漫画「ポパイ」の主人公のキャラクター（東京高判平成4年5月14日知的集24巻2号385頁〔ポパイ事件（丙）（控訴審）〕）において，周知商品表示性と広義の混同を認めた）。泉岳寺事件（最判平成9年2月13日判例集未登載〔泉岳寺事件（上告審）〕）及びワールド事件（最判平成9年6月10日判例集未登載〔ワールド事件（上告審）〕）では，広義の混同を認める考え方を採用した控訴審判決の認定判断が最高裁で支持されている。また，スナックシャネル事件（最判平成10年9月10日判時1655号160頁〔スナックシャネル事件（上告審）〕）の最高裁判決では，不正競争防止法2条1項1号所定の「混同」とは，広義の混同惹起行為を含むことが明示的に判断されている。

　しかし，ポルノランド・ディズニー事件（東京地判昭和59年1月18日判時1101号110頁〔ポルノランド・ディズニー事件〕），ラブホテルのホテルシャネル事件（神戸地判昭和62年3月25日無体集19巻1号72頁〔ホテルシャネル事件〕），パチンコの西日本ディズニー事件（福岡地判平成2年4月2日判時1389号132頁〔西日本ディズニー事件〕）などのような著名商品等表示のポリューション事件については，あるいは混同が生じていると考えにくいような事案に対しても，広義の混同を認定することで保護を図ってきていた。

　かかる判例の結論は事案の解決としては妥当なものと評価されているが，理論上は解釈論の限界を超えているのではないかとの指摘もされている。そこで端的に，著名商品等表示の冒用行為について，混同を要件としない不正競争行為類型として平成5年改正で不正競争防止法2条1項に2号が新設された。

(6)　マーチャンダイジング問題

　おニャン子クラブ事件において，芸能人は氏名・肖像の無断使用行為につき，相当と認められる範囲で人格的利益の違法な侵害がないと肖像の保護利益は否定されたが，他方で，芸能人は，その氏名・肖像から生ずる顧客吸引力の

もつ経済的な利益ないし価値についてはその人格的利益は排他性を有するとし，芸能人の氏名・肖像写真を表示したカレンダーの販売行為に対し，肖像利用権や旧不正競争防止法1条1項1号の差止請求権の存否の判断をするまでもなく差止請求及び廃棄請求を認容した。ここでは判示において，芸能人について氏名・肖像の財産的価値，いわゆる「パブリシティの権利」に基づく差止請求及び損害賠償請求が認められたわけである（東京地判平成2年12月21日特企266号45頁〔おニャン子クラブ事件〕，東京高判平成3年9月26日判時1400号3頁〔おニャン子クラブ事件（控訴審）〕）。パブリシティの権利は，プライバシーの権利につぐ新しい法概念であり，不法行為による侵害訴訟に新しい問題を提起した。ただし，ギャロップレーサー事件（最判平成16年2月13日民集58巻2号311頁〔ギャロップレーサー事件（上告審）〕）は，物（競走馬）のパブリシティ権に関する事案であるが，差止請求及び不法行為の成立を否定する判断がなされている。

　不正競争防止法は，類型が拡大されたとはいえ，寄生広告（不正競争防止法の範囲外の著名表示，流行表示に寄生する広告），比較広告（一部は不正競争防止法でも律しうるが，本法の範囲外の問題），契約破棄の誘引などの問題については，不法行為法適用の是非の問題が残っている（なお，渋谷達紀「不正競争防止法——一般不法行為法による補完」民商93巻臨時増刊号(2)361頁参照）。

Ⅱ　不正競争防止法と商標法

　不正競争防止法と商標法は，ともに競業法の一環を形成している。ところで，商標法は商標の登録という手続的な手法を用いて，一次的には登録商標権者の私益保護を図っている。この点において，不正競争防止法における表示の保護とやや異なる。しかし，商標法における商標の保護は，従来やや私益保護の面が強調されすぎてきたきらいがないとはいえない。

1　不正競争防止法と商標法の各制度目的

　商標法は，登録という手段により，財産権的保護をなすもので，いわゆる工業所有権法に属する。そして，それは，「標章と商品間の関係としての機能保護」をなすものであり，競業秩序において登録商標の機能の保護を図り，もって公正な競業秩序を形成・維持しようとする法律である。

　一方，不正競争防止法も，商標法とともに，不法行為法より発展してきてい

るものではあるが，その法律構造としては，商標法が，「登録主義制度という法的安定を目的とする制度的手段」のもとに，「登録」によって「独占排他権としての商標権」を設権し，商標権侵害を排除するという構成によって，静的な面から不正競争防止を図っているのに対し，不正競争防止法は流通市場において周知となった商標・商号・氏名などの表示（以下そのうちの商標で説明する）と混同を生ぜしめるような行為を，「個別・具体的に把握して禁圧」し，もって，公正な競業秩序を維持するという構成によって動的な面から不正競争防止を図っている。

2　不正競争防止法による規制と商標法による規制の対比

　両者の法的構造を原型的にみて，典型化して特徴をとらえてみると，商標法は独占的排他権たる商標権の保護を図るものであり，不正競争防止法は混同惹起行為を競業秩序の破壊行為として禁圧するものである。

　いずれにおいても，表示についての独占化現象が事実上招来されるが，それは不正競業禁圧の反射的結果であるにすぎない。

　商標法においては，登録商標と「同一又は類似の商標」の「同一又は類似の商品又は役務」についての使用を侵害として規制するのであるが，不正競争防止法においては「混同の危険性」が問題なのであって「商品又は役務の類似性」は直接の問題ではない。

> ＊　いわゆるヤシカ事件は，カメラで著名な㈱ヤシカが，化粧品などで商標ヤシカを使用し始めたダリヤ工業㈱に対して差止めを求め認められた事件であるが，そこでは「営業上の利益を害せられる虞」の要件の認定において，いわゆるダイリューション現象をもってこれを認め，理論的には広義の混同概念をもって，原告の請求を認めている。ここにおいて，「商品の類似性」は関係ない。それは「混同」認定の一資料たるにすぎないものとなっている（東京地判昭和41年8月30日下民集17巻7＝8号729頁〔ヤシカ事件〕）。

　次に，商標法においては，商標権の保護に商標の使用は必ずしも必要ではなく，また，周知性も問題ではない。これに対し，不正競争防止法においては，取引上の現実の混同の危険を考えるということから，表示の使用は，現実の使用が法適用の当然の前提になっており，かつ，その表示が周知性を有することが法律上の要件として必要とされている。

　さらに，商標権の効力範囲は，地域として全国的であり，当該商標がまった

く使用されず，あるいは，知られていない地域にすら及ぶが，不正競争防止法においては，周知表示が市場利益を形成している範囲の地域に限定される。

また，期間的差異としては，商標法が権利の効力として，権利の存続期間に限定され（存続期間は一応10年であり（商標19条1項，商標施6条），更新手続（商標19条2項・3項）を繰り返すことによって半永久的保護が与えられる），逆に，期間内においては，将来の独占をも保証しているのに対し，不正競争防止法に基づく表示の保護では，当該状況が存続する限り期間限定はなく性格上半永久的なものであり，逆に，それは現在の不正競業状態のみが問題であって，当該状況の存続を前提としてのみ事実上の独占状態が反射的に継続するものにすぎず，その前提がなくなれば，上記状態はなくなるものである（不正競争防止法と商標法の関係の詳細については，小野昌延「不正競争防止法と商標法」原退官（下）953頁以下参照）。

3　不正競争防止法と商標法の相互関連関係

競業法において，不正競争防止法も商標法も，ともに，その一環をなしている。しかし，前者が規制しようとしている側面と，後者が規制しようとしている側面とは，いずれも競業法を形成しているけれども異なる。したがって，商標法が工業所有権法に属するゆえに過度の類推をしたり，逆に，商標法の性格を自己完結法であると強調することはいずれも妥当でない。両者は重複適用が認められる（重複適用がなされることについては判例は確定しており，通説である。豊崎光衞「商号と商標の保護の交錯」学習院大学法学部研究年報(1)54頁，網野誠・商標〔新版増補〕（有斐閣，1989）278頁，小野・概説〔新版〕43頁。反対，染野義信「不正競争防止法」特管8巻7号9頁）。

不正競業法の理念は，商標法制度のなかに，防護標章制度（商標64条以下）として現れ，さらに登録における未登録周知商標の保護（商標4条1項10号），誤認混同惹起商標の排除（商標4条1項15号・16号），著名商品等表示の不正目的での登録禁止（商標4条1項19号），不正使用による商標権の除去（商標51条〜53条の3），未登録周知商標の先使用権確保（商標32条・32条の2）などとして現れている。また法解釈においても，形式的な解釈より，次第に商標法の法目的から，競業法的判断がとり入れられた実質的な解釈に移ってきている。

商標法は，商標権の権利行使行為について，旧不正競争防止法6条（以下「旧法6条」という）の適用除外規定をとおして，不正競争防止法との関連が問題と

なっていた。この旧法6条は削除廃止され，商標法の権利行使の面からは十分考察されてはいるが，不正競争防止法の権利行使の面から両法の関係をどう理解すべきかという問題は，なお残っている。この点については，次項**4**並びに第3編第1章第3節及び同編第2章第4節で述べる。

　なお，不正競争防止法並びに商標法に基づく請求権の競合の問題については，実体法的観点より，重複適用を認める立場が通説・判例である。訴訟法的観点より考えてみても，通説・判例の立場がまさっている。

4　不正競争防止法の権利行使と商標権

　平成5年改正で削除された旧法6条は，商標法による権利の行使と認められる行為においては，旧法1条1項1号・2号の混同行為（及び旧4条1項ないし3項の行為）も不正競争行為とはならないという規定であった（旧6条）。旧法6条の立法趣旨は，沿革的には，国家による設権行為（登録）により成立した権利の行使は保護されるべきであるという登録重視の理由に基づいていた。抽象的に説明すると，不正競争防止法が商標法に優位するようなことがないように規定されたものである。

　これを具体的にいえば，第1に，商標権は審査手続を経た権利であるから，尊重されなければならないということである。また，第2に国家が一応正当と認めて付与した権利であるから，無効又は取消しの手続を経ずに直ちに不正競争防止法によって規制を求めることは適当でないということであった。

　したがって，旧法6条の削除により，登録商標権の権利行使にあたる商標の使用に対しても，商標権の無効又は取消審判手続を経ることなく，直ちに不正競争防止法によって規制を求めることができることになったわけである。

　しかし，商標法まで統一して改正されることはなかった。商標登録前の周知商品等表示における商標法32条の先使用権の性格については，商標法では，受動的な抗弁権にとどまるというのが通説である。

　他方，平成5年の改正にあたっての立法者の認識では，商標権が独占権であるのに対し不正競争防止法は事実状態利益を保護するにすぎないから常に商標権が優先するというような形式的な説はすでに過去のものとされ，「両法益間の調整は権利の濫用は許されないとの一般原則により行われることとな」るが，それは「工業所有権の正当な行使となるケースについて従前と扱いが異な

52　第1編　序　　論　第4章　不正競争防止法の地位

るような事態とはならない」ということであった（産業構造審議会知的財産政策部
会報告書「不正競争防止法の見直しの方向」(1992) 44頁。以下「**報告書**」という）。

　しかし，判例の分析は旧法6条の存在のもとで生じていた商標権濫用の判決
の分析にとどまり，これまで旧法6条が存在していたことによって潜在化して
いた不正競争防止法による商標権者の商標使用に対する差止請求の問題につい
ては，それがあまり判決例となっていなかったゆえに，この面の議論は欠けて
いたといわなければならない。

　旧法時にも登録商標と周知商標との優先関係の理論問題がなかったわけでは
ない。旧法時の学説として，登録商標と周知商標との優先関係を，前者の出願
と後者の周知性取得の時期的先後で決定する豊崎博士の説（豊崎・全集473頁，
同「商号と商標の保護の交錯」学習院大法学部研究年報(1)82頁，同・工業所有権便覧（日刊
工業新聞社，1965) 419頁）があった。これに対し，渋谷達紀教授は豊崎博士の説
は旧法6条の存在をあまりにも無視しているので，立法論としてのみ可能な説
であるとし，渋谷教授自身は，①商標法4条1項10号の登録阻止事由にあた
る周知性をそなえているとき，②先使用を基礎づける程度のとき，③その程度
にも達していないときの3段階に分け，商標登録が客観的・実質的瑕疵を伴う
違法な登録に依拠してなされたかどうかを基準として登録商標と周知商標との
優先関係を決定するとされた（渋谷達紀・商標法の理論（東京大学出版会，1973) 296
頁）。

　しかし，前掲の産業構造審議会知的財産政策部会報告書のいうように，旧法
6条の「規定を削除したとしても，……工業所有権の正当な行使となるケース
について従前と異なるような事態とはならない」としても（報告書44頁），登録
商標の出願と周知商標の周知性取得時期の先後で決定したり，平等関係として
決したりするとしても，周知商標側から登録商標側に対して差止請求を求める
ことに旧法6条の存在はもはや支障とはならない。ただあえていえば，旧法6
条が存在していた時代には渋谷説の調整の線での解釈的解決が図られるであろ
う。そこでいわれる，不正競争防止法による周知商品等表示主の商標権者に対
する商標使用の差止請求の事態は，報告書のいう「従前と異なるような事態」
ではないといわなければならない。

　現行法の下では，商標法と不正競争防止法が重畳的に適用される。いかなる

条件のもとであるかは別として，２つの表示の間に混同が生ずる場合，周知商品等表示主も不正競争防止法に基づいて登録商標の使用者に対し一定条件下で差止請求ができることになる。この場合，先行優先使用問題と地域問題，混同防止付加請求権の問題が解釈や紛争解決のために重要な問題となろう（後記第３編第１章第３節・第２章第４節参照）。

Ⅲ　不正競争防止法と独占禁止法

1　独占禁止法と不公正な取引方法

　独占禁止法は，資本主義経済の成熟に伴い，経済行政機能を拡大せざるを得なくなって出現したいわゆる経済法といわれるものの代表的なものであり，私的独占の禁止，不当な取引制限の禁止，不公正な取引方法の禁止という３本の柱によって成り立っている。それはいずれも「競争の自由」を確保しようとするものである。私的独占の禁止と不当な取引制限は，企業の自由な事業活動を阻害する独占の形成・維持及び市場支配を規制しようとするものであり，不公正な取引方法の禁止は不公正な取引方法又は慣行を規制しようとするものであって，いずれも広義の独禁政策の内容をなすものである。

　いわゆる独占禁止法とは，「私的独占の禁止及び公正取引の確保に関する法律」であり，それは「私的独占，不当な取引制限及び不公正な取引方法を禁止し，事業支配力の過度の集中を防止して，結合，協定等の方法による生産，販売，価格，技術等の不当な制限その他一切の事業活動の不当な拘束を排除することにより，公正且つ自由な競争を促進し，事業者の創意を発揮させ，事業活動を盛んにし，雇傭及び国民実所得の水準を高め，以て，一般消費者の利益を確保するとともに，国民経済の民主的で健全な発達を促進することを目的とする」（独禁１条）。

> ＊　私的独占及び不当な取引制限の禁止を独禁政策とし，不公正な取引方法の禁止を公正取引政策として区別する考え方と，不公正な取引方法の禁止を，独占禁止の補完的役割を果たすものとして三者あわせて独禁政策とする考え方がある。後者が通説というべきであろう（これに対する批判は，満田重昭・不正競業法の研究（発明協会，1985）17頁，筆者等も単なる補完的なものとする考え方には反対である）。
>
> ＊　不公正な取引方法についての詳細は，独占禁止法ないし経済法の解説書に委ねる。

54　第1編　序　　論　第4章　不正競争防止法の地位

　ここで，概略を列挙すると，共同の供給拒絶（独禁2条9項1号），特定の差別的
対価（独禁2条9項2号），特定の不当廉売（独禁2条9項3号），再販売価格拘束
（独禁2条9項4号），優越的地位の濫用（独禁2条9項5号）及び公正競争阻害性を
有する公正取引委員会指定の所定行為（独禁2条9項6号）がある。独占禁止法2
条9項6号に基づく一般指定には，共同の取引拒絶（一般指定1号），その他の取引
拒絶（同2号），差別対価（同3号），取引条件等の差別取扱い（同4号），不当廉売
（同6号），不当高価購入（同7号），ぎまん的顧客誘引（同8号），不当な利益による
顧客誘引（同9号），排他条件付取引（同11号），拘束条件付取引（同12号），競争者
に対する取引妨害（同14号），競争会社に対する内部干渉（同15号）などが含まれる。

2　不正競争と不公正な取引方法

　不正競争防止法は，競業秩序における不正競争行為を禁圧し，公正競争の機
会を平等に企業に与え，もって自由な企業活動を保護する機能を有している。
独占禁止法は，競業秩序を企業が自由に活動しうるよう形成し維持しようとす
る。両者はともに自由かつ公正な競業秩序の維持につくすものであるが，「競
業の自由」が独占禁止法の，「競業の公正」が不正競争防止法の法目的である
といわれる。

　現在の経済秩序において，何人も「競業の自由」を有する。すなわち，何人
も競業市場に，公平・平等に参加して営業をいとなむ機会が保障されている。
しかし，資本主義の発達成熟は，独占的支配又は競争の抑圧の弊をますます生
じさせる危険を大きくしている。このような結果が生ずることを，独占禁止法
は禁止し規制しようとしている。

　これに対し，不正競争防止法は，スポーツにおいて，競争に勝つためにアン
フェアな行為を禁止する必要があるのと同様に，営業競争において，「競業の
公正」が，良俗・信義衡平に反する競争行為によって破壊されることを禁圧し
ようとするものである。

　　＊　例えば，懸賞は，競業者間の競争により，懸賞額がエスカレートして，得てして莫
　　大な額にのぼりがちである（景品表示法制定の1つの引き金になった，かつてのチ
　　ューインガム業界における「5千円札をあなたの背の高さだけ」というキャッチフ
　　レーズに現れた懸賞競争を想起されたい）。ダンピングにおいても同じである。誇大
　　広告においてもそうである。競業者間の競争により，安売り競争がエスカレートし，
　　表現がエスカレートして，卵1個1円とか，虚偽に近い表現になる。

懸賞額が大きくなると，例えば，抽せん券付きチューインガムの当せん金額が1000万円，2000万円とエスカレートすると，チューインガムを買わせているのか，抽せん券を買わせているのかわからなくなる。したがって，消費者にチューインガムを選択させることにおいて，あまりにも過大な懸賞は，商品選択において，極めて誤導的である。この意味において，このように過大な懸賞は，誠実な商慣習に反する不正競業行為である。と同時に，このような競争においては大資本のみが優位に立ち，小資本の企業は，チューインガムの品質競争では負けなくても，抽せん券の金額競争で負けてしまう。すなわち，独占の形成に間接に不当な助長的役割を果たしているのである。このような不公正取引を排除することは，独占禁止の補完的役割をも有する（このように高額懸賞競争行為には，同一行為であるが，2つの異なった面をみることができる）。

　このように，典型的にとらえれば，不正競争は，競業上の反良俗・反信義衡平行為であり，不公正な取引方法は，不公正な行為により独占支配又は競争抑圧をする行為であるといえる。そして，その不正は一方は活動自体に，一方は不当独占阻止の観点より眺められる。言い換えれば，一方は競業上の反倫理性の考慮，一方は自由市場ないし消費者権益の保護の考慮が中心であるといえる。また，沿革的には不正競争は，狭くパッシング・オフの禁止，企業信用の保護であったし，不公正な取引方法は，その範囲の拡大としてより広義のものであった。

　不正競争防止法の市民法的性格は，なお維持されている。しかし，不正競争防止法2条1項20号・21条2項1号の誤認的表示広告の規定は，独占禁止法2条9項6号に基づく一般指定8号のぎまん的顧客誘引行為，及びこれに関連する景品表示法（不当景品類及び不当表示防止法）と同様，いずれも需要者に対する不正需要操縦行為の規制である。このように，両者は接近し，事実的にも重なりあう現象が生じている。

　　＊　不正競争防止法における虚偽広告の禁止は，一面において，私法的色彩を脱却している。しかし，一面においては，なお，営業者のみが救済を求めうること（不競3条），競争関係が前提とされていること（不競5条）などにおいて私法的色彩を完全に脱却しているとはいえない。ドイツ法は同業団体にも訴権を認め（ドイツ不正競業防止法13条），スイス法はさらに消費者たる顧客にも訴権を認めている（スイス不正競争防止法2条2項）。このことは注目に値する。

56　第1編　序　　論　第4章　不正競争防止法の地位

*　不正競争防止法と独禁法あるいは景品表示法の規制方法は異なる。独禁法にも民事
責任としての無過失賠償責任（独禁25条）が規定されてはいるが，その法規制は行
政法的規制であり，公正取引委員会の審決による違法事実の排除措置命令を中心と
して構成されている。不正競争防止法の営業者を中心とする市民法的救済と比し，
この面で異なる。

3　不正競争防止法と独占禁止法の関係

　不正競争防止法と独占禁止法は，広くとらえるときには，ともに競業法を形
成する。とはいえ，その性格は異なり，またその規制する側面も異なる。そし
て，同一の行為が不正競争防止法と独占禁止法とそれぞれの構成要件をみたす
場合においては，両法が重複して適用される。

　なお，不正競争防止法は広義の工業所有権法に数えられるけれども，独占禁
止法は狭義の工業所有権との関係を規定しているが（独禁21条），不正競争防止
法については何ら触れられていなかった。したがって，商標法改正による役務
商標登録制度導入前においては，サービス・マークの保護を不正競争防止法に
よって求めるとき，あるいは，サービス・マークについてライセンス契約が結
ばれるときには，（旧商標権制度と異なり）独占禁止法21条による適用除外はない
ということになる。この不均衡は，不当性の問題で処理されることになろう。

　営業秘密の窃取は不正競業の一類型とされる（不競2条1項4号～10号）。この
営業秘密について，ドイツ競業制限法20条（わが国の独禁法21条にあたる）は，同
法21条1項によって準用されることになっている（なお，不正競業法と独占禁止法
との関係については，フィケンチャ（丹宗曉信監訳）・競争と産業上の権利保護（六法出版
社，1980）141頁以下，特に165頁以下に極めて詳細である。産業上の権利保護を工業所有
権，少なくとも産業的財産権と意訳したほうが，この良書が普及したのではないかと惜しま
れる）。

*　ドイツ競業制限法第21条第1項
「第20条の規定は，法的に保護されない発明，製造方法，設計その他の技術的成果
……の譲渡又は利用に関する契約についても，それが経営上の秘密である限り，こ
れを準用する」。
*　わが国の独占禁止法21条は営業秘密ないしノウハウについてドイツ法と異なり，
何ら規定していない。

Ⅳ 不正競争防止法と創作権法

1 不正競業法と特許法

不正競業の類型には，「他人により創られた価値の冒用」の類型がある。営業秘密の窃取や，競業者の努力・労働・投資・技能の不法利用などがこれに属する。したがって，広い意味の競業法には，他人の精神的産物の冒用が不正競業としてあげられ，この意味においては，知的財産権の侵害もこれに含まれる。

不正競争防止法も，他人の商品の形態の模倣行為（2条1項3号）や，営業秘密に係る不正行為（2条1項4号〜10号）を不正競争類型に入れたことによって，その一部が内容的に創作権法の領域に属することになった。

知的財産権には，特許権のほか，著作権も入る。もちろん，実用新案権・意匠権もこれに入る。特許権と著作権は，前者が国家によって付与される独占権であり，後者は同時に同一内容のものがいくつも相互に関係なく成立しうる意味において絶対的独占権でないなど，多くの点において異なる。しかし，ここの「他人の価値の冒用」という観点よりみるときには，創作権として変わりはない（コールマンほか。なお，不正競業法と創作権法の関係についての詳察は，フィケンチャ（丹宗曉信監訳）・前掲144頁）。

特許法と不正競業法の交錯領域においては，特に2つの問題が重要である。その1つは登録のない精神的産物の窃用の問題であり，他の1つは特許権濫用の問題である。登録のない精神的産物の窃用については，特許制度の存在との関連において，これを不正競業と考えるべきであるという考え方と，これは自由なる放任行為であると考えるべきであるという考え方に分かれる。不正競争防止法は他人の商品形態の模倣商品の譲渡に関しては前者をとり2条1項3号を設けた。

ところで，単なるアイデアの保護の問題と，営業秘密（あるいは秘密，ノウハウ）の保護，及び，商品形態の模倣（スレヴィッシュ・イミテーション，隷属的模倣；slavish imitation，Sklavische Nachahmung）のように外界に顕出された創作の保護の問題は，いずれも模倣に対する保護の問題でありながら，やや異なる。

なぜなら，単なるアイデアには，文字化などして，登録のような人為的把握の対象を人工的に作らなければ対象の把握ができない。これに対して，営業秘

密（あるいは秘密，ノウハウ）及び商品形態の模倣には把握の対象がある（もちろん，営業秘密（ないしノウハウ）と商品形態の模倣（スレヴィッシュ・イミテーション）では，把握の形態が異なる）。営業秘密においては，「管理された秘密性」に「把握」しうる点があり，スレヴィッシュ・イミテーションには，コピーの作成という点において「形態」に1つの「把握」しうる点がある。

　これらについての精神的産物の窃用という不正競業法上の問題については，従来は，わが国の不正競争防止法の類型になく，直接的には不正競争防止法は関係していなかった。それは不法行為法の問題にとどまっていた。しかし，この問題は2度の不正競争防止法の改正によって，営業秘密に係る不正行為（2条1項4号～10号），及び，商品形態模倣行為（2条1項3号）の2類型が導入されたため，不正競争防止法が直接的に関係することになった。

　　＊　ボールランプの模倣についてのシァーズ事件（Sears, Roebuck & Co.v. Stiffel
　　　Co., 376 U.S. 225（1964）），及び，蛍光灯設備のリフレクターの模倣についてのコ
　　　ンプコ事件（Compco Corp. v. Day-Brite Lighting Inc., 376 U.S. 234（1964））は，
　　　近時のアメリカ法の傾向を示す重要な判例である。ここでは，次のようにいわれて
　　　いる。不正競業に関する州法が，進歩の軽微な，特許に値しない物の模倣の防止を
　　　認めることは，純正の発明に，制限された特許期間しか特許を与えていない連邦法
　　　の政策に反するとした。そして，従来の態度を改め，これを契機に特許されない精
　　　神的産物の保護に対する限定的態度をうち出した。しかし，これらも営業秘密の保
　　　護について，まったく否定しているわけでない。また，パッシング・オフ法理につ
　　　いてまで否定しているわけでないとされている。

2　工業所有権保護と不正競争防止法による保護の重複

　同じ創作権であっても，工業所有権保護と不正競争防止法による保護は，その根拠が異なるため，両者は重複し，別個に保護される。

　例えば，乙が甲より特許の実施許諾を受け，丙も甲より実施許諾を受け，そして，乙が不正競争防止法2条1項3号で保護される実施品を新たに販売した場合において，丙が模倣の意思をもって乙の商品の形態を冒用した特許実施商品を販売した場合には，乙は丙に対して差止請求権などをもつ。丙は甲より実施許諾を受けていても，丙は甲の許諾のほかに乙からも形態使用について同意を得る必要がある。

　第三者である丁が甲・乙に無断で，上記特許実施商品の形態を模倣して製造

販売した場合には，甲は特許法に基づいて差止請求権・損害賠償請求権を有し，乙は甲と別個に独立して丙や丁に対し，不正競争防止法に基づいて差止請求権・損害賠償請求権を有する（ただし，丁に乙商品を模倣する意思があった場合に限る）。丁が上記特許実施品について適法に製造販売するためには，甲と乙の両方に実施許諾を得ることが必要である。

　次に，特許権の濫用の問題がある。特に，特許の保護範囲に入らない他人の製品を特許侵害なりとしてする不当警告の不正競業問題がある。これについては，特許法で不当威迫として規定している国もある。わが国では，不正競争防止法2条1項21号（旧1条1項6号）の問題として処理されているが，これについては，同号のところで詳しく述べる。

> ＊　特許侵害であるとの広告などでの不当威迫を特許法に規定している例としては，英国1949年特許法65条（根拠がないのに侵害訴訟手続をとるとの不当威迫に対する救済；Remedy for groundless threats of infringement proceedings）参照。わが国では，当事者以外の外部の顧客などに対してではなく，侵害者と目される者への警告など直接の威迫に対しては，信用という第三者の評価に関係がないので，信用毀損を要件とする不正競争防止法2条1項21号（旧1条1項6号）の適用には否定的である（不当威迫それ自体については不法行為訴訟とし，まだあまり争われていない）。他方，当事者以外の第三者に対する警告については，道路用安全さく事件（大阪地判昭和47年3月29日無体集4巻1号137頁〔道路用安全さく事件〕），フイゴ履事件（東京地判昭和47年3月17日無体集4巻1号98頁〔フイゴ履事件〕）をはじめとして，多くの判決で不正競争防止法により差止請求・損害賠償請求・信用回復請求などを認めている。これについては2条1項21号の概説部分において詳述する（第2編第9章第3節Ⅳ「警告」参照）。

3　不正競争防止法と未特許の商品形態などの保護

⑴　はじめに

　商品の形態などについて不正競争防止法上の保護を求めるときには，2つの場合がある。1つは，①商品の形態などに，その使用により表示性が生じ，その形態が周知商品等表示として，他の同一又は類似商品形態の使用による混同惹起行為が不正競争とされる場合である（2条1項1号）。その2は，平成5年改正で新設された，②他人の商品形態の模倣行為が，他人の労力・費用の冒用として不正競争とされる場合である。この類型は混同を要件としていない（2

条1項3号）。

　いずれも，特許権・実用新案権・意匠権などの独占権が与えられていないのに，発明・考案・意匠を事実上保護することになるような現象を呈する。しかし，前者①の不正競争防止法2条1項1号で問題とされているのは「混同行為」であり，特許などの産業財産権を与えられていない発明・考案・意匠の知的創作物そのものが盗用されたことを問題としていないことに留意する必要がある。この意味で前者①による周知商品等表示としての商品形態の保護は，意匠権などの創作権保護や後者②の2条1項3号の商品形態の模倣に対する禁止とは異なり，そこで問題とされているのは混同規制問題，パッシング・オフ問題や他人の商品形態開発努力の不当侵害の問題なのである。

　ちなみに，対象商品が同じでも，審理の観点，立証事項が異なるから，実用新案事件の審理終了後に商品の形態模倣に基づく不正競争防止法違反の請求の予備的追加がなされた事件について，著しく訴訟手続を遅滞させるものとして追加が却下された裁判例もある（東京地判平成4年9月25日判時1440号125頁〔患者用移動介助装置事件〕）。これは上記両者の相違を如実に示すものである。

　したがって，周知商品等表示としての商品の形態は，それ自体の機能的な創作の模倣が問題となっているのではなく，形態が一定の商品に排他的に使用されてできたことによる商品個別化手段としての形態（それは発明・考案的なものとしての形態でなく，商標的なものとしての形態）なのである。

　形態において，非機能的なものは本来的に商品個別化手段である。だから，たとえ機能的なものにも二次的意味として表示性を獲得しうるとしても，保護を求めている形態が，機能的であるか非機能的なところに存するかを考察することは重要である。

　商品の形態が，不正競争防止法で問題になりうる典型例は，形態が製品の個別化の目的のために選定され，永年用いられて著名であり，かつ，競業者がそれ以外の形態を用いることができ，それ以外の形態を用いても効果的であり，当該商品形態と同じ形をとることは必要でないのに，他人の形態を模倣し，混同を生じさせる場合である。模様を例にとれば，例えばルイ・ヴィトンの模様は，本来の模様の審美的な目的のみでなく偽造品対策のための製品個別化目的のために選定され，永年用いられて著名であり，かつ，競業者はそれ以外の模

様がいくらでもあり，用いることができ，それ以外の模様を用いても審美的に効果的であり，当該模様や類似模様を用いることは必要でないのに，これを模倣するようなものが典型例である。

しかし，このような典型的な場合以外にも，いろいろな場合がある。商品形態の保護も含むスレヴィッシュ・イミテーション（slavish imitation；奴隷的模倣，酷似的模倣）保護問題である。問題点をいくつか指摘すると，①商品の形態自体と，商品の包装・ラベルに分けて考えるべきか，②機能的，非機能的部分を分けて考えるべきか，③保護されるものから機能的なものを除外して考えるべきか，あるいは，機能的なものも保護の対象になるかどうか，④保護にあたって商品の著名性が必要か，形態がセカンダリー・ミーニング（secondary meaning；二次的意味）を必要とするかどうか，などである。

スレヴィッシュ・イミテーションの諸類型をみてみよう。

よく知られているように，ドイツやスイスの不正競業法は一般条項をもっており，営業上の良俗違反行為（ドイツ），反信義誠実行為（スイス）を不正競業行為とする。ここにおいては，スレヴィッシュ・イミテーション問題は，この一般条項の適用の可否の問題になる。以下，シューンヘル（Schönherr）のあげる類型によって，考察の参考とする。

(a) そこにあげられている第1は，「直接的冒用」（direct appropriation，Unmittelbare Übernahme）である。そっくりそのままの直接寄生的利用である。例えば，リーダーズダイジェスト社がほるぷ出版作成の復刻初版本を，そっくりそのまま複製したケースなどがこれに属する。この問題では，表紙及び挿絵を制作した画家の遺族からの申請により，美術著作権に基づき仮処分命令が出された。しかし，古書籍本体の著作権は著作者の死後，保護期間経過によって消滅しており，初版本の収集・活字なおし・修正などの作業には，著作権法を適用することは難しい事件であった。これは，editio princeps といわれる問題であるが，立法のときには不正競業問題とされ，版面保護についての条文を設けなかった。それは酷似的模倣の問題として，著作権法の領域拡大に関連して将来再び問題となると思われる。

(b) 第2に，上記の直接利用の類型のほかに，5つの項目の類型があげられている。

① １番目は，「回避可能な出所の詐称」である。わざわざ模倣しなくても，他のものにもできるということが，「回避可能」の意味である。

② ２番目に，「技術の不正入手」があげられている。

③ ３番目に，一般条項での「信頼関係の破壊」があげられる。

④ ４番目に，その行為が意図的な性格をもっている「システマティック・イミテーション」があげられている。体系的模倣であるが，連続的模倣と訳してもよいと思われる。例えば，宝石のシリーズを片端から模倣するような場合である。カタログの商品番号を競争相手がそっくり，次々と模倣するケースも，これに属する。

⑤ ５番目に，他人の製品の「置換部品問題（互換部品問題）」がある。これは，原則的に製造は自由である。例えば，ジレットの剃刀に適合する替刃を，ジレット以外の者がジレットの替刃より安く製造するような場合である。この製造販売は原則的に適法であるが，スペアの出所の誤認が生ずる場合，例えば，替刃に第三者のブランドがなく，スペア（置換部品）が，本体の出所と同一であると思われるときには例外となる。

わが国では平成５年不正競争防止法改正前においては商品の形態の模倣そのものを違法とする法条は存在せず，ただその形態が二次的出所表示機能を獲得することを条件として旧法１条１項１号（現２条１項１号）の「商品表示」として保護を受けていた。

ただ，この点に関する判例は一方で商品形態が「商品表示」に該当することを認めつつ，他方ではその形態が商品の機能に由来する形態あるいは機能に必然的不可避的な形態である場合には旧法１条１項１号（現２条１項１号）による保護を与えないという傾向がある。

その詳細は第２編第２章第２節において解説する。

また，泥砂防止用マット事件（東京高判平成６年３月23日知的集26巻１号254頁〔泥砂防止用マット事件〕）では，機能的周知商品形態のもつ自他識別力の強弱を，競業者がとる混同防止手段との相関関係において考察すべきとして控訴審判決の認定判断が支持されている。

(2) 周知商品等表示としての形態問題についての要約

(a) 不正競争防止法による商品の形態の模倣に対する保護については，イギ

リス法のゲットアップの模倣についての，パッシング・オフ・アクションが，最もこれに近い。

いろいろな周知商品等表示としての形態問題を，１つの類型のものとして同じに考えてはいけない。後述（第２編第２章第２節Ⅲ*2*）のナイロール眼鏡枠事件・投釣用天秤事件などで，商品の形態が周知商品等表示として差止請求が認容されたからといって，あらゆるスレヴィッシュ・イミテーションのケースに対して，不正競争防止法２条１項１号の周知商品等表示として差止めが認められたわけではない。２条１項１号は，混同を要件とする。また，シューンヘルの類型でいう「回避可能な出所の詐称」などの場合だけに働いているにすぎない。混同を伴わないものは，より適用の広い不正競争防止法２条１項３号の問題，すなわち他の類型の商品形態の模倣行為として３号によって不正競争とされる場合の問題なのである。

(b)　商品包装・ラベルの模倣と形態自体の模倣とは異なる。商品の包装・ラベルも，識別目的のためのものではないが，形態自体よりは識別目的をもった形象を有することも多く，また表示化しやすいので，前者（商品包装・ラベル）のほうが保護しやすい。

これに対し商品形態は機能より形作られるもので，表示化しにくく，また目的が同じであると，どうしても似た形態になることも多く，形態選択行為の自由の保障のために，特定人に独占させるべきでないこともありうる。このように問題はやや異なるが，後者も一定の要件のもとに保護される。

(c)　商品形態を模倣するという一要因だけでもパッシング・オフは成立する。「パッシング・オフの１つの要素であるゲットアップの模倣だけで，パッシング・オフになることがありうる」が，「ただこのようなことは稀である」（Blanco White & Robin Jacob，Kerly's Law of Trade Marks and Trade Names 12ed.，1986 p.462）といわれる。混同は諸要素が重なりあって生ずるのであり，商品を区別するためにゲットアップだけに頼る取引者は少ないから，不正競争防止法２条１項１号による形態保護は容易には成立しない。

(d)　商品形態の「部分の模倣」でも，パッシング・オフは成立する。不正競争防止法２条１項１号による形態保護の中心は混同防止にあるのだから，表示が商品の全体か部分かということは本質ではない。いずれでも成立する。この

点2条1項3号とは少し異なる。

(e) 商品名称や文字商標との関係は複雑である。商品名称や文字商標も，通常は商品に現れている。名称の違いは区別を生じ，といって，付加されている商標に差があっても想像以上に混同のおそれはある。商標差をいかに評価するかという問題の処理は難しい。

(f) したがって，裸売りの商品でなくてもよいし，商品名称や文字商標があるのが商品の通例であって，商標があってもパッシング・オフは成立する。しかし，付加されている商標が小さかったり，裸売りの可能性もある商品では形態保護は成立しやすい。

(g) 商品形態模倣の不正競業問題のすべてが不正競争防止法2条1項1号（旧1条1項1号）の射程距離に入るわけではない。商品形態自体のスレヴィッシュ・イミテーションによる不正競業事件は，ナイロール眼鏡枠事件や投釣用天秤事件判決によって，全部救済されるものとなったわけではない。原則的には，混同がなく，特許権や意匠権などの独占権がない場合には，他人の商品を模倣することは2条1項1号の問題にはならないことから，反良俗的なデッドコピーの禁止を目的として，平成5年改正により2条1項3号が新設されたのである。

ダンヒルのホワイトスポット事件が，よくこのギャップを示している。ダンヒルパイプのトレードマークになっている小さい白い点はダンヒルのものとして有名であるが，大きい赤い点と小さい白い点にしたときには，パッシング・オフにならないとされた。コカ・コーラ事件でも，瓶の使用は欺まん的でも，違う色の飲料ではパッシング・オフにならないとされた。このようなケースに対しては，不正競争防止法2条1項3号の新設でもなお問題は残り，不法行為法で救済を求めることになろう。酷似的模倣の問題は，現行の不正競争防止法だけではなお防止できない難しい問題がある，

(h) 商品の機能的形態は有名でなければ，混同は起こらない。商品形態のスレヴィッシュ・イミテーションによって混同が生ずる場合には，セカンダリー・ミーニングは不要であると述べるものもある。しかし，それは理論上の要件論にとどまり，現実には，形態の表示化のためには商品自体に名声がなければ，そのような形態による表示化や混同は起こらない。

4 不正競争防止法と著作権法

　従来，わが国の不正競争防止法は，出所の混同惹起行為などを規制するにすぎなかった（旧1条1項1号・2号など）。しかし，不正競業法に，他人の価値の冒用という類型の存することは，すでに前記*1*「不正競業法と特許法」において述べたとおりである。この観点よりすると，創作物の保護という点において，不正競業法と著作権法の間には差異がない。しかも，特許法は絶対的な独占権に関する法であり，特許登録を待って初めて権利が創成されるのに対し，著作権法はそうでないから，創作物の保護の手段においても，また，著作権法は特許法より不正競業法と類似性を有する。

　ところで，精神的産物のなかには，著作権の対象とすることに疑問のあるもの，さらには，まったくその適用が否定されるものがある。

　前者は文芸・美術・学術というには躊躇されるものであり，後者は，明らかに著作物とはいえないものである。といって，これら精神的産物を保護されない創作物として模倣を自由たらしめ放任しておくことも，自由競争の範囲を逸脱した営業上の良俗に反する不当な行為の放任として相当ではない（例えば，木目化粧紙事件（東京高判平成3年12月17日知的集23巻3号823頁〔木目化粧紙事件（控訴審）〕）において，裁判所は他人の木目化粧紙の完全模倣物を競合地域で廉価に販売する行為について，原版の木目模様に美術著作物としての著作権法上の保護は否定したが，不法行為の成立を認めた）。前者は，しばしば著作権法の適用をめぐっての限界事例として問題となるし，後者は不正競業として不正競争行為であることを認めるか，あるいは，不法行為の成立を認めるべきかどうかなどが問題となる。

　古文書の復刻は労力と費用，さらには専門的知識が必要であるのに，著述（表現）自体は著作権の保護期間も経過しており，その保護には法的問題がある。現行著作権法の制定にあたって文化庁著作権審議会第8委員会は，英国著作権法での版面保護を認識しながら，それは不正競争防止法の問題であるとして，成文化が見送られた（フープマン（久々湊伸一訳）・著作権法の理論（中央大学出版部，1967）296頁）。そこに起こったいわゆる近代文学館・ほるぷ出版対リーダーズダイジェスト社間の文学書初版本復刻版の冒用問題は，まさしくこの版の保護（editio princeps）問題であった（東京地決昭和54年3月3日判タ378号85頁〔漱石復刻版事件〕，美作太郎・著作権と出版権（日本エディタースクール出版部，1981），美作太

郎「復刻本の出版」著作権判例百選180頁）。これが，不正競争防止法2条1項3号の商品の形態模倣の射程距離に入らなければ，未解決不正競業問題として残ることになる。

ドイツ法において，精神的産物としての性格をある程度有するカタログ，住所録，計算表などが著作物と認められた。また，ドイツ不正競業法の一般条項により造花，装飾などの冒用が不正競業とされた。特に，ファッションデザインなどは重要でありながら，法律上，保護において特に難しい問題を提供してきた。わが国では平成5年の不正競争防止法改正によって，他人の商品形態の模倣行為が不正競争とされ（2条1項3号），問題の一部が解決された。

ただ，上記の題名の著作権法的保護の問題と，単なる著作物の題名を超えた第二次的な出所指示力のできた同一題名書と混同のおそれのある周知の題名使用の禁止の問題とはまったく別問題である。それは，不正競争防止法2条1項1号で保護されている（阿部浩二「不正競争防止法と著作権」特研11号13頁）。

著作権の保護は，その保護期間が経過すれば終了し，その題名も当該著作物とともに自由に用いることができる。しかし，それは，別の著作物に，その著作物の題名を混同を生ずるような方法で用いることまで許しているものではなく，題名による混同問題は，題名に著作権法上の保護があるかどうかとは別問題であって，この意味で，不正競争防止法による著作物の題名保護は，著作権の保護期間を超えて存続するものである。

なお，題名について著作権法で規制している国にフランス，オーストリアがあげられ，フランス1957年著作権法5条2項は「……何人も，混同を引き起こし易い事情の下で，同種類のある著作物を個性化するためにその題号を使用することはできない」（文化庁・外国法令集訳）としている。オーストリア1936年法80条も同旨とされるが，これらの規定は著作権法的規定というより，不正競争防止法的規定とみるべきとされる（高林克巳「題名の著作物性」秋吉稔弘ほか・著作権関係事件の研究（判例時報社，1987）21頁）。

* いわゆる「チャタレー夫人の恋人」偽本事件においては，わいせつ文書所持違反のほか，不正競争防止法違反事件として起訴され有罪となった。この案件は著作権侵害罪としてとらえるべきものでもあったとされる（最判昭和33年3月27日判時146号5頁〔チャタレー偽本事件〕）。したがって，刑事裁判例としてはともかく，民事の不

正競争防止法裁判例としては，あまり重要な判例ではない。

5　不正競争防止法とノウハウ及びトレード・シークレット

(1)　ノウハウ

「ノウハウ」（know-how）は，技術革新と研究投資の早期回収その他いろいろの要因により，今日きわめて重要性を有する。ノウハウは実務上の用語であって確立した定義はない。ノウハウは本来技術的知識又はそれらの集積であるが，秘密的ノウハウ，技術的ノウハウを指すために用いられることが多い。そして，ノウハウは営業秘密（trade-secret；トレード・シークレット）の対象である（小野昌延「『ノウ・ハウ』について」工業研究14巻4号13頁）。

営業秘密の窃取は不正競業類型の1つの典型であるが，わが国の不正競争防止法はかつてこれを規定していなかった（明治44年法案9条や，ドイツ不正競業法17条以下，スイス不正競業法1条f号・g号などがこれを規定していた）。わが国では，営業秘密の侵害は契約法，不法行為法などの問題として解決されていたが，平成2年の改正で不正競争行為として規制されるに至った。

> ＊　しかし，ノウハウは特許法と深い事実上の関係を有する。WIPO（世界知的所有権機関）が開発途上国の立法の参考のために作成した「発明に関する発展途上国のための模範法」では，第2部に「技術的ノウハウ」として，第1部の「特許」と並んで規定されている。また，法理的には，「営業秘密に関する法と著作権法に関する法との間には，特許法とに存する以上の，より密接な類似性が存在する」といわれている（Ridsdale Ellis, Trade Secrets,（1953）§14 p.25; Blanco White, Industrial Property and Copyright,（1962）pp.225-233）。

(2)　不正競争防止法によらないノウハウないし営業秘密の法的保護

不正競争防止法によらない，ノウハウないし営業秘密の保護の問題は，民事法的保護と刑事法的保護に分かれる。

民事法的保護は，大別すると契約法的保護と不正競業法的保護の問題に分かれる。不正競業としてとりあげられるのは，後者の問題である。

民事的救済については，差止請求権の問題と損害賠償諸求権の問題に分かれる。民事判決例の主要なものをあげれば，以下のとおりである。

①　ノウハウ侵害についての差止請求問題については，ワウケシャ事件が最も著名である。ドイツのI社より船舶用プロペラに関するノウハウ供与を受け

たワウケシャ社は，契約上の守秘義務に反して，日本に設立した子会社にノウハウを開示し，同社は船舶のプロペラを製造販売した。しかし，判決は，契約法上損害賠償などの責めを負うことは別として，かつまた，ノウハウには財産的価値があるが，権利的なものとして第三者に強制的に認めさせるまでの効力を法律が許容しているとは現在のところ解しえないとして，差止請求の仮処分申請を却下した（東京高決昭和41年9月5日下民集17巻9＝10号769頁〔ワウケシャ事件〕）。事案に対する具体的当否は別として，申請理由の法律的構成も十分でなかったゆえに，認められなかったようにも思われる。

②　不法行為法・不正競争防止法・商法により損害賠償請求を認めたものもいくつかある。趣味雑貨商品の通信販売業を営むＳ社の取締役が，在職中に競業会社を設立し，Ｓ社従業員から得意先名簿と営業上の秘密事項（売上企画）を持ち出させた。また，Ｓ社と紛らわしい営業を行った。そこで判決は，商品ないし営業が通信販売・カタログの記載型式などで知られ，これを利用した商品を見た者が誰でもＳ社の商品・営業と判断するに至った場合などには，入手名簿を利用してＳ社と同様の趣味雑貨の通信販売をなすことは，不法行為を構成するとされ，また，旧不正競争防止法1条1項2号が適用されて，1400万円の損害賠償が認められた（大阪高判昭和58年3月3日判時1084号122頁〔通信販売カタログ事件〕）。

③　Ｍ社の従業員Ｘは，就業規則上の秘密保持義務に反して無断で技術指導を行い対価を受けた。技術を漏洩した従業員の行為は雇用契約上の義務違反ないし営業上の利益を侵害した不法行為に該当するとされた。しかし，この件では，行為と損害発生との間に因果関係は認められないとして，原告の請求は棄却された（名古屋地判昭和61年9月29日判時1224号66頁〔美濃窯業炉事件〕）。

また，Ａ社の従業員であった者が秘密保持契約に反し，競業会社の取締役に就任して秘密を漏洩した問題について，裁判所は，Ａ社の元従業員について債務不履行を認め，競業会社については，積極的にＡ社元従業員に近づいて機密を漏洩させたことなどが企業間の自由競業の範囲を逸脱する行為であったとして，法人の不法行為責任を認め，被告に1700万円の支払を命じた（東京地判昭和62年3月10日判時1265号103頁〔アイ・エス・シー事件〕）。

④　競業禁止については，契約があっても事情によっては問題がある。広島

で百貨店内にあるＨ商店の婦人服生地販売員（被告）は，退職後も同百貨店内の服生地部に限り，他商店に就職しないことを誓約していたにもかかわらず，同人は退職後，そのような店に就職した。しかし，被告は特別の知識，技能，経験を必要としないまったくの手伝いであり，他に就職しても営業妨害になるような地位にないから，本件就職制限は，場所的に限定されていても被用者の生活権を脅かすおそれが十分あり，公序良俗に反して無効とされ，就業差止請求は棄却された（広島高判昭和32年８月28日高民集10巻６号366頁〔転職禁止事件〕）。

　⑤　しかし，競争制限契約を有効とした事例も多い。Ｎ社の営業部長は，退職に際して競業行為をしたときは直ちに返還するという約束のもとに金員の贈与を受けたが，退社後競業行為を行った。Ｎ社は金員の返還を要求したところ，元部長は競業禁止契約は公序良俗に反すると抗弁した。判決は，一般的に合理的事由がないのに特定職業につくことを禁ずる契約は公序良俗に反すると考えられるが，代償を受けている場合は，特別の事由がない限り，公序良俗に反するものと認めがたいとして，金員の返還を命じた（東京地判昭和42年12月25日判例集未登載〔日本警報装置事件〕）。

　⑥　最も著名な事件は以下の２件の仮処分事件である。退職に際して，在職中に知りえた秘密の漏洩禁止，及び，退職後２年間の競業禁止契約を結んでいた元従業員が，競業会社に就職し，Ｆ社と同様の製品を販売し得意先を侵食した。この事件において，企業が有する「特殊な知識」は，営業上の秘密として，営業の自由と並んでともに保護されるべき法益であり，競業制限は，制限の期間，場所的範囲，対象職種の範囲，代償の有無などについて検討する必要があるが，上記制限は合理的な範囲内と認められるので，仮処分債務者である元従業員は競業業務に従事してはならない，とされた（奈良地判昭和45年10月23日下民集21巻９＝10号1369頁〔フォセコ・ジャパン事件〕）。

　他の１つは，司法試験予備校の従業員（講師）でありかつ監査役でもあった者に対して，司法試験予備校が就業規則及び監査役就任の際に提出した誓約書などに退職後一定期間の競業をしない旨の競業制限条項があることを理由として競業行為の差止めを請求した仮処分事件では，裁判所は決定において，競業禁止特約のうち，当事者間の契約がなくとも実定法上労働契約終了後の競業避止義務を肯定しうる場合であって，競業禁止期間，禁止される競業行為の範

70　第1編　序　　論　第4章　不正競争防止法の地位

囲，場所などを約定することによって「競業避止義務の内容を具体化した場
合」には，「競業行為の禁止の内容が不当なものでない限り原則として有効と
考えられる。」が，「競業避止義務を合意により創出する場合」については，
「労働者はもともとそのような義務がないにもかかわらず，専ら使用者の利益
確保のために競業避止義務を負担するのであるから，使用者が確保しようとす
る利益に照らし，競業行為の禁止の内容が必要最小限度にとどまっており，か
つ十分な代償措置を執っていることを要するものと考えられる。」との判断基
準を示している。

　なお，同決定は，競業を制限する競業規則の効力に関しても上記基準に照ら
して検討すべきであるとし，退職後の競業禁止特約の効力に関して，「就業規
則などにおいて，競業禁止特約を設ける場合には，労働者の職務内容が使用者
の保護に価する秘密に関わるものであるため，使用者と労働者との間の労働契
約関係に，労働者が職務上知った使用者の秘密を労働契約終了後であっても漏
洩しないという信頼関係が内在し，労働者に退職後まで競業避止義務を課さな
ければ使用者の保護されるべき正当な利益が侵害されることになる場合におい
て，必要かつ相当な限度で競業避止義務を課するものであるときに限り，その
合理性を肯定することができ，右合理性の判断にあたっては，労働者の受ける
不利益に対する代償措置としてどのような措置が執られたか，代償措置が執ら
れていないとしても，当該就業規則の作成又は変更に関連する賃金，退職金そ
の他の労働条件の改善状況が存するかが，補完事由として考慮の対象となるも
のというべきである。」と判示している（東京地決平成7年10月16日判時1556号83頁
〔東京リーガルマインド事件〕）。

　⑦　「契約」に基づく営業秘密保護の例は多い。日経マグロウヒル社より
「日経ビジネス」の購読者への発送業務を請け負ったA社は，預かった購読者
テープのプリントアウト作業をN社に下請けさせた。N社は購読者テープの保
管中に何者かにコピーされ売却された。判決では，N社は，引渡しまで，民法
644条の善良なる管理者の注意義務を負っているとされ，損害賠償150万円の
支払が命じられた（東京地判昭和48年2月19日判時713号83頁〔日経マグロウヒル事
件〕）。

　⑧　R社はノウハウを用いた飲食店設備を施工する際，締結ノウハウを無断

で使用することを禁止する契約があった。これに反して，判決は，他の店舗に施設の施工を行った事件では，加害者が侵害行為により受けた利益あるいは権利の実施により通常受けるべき金額を損害として損害賠償が認められ，200万円の支払を命じた（浦和地判昭和58年6月24日判タ509号177頁〔リバーカウンター事件〕）。

⑨　なお，旧商法の取締役の責任が認められた例もある。プログラマー，システムエンジニアなど人材派遣を業務とするN社の取締役が，自ら設立しようとする同業種の新会社に参加するよう部下の従業員に対し勧誘を行い，その結果，7名の従業員が一斉に退社した。判決は，人材が唯一の資産であるような会社において，従業員に，自己の設立会社へ参加することを勧誘するようなことは，それだけで，旧商法254条の3（現：会社法355条）の取締役の忠実業務に違反しており，旧商法266条（現：会社法423条）の損害賠償責任を負うとした（東京地判昭和63年3月30日判時1272号23頁〔日本設備事件〕）。

(3)　営業秘密保護と刑事規制

平成15年改正前の不正競争防止法には，営業秘密それ自体を直接保護する「刑事規定」は存在しなかった。そのため，営業秘密の侵害に対しては，主として一般刑法が適用されていた。

侵害には，企業秘密を有する企業の内部の者によって探索又は漏洩される場合と，企業の外部の者によって探索又は漏洩の誘引がなされる場合がある。企業の内部の者については窃盗・業務上横領・背任などが，企業の外部の者については住居侵入・窃盗・贓物収受（盗品故買）などの規定が適用された。

窃盗・業務上横領は，有体物についての犯罪である。企業秘密が，設計図とか技術記録，あるいは材料表とか雛型のような有体物に化体（情報の有形化）しているときに，その有体物を権限なく持ち出したり，売却するなどの行為があったときに，この種の犯罪が成立する。また，その相手は贓物収受や故買（有償譲受け）として処罰された。

背任罪は，秘密について関係する事務にあたる地位にいたこととか，自己又は第三者の利益を図るとか，企業に損害を加える目的をもっていたということも要件になっている。外部からの働きかけで，本人にこのような意図・目的はなく，結果としてそのようになってしまったという場合は問題である。

72　第1編　序　　論　第4章　不正競争防止法の地位

　このように，営業秘密の刑事法的保護についても，わが国では，一般刑法犯として処理されていた。平成15年以前の営業秘密の侵害に関する刑事判決例の主要なものを挙げると，以下のとおりである。

　①　戦後の有名な事件としてはテレンチェク事件ないし大日本印刷事件といわれる事件がある。企業秘密調査者のテレンチェクは大日本印刷勤務の者を使い同社の機密文書である受注報告書，採算検討報告書や工事見積書を持ち出させ，収受するなどに及んだ。これは，窃盗，贓物故買として懲役の実刑が科せられた（東京地判昭和40年6月26日判時419号14頁〔大日本印刷刑事事件〕）。

　②　このほかにも，建設調査週報を発刊する会社の業務部長が，競業関係に立つ他の会社に転職するに際して，転職先会社に譲り渡す意図のもとに購読会員名簿を持ち出し近隣のコピーサービス店でコピーを作成し原物は戻したが，名簿の経済的価値は，これに記載された内容自体であり，上記態様で持ち出したことは名簿の占有が被告人に移ったことになり，窃盗罪が成立するとされた（東京地判昭和55年2月14日判時957号118頁〔建設調査会事件〕）。

　③　また，企業の新薬開発担当者がライバル会社の製造承認申請している抗生物質に関する資料を国立予防衛生研究所から同所の担当官に持ち出させ，複写した事件で，不法領得の意思は，ファイルを複写することが，媒体に化体された情報の権利者による独占的・排他的利用を阻害する結果になるとして窃盗が認められた（東京地判昭和59年6月15日判時1126号3頁〔新薬データ刑事事件〕）。

　④　百貨店に勤務するコンピュータ技術者が，コピーテープを名簿業者に売却する目的で，顧客名簿が入力された磁気テープ1巻を勤務先から持ち出し，2000万円を超える不正な利益を取得した事件も窃盗で処理されている（東京地判昭和62年9月30日判時1250号144頁〔京王百貨店顧客名簿刑事事件〕）。

　⑤　これに対し，「業務上横領罪」を認めている例も存在する。すなわち，勤務先会社からの退社に際して文献ファイル及び少量の薬品を持ち帰り，被害会社の競争会社に売却した事件で，職員が身分に基づき会社から配付を受けた資料でも，所有権は会社に帰属し，持出しについて，業務上横領罪が成立するとされた（大阪地判昭和42年5月31日判時494号74頁〔鐘化事件〕）。

　⑥　東レ事件も同様であった。社員が同社所有の機密資料を無断で持ち出し，原本又は写真複製物を日レ社員に100万円で売却した事件である。しか

し，背任罪については，被告人が機密資料を保管秘匿する任務に従事していないので構成しないとされた（神戸地判昭和56年3月27日判時1012号35頁〔東レ事件〕）。新潟鉄工事件では，コンピュータ・ソフト開発担当者が会社在職中に新会社設立を計画し，自ら開発したソフト関係の機密書類を社外に持ち出し複写したことが，業務上横領に問われた（東京地判昭和60年2月13日判時1146号23頁〔新潟鉄工事件〕）。

　⑦　「背任罪」の成立が認められたのは，総合コンピュータ事件である。同社の営業課長及びインストラクターが，同社のコンピュータ・ソフトウェアを無断で，自ら独自に販売するコンピュータに入力し，同社に財産上の損害を与えた。本件については，事務処理者たる地位，任務違背，図利加害目的，財産上の損害の発生の諸要件を満たすものとして，背任罪の成立が認められた（東京地判昭和60年3月6日判時1147号162頁〔総合コンピュータ事件〕）。

　オーストリアは不正競業法11条・12条で，デンマークは不正競業法11条で，フィンランドは不正競業法11条で，ノルウェーは不正競業法10条・11条で，スウェーデンは不正競業法3条でというように，不正競業法に企業秘密の「刑事的保護規定」を定めている。なお，これらの国のなかには，ノルウェー刑法294条（雇用者の者又は雇用終了後2年以内の者が，企業の商業上又は製造上の秘密を，権限なく漏洩又は使用することを処罰している），オーストリア刑法310条b項のように，不正競業法の刑罰規定のほかに，刑法規定を併せもつ国もある。

　中南米諸国のメキシコ（刑法210条・211条），コロンビア（刑法280条），アルゼンチン（刑法153条・154条）なども企業秘密の刑事的保護の規定を設けている。また，社会主義国では，法の本質は変わるといえ，例えばかつての旧ソ連（刑法12条，そのうちの経済的秘密につき1956年4月28日連邦評議会命令10条ないし17条），旧チェコスロバキア（刑法122条），旧ユーゴスラビア（刑法213条）も，経済的な工場秘密などの漏洩を処罰していた。特に，ポーランド，ハンガリーなどは，第2次大戦の前後でも不正競業法には根本的変動はなかったし，不正競業法には従業員の企業秘密の漏洩処罰の規定をもっている（ポーランド不正競業法10条，ハンガリー不正競業法15条）。

　わが国の刑法改正をめぐって企業秘密漏示罪の是非が論じられた。現行刑法の全面改正作業が，昭和47年4月以来法制審議会で検討されてきた。改正刑

法草案には，第35章に「秘密を侵す罪」があり，また322条に企業秘密の漏示に関する規定が定められていた。

* 第322条（企業秘密の漏示）
  ① 企業の役員又は従業員が，正当な理由がないのにその企業の生産方法その他の技術に関する秘密を第三者に漏らしたときは，3年以下の懲役又は50万円以下の罰金に処する。
  ② これらの地位にあった者が，その企業の生産方法その他の技術に関する秘密を守るべき法律上の義務に違反して，これを第三者に漏らしたときも，同じである。

改正刑法草案のこの規定を外国立法例と比較してみると，案文に「競業の目的」要件はついてはいない。次に，秘密を第三者に「漏らした」場合のみを対象とし，秘密を自己が「用いる」場合を規定していない。

また，第三者のほうから提案・探知したり，漏示の誘引をする場合は定められていない。秘密は，企業の生産方法その他の技術に関する秘密に限定し，経営上の秘密とか，商業上の秘密は対象としていない。

反面，保護対象はその地位・職務に基づいて知った秘密に限定されていない。またノルウェー刑法294条，デンマーク不正競争防止法11条のように，退職後2年間とか3年間の秘密保持期間で限定されていない。なお，ドイツ不正競業法やフランス刑法のように，外国関係の場合に刑罰を重くするというような区別はない。

改正刑法草案の企業秘密の保護に対する規制に対して，企業秘密をスパイすることを放置するべきであるというような論議は少ないが，その規制方法，規制姿勢，さらにはその影響に対する反対論が強い。問題は，むしろ一般刑法に規定するのが妥当か，不正競争防止法など特別法に規定するのが妥当かとか，要件の明確化問題とか，どのように限定的に規定するのが妥当かということなどにあるように思われる。

その後，企業秘密（営業秘密）の保護については，旧不正競争防止法の平成2年改正で類型が追加され（旧1条3項），平成5年全面改正後の現行不正競争防止法でも，そのままの法文で，不正競争であるとされている（2条1項4号〜10号）。しかし，罰則は規定されていなかった。企業秘密（営業秘密）の保護規制が十分企業に浸透し，民事上の判決例が相当数出て営業秘密の意義の外延も

問題点も十分明確になった後でないと罰則の制定は妥当でないと思われた（なお，わが国の企業秘密（営業秘密）の保護についての不正競争防止法改正後に，同様の改正を行った韓国不正競争防止法は罰則を設けている）。

　しかし，さらにその後，営業秘密の保護を図るうえからも，刑事処罰規定の導入が必要であるという意見が産業界を中心として強まってきた。

　こうした背景を受けて平成15年の改正の際に，特定の営業秘密の侵害行為（2条1項4号ないし9号の行為に対する特定の加重類型の行為）について刑事処罰規定が導入された。

　そして，その後平成17年，平成21年，平成27年の改正によって，さらに刑事処罰の範囲が拡大強化されている。

　なお，平成15年改正以後の営業秘密侵害行為に対する処罰規定については，第4編第2章第2節を参照されたい。

第 **2** 編

不正競争行為

□第 1 章

序　　説

第 1 節　不正競争防止法の構成

　不正競争防止法は，「誠実な商慣習に反する行為は禁止する」というような不正競業行為一般を定義するような，いわゆる「一般条項」を有しない。平成5年の不正競争防止法の全面改正にあたっても，今後の検討事項として新設が見送られた。

　不正競争行為に関する現行不正競争防止法の法条は，以下のように構成されている。

　1条は目的規定であり，不正競争防止法の目的が公正競争及び国民経済の健全な発展の寄与にあることを規定している。

　2条は定義規定である。1項は「不正競争」の定義を定め，実質上本法の中核であり，1号から22号までに不正競争行為を制限的に列挙する。平成2年の改正では営業秘密の侵害にあたるいくつかの行為類型（旧1条3項1号ないし6号（現2条1項6号ないし9号））が追加され，平成5年の改正では2号の「著名商品等表示冒用行為」と3号の「商品形態模倣行為」（また，10号・12号（現20号・22号）に商品のほかに「役務」を追加）を新設し，平成11年の改正により10号・11号（現17号・18号）の「技術的制限手段に対する不正競争行為」を新設し，平成13年改正により12号（現19号）の「ドメイン名の不正目的使用行為」を新設した以外は，おおむね旧法の不正競争行為の整理を行ったものであった。

　しかし，その後，平成17年の改正では，新たに不正競争防止法2条1項3号の「商品の形態」や「模倣」の意味について新たな定義規定（同改正2条4項・5項）を設け，明文化をはかるとともに，従来刑事処罰の対象とならなかった著名商品等表示の冒用行為や形態模倣商品等の譲渡行為に関して，それぞ

80 第2編 不正競争行為 第1章 序 説

れ刑事処罰規定が設けられ（平成17年改正21条2項2号，平成18年改正2条1項3号），これによって不正競争行為に対する刑事規制や行政規制（関税法による水際規制）の強化をはかった。

平成23年の改正では，刑事訴訟手続を通じて営業秘密が公開されることを防止するため，営業秘密の侵害に対する刑事処罰に関して刑事訴訟法の特例として若干の手続規定を設けるなど（同改正23条以下），主に既存の刑事処罰の執行強化をはかった。

平成27年の改正では，営業秘密の法的保護の観点から，新たに「技術上の営業秘密」の「不正使用行為」によって生じた物を譲渡，引渡，展示する行為を新たに不正競争行為とし（同改正2条1項10号），合わせて営業秘密侵害に関する刑事処罰の対象範囲を拡大し，処罰の強化をはかった（同改正21条1項8号・9号・3項・4項等）。

平成30年の改正では，AI（人口知能）の学習や強化などに欠くことができないデータ集積物に関して，それが「限定提供データ」（同改正法2条7項）の要件に該当する場合には，その不正取得，使用・開示する行為，限定提供データを保有する事業者から示されたデータを図利又は加害の目的で使用又は開示する行為，取得後にこれを知って取得したデータを開示する行為等の転得型の不正競争行為を新設した（同改正2条1項11号～16号）。

令和5年改正では，デジタル化に伴う事業活動の多様化に対応するため不正競争防止法2条1項3号の「商品の形態」にデジタル生成物のような「無体物」が含まれるとの解釈に立ったうえで，その形態を模倣した商品につき従来の「譲渡」等の行為のほかに，新たにこれを「輸入し，又は電気通信回線を通じて提供する行為」を不正競争行為として追加した（同改正2条1項3号）。

以上のように，不正競争防止法が対象とする不正競争行為の類型は，昭和9年の制定時はもとより，平成5年の改正時に比べても，質，量ともに著しく拡大している。

3条は不正競争行為者に対する差止請求権，4条は損害賠償請求権，5条は損害額の推定規定，5条の2（平成27年改正）は技術上の営業秘密を取得した者等による当該技術上の営業秘密を使用等する行為に関する推定規定，6条は具体的態様の明示義務に関する規定，7条は書類提出命令に関する規定，8条は

損害計算のための鑑定，9条は相当な損害の認定規定であって，主に侵害の立証や損害の算定に関する特別規定を置いている。

　10条ないし13条に関しては，いわゆる秘密保持命令やこれに関連する訴訟記録の閲覧制限，当事者尋問などの公開停止の規定を置いている。

　14条は信用回復措置請求権の規定という不正競争行為に対する民事的救済を，15条は営業秘密に関する請求権の時効を規定している。16条・17条は外国の国旗・紋章など，及び，国際機関の標章などの使用禁止，18条は外国公務員などに対する不正の利益の供与などの禁止という営業者以外を名宛人とする不正競業規定である。

　19条に普通名称，自己氏名，先使用，模倣商品，営業秘密の善意取得などの不正競争行為とならない行為についての規定を設けているが，旧法6条の工業所有権の権利行使行為の適用除外の規定は，新法では削除された。また，旧法3条の外国人の権利能力に関する規定も削除された。

　令和5年改正では，新たに19条の2により，日本国内で事業を行う営業秘密が国外において不正競争行為（2条1項4号・5号・7号又は8号）の対象となる場合でも日本の裁判所において提訴できるよう管轄権が認められ，19条の3により，上記のような営業秘密について不正競争行為（2条1項4号・5号・7号又は8号）が行われる場合にもわが国の不正競争防止法が適用されることが定められた。

　20条は経産省令に基づく経過措置に関する規定，21条は罰則規定，22条は両罰規定であり，不正の目的をもってする不正競争防止法2条1項1号ないし3号の不正競争行為を行う行為を罰則の対象とするほか，一定の加重要件を付した営業秘密の侵害行為，商品の役務の質量誤認惹起行為，秘密保持命令に違反した行為，外国の国旗・紋章などの使用禁止，国際機関の標章の商業上の使用禁止，外国公務員などに対する不正の利益の供与などの禁止などに違反する行為も処罰の対象とされている。

　このほか23条ないし31条には，営業秘密に関する刑事訴訟手続の特例が定められ，32条から34条には刑事処罰規定に設けられた犯罪行為によって得た財産の没収（21条13項）に関する手続等の特例に関する規定を設けるとともに35条・36条はこの没収・追徴に関する保全手続を，37条から40条では没収及

び追徴の裁判の執行及び保全に関する国際共助手続を定め，19条の4では没収保全と滞納処分の手続の調整に関する事項については政令，国際共助手続については最高裁判所規則に委任を行っている。

したがって，本書においては，不正競争防止法2条1項の不正競争類型の各号の考究が極めて重要であり，以下においても，これに紙幅を用いることにする。

第2節　不正競争防止法に定められた不正競争行為類型

不正競業行為の類型については，すでに第1編「序論」において述べた。ところで，不正競争防止法は，どのような行為を不正競争として列挙し，そしてこれを禁止しているのであろうか。不正競業行為は，不正競争防止法2条1項において以下のようにいろいろな観点からその類型化が試みられている。

Ⅰ　何人の利益を害するかという観点から

まず，どのような者の利益を害するかという観点から，不正競争防止法2条に定めている行為をみると，(i)主として特定の同業者の利益を侵害する行為と，(ii)主として同業者全体の利益を害する行為に分けられる（例えば，豊崎・全集194頁）。

(i)の特定の同業者の利益を害する行為には，①周知商品等表示混同行為（1号），②著名商品等表示冒用行為（2号），③商品形態模倣行為（3号），④営業秘密に係る不正行為（4号〜10号），⑤営業誹謗（信用毀損）行為（21号），⑥代理人等の商標冒用行為（22号）が，(ii)の同業者全体の利益を害する行為には，原産地・質量等誤認惹起行為（20号）がこれに属する。

上記(ii)の原産地・質量等誤認惹起行為は，対象地域の営業者が少なく，営業者が特定されているときは(i)に近く，また，この行為は，同業者全体の利益を害する行為ではあるが，むしろ消費者の利益を害する行為，ないし一般的市場の破壊行為というのがふさわしい行為である。

しかし，(i)，(ii)ともに，大きくとらえると営業者の利益を害するのみならず，同時に競業秩序を破壊する行為でもある。

第2節　不正競争防止法に定められた不正競争行為類型　　Ⅱ　内容の観点から　　*83*

Ⅱ　内容の観点から

　次に，内容より類型化し，ⓐ自己の競争上の効果を増す行為と，ⓑ他人の競争上の効果を減ずる行為に分けてみると，営業秘密に係る不正行為（4号〜10号），営業誹謗（信用毀損）行為（21号）を除いては，ほぼⓑに属する行為である。なお，営業秘密に係る不正行為（4号〜10号）には，ⓐ，ⓑ両面がある。

Ⅲ　その他の観点から

　また，異なる観点から，内容より，㋑混同惹起行為，㋺競争企業の誹謗，㋩競争企業の破壊，㋥市場の破壊に分けてみると，㋑には1号（周知商品等表示混同行為）が，㋺には21号（営業誹謗（信用毀損）行為）が，㋩には2号（著名商品等表示冒用行為），3号（商品形態模倣行為），4号〜10号（営業秘密に係る不正行為），11号〜16号（限定提供データの不正取得等行為），22号（代理人等の商標冒用行為）が，㋥には20号（原産地・質量等誤認惹起行為）がこれに属する。

　20号のうち原産地・質量等誤認惹起行為は，混同惹起行為に属させられることもあり，1号（周知商品等表示混同行為）は，競争企業，すなわち，他人の価値の冒用あるいは窃用行為とともに分類することもある。

　また，以上の類型にあがっていないものに，法違反による優位の獲得行為があり，これに該当する行為は，現行の類型にはない。

　不正競争防止法に定められた不正競争類型の数は少なく，これを条文別でなく類型的グループに分類して概説する必要も少ないので，以下，条文の順に従って概説する。

□第 2 章

周知商品等表示混同行為（2条1項1号）

第1節 総 説

I 保護対象——周知商品等表示

不正競争防止法2条1項1号は，「他人の商品等表示（人の業務に係る氏名，商号，商標，標章，商品の容器若しくは包装その他の商品又は営業を表示するものをいう。以下同じ。）として需要者の間に広く認識されているものと同一若しくは類似の商品等表示を使用し，又はその商品等表示を使用した商品を譲渡し，引き渡し，譲渡若しくは引渡しのために展示し，輸出し，輸入し，若しくは電気通信回線を通じて提供して，他人の商品又は営業と混同を生じさせる行為」を不正競争行為として規定している。このうち括弧書に「人の業務に係る氏名，商号，商標，標章，商品の容器若しくは包装その他の商品又は営業を表示するもの」とある「商品表示」と「営業表示」を合わせて「商品等表示」という。

「商品等表示」は，旧不正競争防止法1条1項1号の「商品表示」，すなわち「氏名，商号，商標，商品ノ容器包装其ノ他他人ノ商品タルコトヲ示ス表示」と，同項2号の「営業表示」，すなわち「氏名，商号，標章其ノ他他人ノ営業タルコトヲ示ス表示」を合わせた概念である。

したがって，不正競争防止法2条1項1号の保護対象は周知商品表示と周知営業表示（2つをまとめて「周知商品等表示」という）であり，禁止行為は，周知商品等表示主体の商品又は営業との混同惹起行為である。

「商品主体混同行為」と「営業主体混同行為」とは，性質において同じ面もあるが，やや異なる面もある。両者を「周知商品等表示混同行為」として，一体的に説明するよりは，以下のように「商品主体混同行為」と「営業主体混同

第1節 総　説　Ⅰ　保護対象——周知商品等表示　*85*

行為」と分けて，この順に説明するのが，理解に便宜と考える。

　　*　これを，たとえによって，商品表示を商標的表示，営業表示を商号的表示と考える
　　　とわかりやすい。列挙された「氏名，商号」も，商品表示については「商品表示と
　　　しての他人の氏名，商号」であり，営業表示については「営業表示としての他人の
　　　氏名，商号」である。

　したがって，不正競争防止法2条1項1号の「商品の容器若しくは包装」
も，それが前者においてもつ意味あるいは機能は，「商品商標」と同じような
商品表示としての「容器，包装」であり，後者においてもつ意味あるいは機能
は，「商号又は役務商標」と同じような営業表示としての「容器，包装」であ
る。

　「容器，包装」は，商標・商号と同じ作用をしているところの表示としての
（二次的意味をもった）商品の容器，包装である（商品の容器，包装も，本来は出所を
示すためのものではないが，ときには営業表示としての二次的意味をもつ。それゆえに，
「商品の容器，包装」は営業表示について，飛ばして読むと考えるべきでなく，旧法1条1
項2号で「其ノ他他人ノ営業タルコトヲ示ス表示」に含まれていた部分と考えるべきであ
ろう）。

　なお，不正競争防止法2条1項1号の周知商品等表示の保護は，表示が周知
である間継続し，表示が周知でなくなると終了する。保護期間は事実状態に依
存し，ある意味では半永久的ともいえる。表示の使用が中断しても，公衆の認
識から印象がすぐ消えるわけではない。表示の使用が中断していた場合に関し
て，表示として周知性を獲得した商標が，その使用を一時中断され現在は使用
されていないものの周知性は維持存続されており，その表示は再び使用される
可能性があるなどの理由から，当該表示は2条1項1号による保護の客体とな
るとしたものがある（東京地判昭和56年8月3日判時1042号155頁〔盛光刑事事件〕，東
京高判昭和58年11月7日高刑集36巻3号289頁〔盛光刑事事件（控訴審）〕）。

　これに対して，いったん周知性を獲得した後においても，類似の商品等表示
が多数市場に出現することによって当該商品等表示の自他識別力や周知性が失
われることもある（東京高判平成12年2月24日判時1719号122頁〔ギブソンギター事件
（控訴審）〕）。

86　第２編　不正競争行為　第２章　周知商品等表示混同行為（２条１項１号）

Ⅱ　周知商品表示混同行為

　「周知商品表示の混同を生じさせる行為」とは，不正競争防止法２条１項１号に規定している行為のうち商品表示に関する行為，すなわち他人の商品表示（人の業務に係る氏名，商号，商標，標章，商品の容器若しくは包装その他の商品を表示するもの）として需要者の間に広く認識されているものと同一若しくは類似の商品表示を使用し，又は商品表示を使用した商品を譲渡し，引き渡し，譲渡若しくは引渡しのために展示し，輸出し，輸入し，若しくは電気通信回線を通じて提供して，他人の商品と混同を生じさせる行為である。

　商品主体混同行為（旧１条１項１号）は，営業主体混同行為（旧１条１項２号）と同じく，英法でいわゆるパッシング・オフ（passing off）といわれる不正競争行為である。平成５年改正前の商品主体の混同行為と営業主体の混同行為，すなわち，商品表示と営業表示の混同行為は区別して規定されていたが，平成５年改正後の現行法では，商品表示と営業表示を商品等表示と一括して規定している（２条１項１号。しかし，その規定するところには変わりはない）。

　「使用」の意味は旧法と同じように極めて広く，商品そのもの（商品の形，商品のすかし模様の表示など）での使用はもちろん，商品又は商品の容器・包装に表示を付する行為，商品に関する広告・定価表又は取引書類に表示を付して展示し又は頒布する行為のすべてを含む。

　また，「譲渡」は商品の所有権の移転を意味し，その有償，無償を問わない（東京地判昭和40年８月31日判タ185号215頁〔ワイヤレスマイク事件〕）。「引渡し」は，ここでは簡易の引渡しのような観念的な占有の移転ではなく，商品の現実的支配の移転である（商標法について特許庁・逐条解説〔第22版〕1531頁，小野＝三山・新・商標法概説〔第３版〕（青林書院，2021）23頁）。「展示」は，ここでは，展示会で単に展示のみを行う場合を含まず，商品を販売するために店頭に商品を陳列するように譲渡若しくは引渡しのための展示に限定されている。「輸入」は外国において生産された商品を国内市場に搬入する行為，「輸出」は国内において生産された商品を国外市場に搬出する行為，である（輸入が旧１条１項１号の拡布に含まれると解するものに，大阪地判平成４年７月23日判時1438号131頁〔模型飛行機事件〕がある。ただし，仮に輸入が拡布にあたらないとしても販売による侵害の予防に必要な行為

として差止請求ができるとする)。

　国内外の区別に関しては，保税地域（保税倉庫，保税工場）内を国外と考え（ただし，妥当性のため生産については国内と解釈し），そこにある商品を輸入した物と考えない説がある（吉藤幸朔・特許法概説〔第8版増補〕（有斐閣，1991）294頁）。しかしこの定義は，正常な貿易取引における輸入を前提とする。通関した物品のみが輸入された物品であるならば，外国からきて保税倉庫内に存在する時点では輸入品でなく国外品であるから，いまだ日本の商標法・不正競争防止法の適用はなく違反は成立しないものとして，かつ商標法・不正競争防止法違反には未遂罪はないからとして，手がつけられないものとされたこともあった。日本製品を装うため，A国からB国へ偽造品を輸出し販売する際に，わざわざ日本へいったん送り，日本で通関せずにB国に送る場合がある。日本の有名商標の偽造品が陸揚げされたが通関されず，税関の目の前を通過するのを輸入通関説によって放置されたことがある。輸入の意義は領海説か陸揚げ説のいずれかによるべきで，通関説によるべきではない。そうでないと税関を通らない密輸入の場合には輸入に該当しないことになる。

　　＊　関税法上は国外である保税倉庫も商標法上では国内と解釈するのは，フィリピンからドイツへの航空輸送に関するスイス連邦最高裁1984年11月2日判決，IIC（国際工業所有権著作権雑誌）18巻1号120頁。不正競争防止法に関する政府答弁も，領海上をただ通過するにすぎないような商品は輸入と解されないが，陸揚げあるいは荷揚げ時をもって輸入と解されるとしている（126回国会参議院商工委員会会議録第5号15頁）。

　旧法1条1項1号は輸入を規定していなかったが，判決例に，輸入の差止めを認めたものがあり（大阪地判平成4年7月23日判時1438号131頁〔模型飛行機事件〕，同旨判決として大阪地判平成5年7月20日知的集25巻2号261頁〔シャンパン・ラベル事件〕），平成5年の改正にあたり，立法者は「輸入」の文言を不正競争防止法2条1項1号に挿入したことを追加的でなく確認的なものと解している。ただ旧法1条1項1号の「拡布」に「輸入」が含まれるか否かについては解釈上の疑義があったので，平成5年の改正で「輸入」が条文に加えられたのである。なお，2条1項1号に，保管や所持は規定されていない。これらの行為は，すべて不正競争防止法3条2項の予防請求権の対象として考えられている。他方，刑事処罰規定において間接侵害行為は設けられていない。そこで，不正競争犯

88 第2編 不正競争行為 第2章 周知商品等表示混同行為（2条1項1号）

罪で重要な役割を果たすこともある保管や所持行為に対する規制について，立法措置を考える必要がある。

「電気通信回線を通じて提供」する行為は，平成11年の改正で新たに追加されたものである。その背景にはプログラムやデジタルデータなどがネットワークを通じて提供されるようになった事実がある。これらの商品についても商品等表示が使用されることがあるが，これが不正競争防止法2条1項1号の「商品等表示を使用」あるいは「商品等表示を使用した商品を譲渡し，引き渡し」に該当するか否かは疑義があった。そこで，このような電気通信回線を通じた商品の提供についても2条1項1号の対象であることを明確にするために平成15年にさらに改正が行われたのである（経産省・逐条解説〔平成15年改正版〕16頁）。

したがって，ここにいう「電気通信回線」は，インターネットや企業間LANなどの情報通信網を意味し，有線であるか無線であるかを問わない。ただ，「回線」という用語は，双方向からの通信を伝達するための無線又は有線の通信網をいうと解されており，一方向にしか情報が送信できない放送（TV放送，ラジオ放送）や有線放送の通信網は，この「電気通信回線」に含まれない。

ところで，平成9年の不正競争防止法の成立前にも商標法による登録商標の保護はあったが，未登録の商標の有する信用に対する不正競争を規制し，さらに，商品の容器包装（ドイツ商標法のAusstattungに含まれるもの）のもつ信用を保護する法律はなかった。これらの規制が不正競争防止法成立の軸となっており，営業表示混同行為とともに，同法の不正競争類型中もっとも実務上よく用いられているものである。ただ，これらの保護は，単なる私的利益保護を超え，競業秩序維持という観点からなされていることに注意を払わなければならない。

以上のように，ここにいう「商標」，「商号」は登録・登記されているものであることを要しない。

　　＊　ここでいう商標は，商品表示たる容器・包装と同列の商品表示の一例示たる商標である。未登録でよいことはいうまでもなく当然である。逆にそれが，登録商標であってもよいことも，現在通説・判例として確定されている（大阪地判昭和32年8月31日下民集8巻8号1628頁〔三国鉄工事件〕，大阪高判昭和38年8月27日下民集14巻8号1610頁〔本家田邊屋事件（控訴審）〕，大阪高判昭和43年12月13日判時564号85頁〔バイタリス刑事事件（控訴審）〕，東京高判昭和45年4月28日判タ254号299頁〔長崎タンメン事件（控訴審）〕）。

Ⅲ　周知営業表示混同行為

　「周知営業表示の混同を生じさせる行為」とは，不正競争防止法２条１項１号に規定している行為のうち営業表示に関する行為，すなわち，他人の営業表示（人の業務に係る氏名，商号，商標，標章（商品の容器若しくは包装），その他の営業を表示するもの）として需要者の間に広く認識されているものと同一若しくは類似の営業表示を使用して，他人の営業と混同を生じさせる行為である。表示は客観的に存在すればよいのであって，「営業主体が特定の営業表示を周知するよう特段の努力をした結果，その営業表示が広く認識されるに至った場合のみならず，ある表示が自然発生的に特定の営業主体の営業を示す表示」となるように第三者が使用した結果，当該営業主体を表示するものとして広く認識されるに至った場合であってもよい（東京高判平成５年４月28日取消集36号463頁〔アメックス事件（控訴審）〕，最判平成５年12月16日判時1480号146頁〔アメックス事件（上告審）〕）。

　使用には，旧法の規定していた他人の営業の施設又は活動と混同を生じさせる一切の使用行為を含む。商標法２条３項３号ないし９号に規定されるような，役務の提供にあたり用いるものに表示を付したり，それを展示したり，広告・定価表・取引書類に付して頒布したりするような使用行為を含む。

　銀行・保険・証券・広告・放送・土木建築・運輸業など役務を提供することを業とする者のいわゆる役務商標（サービス・マーク）の混同行為は，平成３年改正商標法で役務商標登録制度を導入するまでは，不正競争防止法によってのみ規制されていた。

　ここにいう氏名，商号，標章は，営業表示の例示にすぎないのであって，記号や特徴的な店舗の外観などの営業の表装（例えば，店舗の特徴的な外観，大判昭和17年８月27日新聞4795号13頁〔パン屋の食堂事件〕，東京地決平成28年12月19日裁判所ホームページ〔コメダ事件〕）など，それが営業を表示するものである以上すべてのものを含み，したがって商品の容器若しくは包装も，それが営業を表示するものにまでなっている以上，ここにいう営業表示に含まれるのであって，不正競争防止法２条１項１号の対象表示は，商法における商号の対象よりずっと広い。

　商号は，会社においては商号単一の原則によって制限を受ける。ある会社，

例えば，日本観光株式会社（これが商号）が，ホテル"キング"，喫茶店"クィーン"，ドライブイン"プリンス"，服飾店"プリンセス"などを経営するとき，これら"キング"，"クィーン"など営業を表示する名称は営業名であって商号ではない。したがって，これら営業名は商法及び会社法の保護対象たる商号でなく，不正競争防止法2条1項1号で保護される営業表示である。

　営業表示の場合の商号の登記においても，商品表示の商標登録の場合，登録が周知表示の要件として要求されないのと同じく，不正競争防止法の周知表示たるために，商号に登記は要求されない。

第2節　商品表示

I　商品の概念

　従前，商品は有体物に限られ，しかも市場で金銭又は物と交換される有体動産である必要があると解されていた。しかし，不正競争防止法1条の目的に照らせば，経済的な価値に着目して取引の対象となるものであれば不正競争防止法2条1項1号の保護の対象となるのであるから，商品を有体動産に限定する必要はない。この点に関して，古い判例では「タイポス45」と名付けられた仮名及び片仮名の創作書体は商品にあたらないと判示していた（東京地判昭和55年3月10日無体集12巻1号47頁〔タイポス書体事件〕，東京高判昭和57年4月28日無体集14巻1号351頁〔タイポス書体事件（控訴審）〕）。しかし，デジタルフォント化した文字書体をフロッピーディスクなどに入れて販売していた債権者が同じくデジタルフォント化した類似の文字書体を入力したフロッピーディスクやこれを搭載したレーザープリンターを製造販売していた債務者に対して当該デジタルフォントを入力したフロッピーディスクなどの製造・販売禁止の仮処分申請を行った事件において，上記「タイポス事件」の判決とは異なる判断がなされている。この仮処分申請事件の第一審は無体物である債権者の書体は「商品」に該当しないとして申請を却下したが，却下決定に対する抗告審では，「不正競争防止法は，……不公正な競争行為を排除し，公正な取引秩序の維持，確立を目的とするものであることは明らかなところであるから，同法が使用する用語の

解釈に当たっては，同法のかかる目的を充分に考慮に入れて解釈することが必要であるというべきである。……そこで，前記の『商品』の概念についてみると，経済的価値を肯定され取引対象とされる代表的なものとして有体物があるということはいうまでもないところであるが，社会の多様化に伴い，新たな経済的価値が創出されることは当然のことであることからすると，その有する経済的な価値に着目して取引対象となるものが有体物に限定されなければならないとする合理的な理由は見いだし難い。この意味で，無体物であっても，その経済的な価値が社会的に承認され，独立して取引の対象とされている場合には，それが不正競争防止法（著者注：旧法）1条1項の規定する各不正競争行為の類型のいずれかに該当するものである以上……，これを前記の『商品』に該当しないとして，同法の適用を否定することは，同法の目的及び右『商品』の意義を解釈に委ねた趣旨を没却するものであって相当でないというべきである。……『書体』とは，抽象的な観念である字体を基礎にし，これを製作者が自ら創作したデザイン上の一定のルールに従い様式化した文字群であって，字体とは異なる概念」であり，またその取引の実情において，「印刷業者，新聞社，プリンターメーカー等は，それぞれ自己の用途にとって最も好ましいと考える特定の書体を選択し，当該書体メーカーと有償の使用許諾契約等を締結してその書体を使用しているもの」であるから，「書体メーカーによって開発された特定の書体は，正に経済的な価値を有するものとして，独立した取引の対象とされていることは明らかというべきである」。そこで，「かかる性格を有する書体を単に無体物であるとの理由のみで不正競争防止法（著者注：旧法）1条1項1号の『商品』に該当しないとすることは相当ではない」との決定を下し，デジタルフォントのような無体物であっても現不正競争防止法2条1項1号の商品に該当するとの判断を示した（東京高決平成5年12月24日判時1505号136頁〔モリサワタイプフェイス事件〕）。

　この判決を本事案に限定された事例判決とみるか否かに関しては争いが残るが，一般論として「無体物であるとの理由で（旧）不正競争防止法1条1項1号（現2条1項1号）の商品に該当しないとすることは妥当でない」との判示部分が今日では広く支持されている（紋谷暢男「タイプフェイスの不正競業法及び不法行為法上の保護」ジュリ849号109頁，田村・概説〔第2版〕67頁等）。

92　第2編　不正競争行為　第2章　周知商品等表示混同行為（2条1項1号）

　これに対して，役務自体は不正競争防止法2条1項1号の商品には含まれない。したがって，玄関ドアや引戸の交換，外壁の吹付け，サンルームの設置などの建物の修理又は機材の取付けという役務は商品にあたらない（大阪地判昭和58年10月14日無体集15巻3号630頁〔ちらし広告事件〕）。2条1項1号の商品は流通性を有するものであることを要するゆえに，飲食店内において顧客に提供される料理は商品にあたらない（大阪地判昭和61年12月25日無体集18巻3号599頁〔中納言事件〕）。しかし，これらの表示は多くの場合，営業表示として保護される。いわゆる商品表示（「商品を表示するもの」）とは，商品を個別化する認識手段たる形象であり，その認識手段を備えた商品が，何びとから出たものであるかを，他の商品の出所より区別させる認識手段である。

　ただ，それは「特定の出所より出たこと」を弁別させることをもって足り，出所の正式名称などを想起させるものである必要はない。すなわち，日本酒で「大関」といえば，あああの酒，「松竹梅」といえば，あああの酒という程度の想起作用をもつことをもって足り，その出所が何々酒造株式会社であるとまで知られている必要はまったくない。

Ⅱ　表示の概念

1　識別性

　表示は，認識可能な表示として全体として一体性を有し，独立の個別化力を有するものでなくてはならない。この統一性と独立性を有する限り，商品個別化手段が商標であるか商品の容器であるかなど，個別化の手段を問わない。

　他人の「氏名，商号，商標，標章，商品の容器包装」というのは，「商品を表示するもの」であり，商標と同様の機能，すなわち，商品の個別化機能をもつものを，例示としてあげているのである。

⑴　名　称

　氏名のみでなく，氏も名も，また雅号，芸名も，さらには，法人の名称，略称も表示にはいる。不正競争防止法2条1項1号の商号も，全体的名称でなくともよいし，略称であってもよい。また，グループ名称であってもよい（大阪地判昭和46年6月28日無体集3巻1号245頁〔積水開発事件〕，東京地判昭和59年3月12日判タ519号258頁〔神田ソニー・日本橋ソニー事件〕，千葉地判昭和62年10月16日判例不競法

〔図1〕札幌ラーメンどさん子事件

目録一

810ノ101頁〔東急グループ事件〕，最判昭和63年9月29日速報161号1頁4421〔東急グループ事件（上告審）〕ほか）。

　最高裁は，旧不正競争防止法1条1項1号又は2号（現2条1項1号）所定の「他人」には，特定の表示に関する商品化契約によって結束した同表示の使用許諾者，使用権者（被許諾者）及び再使用権者（被許諾者）のグループのように，特定の商品表示又は営業表示のもつ出所識別機能，品質保証機能及び顧客吸引力を保護発展させるという共通の目的のもとに結束しているものと評価することができるようなグループも含まれるものと解するのが相当であると判示している（最判昭和59年5月29日民集38巻7号920頁〔フットボールチームマーク事件（乙）（上告審）〕，大阪高判昭和56年7月28日無体集13巻2号560頁〔フットボールチームマーク事件（乙）（控訴審）〕，大阪地判昭和55年7月15日無体集12巻2号321頁〔フットボールチームマーク事件（乙）（第一審）〕，大阪地判昭和53年7月18日無体集10巻2号327頁〔フットボールチームマーク事件（甲）〕，大阪地決昭和51年10月5日無体集8巻2号441頁〔フットボールチームマーク事件（仮処分）〕，福井地判昭和60年1月25日判時1147号134頁〔ポルシェ事件〕，名古屋高金沢支判昭和62年12月7日無体集19巻3号530頁〔ポルシェ事件（控訴審）〕，東京地判平成2年2月19日無体集22巻1号34頁〔ポパイ事件（丙）（第一審）〕，東京高判平成4年5月14日知的集24巻2号385頁〔ポパイ事件（丙）（控訴審）〕，フランチャイズ事業に関して，東京地判昭和47年11月27日判時710号76頁〔札幌ラーメンどさん子事件〕（図1参照），金沢地小松支判昭和48年10月30日判時734号91頁〔8番ラーメン事件〕，福岡高宮崎支判昭和59年1月30日判タ530号225頁〔ほっかほか弁当事件（控訴審）〕，東京地判平成5年6月23日判時1465号136頁〔つぼ八事件〕）。

　このほか，特定のメーカーの商品の販売を行う「特約店」なる表示を使用する企業のグループ（名古屋地判昭和57年10月15日判タ490号155頁〔ヤマハ特約店事件〕）あるいは「全国共通図書券の利用が可能である」旨の表示又はこれを表す加盟店表示等（東京地判平成14年1月24日判時1814号145頁〔全国共通図書券事件〕）も企業

グループの商品ないし営業を表す表示となることがある。

ただ，資本的あるいは人的な結合関係がなくとも，その淵源を共通にし，その名声・信用・顧客吸引機能に関して一定限度において利害を共通にする者の間でも企業グループと同一の関係が成立すると判示する判例もある（神戸地判平成8年11月25日判タ958号272頁〔ホテルゴーフルリッツ事件〕）。しかし，このように表示概念を拡大する必要性があるか疑問がある。

(2) キャラクター

漫画の主人公であるポパイのキャラクター（漫画に登場する主人公の容貌・姿態等の表現）について，著作権者から使用許諾を受けた多数のライセンシーが，それぞれ異なる業種において多くの種類の商品に当該キャラクターを図柄として用いる場合，たとえポパイのキャラクターが異業種の多数の会社において，多岐にわたる多くの種類の商品に用いられ，その図柄が統一されておらず，他の商標とともに用いられているとしても，ポパイのキャラクターは，その著作権者及び日本における商品化事業のために設立された会社を中核とするそれらの企業グループの商品等表示として出所表示機能を有するとしたものがある（東京地判平成2年2月19日無体集22巻1号34頁〔ポパイ事件（丙）〕，東京高判平成4年5月14日知的集24巻2号385頁〔ポパイ事件（丙）（控訴審）〕）。同旨の判例として，東京地判平成2年2月28日判時1345号116頁〔ミッキーマウス事件〕，東京地判平成14年12月27日判タ1136号237頁〔ピーターラビット事件（第一審）〕，東京高判平成16年3月15日判例不競法874ノ778頁〔ピーターラビット事件（控訴審）〕，東京地判平成16年7月1日裁判所ホームページ〔マクロス事件〕）。

2 識別性のない表示

当該表示に商品等表示性がないと判示されたものには，以下のものがある。

布用転写紙の包装用の封筒に表示された図につき，一般の需要者に対し商品の特徴とその使用方法を説明するために掲げられた記載であって，商品を他から識別するに足りる商品等表示とは認められないとしたもの（大阪地判昭和49年9月10日無体集6巻2号217頁〔チャコピー事件〕）。電気餅つき機に付された「つきたて」という表示は，電気餅つき機の効能を表現・連想させるにとどまり，商品の個別的識別機能を有するとはいえないから，旧不正競争防止法1条1項1号により保護されるべき商標にあたらないとされたものがある（京都地判昭和

57年4月23日無体集14巻1号227頁〔餅つき機「つきたて」事件〕）。

　また，医療用漢方製剤の製造販売を業とする会社が自社商品に付した商品番号につき，卸問屋はメーカー名，商標名で取引をしており，当該漢方製剤の商品番号は，自社商品の品名表示機能を有するにすぎず，自他商品識別機能ないし出所表示機能まで有するものとは認められないとして，それと同様な方法による同業者の商品番号の使用行為が周知商品等表示混同行為にあたらないとしたものがある（名古屋地決昭和57年9月29日無体集14巻3号634頁〔漢方製剤商品番号事件〕）。この他，自他識別力が認められないとされたものとしては，薬局の所在地名に由来する「セイジョー」（東京地判平成16年3月5日判時1854号153頁〔成城調剤薬局事件〕），ごくありふれた「日本」「家庭教師」「協会」「センター」などの組合せからなる「日本家庭教師協会」なる表示（東京地判昭和62年7月10日特企225号60頁〔日本家庭教師協会事件〕），ローマ字2字の組合せからなる「JS」「RK」などの表示（東京高判平成16年3月31日判時1865号122頁〔流通用ハンガー事件〕）などがあり，その製品の品質ないし効能を表示するにすぎないとして自他識別能力がないとされた事例として，化粧品の容器に用いられた「尿素＋ヒアルロン酸」と縦に2段書きされた表示（東京地判平成16年5月31日裁判所ホームページ〔ヒアルロン酸化粧水事件〕），自動車用つや出し剤に用いられた「鏡面WAX」「輝く！」などの表示（東京高判平成17年2月10日裁判所ホームページ〔自動車用つや出し剤（鏡面ワックス）事件〕），老齢者や障害者に対する音楽療法などの普及を目的とする団体が行う「音楽福祉音楽療法を勉強する講座」なる表示（知財高判平成17年7月20日裁判所ホームページ〔音楽療法を勉強する講座事件〕），パパイヤ発酵食品を販売する原告が複数の商品につき各々の商品名とともに使用していた「PS-501」なる表示（大阪地判平成19年9月13日裁判所ホームページ〔PS-501事件〕），寒天から生成されるオリゴ糖を成分とする健康食品について「寒天オリゴ糖」なる表示（知財高判平成22年4月13日裁判所ホームページ〔寒天オリゴ糖事件〕），ドーナツ状の輪形で中央に中空部のある形態の枕について「ドーナツ枕」なる表示（東京地判平成22年10月21日判時2120号112頁〔ドーナツ枕事件〕，知財高判平成23年3月28日判時2120号103頁〔ドーナツ枕事件（控訴審）〕），船舶用油槽洗浄機の商品名・型式である「MST-30」（東京地判平成25年4月12日裁判所ホームページ〔MST-30事件〕，知財高判平成25年11月14日裁判所ホームページ〔MST-30事件（控訴審）〕），高速道路ETC

カード割引制度の共同精算事業を営む事業協同組合の名称及びその略称である「ビジネスサポート」（東京地判令和2年3月24日裁判所ホームページ〔ビジネスサポート事業協同組合事件〕）などがある。これらは，いずれもそれらの表示が，セカンダリー・ミーニング（二次的出所表示機能）を獲得していなかった事例である。

　何が表示で何が表示でないかということは，不正競争防止法でも商標法と同様に問題である。「NGF日本」「NATIONAL GOLF SCHOOL」「NGF」などという文字をゴルフ営業に使用している者による，被告株式会社エヌ・ジー・エスに対する「エヌ・ジー・エス」「NGS」などの文字の使用差止請求事件では，請求は棄却されているが，その理由の一部に，原告が使用している表示や記述のうち，原告の営業表示として機能しているのはどの表示かということが論点になっている（東京地判平成5年10月22日速報222号8頁6333〔エヌ・ジー・エス事件〕）。ポパイTシャツ事件（大阪地判昭和51年5月26日無体集8巻1号219頁から始まる一連の事件）からみても，この問題を一般化して解説することは容易ではない。

　「商品の容器包装」も，あるいは，別項で詳細に述べる「その他の商品を表示するものとしての商品の形態」も，不正競争防止法2条1項1号では，それが有するセカンダリー・ミーニング（二次的出所表示機能）の有無が商品表示該当の認定においてしばしば重要な考慮要素となる。

　商品の容器包装も，商品であることを示す表示でありうる（容器肯定例・札幌地判昭和51年12月8日無体集8巻2号462頁〔バター飴容器事件〕，包装肯定例・津地判昭和49年12月12日ニュース4115号1頁〔亀山ローソク事件〕，容器否定例・前橋地決昭和50年10月29日無体集7巻2号411頁〔インスタント焼そば事件〕，札幌高決昭和56年1月31日無体集13巻1号36頁〔バター飴容器事件（控訴審）〕。反対，渋谷達紀［判例評釈］ジュリ836号116頁，東京地判平成16年7月28日裁判所ホームページ〔自動車用つや出し剤（鏡面ワックス）事件〕，東京地判平成18年1月13日判時1938号123頁，東京地判平成18年1月18日判時1938号138頁，東京地判平成18年1月31日裁判所ホームページ，東京地判平成18年2月24日裁判所ホームページ〔PTPシート事件〕）。イギリス法のget-upやドイツ法のAusstattungのように商品の形態もこれに含まれる。この他，商品表示には，いわゆる立体商標はもちろん，特別の色彩，キャッチフレーズ（ただし，本来商品や役務の宣伝広告に用いられるキャッチフレーズは二次的出所表示機能の有無が重要であり，二次的出所表示機能がないことを理由に商品等表示性が否定された例として東京地判平

成27年3月20日裁判所ホームページ〔英会話教材キャッチフレーズ事件〕，知財高判平成27年11月10日裁判所ホームページ〔英会話教材キャッチフレーズ事件（控訴審）〕がある）などが含まれることもある。

しかし，商品の容器包装は商品表示として出所表示機能を有しない場合も多い。例えば，その例として，包装用袋及び段ボール箱それ自体が，製品の商品表示としての機能を取得し，周知性を確立していたとは認められないとして，これに類似する包装用袋及び段ボール箱を使用して同種の製品を販売する行為が周知商品等表示混同行為にあたらないとしたもの（大阪地判昭和63年12月27日無体集20巻3号656頁〔かにロール包装事件〕），袋帯の図柄について，その図柄自体によって当該袋帯を製造販売する者の商品として識別されるようになっていたとは認められないとされたもの（京都地判平成元年6月15日判時1327号123頁〔袋帯図柄事件〕。ただし，不法行為として認容）がある。

また，一般によく知られた文字標章や着色が付された包装（パッケージ）であっても，同様の構成からなる包装を用いて同種商品の販売を行う事業者がすでに多数存在する場合には，当該文字標章や着色のみでは識別性を有せず，原告の社名と原告商品にのみ付された特定の図柄によって初めて識別が可能である。このような例として「正露丸包装事件」（大阪地判平成18年7月27日判タ1229号317頁〔正露丸包装事件〕，大阪高判平成19年10月11日判時1986号132頁〔正露丸包装事件（控訴審）〕）がある。

第一審判決（大阪地判平成18年7月27日）は，「正露丸」あるいは「SEIROGAN」の名称で医薬品（クレオソートを主剤とする胃腸用丸薬）の製造販売を行っている業者は複数存在し，その包装箱の表示態様として，遅くとも昭和30年代頃から「(1)包装箱の形状，包装箱全体の地色 (2)正面の「正露丸」の文字図形及び周縁の模様の表示，配色及び配置 (3)背面の「SEIROGAN」の対象図形及び周縁の模様の表示，配置及び配色 (4)左右表面の表示，以上の点において原告表示1と共通する特徴を有する包装箱を用いており，『ラッパの図柄』の表示を度外視すれば……原告のみがその包装箱の表示態様として，原告商品の包装の原告表示1あるいはこれに類似するものを独占的に使用してきたという事実はない」「したがって，原告表示1は，……『ラッパの図柄』を度外視した包装態様のみでは，これを原告の商品であることを認識することができるも

98　第2編　不正競争行為　第2章　周知商品等表示混同行為（2条1項1号）

のとは認められず，原告の出所表示機能を有するものとはいえない」として，「ラッパの図柄」に相当する部分に「瓢箪の図柄」を付した被告商品の包装は原告表示1とは類似しないと判示した。控訴審判決（大阪高判平成19年10月11日）もこの点において第一審判決とほぼ同様の判断をしている。

　なお，正露丸の表示や包装をめぐっては，この他に，原告が「正露丸（セイロガン）」「糖衣」及び「A」を一体とした一連の表示を周知商品等表示として主張をした事案について，被告の強調する標章が「正露丸」「糖衣」「S」が文字の大きさ，字体及び色がまったく異なり，明確に分けて記載されていることが明らかであり，一連一体のものとして記載されているということはできないとして類似性を否定し，さらに「正露丸」及び「糖衣」の各文字は普通名称にすぎない単語であり，医薬品についてアルファベットを付記することも慣用されているにすぎないとして，被告表示のうちの一部について普通名称ないし慣用表示を普通に用いられている方法で使用しているにすぎないと判示した判決がある（大阪地判平成24年9月20日判タ1394号330頁〔正露丸糖衣S事件〕）。

　商品のパッケージにおける形状，地色などが他の商品にない独自のものである場合には，これらの要素からなる包装自体に商品等表示性が認められる場合があるが（大阪地判平成9年1月30日知的集29巻1号112頁〔紅茶缶事件〕，東京地判平成13年6月15日裁判所ホームページ〔ふりかけ外装パッケージ事件〕），その場合には，個々の構成要素（例えば，パッケージの形状，地色，文字標章等）には，さして強い自他識別力が存在しないため構成要素を一体として商品等表示性を認定しており，その結果，上記構成要素の一部が相違していただけで類似性が否定されることもある（東京地判平成13年6月15日裁判所ホームページ〔ふりかけ外装パッケージ事件〕）。

　このような判決の流れからすれば，前記の「正露丸包装事件」でも第一審判決及び控訴審判決が示したように，他に複数の事業者が原告表示と類似する表示を同種商品のパッケージに使用している以上，パッケージを構成する上記のような他社商品の表示と共通する部分は自他識別性が認められず，原告商品のパッケージにのみ存在するラッパの図柄等の特徴的部分（なお，以上の事実のほか，原告がコマーシャルで同部分を原告商品の識別標識として強調していた事実も認定されている）に限定して自他識別力を認めたこともやむを得ないと考えられる。

　ただ，原告が訴訟でも主張しているように，被告が「正露丸」あるいは

第2節　商品表示　Ⅱ　表示の概念　　99

「SEIROGAN」なる文字標章を使用することはやむを得ないにせよ，包装の形状や地色までも原告パッケージと同一又は類似のものを選択する必然性に乏しく，このように後発者が回避可能な表示の構成要素まで原告表示と同一又は類似であることを不正競争防止法上若しくは一般的な不正競業法理によって規制する方法が存在しないことがわが国の不正競争防止法あるいは不正競業法の課題といえよう。

　変わった事例としては，ラジオ番組中の「どっちを選ぶ」というコーナーの中で使用されている「究極の選択」という言葉遊びの名称につき，仮処分債権者は，放送番組の出版化が日常化していることを理由に，番組のコーナータイトルなどは商品等表示としても保護されるべきであると主張した。しかし，裁判所は，「究極の選択」という名称は，どちらも選択したくない2つの事柄のうちの1つを相手に無理に選ばせて会話を楽しむという言葉遊びが若者を中心として流行したのに伴い，その言葉遊びそのものを意味する一般名称として社会に定着していったものであり，前記コーナーのタイトルとしては一般に認識されていないものであるとして，前記番組を放送した会社の周知商品等表示であるとは認められないとされた。また，同放送会社の系列会社がこの言葉遊びを内容として出版した「究極の選択」という書籍の題号についても，それは，単にその書籍の内容を表示するだけであるから，出所表示機能又は自他商品識別機能を有しないものであるとされた（東京地判平成2年2月28日無体集22巻1号108頁〔究極の選択事件〕，小野昌延〔判例評釈〕ジュリ980号244頁）。

　ただ，ある表示の使用が商品等表示として識別力を有するか否かはその表示態様やこれに接した需要者の認識によっても相違する。

　例えば，「タカギ」なる表示で浄水器やその交換用浄水カートリッジを販売する事業者である原告が，これと互換性を有する交換用浄水カートリッジを販売する被告に対して，被告が楽天のトップページ上部のトップメニューバーの下に「タカギ社製　浄水蛇口のカートリッジ取扱店」の表示とともに被告標章を表示する行為が被告の販売する交換用カートリッジを原告が販売する純正品であると需要者に混同させる行為であり，不正競争行為に該当すると主張したのに対して，「タカギ」なる語が原告の商品等表示として周知であることを認定しつつ，「(前記トップページの) メニューバーの下には，被告表示に加えて，

『交換用浄水カートリッジ』との表示及びその左横の『GRACELAND』との表示がひとまとまりのものとして配置されていたと認められるところ，被告表示はごく小さなフォントサイズで目立たない態様で表示され，需要者の注意を引くものではなかったのに対し，『交換用浄水カートリッジ』との青色文字フォントは被告表示の数倍大きく，また，被告グレイスランドの英語表示である『GRACELAND』との文字は青色の正方形の中に白抜きで表示されていたものであり，いずれも被告表示よりも目立った態様で表示されていたものと認められる」との事実を認定し，かような事実関係のもとでは，このようなひとまとまりの表示に接した需要者が「GRACELAND」及び「交換用浄水カートリッジ」の表示に着目し「GRACELAND」の「交換用浄水カートリッジ」の広告と理解するので，被告表示は「商品等表示」に該当しないと判示した判決（東京地判令和3年3月17日裁判所ホームページ〔浄水器交換用カートリッジ（タカギ）事件（第一審）〕）がある。

3 識別性と類似性

識別性と周知性はもちろんのこと，類似と混同は別の概念である。しかし，具体的事案では，これらが相互に関係することがある。例えば，昭和2年より営業していた潮見温泉旅館が，昭和28年に近くにできた潮見観光ホテルに対して差止請求をした事件において，潮見が識別性のない地名であることから，潮見に当該営業との特殊関係を認識させるような事情のない限り，潮見を要部とみることはできず，営業表示の類似性が否定された（松山地判昭和40年7月16日不競集759頁〔潮見観光ホテル事件〕）。あるいは，火の国は阿蘇に因んだ肥後熊本の代名詞ともいうべきものであるから，有限会社火の国観光ホテルとニュー火の国ホテルとの間に誤認混同のおそれはないとされた（熊本地判昭和52年4月26日判タ368号213頁〔ニュー火の国ホテル事件〕）。

また，特定の米の品質を表す「コシヒカリ」「こしひかり」とその産地である「武川」とを組み合わせた「武川米こしひかり」については商品の出所識別機能は認められないので，当該部分のみが共通する被告標章と原告商標（「武川米こしひかり」なる文字を毛筆書体で記載し，これに「雲師」と小型の赤印押印風の記載をし，中央部に米という漢字を図案化したと考えられる図形の中に「グッドライフ」という文字を白抜きで配置し一体化させた図形を付した標章からなる）とは類似しないと判断し

た判決（甲府地判平成15年2月25日判例集未登載〔武川米こしひかり事件〕，東京高判平成15年10月30日裁判所ホームページ〔武川米こしひかり事件（控訴審）〕），自他識別力のない「大阪」「みたらし」「小餅」を組み合わせた標章からなる商標は全体として出所識別機能を有するとしたうえで，しかし，このうち「大阪」「みたらし」の部分が同一である「（元祖）大阪みたらし団子」とは類似しないと判示した判決（大阪地判平成19年3月22日判時1992号125頁〔大阪みたらしだんご事件〕）なども自他識別機能や出所表示機能が類似性判断に影響を与えた例といえよう。

4　使用による識別性

　表示は一般名称のような，識別性のないものであってはならない。しかし，それが永年使用されると，使用による識別性を生ずる。例えば，4710，4711，4712はいずれも単なる数にすぎない。しかし，香水において「4711」は，ケルンの香水製造者の住居番号であったが，永年使用によって，特定者の香水を個別化する力を有しており，現在は，使用による識別性のある有名商品等表示となっている。これは，本来の数としての意味（一次的意味）のほか，使用とか広告によって，ある者の香水を個別化する（平たくいえば商標的）意味をもつに至ったのである。これをセカンダリー・ミーニング（二次的出所表示機能）という。

　古くはチキンラーメン事件において，「即席ラーメンに使用する商標として使用による特別顕著性を生じ」と認定している（神戸地判昭和36年6月24日不競集434頁〔チキンラーメン事件〕）。もっとも，その前に「『チキンラーメン』という新語をつくり」という認定をしている部分が気にかかるが，「チキンラーメン」という語は造語であり新語であるが「チキン」と「ラーメン」という語の識別力の弱さから，造語の当初は「チキンラーメン」という語に特別顕著性がなかったと考えたものであろう。

　ルイ・ヴィトンの著名な図柄は，偽造防止の意味を当初から有していたが，たとえ，それが当初意匠的なものであったとしても，永年使用により識別性を有するに至ったときは意匠とともに商品等表示たりうる（大阪地判昭和62年3月18日無体集19巻1号66頁〔ヴィトン図柄事件〕，大阪高判昭和62年7月15日無体集19巻2号256頁〔ヴィトン図柄事件（控訴審）〕，最判昭和63年1月19日特企232号2頁〔ヴィトン図柄事件（上告審）〕）。Tシャツなどの装飾的ワンポイント・マークも同様である

102　　第２編　不正競争行為　　第２章　周知商品等表示混同行為（２条１項１号）

（東京地判昭和47年１月31日無体集４巻１号１頁〔月桂樹マーク事件〕，大阪地判昭和59年２
月28日無体集16巻１号138頁〔ポパイ事件（乙）〕）。

　その他，例えば，商品である浮子の大きさ，形状，性能に応じて商品に付される数字とアルファベットからなる規格表示につき，独特の工夫をこらして案出されたものであり，永年使用されたことにより規格表示としての機能を超えて自他商品識別機能をももつに至っていたとして，周知商品等表示にあたることを認めたもの（大阪地判昭和56年３月27日無体集13巻１号336頁〔浮子規格表示事件〕），商品名を「スペース・インベーダー」と称するテレビ型ゲームマシンの受像機に映し出される「インベーダー」を主体とする各種影像とゲームの進行に応じたこれらの影像の変化の態様につき，取引上二次的に商品の出所表示機能をもつに至っていたとして，周知商品等表示にあたることを認めたもの（東京地判昭和57年９月27日無体集14巻３号593頁〔スペース・インベーダー事件〕，大阪地判昭和58年３月30日判タ495号196頁〔ワールド・インベーダー事件〕），一定の商品に施された特定の色彩又は複数の色彩の配色が，従来その商品に見られなかった新規なものであって，反復継続して使用されることにより需要者に特定人の商品に係るものであることを識別されるに至った場合には，そのようなものも周知商品等表示にあたるとしたうえで，いわゆるウエットスーツに使用された，一定の色を中央部の色として同系色の３色を明度の低い濃色から明度の高い淡色へ移行するように配列した構成の色ラインにつき，当該商品の出所表示機能を獲得するに至っていたとして，周知商品等表示にあたることを肯定したもの（大阪地判昭和58年12月23日無体集15巻３号894頁〔ウエットスーツ事件〕，大阪高判昭和60年５月28日無体集17巻２号270頁〔ウエットスーツ事件（控訴審）〕，最判昭和62年９月３日特企227号７頁〔ウエットスーツ事件（上告審）〕），「メガネ」は商品の普通名称であり，「竹林」は姓を表すものであるが，「メガネの竹林」と組み合わされ，かつ，長年特定の者に使用された結果，その者の商品を表示するものとして識別力を備えるに至った場合には，旧不正競争防止法１条１項１号により保護されるべき商標にあたるとされたもの（福岡高判昭和61年11月27日判時1224号120頁〔メガネの竹林事件（控訴審）〕）などの判例がある。

　また，商品の形態であってもそれが同種の商品に見られない特徴ある形態をとっているときには，比較的短期間に二次的出所表示機能を獲得することがあ

〔図2〕キューブ・アンド・キューブ事件

第一目録
ルビック・キューブの本体
　別紙図面及びその説明書〈省略〉のとおり

第二目録
キューブ・アンド・キューブの本体
　別紙図面及びその説明書〈省略〉のとおり

る（東京地判昭和57年10月18日判タ499号178頁〔キューブ・アンド・キューブ事件（仮処分異議）〕（図2参照），東京地判平成10年2月25日判タ973号238頁〔たまごっち事件〕，東京地判平成16年7月28日判時1878号129頁〔パネライ腕時計形態事件〕など）。

　この他，当該標章の形状自体はありふれた生物を模したものであっても，その形態が特異なものであり長年特定の店舗がそのような動態の看板を使用することによって自他識別力を取得したものとしては，電気仕掛けでハサミ，肢，目玉が動く松葉がにの立体的看板（標章）に営業表示性を認めたものもある（大阪地判昭和62年5月27日無体集19巻2号174頁〔かに看板事件〕）。

　さらに，やや特殊な例として，指定取次店及び書店との間で加盟店契約を締結し，全国共通図書券の発行・販売を行っている会社が，当該加盟店に使用許諾をしていた「図書券の利用が可能である」旨の表示に関して，「特定の種類の商品券，プリペイドカードやクレジットカードを利用しての商品の購入が，当該商品券等の代金決済システムを行う特定の組織に加盟する店舗においてのみ可能であるような場合には，ある店舗において当該商品券等の利用が可能であることを表示することは当該店舗が当該組織の加盟店であることを顧客に示すものであり，このような場合には，当該商品券等の利用が可能である旨を表示することが，特定の組織に属する店舗の営業であることの表示となるものである。この場合には，そのような特定の商品券等による代金決済を行う組織の加盟店であることが，当該店舗の社会的な信用を高めることも少なくないのであって，このような点を考慮すれば，当該商品券等の利用が特定の組織に属する店舗のみにおいて可能であることが需要者の間に広く認識されている場合には，当該商品券等の利用が可能である旨の表示が不正競争防止法2条1項1号

104　第２編　不正競争行為　第２章　周知商品等表示混同行為（２条１項１号）

にいう周知の『商品等表示』に該当し得るものというべきである。」旨の判示
をして，上記表示が２条１項１号の「商品等表示」に該当するとした判決も存
在する（東京地判平成14年１月24日判時1814号145頁〔全国共通図書券事件〕）。

　ただ「全国共通図書券事件」の判決に対しては，「図書券が使用できる」と
いう表示はむしろ当該書店の提供する商品や役務との関係で不正競争防止法２
条１項13号（現20号）の原産地・質量等誤認惹起表示ではないかとの指摘も存
在する（牧野＝飯村・座談会不競法33頁〔高林龍発言〕・34頁〔松尾和子発言〕）。このよ
うにある表示が一面では商品表示や営業表示として機能し，他面では原産地や
品質等の表示として機能する場合が存在するか否かは難しい問題であり，一概
にいずれか一方の表示として保護すべきであるとすることはできない。最近で
は「氷見うどん」なる商標を有しこれを使用して麺類を販売する者が，富山県
氷見市とは離れた岡山県の製造業者に製造させた麺類を「越中氷見名物氷見う
どん」「氷見糸うどん」等の表示を付して販売する者に対して，被告が使用す
る上記表示が２条１項13号（現20号）の原産地・質量等誤認惹起表示であると
主張した事案について，原告の主張を認め，損害賠償請求を認容した事案があ
る（名古屋高金沢支判平成19年10月24日判時1992号117頁〔氷見うどん事件〕）。他方で
は，「三輪素麺」ないし「三輪そうめん」の名称は，三輪地方において，生産
され販売されているそうめんとしての自他識別力，出所表示機能，広告宣伝機
能があり，これを消費者からみれば，三輪地方の業者が同地特有の製法で生産
したそうめんであるとの品質表示機能も備えていると解されるとして，これを
「三輪地方において同地特有の製法で生産している業者あるいはこれを販売し
ている業者全体の商品等表示として需要者の間に広く認識しているもの」とし
て，岡山県倉敷市に本店を置く企業が生産・販売する素麺に「三輪素麺」なる
表示を付する行為を２条１項１号の不正競争行為とし，三輪素麺の生産者の大
多数が所属する協同組合（奈良県三輪素麺協同組合）による差止請求を認めた判決
（奈良地判平成15年７月30日判例集未登載〔三輪そうめん事件〕，茶園成樹「産地表示と商標
法，不正競争防止法―三輪素麺事件」発明2005年４月号82頁）がある。

　なお，商標法では，平成17年の改正により，地域団体商標登録制度（商標７
条の２）が導入されたため，地域の名称と商品又は役務の普通名称を普通に用
いられる方法で表示される商標も一定の周知性を具備することにより登録が認

められ商標権が認められることになったが，この制度も上記のように地域（産地）名と商品の普通名称が不正競争防止法2条1項1号や20号によって保護を受ける場合との相互関係についても，未解明の問題が残されている。

Ⅲ　表示としての商品の形態

1　意　義

商品の形態については，これが商品等表示に含まれることは，判例・通説ともに認めるところである。

しかし，商品の製造は本来自由であって，特許権・実用新案権・意匠権等によって保護されない商品の形態は，本来，原則的に保護を受けず，その模造を含めてその利用は公衆（ないし競業者）の自由に属するところである。

しかし，商品の形態が，永年使用により，商品を個別化する作用をもつに至ったとき，そのセカンダリー（一次は本来の機能的なもの，ここで問題になるのはそれ以外の二次的なものであるから，セカンダリーといわれる）の意味（ミーニング）を有するに至った部分に化体された信用の冒用が許されるべきでないことは，商品の容器・包装の冒用が許されるべきでないことと同じである。

商品の形態について，機能的なもの（及び非機能的なものであっても表示として周知でないもの）については，法規に特段の定めのないときには，公衆の利用は自由であるものとしなければならない。しかし，模倣といってもその程度が極めて強い，まったく酷似させられ真偽の判断がつかないようなものの放置は，独特の弊害を生ずる。例えば，それが輸出された場合，仕向地よりクレームが起こっても真偽の判断がつかないとか，また，製造者の信用を阻害するなど，単なる類似物とは異なる性格の事態を生じさせる。混同を要件とする不正競争防止法2条1項1号と別個に2条1項3号が不正競争類型に加えられた1つの理由でもあろう。

2　裁判例の動向

(1)　商品形態の商品表示性を否定した初期の判例

平成5年改正前の旧不正競争防止法1条1項1号の「他人ノ商品タルコトヲ示ス表示」に商品の形態や模様あるいは着色（複数の色の組合せ）が含まれることは，今日では判例，通説として確定しているといってよいだろう（豊崎ほか・

106 第2編 不正競争行為 第2章 周知商品等表示混同行為（2条1項1号）

注解120頁〔豊崎〕，小野・旧注解88頁，水野武「商品形態」牧野編・裁判実務大系(9)487頁，田倉＝元木編・実務相談46頁〔設樂隆一〕等）。

　しかし，その点に関する判例の変遷を顧みると，これが認められる過程は必ずしも平穏な道程であったとはいい難い。

　旧不正競争防止法1条1項1号の下でも商品の容器（東京地判昭和33年9月19日不競集269頁〔トイレットクレンザー事件〕），商品の形態（大阪地判昭和35年5月30日判時236号27頁〔ファーストプリンター事件〕，東京地判昭和40年8月31日判タ185号215頁〔ワイヤレスマイク事件〕）などについて，商品の形態が例外的に「長期間継続して一定の商品に排他的に使用された結果，その商品の見分けかつその出所が分かる程度に達したとき」，あるいは「本来の機能とは別個に商品を個別化する作用をもつ」に至ったときには，商品等表示に該当する可能性があることを認めつつ，当該事案においては商品形態がそのような機能や作用を有するには至らないとして商品等表示該当性が否定されている。

　また，商品に施された単色の色については競争者の色彩選択の自由を重視しつつも，「もし，他人の商品はその色で知られ，その商品を見るものは誰でも他人の商品だと判断するに至った（セコンダリーミーニング）場合とか，その色である旨の表示をすれば，誰でも直ちに他人の商品であると判断する（トレードネーム）など，その色が他人の商品と極めて密接に結合し，出所表示の機能を果たしているような特別の場合には，その商品に施された色ならびにその色である旨の呼名は防止法1条1号にいう『他人の商品たることを示す表示』として不正競業から保護せられなければならない」（大阪地判昭和41年6月29日下民集17巻5＝6号562頁〔オレンジ戸車事件〕）として商品等表示に該当する可能性を認容しつつ，「その戸車の外観及び称呼がその戸車の出所を指示する機能を有するものと認めることはできない」（大阪地判昭和41年6月29日（昭和36年（ヨ）第2708号）〔オレンジ戸車事件〕）として商品等表示該当性を否定している。また，組立式の押入たんすの形態の商品等表示性が争われた事例（東京地判昭和41年11月22日判時476号45頁〔組立押入れタンス事件〕）では，「ある形態が永年継続して排他的にある商品に使用され，または短期間でも強力に宣伝され，あるいはその形態が極めて特殊独自なものであるためその形態自体が出所表示の機能を備えるに至った場合には，これを商品等表示のなかに含ませて差支えない」としつ

つ，「かような場合においても，その商品の形態が商品の技術的機能に由来する必然的な結果であるときは，これを除外する必要があろう」と判示し，初めて商品の技術的機能に基づく商品形態が商品等表示性を検討するうえで重要な要素になることを明らかにした。

以上のように，この問題に関する初期の判例は，対象となる事案が限られるという事情もあるが，商品形態の商品等表示性を認めることに関しては慎重であった。

しかし，その後，レンズ保持用のナイロン糸と，レンズを固定させる金属枠に埋め込まれたナイロンクッションを有することなどを特徴とする眼鏡枠の形態についての商品等表示該当性が争点となった事例（東京地判昭和48年3月9日無体集5巻1号42頁〔ナイロール眼鏡枠事件〕）において，裁判所は，原告商品の形態について「ナイロン糸を使用した眼鏡枠は，他にも存したけれども，その販売数量が僅かであったこと，全体的形態，重さ，手ざわり等が原告製品と相違することなどから，原告製品の特異性が害なわれることもなく，原告製品は，ナイロンクッションを有することを含むその形態の特異性に，その輸出販売数量，宣伝などが加わって，遅くとも，昭和46年3月ころには，日本全国にわたって，眼鏡問屋，小売業者などにおいて，その形態は，原告の商品を示すものとして，広く知られるようになった」として原告の商品形態の商品等表示性と周知性を認める判断を行った。

(2) 旧不正競争防止法の下における商品等表示性の認容例

旧不正競争防止法1条1項1号の下における「商品等表示」として認容された例は数多い。

重要な認容例としては，投釣用天秤事件（東京地判昭和53年10月30日無体集10巻2号509頁〔投釣用天秤事件〕），キューブ・アンド・キューブ仮処分異議事件（東京地判昭和57年10月18日判タ499号178頁〔キューブ・アンド・キューブ事件（仮処分異議）〕），チョロQ事件（浦和地決昭和58年1月26日判タ495号217頁〔チョロQ事件（仮処分）〕，浦和地判昭和60年4月22日判タ555号323頁〔チョロQ事件（本案）〕），マイキューブ事件（大阪地判昭和58年8月31日判タ514号278頁〔マイキューブ事件（仮処分異議）〕，大阪地判昭和61年10月21日判時1217号121頁〔マイキューブ事件（本案）〕），ウエットスーツ事件（大阪地判昭和58年12月23日無体集15巻3号894頁〔ウエットスーツ事件〕，大

阪高判昭和60年5月28日無体集17巻2号270頁〔ウエットスーツ事件（控訴審）〕，最判昭和62年9月3日特企227号7頁〔ウエットスーツ事件（上告審）〕），電線保護カバー事件（大阪地判昭和59年4月26日判タ536号410頁〔電線保護カバー事件〕），コードプロテクター事件（大阪地判昭和60年3月20日無体集17巻1号78頁〔コードプロテクター事件〕，大阪高判昭和60年10月24日無体集17巻3号517頁〔コードプロテクター事件（仮処分異議）〕），第三次会計用伝票事件（東京地判昭和61年1月24日判時1179号111頁〔第三次会計用伝票事件〕），ハンドリペッター事件（大阪地判昭和62年10月7日特企228号47頁〔ハンドリペッター事件〕）があげられる。

　これらの判例のなかには，同一の商品形態が比較的長期にわたって使用された事案が多いが，キューブ・アンド・キューブ事件，マイキューブ事件のように爆発的な売行きや集中的な広告宣伝から短期間のうちに二次的出所表示機能や周知性を継続した結果，商品等表示性が認容された事例も存在する。

　また，ウエットスーツ事件のようにその形態（配色）の斬新性から容易に他の商品との識別が可能であることが商品等表示性の認容に寄与したと認められる事例やチョロQ事件のように実在する自動車等をモデルにしつつもその形態をデフォルメして独自の形態的特徴を作りだしたことがその識別力を高めたと認められる事例も存在する。

　また，投釣用天秤事件やコードプロテクター事件，第三次会計用伝票事件のように実用性の高い商品形態であっても商品等表示性を認めた事例もあるが，それゆえに当該商品の技術的機能や他の産業財産権による保護との関係が争点になった事例も多い。

　平成5年改正以後の不正競争防止法2条1項1号との関係は後述するが，すでに同改正前における上記のような判決例において今日に至る商品形態の商品等表示性をめぐる主要な論点がすでに顕在化し論じられていたのである。

(3)　旧不正競争防止法の下における商品等表示性の否定例（商品等表示性を妨げる事情）

　ナイロール眼鏡枠事件以降の棄却例には，次のようなものがある。

　容器の形態に関し，その形状や寸法自体も商品等表示にあたるとしたうえで，インスタント焼そばの容器が，当該インスタント焼そばを販売している者にとって，ありふれた容器であり，商品等表示として周知性を有するとは認め

第 2 節　商 品 表 示　　Ⅲ　表示としての商品の形態　　*109*

られないとされた事例としてインスタント焼そば事件（前橋地決昭和50年10月29日無体集 7 巻 2 号411頁〔インスタント焼そば事件〕）がある。また，多くの類似する周辺商品が存在する場合には，商品の形態に商品等表示性を見いだすのは困難であり，多くの類似する周辺商品が存在することを，当該形態は表示にあたらないとの 1 つの判断要因としたものもある。例えば，テレビ映画「仮面ライダー」及び「仮面ライダー V3」に登場する主人公の姿を模して作られた人形の形態に関し，同様の人形を製造販売している数名の業者がいたことなどから，その形態が特定の業者の商品であることを示す表示として周知性を有するとは認められないとした判決などがその代表例である（東京地判昭和51年 4 月28日無体集 8 巻 1 号144頁〔仮面ライダー事件〕）。このように，多くの類似する周辺商品が並存する場合には，表示性（表示の自他識別機能）の否定がなされやすい。

　以上のように，商品形態の表示性と表示の周知性を未分化のまま判断している裁判例も多い。分化に対する賛否はともかくとして，表示性と周知性を区別して判断すべきである。

　この他，会計用伝票事件（東京地判昭和52年12月23日無体集 9 巻 2 号769頁〔第一次会計用伝票事件〕，畑郁夫［判例評釈］判タ367号313頁，満田重昭［判例評釈］ジュリ748号118頁，藤木美加子［判例評釈］ニュース4942号 1 頁），シャネルバッグ事件（東京地判昭和53年 5 月31日無体集10巻 1 号200頁〔シャネルバッグ事件（甲）〕），蚊取線香器具事件（大阪地判昭和55年 5 月20日特企140号67頁〔蚊取線香器具事件〕）などでは，請求が棄却されている。

　さらに詳細に判断基準を示したものとして，ボトルキャビネット事件がある。この判決は，商品の形態自体が自他識別機能（表示力）を有しているかどうかは，その形態が極めて特殊かつ独自のものであるか否か，その形態が特定の商品の形態として長年継続的かつ独占的に使用されてきたか否か，形態自体が強力に宣伝されたか否かなどの諸要素を慎重に総合判断して決すべきであると一般的な基準を示し，当該薬品瓶，薬品容器の保管庫の形態につき，形態自体による自他識別力を肯認できないとしている（大阪地決昭和55年 9 月19日無体集12巻 2 号535頁〔ボトルキャビネット事件〕。抗告審は大阪高決昭和56年 4 月27日無体集13巻 1 号454頁〔ボトルキャビネット事件（抗告審）〕）。このようなものは標章を付して初めて出所が明らかに個別化される。

110　第2編　不正競争行為　第2章　周知商品等表示混同行為（2条1項1号）

　第一次会計用伝票事件の控訴審（東京高判昭和58年11月15日無体集15巻3号720頁〔第一次会計用伝票事件（控訴審）〕，鷹取政信〔判例評釈〕パテ37巻5号31頁）では，前述のように商品を構成する伝票には多くの種類があり各葉の組合せが伝票の使用目的に従って極めて多岐にわたるなど，当該伝票の形態は完成された商品として統一的把握を可能とするものでないことを理由として請求が棄却された。

　このように，棄却例の多くは，商品の形態の商品等表示性自体を否定しているのではなく，一般論としては形態の商品等表示該当性を認めながら，当該事案では「表示」にあたらない，あるいは，表示に「周知性」がないとして請求を認容しなかったのである。例えば，このような商品等表示性の否定例として，第二次会計用伝票事件がある。この事件では，商品等表示性の有無は，その形態の特異性，商品の販売期間，販売実績，広告方法のほか，具体的な販売方式をも検討し，需要者の商品選択の意図を考慮して判断することを要するとされたことが重要である。そのうえで，会計用伝票の形態につき，その主要な特徴は技術的機能に由来するものであって，その販売につき技術的機能の説明と個別的指導などを行う方式が必要であることを考慮すると，需要者としては，その技術的機能を理解したうえで，これに着目して当該会計用伝票を選択採用しているものであり，技術的観点を離れ，その形態自体から，それが当該会社の商品であると判断して選択採用しているとまでは認められないなどの理由から，前記形態は出所表示機能を有する商品等表示にはあたらないとされた（福岡地判昭和60年3月15日判時1154号133頁〔第二次会計用伝票事件〕。後に第三次会計用伝票事件で異なる認定がなされた）。

　この他，平成5年改正前の否定例としては，商品カタログ事件（最判昭和60年4月9日特企198号7頁〔商品カタログ事件（上告審）〕），第一次会計用伝票事件の上告審（最判昭和61年4月8日特企210号7頁〔第一次会計用伝票事件（上告審）〕），ピュアネス事件（大阪地判昭和61年4月25日判タ621号187頁〔ピュアネス事件〕），回転灯事件（大阪地判昭和62年3月18日判タ644号223頁〔回転灯事件〕），留め金具形態事件（東京地判平成3年10月25日判時1413号115頁〔留め金具形態事件〕），平成5年改正後の判例として運搬用回転具事件（大阪高判平成7年11月30日裁判所ホームページ〔運搬用回転具事件〕），PTPシート事件（東京地判平成18年5月25日判時1995号125頁〔PTPシート事件〕），耳かき事件（東京地判平成18年9月28日判時1954号137頁〔耳かき事件〕），

カップホルダ用装飾リング事件（大阪地判平成21年12月10日裁判所ホームページ〔カップホルダ用装飾リング事件〕），インテリジェルマット事件（大阪地判平成22年1月19日裁判所ホームページ〔インテリジェルマット事件〕），光源用交換ランプ事件（東京地判平成22年11月12日裁判所ホームページ〔光源用交換ランプ事件〕），プリンタ用薬袋事件（東京地判平成23年6月30日裁判所ホームページ〔プリンタ用薬袋事件〕），眼鏡用ルーペ事件（東京地判平成24年7月4日裁判所ホームページ〔眼鏡用ルーペ事件〕，東京地判平成24年7月30日判タ1390号345頁〔ペアルーペ事件〕，知財高判平成24年12月26日判時2178号99頁〔ペアルーペ事件（控訴審）〕，知財高判平成25年2月6日裁判所ホームページ〔眼鏡用ルーペ事件（控訴審）〕），デザインポスト（大阪地判平成24年4月19日裁判所ホームページ〔デザインポスト事件〕），空気清浄加湿器の形態（東京地判平成25年3月27日裁判所ホームページ〔クリーンウェッター事件〕），簿記検定試験受験誌の切り離し式の暗記カードの形態（東京地判平成25年11月29日裁判所ホームページ〔切り離し式カード事件〕，知財高判平成26年4月22日裁判所ホームページ〔切り離し式カード事件（控訴審）〕），左官用バケツの形態（東京地判平成26年12月26日裁判所ホームページ〔左官用バケツ事件〕），観賞用水槽に用いる吸水パイプの形態（東京地判平成27年12月10日裁判所ホームページ〔吸水用パイプ事件〕，知財高判平成29年2月23日裁判所ホームページ〔吸水用パイプ事件（控訴審）〕），箸の使用に習熟していない者に正しい指の位置で箸を使用させることを目的とする練習用箸の形態（東京地判平成28年2月5日判時2320号117頁〔練習用箸事件〕），フェイスマスク及びその包装の形態（東京地判平成28年7月19日判時2319号106頁〔フェイスマスク事件〕，知財高判平成28年12月22日裁判所ホームページ〔フェイスマスク事件（控訴審）〕），オートバイ運搬用台車の形態（大阪地判平成29年1月19日判時2406号52頁〔バイクシフター事件〕），重量検品のピッキングカートの形態（東京地判平成29年9月28日裁判所ホームページ〔ピッキングカート事件〕），金属製三段式両開き工具箱の形態（東京地判平成29年11月28日裁判所ホームページ〔工具箱事件〕），2本の棒材を結合して構成された支柱などからなる形態を有する組立式の棚（知財高判平成30年3月29日裁判所ホームページ〔ユニットシェルフ事件〕），アームやレッグウォーマーの形態（東京地判平成30年12月20日裁判所ホームページ〔アイマスク事件〕，知財高判令和元年6月27日裁判所ホームページ〔アイマスク事件（控訴審）〕），カートリッジ交換式でないカラー筆ペンの形態（大阪地判令和元年9月19日裁判所ホームページ〔カラー筆ペン事件〕），サーボモーターの形態（東京地判令和元

112　第2編　不正競争行為　　第2章　周知商品等表示混同行為（2条1項1号）

年12月3日裁判所ホームページ〔サーボモーター事件〕），女性用下着の形態（東京地判令和3年9月3日裁判所ホームページ〔ふんわりルームブラ事件〕），バニーガールのコスチュームの形態（東京地判令和3年10月29日裁判所ホームページ〔バニーガール衣装事件〕），婦人靴の靴底に付された赤色の着色（東京地判令和4年3月11日判時2523号103頁〔クリスチャン ルブタン事件〕）などがある。

(4)　平成5年改正後の判例の動向

　平成5年改正後の不正競争防止法2条1項1号は，「他人の商品等表示」の範ちゅうに属するものとして，人の氏名，商号等とならんで「商品の容器若しくは包装その他の商品又は営業を表示するもの」を掲記しており，この「その他の商品又は営業を表示するもの」の中に商品の形態が含まれることは判例，通説の認めるところである。

　平成5年改正後の代表的な判決例をあげるとすれば，シリーズ商品として販売された婦人服のランダムプリーツについて，「原告商品の形態的特徴は，単にポリエステル生地に右のようなランダムプリーツを施したことに尽きるものではなく，右ランダムプリーツを，布地を裁断・縫製して衣服を成形した後に施すという加工方法をとることによって，衣服の肩線，袖口，裾などの縫い目部分の上にも他の部分と同様に形成し，その結果，衣服全体に厚みがなく一枚の布のような平面的な意匠を構成するという点に強く看者の注意をひく特徴があるというべきところ，右のような形態的特徴をもたらすプリーツ加工の方法は，訴外Mが発明し，原告が平成元年4月7日に特許出願して，同6年6月1日に出願公告された特許に係る方法であり……右出願公告以降は，原告がこれを実施する権利を専有するとされるものであること……昭和50年代半ばころから平成6年までの多数の他業者のプリーツ製品の形態をみても，右と同様のプリーツ加工の方法を採用し，その結果，原告商品と同様の特徴を有すると認められるものが見当たらないこと，加えて，……で後述するとおり，原告商品は，その商品の性質上外形的なデザインの美しさや新しさが需要者から特に重視される婦人服の分野において，発売後短期間のうちにヒット商品として定着したものであること」などの事実と，この形態の原告商品がその後の報道や広告宣伝等により原告の商品として広く知られるようになった事実等を認定し，上記ランダムプリーツを施した商品の形態を「商品等表示」に該当するとした

〔図3〕連結ピン事件

ロ号図面 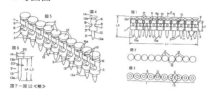 本件商品1図面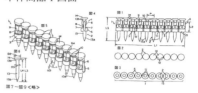

　事例（東京地判平成11年6月29日判時1693号139頁〔プリーツ・プリーズ事件〕），米国法人である原告X₁のグループ会社であるX₂が日本国内で販売する合成樹脂製ストリップとこれに保持された10本のピンとから構成される製品について，それが当該商品の機能ないし効用から必然的に由来する商品形態ではないから不正競争防止法2条1項1号の商品等表示に該当するとしたうえ，同商品の形態は原告X₁を中心とする企業グループの商品等表示として周知であるとして，これと類似し混同を生じるおそれのある被告製品につき差止めとこれに関する製造等に関し損害賠償を認めた例（大阪地判平成19年4月26日判時2006号118頁〔連結ピン事件〕（図3参照）），子供用の木製の椅子の特異な形態（東京地判平成22年11月18日裁判所ホームページ〔TRIPP TRAPP事件〕），かかとの角質除去具の形態（東京地判平成22年9月17日裁判所ホームページ〔SCRATCH事件〕），立体商標として登録が認められたハンドバッグの形態（東京地判平成26年5月21日裁判所ホームページ〔エルメス・バーキン事件〕），化学工場等の充填塔と呼ばれる装置の内部に充填され塔内でのガス吸収操作などを行うための部材の形態（東京地判平成29年6月28日裁判所ホームページ〔テラレット事件〕），文字盤等に他の同種腕時計には見られない装飾を施した腕時計の形態（東京地判平成18年7月26日判タ1241号306頁〔ロレックス事件〕），2本の棒材を結合して構成された支柱などからなる形態を有する組立式の棚の形態（東京地判平成29年8月31日裁判所ホームページ〔ユニットシェルフ事件〕），表面に三角形のピースを敷き詰めるように配置することからなる鞄の形態（東京地判令和元年6月18日裁判所ホームページ〔イッセイミヤケ鞄事件〕），複数の部材から成る医療機器である携帯用ディスポーザブル低圧持続吸引器の形態（知財高判令和元年8月29日裁判所ホームページ〔医療用吸引集液器事件（控訴審）〕），高輝度のLEDペンライトの形態（東京地判令和元年12月18日裁判所ホームページ〔LED

114 第2編 不正競争行為 第2章 周知商品等表示混同行為（2条1項1号）

ペンライト事件〕），毛穴ケア用の化粧水の外箱及び容器の形態（東京地判令和2年11月11日裁判所ホームページ〔化粧水容器事件〕），高級バッグメーカーを代表する婦人用バッグの形態（東京地判令和2年6月3日裁判所ホームページ〔バーキンタイプバッグ事件〕），折り畳んだ形状が薄く扁平な板のような形状となる折り畳み傘（東京地判平成30年2月27日裁判所ホームページ〔折り畳み傘事件〕）などについて商品等表示該当性を認めた判決例がある。

(5) 判決例が定立した商品形態の「商品等表示」該当性判断の基準

　上記のような下級審の判決例の積み重ねによって商品形態が不正競争防止法2条1項1号の「商品等表示」として認定される場合の基準が徐々に明確になってきた。

　多くの下級審判決が使用する判断基準として，①商品の形態が客観的に他の同種商品とは異なる顕著な特徴を有しており（特別顕著性），②その形態が特定の事業者によって長期間独占的に使用され，又は極めて強力な宣伝広告や爆発的な販売実績により特定の事業者の出所を表示するものとして周知になっていること（周知性）が必要であるというものである（知財高判平成24年12月26日判時2178号99頁〔ペアルーベ事件（控訴審）〕，東京地判平成29年6月28日裁判所ホームページ〔テラレット事件〕，知財高判令和元年8月29日裁判所ホームページ〔医療用吸引集液器事件（控訴審）〕，東京地判令和4年3月11日判時2523号103頁〔クリスチャン ルブタン事件〕）。

　ところで，上記①の「特別顕著性」という概念は，商標法3条1項，2項でも問題となるが，そこでは「識別力」と同義として理解され，「使用による特別顕著性」の有無も商標自体の構成だけでなくその使用期間の長短や独占的使用の強弱等の要素が重視されている（網野誠・商標〔第6版〕182頁，小野＝三山・新・商標法概説〔第3版〕138～139頁）。これに比べて上記①の概念は対象が「商標形態」の「商品等表示性」に限定されていることもあって，やや「商品形態」の構成自体の顕著性に重点があるように思われる。ただ，「顕著性」が商品等表示としての「識別力」である以上，形態自体の創作性や新規性とは無関係である。

　この点，下級審判決の中には同種商品の形態との比較において当該商品形態が識別性を有することを意識するあまり，商品形態自体の独創性や他商品との差別性をことさら重視したように見受けられる例もないではない（大阪地判平成

第 2 節　商 品 表 示　Ⅲ　表示としての商品の形態　*115*

5年6月29日裁判所ホームページ〔室内用ジャングルジム事件〕)。

　しかし，多くの判決例では，当該商品を構成する部材（要素）の形態等が先行する同種商品において見受けられる場合であっても，そのような多数の要素の組合せからなる商品の全体的な形態が他商品に見いだせないものである場合（東京地判平成18年7月26日判タ1241号306頁〔ロレックス事件〕)，同種の医療機器を構成する部材の形態が先行する同種商品において見受けられる場合であっても，その機能や効用を発現するためにこれらを組み合わせ一体化したことによって構成される形態が他の同種商品にみられない形態である点においてありふれた形態とはいえないとして商品等表示としての出所識別機能をみとめた例（東京地判平成30年12月26日裁判所ホームページ〔医療用吸引集液器事件〕) あるいは，複数の部材を組み合わせて形成する組立式の棚について，需要者に対して軽やかなすっきりしたシャープな視覚的印象を与えるというコンセプトのもとで，原告商品と同様の棚を構成する各要素について限定された構成部材を選択し，これを組み合わせる以外に付加する要素がない形態であり，「骨組み様の外観」を有し「シンプルですっきりしたという印象を与える外観を有す」ることを特徴とする形態について，「原告商品形態は客観的に明らかに他の同種商品と識別し得る顕著な特徴を有している」として商品等表示性を認めた例（東京地判平成29年8月31日裁判所ホームページ〔ユニットシェルフ事件〕) などのように，多目的な視点から商品形態の識別性を認めている。

　また，上記①，②の要件は本来，個別に存在意義があるのではなく，商品形態が不正競争防止法2条1項1号の「商品等表示」に該当すると認められる出所識別力を獲得したか否かを判断するための方法にすぎない以上，両者の関係を固定的なものと考えるべきではなく，相互の補完関係を認める柔軟な解釈が必要ではないだろうか（田村・概説〔第2版〕121頁，牧野利秋ほか編・知的財産訴訟実務大系Ⅱ345頁〔谷有恒〕)。

⑹　二次的出所表示機能の取得を妨げる事情

　上記⑸で述べたように，商品形態の商品等表示性を認める①，②の基準の適用にあたって，商品の使用状況や需要者に対する商品形態の識別力，需要者が商品を選択する際の選択動機などの具体的な実情によって商品形態の出所識別性（二次的出所表示機能の獲得）にも影響を与える。

かにロール包装事件（大阪地判昭和63年12月27日無体集20巻3号656頁〔かにロール包装事件〕）では，包装用袋及び段ボール箱それ自体が，製品の商品等表示としての機能を取得し，周知性を確立していたとは認められないとして，この包装用袋及び段ボール箱と類似する包装用袋及び段ボール箱を使用して同種の製品を販売していた者に対する不正競争防止法に基づく請求が棄却された。

　商品の具体的な使用状況を考慮して商品等表示性を否定した例として警告灯事件（大阪地判平成3年6月28日知的集23巻2号489頁〔警告灯事件〕）がある。同事件では，警告灯は常に点灯された状態で使用されるものであり，その場合には，透孔の有無にかかわらず，看者（見る者）の見る場所の遠近を問わず同じように見えるから，反射鏡部分に6個の透孔を設けた大型反射鏡付回転警告灯の販売などによって原告物件の意匠及び動的形状も出所表示性及び周知性を獲得している旨主張するが，点灯していない状態では透孔の存在が看者の視覚に強い印象を与えるものと認められること，取引者及び需要者は点灯していない状態において取引することは自明であること，及び反射鏡部分に透孔を設けることには，反射鏡部分が風圧を受けることによる転倒を防止する効果及び透孔を設けていない場合には前方に対して投光するにすぎないのに対して，透孔を設けてある場合には，前方への投光のほか，反射鏡の湾曲壁外側方向との関係で，回転灯の発光が透孔及び透孔間の壁部分を通過するたびに順次点滅を繰り返すという効果を有するものであるから，反射鏡の透孔の存在は，取引者及び需要者が機能的観点からも着目する部分と認められることに照らすと，6個の透孔を設けた大型反射鏡付回転警告灯の意匠及び動的形状が広く知られているとしても，透孔を欠く原告物件の意匠及び動的形状までが商品等表示性や周知性を取得したと認めることはできないとして差止めなどの請求は認められなかった。

　また，当該商品形態が特定の企業ないし企業グループから発売されたものと認識される可能性は少なく，具体的にも商品の出所の認識手段となっていたとは認められないとして，CDレンタル業務に関連する商品について，類似した形態の商品を販売する者に対する差止請求が棄却された例もある（大阪地判平成3年9月30日判時1417号115頁〔CDレンタル用品事件〕）。

　さらに，留め金具に関する事件でも，原告商品は，いずれもネックレス又は

〔図4〕室内用ジャングルジム事件

原告商品　　　　　　　　　被告商品

ブレスレットに装着する留め金具という付属品であって，その商品の性質上，大きさにも限度があり，また，形態的にも本来目立たないものであることなどの事実から，原告商品の形態は，それ自体，商品の出所を表示する機能を有するような特徴的なものであるとは認められないので当該商品の形態は周知商品等表示とは認められないとされた（東京地判平成3年10月25日判時1413号115頁〔留め金具形態事件〕）。室内用ジャングルジムはすでに約10社が競合している状況の下で比較的独創性が低い，原告の室内用ジャングルジムの形態に二次的出所表示機能は認められないとされた事例（大阪地判平成5年6月29日速報218号9頁6234〔室内用ジャングルジム事件〕（図4参照））は前記のような類似商品の存在が，二次的な出所表示機能の獲得を妨げた例と考えられる。

　これに対して，需要者の選択動機を考慮することもある。エアマットレス事件（大阪地判平成6年9月29日知財協判例集（平6）1435頁〔エアマットレス事件（第一審）〕，大阪高判平成7年11月30日速報250号8頁7090〔エアマットレス事件（控訴審）〕）では，床ずれ防止用のエアマットレスは，その商品の性質から形態及び色彩によって購入者が商品を識別するのではなく，購入者が識別するのはその製品の機能や価格であり，またその色彩や形態が従来商品と比較して新たな商品等表示性を取得したと認めるに足りる独自の特徴を有しているとは認められないとして商品形態の商品等表示性が否定されている。

　また，運搬用回転具事件（大阪高判平成7年11月30日速報250号8頁7091〔運搬用回転具事件〕）では，当該商品が単なる消耗品ではなく価格も高価格であることから，需要者はカタログなどを入手して直ちに商品を選択するのではなく，他社のカタログなどをも参考に各商品の仕様，機能，価格などを比較検討して慎

118 第2編 不正競争行為 第2章 周知商品等表示混同行為（2条1項1号）

重に購入決定を行うことや，原告がその商品等表示であると主張する形態的な
特徴が当該製品の性質上当然に具備する形態であり，かつ技術的必然性の高い
製品であることをも勘案し，その商品等表示性を否定している。

　このように，当該商品の性質や取引状況から需要者が当該商品の形態よりも
その機能や商品名（若しくはメーカー名）などに着目して商品を選択することを
重視して商品等表示性を否定した判決としては，このほかにも断熱サンドイッ
チパネルの嵌合部を含む形状が問題となった断熱壁・屋根パネル事件（大阪地
判平成8年12月24日裁判所ホームページ〔断熱壁・屋根パネル事件〕）や替え刃式鋸の替
え刃の掛け止め部の形態に関する替え刃式鋸における背金の構造事件（神戸地
判平成9年1月22日裁判所ホームページ〔替え刃式鋸における背金の構造事件（第一審）〕，
大阪高判平成10年9月25日裁判所ホームページ〔替え刃式鋸における背金の構造事件（控訴
審）〕），女性用ドール素体の形態（東京地判平成16年11月24日判時1896号141頁〔キャ
ラクタードール事件〕）などがある。

　なお，近時，シリーズ商品のように，同一の事業者が製造又は販売する複数
の商品（以下「商品群」という）につき，共通の形態や模様あるいは着色等を用
いることによって，当該商品群の差別化を図るとともに，このような共通の形
態等により当該商品群を識別させることを目的とした営業が行われている。

　しかし，このような共通の形態等を当該商品群に属する商品の商品等表示と
主張する場合には，特定の商品の形態が二次的出所表示機能を獲得したことを
主張，立証するよりもさらに困難な場合もありうる。例えば，原告が製造販売
する複数のスーツケースに共通する「正面側及び背面側の表面は，細い直線状
の突起（リブ）と，リブによって区切られた傾斜のない平面部から構成されて
いる」等の形態を当該商品群の周知商品等表示である旨主張した事案につい
て，判決は，原告の製造販売するスーツケース等には，上記のような形態的特
徴のすべてを充足しない商品が存在すること等を認定し，「需要者は商品全体
を見て商品を選択するのであり，特に実用品であるスーツケースの場合，その
機能と関わるハンドルの形状やキャスターの形状にも相応の注意が払われるは
ずであるから，……原告主張の原告商品の周知商品等表示が原告主張4要素で
記述されるリブ加工された表面形状に限られるようにいう点も相当ではない」
と判示した。そして，判決は，一般論として「原告製の商品群に共通する，あ

る商品形態が周知商品等表示となったというためには，その商品群が原告製の商品のうちでも販売実績が多く，また宣伝広告の頻度の多いもの，すなわち，需要者が原告製の商品として認識する機会が多い商品群であることを明らかにした上で，これら商品群の商品全体を観察して需要者が認識し得る商品形態の特徴を把握し，これと同種商品の商品形態とを比較して，上記商品形態の特徴が特別顕著性を有し，かつ，販売実績や宣伝広告の実態から出所表示機能を獲得して周知となったといえることが主張立証されるべきである」と判示している（大阪地判平成28年5月24日判時2327号71頁〔スーツケース表面形状の商品表示事件〕）。

　この判決を，商品群に共通する形態について商品等表示該当性が認められやすいことを示したという評価もあるが，むしろ，原告が製造する多数の商品の中で特定の商品群を選択して，あたかも当該商品群にのみ共通する形態等を商品等表示として主張できるとすれば，原告が恣意的な商品群の選択や商品等表示の特定をするおそれがあることを考慮し，原告により厳格な主張・立証責任を課しているとみることもできよう。

(7)　識別力が弱い商品形態

　原告が商品等表示性を主張する商品形態が，他の同種商品の形態に比較して特徴ある形態であるとはいえないことから識別性が認められないとして商品等表示性が認められなかった事件としては，ありふれた「すのこ」と「バスマット」を組み合わせた原告商品は，特段の特徴はなく，特別の宣伝広告もしていないとして，商品等表示性を否定した判決（大阪地判平成5年9月30日取消集35号637頁〔すのこバスマット事件〕）のほか，商品サンプルに使用したキーホルダーの形状（大阪地判平成8年9月26日裁判所ホームページ〔商品サンプルキーホルダー事件〕）や医薬品のカプセル（緑色と白色の組合せからなる）や包装用のPTPシートの色彩構成に関する商品等表示性が争いになった事件に関する一連の判決（東京地判平成18年1月13日判時1938号123頁〔PTPシート事件〕。なお，まったく同一の形態について被告を異にする事件として，東京地判平成18年1月18日裁判所ホームページ，東京地判平成18年1月31日裁判所ホームページ，東京地判平成18年2月24日裁判所ホームページがあり，これらの控訴審判決として知財高判平成18年9月28日裁判所ホームページ，知財高判平成18年11月8日裁判所ホームページ）がある。

　さらに，これらの事件と異なる原告が，PTPシートの地色や文字の記載，

120 第2編 不正競争行為 第2章 周知商品等表示混同行為（2条1項1号）

PTPシート上におけるカプセルの配列やカプセルの配色・形態などにつき周知商品等表示である旨の主張をした事案について，「単純な配色や単純な形状であっても，それが特定の商品と密接に結合し，その配色や形状を施された包装の商品を見たり，その配色や形状の包装の商品である旨を耳にすれば，それだけで特定の者の商品であると判断されるようになった場合には，当該商品の包装に施された配色ないし形状が，出所表示機能を取得し，その商品の商品等表示になっているということができるのであるから，商品の包装の配色や形状に商品等表示性を認めることができる場合があること自体は否定できない。しかしながら，商品の包装の単純な色彩や形状は，原則として，何人も自由に選択して使用することができるものであって，単一の色彩を使用した場合はもちろん，ある色彩と別の色彩とを単純に組み合わせて同時に使用したという程度の単純な配色あるいは単純な形状であれば，そのこと自体には特段の創作性や特異性が認められるものではないから，それによって出所表示機能が生じ得る場合というのは，極めて限定されると考えられる。また，仮に，商品の包装の単純な配色や形状が出所表示機能を持つようになったと思われる場合であっても，色彩や単純な形状はもともと自由に使用できるものである以上，色彩や単純な形状の自由な使用を阻害するような商品等表示の保護は，公益的見地からみて容易に認容できるものではない。こうした点からすれば，商品の包装における単純な配色や形状が不正競争防止法において保護すべき出所表示機能を取得したということができるかどうかの判断に当たっては，その配色や形状を商品等表示として保護することが，上記の色彩や形状の使用の自由を阻害することにならないかどうかという点も含めて慎重に検討されなければならないというべきである。特に，医薬品には極めて多数の種類があり，分包包装体の形式でも，今後さまざまな種類の医薬品が販売される可能性が大きいのに対し，単純な色彩や形状の組合せは極めて限定的な数となるものであることを考慮すれば，少なくとも医薬品については，単純な色彩や形状の組合せの包装に，周知商品等表示性を認めることは極めて例外的なものであると解すべきである。」と商品表示性を認めた場合には競業者の商品等表示の選択の自由が制約されるおそれに一歩踏み込んだ判示をしたうえで，医薬品取引の実情などを勘案して，上記のようなPTPシートの色やカプセルの配色などは商品等表示に該当し

ないとする判決も存在する（東京地判平成18年5月25日判時1995号125頁・判タ1234号222頁〔PTPシート事件〕）。

このほか，複数のカキ殻入り通水性ケースを鋼材フレーム製構造物内に適宜配置することを特徴とする人工魚礁の形態は，人工魚礁としての目的，機能，効用に由来するものであって，原告製品の意匠的特徴というよりは機能的特徴であり，需要者が一見して特定の営業主体の製品であることを理解しうる自他識別力のあるものということはできないこと，及び，人工魚礁の取引の実情が，製品のデザイン性というよりは，専ら製品の機能，効用，効果を重視するものであることなどの理由から，上記のような人工魚礁の形態に商品等表示性を認めなかった判決もある（東京地判平成19年10月23日裁判所ホームページ〔人工魚礁構築事件〕，知財高判平成20年4月23日裁判所ホームページ〔人工魚礁構築事件（控訴審）〕）。

このように，商品の形態が同種商品と比べてありふれていて特徴的なものではなく，自他識別力がない場合には，商品等表示該当性が否定されるだけでなく，独占適応性の見地からも商品表示としての保護が否定される場合もある。

(8) 不法行為法による規制

以上のように，表示性，周知性，類似性，混同性などが否定され，商品形態の模倣が不正競争防止法で防止された例は多くはない。

これに対して，袋帯図柄事件では，被告は原告の袋帯の図柄と類似する図柄を使用してかつ品質の劣る袋帯を安価で販売したが，佐賀錦袋帯に用いられた垂梅丸紋散らしの図柄は，それ自体から商品の出所を識別することは困難であるとして，旧不正競争防止法1条1項1号に基づく事件としての請求は棄却された。しかし，原告の営業上の信用を害する行為にあたるとして，不法行為に基づく謝罪広告請求が認められ（京都地判平成元年6月15日判時1327号123頁〔袋帯図柄事件〕），後述の木目化粧紙事件（東京高判平成3年12月17日知的集23巻3号823頁〔木目化粧紙事件（控訴審）〕）などとともに，平成5年改正後の不正競争防止法2条1項3号新設の一要因となった事件である。

このような不正競争防止法2条1項1号の「商品等表示」や2条1項3号の「商品形態」としては保護されない商品形態の模倣行為が他の要素（製品番号やカタログや写真の類似など）とも相まって，ことさら商品の出所を混同させたり先行商品の評価を低下させるなどの事情があれば不法行為を構成するとする判決

122 第2編 不正競争行為 第2章 周知商品等表示混同行為（2条1項1号）

は，3号においても散見することができる（適用例としては，大阪地判平成16年11月9日判時1897号103頁〔ミーリングチャック事件〕，否定例としては，大阪地判平成9年12月25日知財協判例集（平9）1946頁〔シャーレンチ事件〕，大阪高判平成15年7月29日裁判所ホームページ〔現代仏壇（第2）事件（控訴審）〕）。

Ⅳ 商品の技術的機能と商品等表示性

1 問題の所在

　商品形態の商品等表示性を考えるうえで，検討すべき問題として商品の機能に由来する形態あるいは技術的機能から不可避な形態の商品等表示性を認めるべきかという問題である。判例では，ナイロール眼鏡枠判決の時代よりこの問題が意識されていたが，投釣用天秤事件に至って，さらに問題の分析が進んだ。投釣用天秤事件判決（東京地判昭和53年10月30日無体集10巻2号509頁〔投釣用天秤事件〕）では，商品の形態は，その商品が本来具有すべき機能を十分に発揮させることを目的として選択されるもので，直接には出所表示を目的とするものではないが，それが取引上二次的に出所表示の機能を有するに至った場合には，その形態自体は商品の技術的機能に由来する必然的，不可選択的なものでない限り，商品等表示として保護されると判断された。

　ところで，機能的・非機能的性質を，たとえて説明すると，仮にコカ・コーラの瓶の全体的形状が商品等表示として周知であると仮定する。このコカ・コーラの瓶の中間部がくびれていることは持ちやすいという機能的性格に，底部が拡がっているのは安定という機能的性格に，首部の細いのはそそぎやすいという機能的性格に，それぞれ基づくもので，これらの機能的な形態は，特許法・意匠法等の他の知的財産権の対象でない限り，何ら保護に値しない。しかし，コカ・コーラの瓶をみると，たとえ文字商標たるコカ・コーラの文字がなくとも，瓶そのものを見ただけで，「ああこれはあのコカ・コーラの」というように公衆に弁別させる性格を，その瓶の形態自体がもっている。その商品個別化力は，形態の機能的（商品の容器の技術機能的）な結果によるものではなく，その形状の独自性により獲得されたものである。言い換えれば，それは，瓶という商品形態の出所表示機能によっているものである（この問題については，特に小泉直樹「商品の形態の保護の形態をめぐる競業法と創作法の調整(1)，(2)，(3)」法協106巻

第2節　商品表示　　Ⅳ　商品の技術的機能と商品等表示性　　*123*

6号101頁・7号131頁・8号36頁，松尾和子「物品の形状等全体の保護」原退官（下）1149頁。また，小野昌延「商品の形態の保護」杉林信義先生古稀記念論文集・知的所有権論攷（冨山房，1985）191頁，小野昌延［判例評釈］判評177号35頁参照）。

　この点については，さらに2つの問題がある。1つは技術的機能に由来する形態は保護されるかという問題である。もう1つは，保護を求める技術，採用された技術が必然的なものか，さらに，採用が不可避のものかという問題である。技術的機能に由来する形態でも，必然的なものとそうでないものがあり，同じ技術的必然という場合でも，機能が技術目的に資するのでその形態をとる場合と，技術的制約から必然的にその形態をとる場合とがある。後者が問題である。次に，一定の前提から必然的な技術的機能に由来する形態でも，その形態をとるしかない場合と，それ以外の形態をとりうる場合がある。前者のその形態をとるしかない場合が問題である。この場合にも，さらに，混同を避けるべく期待可能な混同回避のすべての手段を尽くしている場合と，そうでない場合，すなわち混同しないようにする混同回避手段があるのにとっていない場合の両者がある。形態が回避不能で，かつ，期待可能な混同回避をとっているのに差止請求が認められるかということが問題となる。

　そこで，第1の技術的機能に由来する形態は保護されないのではないかという考え方と，第2の技術的機能に由来する形態も保護しうるのではないかという考え方と，第3のこれらに加えて期待可能な混同回避のすべての手段を尽くしているかどうかを考慮する考え方に分ける説明がある（これらの考え方の説明が現れたものとして，第1として豊崎ほか・注解122頁〔豊崎〕，第2として牧野編・裁判実務大系(9)495頁〔水野武〕，第3として渋谷達紀［判例評釈］判評309号215頁をあげうる）。しかし，このような分類は同一平面における分類ではない。（田倉＝元木編・実務相談51頁〔設樂隆一〕で，第2説をとられていることには，筆者も賛成であるが，同53頁〔設樂〕にもすでに現れているように）第3の考え方は第2の考え方とも矛盾しないものである。混同防止を目的とする不正競争防止法2条1項1号においては，技術的機能に由来する形態で，技術的制約から必然的なものとして当該形態をとる場合で，一定の前提があるため当該形態をとらざるを得ないとしても，期待可能な混同回避手段のすべてを尽くしている場合には，技術の自由の原則を考慮せざるを得ないのではないかといわざるを得ない（小泉・前掲論文(2)法協7号

145頁以下，同⑶法協 8 号45頁以下参照）。

2 判例の動向

組立押入れタンス事件は，商品の形態が専らその技術的機能に由来するときには，これを商品等表示とすることはできないとする技術的形態除外説を最初に述べた判決として有名である（東京地判昭和41年11月22日判時476号45頁〔組立押入れタンス事件〕）。しかし，この時点では，回避可能・不可能の議論までは進んでいない。回避可能・不可能の議論まで進んだのは，投釣用天秤事件判決である（東京地判昭和53年10月30日無体集10巻 2 号509頁〔投釣用天秤事件〕）。

技術的形態除外説の可否を論じた具体的事件としては，会計用伝票事件がある。この事件では，当該技術的形態が周知商品等表示であるか否かが中心問題であったが，第一次事件の第一審（東京地判昭和52年12月23日無体集 9 巻 2 号769頁〔第一次会計用伝票事件〕，畑郁夫［判例評釈］判タ367号313頁，満田重昭［判例評釈］ジュリ748号118頁，藤木美加子［判例評釈］ニュース4942号 1 頁），あるいは，同控訴審（東京高判昭和58年11月15日無体集15巻 3 号720頁〔第一次会計用伝票事件（控訴審）〕，鷹取政信［判例評釈］パテ37巻 5 号31頁），同上告審（最判昭和61年 4 月 8 日特企210号 7 頁〔第一次会計用伝票事件（上告審）〕），さらには，第二次事件（福岡地判昭和60年 3 月15日判時1154号133頁〔第二次会計用伝票事件〕）と，絶えず当該形態が周知商品等表示であることが否定されていた。

しかし，第三次事件の第一審で初めて周知商品等表示性が認容された（東京地判昭和61年 1 月24日判時1179号111頁〔第三次会計用伝票事件〕。なお，この問題を総合して解説するのは，田倉＝元木編・実務相談53頁〔設樂〕）。

このように，同一商品に関する会計用伝票事件をめぐって，技術的形態除外説ないし技術的機能論の可否が論じられたのである。すなわち，第一次会計用伝票事件においては，技術的機能に由来する必然的な結果であるときにはその形態について商品等表示として保護を求めることはできないとされて，請求は棄却された（東京地判昭和52年12月23日無体集 9 巻 2 号769頁〔第一次会計用伝票事件〕）。しかし，棄却はされたものの，控訴審では，商品の形態は，周知商品等表示としての表現能力ないし吸引力を具備し，周知性を獲得したときは，たとえ当該形態がその商品の技術的機能に由来する必然的な結果であるとしても保護を受けうるとされた（東京高判昭和58年11月15日無体集15巻 3 号720頁〔第一次会計

用伝票事件（控訴審）］）。ところが，さらに第二次会計用伝票事件では，「単純な」技術的形態除外説の考え方は採用できないことが明確にされ（福岡地判昭和60年3月15日判時1154号133頁〔第二次会計用伝票事件〕），第三次事件においては，さらに絶えず否定されていた会計用伝票の形態に基づく請求が認容されるに至った（東京地判昭和61年1月24日判時1179号111頁〔第三次会計用伝票事件〕）。

　その後も，技術的機能及び効用を達するために必然的な形態であることを理由として商品等表示にあたらないとする判決例は多数存在する（大阪地決昭和55年9月19日無体集12巻2号535頁〔ボトルキャビネット事件〕，大阪地判平成4年1月30日知的集24巻1号70頁，東京地判平成6年9月21日知的集26巻3号1095頁〔折りたたみ式コンテナ事件〕，東京地判平成13年3月27日判時1750号135頁〔システム什器事件〕，東京地判平成17年2月15日判時1891号147頁〔マンホール用ステップ事件〕，知財高判平成17年7月20日裁判所ホームページ〔マンホール用ステップ事件（控訴審）〕，大阪地判平成23年10月3日判タ1380号212頁〔水切りざる事件〕，大阪地判平成25年10月31日裁判所ホームページ〔練習用箸事件〕，知財高判平成26年4月24日裁判所ホームページ〔練習用箸事件（控訴審）〕など）。ただ，これらの判決では，ある商品の形態がその技術的機能に必然的な形態であっても不可避的な形態（すなわち他の商品形態を選択することができないかあるいは著しく困難である場合）といえるか否かについては必ずしも明確にしているとはいえない。これに対して，技術的機能に由来する形態であっても，当該形態の自他識別力の強弱と，競業者がとりうる混同防止手段との相関関係において商品等表示性を認める余地があることを認めた判例として泥砂防止用マット事件（東京高判平成6年3月23日知的集26巻1号254頁〔泥砂防止用マット事件〕）がある。この事件では，軟質合成樹脂の線条複数本をもって形成されたコイル状構造という形態の周知商品等表示性が争われた事件であるが，控訴審である東京高裁は，単純な技術的機能除外論をとらずに，「機能的周知商品形態の持つ自他商品識別力の強弱を，競業者が採っている自他商品の混同防止手段との相関のうちにおいて観察し，後者が混同を防止するために適切な手段を誠実に採り，前者の自他識別力を減殺して，混同のおそれを解消する場合」には，不正競争防止法2条1項1号による保護を否定されないと判示している。

3　技術的機能論の再検討

　以上のように，商品形態の商品等表示性と商品の技術的機能の関係について

は，論者によって視点の相違があるだけでなく，判例もいまだ明確な解釈規範を定立しているとはいい難い。

そもそも，商品の技術的機能を論じる場合に，それが特許法，実用新案法のような産業財産権の対象となりうる技術思想に由来するものか否かによっても相違があってしかるべきである。

すなわち，産業財産権の対象となりうる技術的創作に由来する場合には，対象となる技術につき，特許権，実用新案権が取得されており，その技術的機能が特許権等の対象となる技術思想に基づく必然的・不可避的な形態であるとすれば，その商品の形態に商品等表示性を認めることによって，その技術的機能の背後にある技術思想に対して二重の法的保護を与えるに等しい結果になることが妥当か否かという知的財産法全般にかかわる法政策的な価値判断が必要となる。

しかし，同じく特許権，実用新案権の対象となる技術思想に由来する形態であっても，当該技術思想の実施に伴う必然的・不可避的な形態でないとすれば，これに商品等表示性を認めたとしても，技術思想そのものに対して二重の保護を与えたことにはならない。技術思想の実施として他の商品形態を選択できる余地がある以上，特許権等の存続期間はもとより特許権等の存続期間が満了した後には，パブリックドメインとなった技術思想に基づき，第三者が商品等表示性を具備した形態と異なる商品形態を選択する自由が保障されているからである。

このことは，ある技術思想が特許権や実用新案権の対象となっていない場合でも同様である。ある技術思想の実施に必然的な商品形態を商品等表示として保護すれば，保護の目的は異なるにせよ，パブリックドメインである技術思想に関して，特定人にその実施について事実上の独占権を認める結果となるからである。

このように考えれば，ある商品形態がその技術的機能に必然的か否かは，当該形態が当該機能の背後にある技術思想の実施態様として必然的・不可避的といえるか否かによって決定するほうが基準としてはより明白であるといえよう。

ただ，商品の形態が不正競争防止法2条1項1号又は2号の商品等表示とし

第2節　商品表示　Ⅳ　商品の技術的機能と商品等表示性　*127*

て保護されると，少なくともその周知性や著名性が存続する限り，その周知性
や著名性が及ぶ地域的範囲内において，競業者はその形態と同一の形態のみな
らず類似の商品形態についてもこれを自己の商品等表示として使用することが
制限される。

　そうすると，ある商品形態が技術思想の実施態様として必然的・不可避的で
ないとしても，他の競業者が当該技術思想を実施して，周知商品等表示である
商品形態と類似しない商品形態を商品等表示として選択する余地が極めて限定
されるおそれがないとはいえない。

　したがって，ある商品形態を商品等表示として保護されるか否かは，当該商
品形態が特定の技術思想の実施態様として必然的・不可避的か否かだけでな
く，仮に，当該商品形態を商品等表示として保護した場合に，同一の技術思想
を実施しようとする競業者が，当該商品形態の商品等表示と類似しない形態を
選択できる可能性があるか否か，あるいは，これと混同を防止する方法を選択
することが容易か否かも考慮する必要があるだろう（この点に関する詳細について
は松村信夫「不正競争防止法と産業財産権法の交錯領域に関する若干の検討」牧野利秋先生
傘寿記念論文集・知的財産権－法理と提言912頁以下参照）。

　すでに述べたように，判例は，当初は商品の形態が技術的機能に由来する形
態であることを理由として商品等表示該当性を否定していたが，その後，技術
的機能に由来する形態であるとしても当該技術的機能による必然的・不可避的
な形態ではないことを理由に，商品等表示該当性を肯定した判決（東京地判昭和
53年10月30日無体集10巻2号509頁〔投釣用天秤事件〕）や，1個の商品形態のうち，
その効用ないし技術的機能を達成するために必然的な部分と他の選択の余地の
ある部分を区別し，後者について商品等表示該当性を認めた判決（東京地判昭和
57年10月18日判タ499号178頁〔キューブ・アンド・キューブ事件（仮処分異議）〕，大阪地
判昭和58年8月31日判タ514号278頁〔マイキューブ事件（仮処分異議）〕）が見られるよ
うになり，最近では，「商品の形態が商品の技術的な機能及び効用に由来する
場合であっても，他の形態を選択する余地がある中から客観的に他の同種商品
とは異なる顕著な特徴を有する形態を採用し，その商品の形態自体が特定の出
所を表示する二次的意味を有するに至る場合には，商品の技術的な機能及び効
用に由来することの一事をもって不正競争防止法2条1項1号にいう『商品等

表示』に該当しないということはできない。もっとも，商品の形態が商品の技術的な機能及び効用に由来する場合には，商品の形態が客観的に他の同種商品とは異なる顕著な特徴を有していることは稀であり，同種商品の中でありふれた形態であることが多いと思われ，このような場合には，結局，前記〔1〕（略）の要件を欠き商品の形態自体が特定の出所を表示する二次的意味を有するには至らず，『商品等表示』に該当しないことに帰する。これに対し，当該形態が商品の技術的な機能及び効用を実現するため他の形態を選択する余地のない不可避な構成に由来する場合には，これを工業所有権制度によることなく永久に特定の事業者に独占させることは相当ではないから，上記『商品等表示』として保護することはできないと解するのが相当である」と判示した判決（東京地判平成17年2月15日判時1891号147頁〔マンホール用ステップ事件〕）や，「商品の形態が商品の技術的機能及び効用を実現するために他の形態を選択する余地のない不可避的な構成に由来する場合には，『商品等表示』に該当しないものと解されるものの，商品の形態が商品の技術的機能及び効用に由来するものであっても，他の形態を選択する余地がある場合は，当該商品の形態につき，上記(2)ア（略）の特別顕著性及び周知性が認められる限り，『商品等表示』に該当するものと解するのが相当である」（東京地判平成29年6月28日裁判所ホームページ〔テラレット事件〕，知財高判平成30年2月28日裁判所ホームページ〔テラレット事件（控訴審）〕）など，商品形態が技術的機能に由来するだけでなく，それが技術的な機能や効用を実現するための他の形態を選択する余地のない不可避な形態である場合には，商品等表示該当性を否定する判決が増加している。

4 競争上似ざるを得ない形態の除外

上記のような技術的機能あるいはその背後にある技術的思想に由来する必然的不可避的な形態を「商品等表示」から除外するとの考え方のほかに，「技術的制約その他の理由により，市場において競合するためには似ざるを得ないところの差止めを認容してしまうと，それは差止権者以外，その商品を販売することができなくなることを意味するから，商品の出所識別表示ではなく，商品自体を保護することにより，同号の趣旨に悖ることになる」との理由から，商品形態が競争上似ざるを得ない場合には不正競争防止法2条1項1号の「商品等表示」に該当しないとする説が存在する（田村・概説〔第2版〕126頁）。

第2節　商品表示　Ⅳ　商品の技術的機能と商品等表示性　*129*

　技術的機能と商品等表示の関係をめぐる問題が，もっぱら不正競争防止法と特許法等の工業所有権法との間の調整の問題として議論されてきたのに対して，この説は，そもそも不正競争防止法2条1項1号は市場において複数の競争者が存在することを前提としてその出所に誤認混同が生じることを防止する趣旨であることを考慮すれば，競争上似ざるを得ない商品形態を商品等表示として保護すると同様の形態の商品が市場に参入することが阻止されることになり，上記のような2条1項1号の趣旨に悖ることをその論拠としている。

　この説によると，技術的制約のない商品形態であっても，例えば，「第三次会計用伝票事件」（東京地判昭和61年1月24日判時1179号111頁〔第三次会計伝票事件〕）のように「他社の伝票会計用簿記帳に綴り込み可能とし，しかも他社の伝票と連続するためには他者と同一の仕様ならざるを得ないような場合」や「タイプフェイス事件」（大阪地判平成元年3月8日無体集21巻1号93頁〔タイプフェイス事件〕）のように「写真植字用の文字盤について他社の写真植字機を用いるようにするには他社の文字盤と同一の形態，文字配列を採らざるを得ない場合」のように「互換性を維持するために似ざるを得ない形態」などについても「商品等表示性」が否定されることになる。

　このほか，この説によれば，技術的な理由から規格が統一されている場合だけでなく，「折りたたみコンテナ事件」（東京地判平成5年12月22日知的集25巻3号546頁〔折りたたみコンテナ事件〕）や「インスタント焼そば事件」（前橋地決昭和50年10月29日無体集7巻2号411頁〔インスタント焼そば事件〕）の焼きそば容器の形状のように効率的な使用や需要者の選好といった理由から事実上その形態が標準的となっているような場合にも，事実上似ざるを得ない形態と解釈される余地がある（田村・概説〔第2版〕127～128頁）。

　おそらく，その背景には他社に比べて圧倒的な生産能力や販売力を有するリーディングメーカーが自社の商品の互換部品（パーツ）等の規格を統一し，その形態を周知商品等表示であると主張して互換部品の市場から他の競争者を排除してしまうことによる競争上の弊害等を，独禁法等の経済法の規制によるのではなく，標識法としてあるいは競業法としての目的を有する不正競争防止法の範囲内において解決したいという実践的な目的があるのかもしれない。

　また，他社が互換商品を開発して参入することが予想されるような取引分野

において新規商品を開発した事業者は，その商品形態によってのみ商品の出所識別性の保護をはかるのではなく，商品名等の他の出所識別表示を付することによって自己の商品の信用をこれに化体せしめることを検討すべきであるというように，標識法内における表示の多様化を図るという目的も考慮されているようである（田村・概説〔第２版〕126～127頁）。

　ただ，実際の商品開発においては，機械本体と互換パーツを一体として販売したり，あるいは本体のメーカーが互換パーツを継続的に販売することによって商品の開発コストを回収し，本体の価格を低減することにより市場への参入を容易化するという販売政策がとられる場合がある。

　あるいは，発売当初商品の出所表示としてあまり意識されていなかった商品形態が，その効用の良さから徐々に事実上の標準化商品となり，これにともなって，その商品形態が出所識別機能を獲得するということも考えられる。

　かような事例においては，なお先発者の互換パーツの形態や事後的にその形態が業界の標準となった商品形態が，後発競業者による安易な模倣や冒用から保護を受ける必要があることも否定できない。

　もちろん，以上のような事例においても，市場における競争の自由（後発者の市場参入の自由）は最大限重視されなければならないが，このような自由を，基本的には標識法である不正競争防止法２条１項１号内部で調整をするのがよいのか，独禁法等の経済法規によって市場における公正かつ自由な競争の確保という観点で調整等をはかるのが妥当かという問題は，なお検討する必要があろう。

V　商品等表示の拡大

1　映像・キャラクター

　商品の形態よりさらに一歩はなれたものを，商品表示あるいは営業表示と評価する判決群がある。例えば，ゲームの映像に関するインベーダーゲーム事件（東京地判昭和57年９月27日無体集14巻３号593頁〔スペース・インベーダー事件〕，大阪地判昭和58年３月30日判タ495号196頁〔ワールド・インベーダー事件〕）では，商品の形態の範囲を拡大して，テレビ画面に投影される変化する映像の形態の商品等表示性が認められた。

第2節　商品表示　　V　商品等表示の拡大　　*131*

　また，仮面ライダー事件（東京地判昭和51年4月28日無体集8巻1号144頁〔仮面ライダー事件〕）では，仮面ライダー人形の製造について複数の許諾を得た業者がいたことから，人形の形態の周知商品等表示性は否定された。ライセンシーの一員である原告のものであるとの出所識別性がないとされたのであろう。商品化事業のライセンサー及びライセンシーと誤認されるというフットボールチームマーク事件の論理とライセンシーもライセンスグループの一員として訴訟適格を有するという論理と併せて主張する余地もあったのではないかと思われる。

　それはともかく，のちに仮面ライダーの商品化問題については，著作権で差止請求が認容されている（東京地判昭和52年11月14日無体集9巻2号717頁〔仮面ライダーマン事件〕）。いわゆるキャラクター等に関して，著作権による保護が問題となる場合には，しばしばその著作物性が争点となる。これに対して当該キャラクターマークが不正競争防止法によって保護されるとすれば，事案に対してより的確な解決がはかられる場合が多い。後出のポパイキャラクター事件は，このような商品化事業の商品等表示と差止請求の主体をどの範囲で認めるべきかを区別して論じている（東京地判平成2年2月19日無体集22巻1号34頁〔ポパイ事件（丙）〕）。

　さらに，商品の形態に関して，ポリエステルの生地からなる婦人服に施されたランダムプリーツ（東京地判平成11年6月29日判時1693号139頁〔プリーツ・プリーズ事件〕）や，ジーンズの後ろポケット部分に施された刺繍（東京地判平成12年6月28日判タ1032号281頁〔ジーンズ刺繍事件〕）などのようなものでも商品等表示性を認めるに至っている。

2　容器・包装

　容器・包装が不正競争防止法上の商品等表示の1つとして挙示されているのは，これらが市場においてしばしば商品の差別化，個性化を有する要素として自他識別作用を惹起するからである。

　しかし，容器・包装は，本来，物を内包してこれを保護する機能を有するのであり，商品の自他識別機能を有するとしても，それは二次的な作用にすぎない。

　そこで，多くの判決は，容器・包装自体を「商品等表示」と認める場合にはその形状やその表面に描かれた文字や図形等の標章に特別顕著性が認められる

場合か，当該容器・包装が長期に渡り使用された結果，その商品や営業の出所を表示する二次的出所表示機能を獲得するに至った場合が多い。

この観点から，容器・包装に商品表示性が認められた例として，ステンレス製の牛乳缶の形状をしたバター飴の容器（札幌地判昭和51年12月8日無体集8巻2号462頁〔バター飴容器事件〕），容器本体が濃いワインレッド色でキャップが銀色に着色され，正面視において女性がウインクをしているようなまつ毛が強調された目の絵柄が施されたマスカラの容器（大阪地判平成20年10月14日裁判所ホームページ〔マスカラ容器事件〕），後記*3*で詳述するような着色や，紅茶が満たされたカップの写真などの複合的な表示が施された紅茶缶（大阪地判平成9年1月30日知的集29号1号112頁〔紅茶缶事件〕），同じく*3*で詳述する黒烏龍茶の容器（東京地判平成20年12月26日判タ1293号254頁〔黒烏龍茶事件〕）などがあるが，これに反して，その形状や容器に付された表示などが，他の同種商品に比べて特段強い自他識別力が認められないか，あるいは使用による二次的出所表示機能が獲得されていないため商品表示性が否定された事例も多い（前橋地決昭和50年10月29日無体集7巻2号411頁〔インスタント焼そば事件〕，大阪地判昭和63年12月27日無体集20巻3号656頁〔かにロール包装事件〕，東京地判平成16年7月28日裁判所ホームページ〔自動車用つや出し剤（鏡面ワックス）事件〕，東京地判平成21年2月27日裁判所ホームページ〔足袋カバー事件〕）。

3 複合的要素の結合から成る商品等表示

最近では，商品だけでなくその容器・包装の形態及び容器・包装上に描かれた写真や図・模様などを一体化して商品等表示として主張がなされ，そのような主張が認められる判決例も見受けられる。

例えば，粉末ミルクティの缶入り容器についての周知商品等表示性が争われた事件では，原告商品は粉ミルク，ココアなどとともに「モダンタイムスシリーズ」の一商品であり，原告商品も「モダンタイムスシリーズ」の他の商品と共通するコンセプトのもとに統一されており，①缶の形態のほか，②缶容器周面の地色を濃い目のこげ茶色とし，③缶容器正面の上部にやや横長で下部の長辺が容器正面の真中よりやや下方に位置する略長方形の幅広金モールによる角型飾り枠が設けられ，飾り枠の内側は容器周面の地色よりも薄いミルクティの色をイメージさせるような薄茶色の地色が塗られており，④正面の下部中央に

〔図5〕紅茶缶事件

1　原告容器の形状

第一図

第二図

第三図

2　被告容器の形状

第一図

第二図

第三図

ミルクティを満たした皿の上に載せたティーカップを斜め上から見た図柄が描かれ，⑤容器上端には半透明の白色ポリキャップが嵌着されているなどを特徴としてあげ，このような複合的な表示は，原告容器が全体として落ち着いたなかにも豪華な印象を与え斬新であるとして，上記のような特徴をもつ容器に周知商品表示性及び周知性を認めている（大阪地判平成9年1月30日知的集29巻1号112頁〔紅茶缶事件〕（図5参照））。

　本件では，被告が，①容器サイズ，②容器の基本色（濃い茶系統の色），③ポリキャップ，④缶正面の下部にミルクティを満たしたティーカップを配置して

いることなどは他にも使用例があり，自他識別力ある商品等表示といえないと
主張して争ったが，判決は，①容器のサイズや，④缶の正面下部にミルクティ
を満たしたティーカップを配置した図柄は過去に使用された例があることを認
めつつ，缶容器の基本色を濃い茶系統の色としたことや缶正面の上部にやや横
長で下部の長辺が容器正面の真中よりやや下方に位置する長方形の幅広金モー
ルによる角形飾り枠を設けたことなどは，他に類似の使用例があったとしても
斬新であって，これらの要素が存在することにより，「原告容器は全体として
落ち着いた中にも豪華な印象を一般消費者に強く与える特徴的なものとなって
いるのであるから，原告の容器の一部にありふれた部分が含まれるとしても，
それがために原告の商品表示として周知性を取得している旨の前記認定を何ら
左右するものではない」と判示している。

　また，最近では，包装に記載された「東京べったら漬」「東京ゆずべったら
漬」の文字を毛筆体で横書きに記載し，その下部に寒色系の色付きの太線を引
き，その中に説明文を記載していること，上記文字の右側に江戸時代の町や
人々の様子を描いた白黒の図絵が配されていること，包装の上部は無色透明の
ままであり，その下部には左端から右端ないし中央部にかけて上記横線と同色
の模様が描かれていること等の特徴を有する包装全体のデザインを周知の商品
等表示と認定した事例も存在する（東京地判平成23年10月13日裁判所ホームページ
〔東京べったら漬事件〕，知財高判平成24年9月27日裁判所ホームページ〔東京べったら漬事
件（控訴審）〕）。

　しかし，このような容器の形状や色，描かれた写真や図について一体として
商品等表示性を認める場合には，少なくともこれらの要素を組み合わせた全体
的な形態に，従来同種商品に用いられたことがない顕著性が必要であり，また
長期間の継続使用か短期的かつ集中的な広告・宣伝によって，需要者に対し，
当該商品の全体的形態が二次的出所表示機能を取得していることが必要であろ
う。

　したがって仮にこのような複合的要素からなる商品等表示が肯定される場合
にも，その類否の判断にあたっては，基本的に「商品等表示」と認められた全
体的な構成要素を一体として比較すべきであって，特段の理由がないにもかか
わらずその一部の要素のみを分離してその類否を判断すべきではない。

判決例でも，パッケージの形状やその上に描かれた図や写真及びその配置に商品等表示性が認められた事例について，原告の当該商品等表示と被告の商品等表示の類似性を検討するにあたっては，その形状，図，写真などが全体として自他識別性を発揮している場合には，みだりに個々の要素を分離して類否を判断するのではなく，全体を1つの商品等表示として類否を判断すべきであるとの観点から，類似性を否定した判決も存在する（東京地判平成13年6月15日裁判所ホームページ〔ふりかけ外装パッケージ事件〕）。

また，黒烏龍茶の容器に表示されたパッケージ全体の黒色の背景，明朝体の漢字の「黒」という文字と「ポリフェノール」という片仮名ゴシック体の文字等複数の要素を組み合わせた表示の商品等表示性を認めた事案について，その類似性については「取引の実情の下において，需要者又は取引者が両者の外観，称呼又は観念に基づく印象，記憶，連想等から両者を全体的に類似のものと受け取るおそれがあるか否かを基準として」判断すると判示し，これらの基準に照らし，共通の要素が多く全体的に類似すると認められるとして一部の被告の容器の表示についてのみ類似性を認めた判決も存在する（東京地判平成20年12月26日判時2032号11頁〔黒烏龍茶事件〕）。

4　書籍の題号

書籍の題号は書籍の同一性を表す表示であるとともに，書籍の内容等が反映されることも多い。

かような題号が商品の自他識別機能を有するか否かは，しばしば商標法において「商標の使用」に該当するかという争点と関係し，争われてきた（東京地判昭和63年9月16日無体集20巻3号444頁〔POS事件〕，東京高判平成16年7月30日裁判所ホームページ〔がん治療最前線事件〕，東京地判平成21年11月12日裁判所ホームページ〔朝バナナ事件〕）。

多くの事案では，それが書籍の内容を反映した表示であり，商標としての書籍の自他識別機能や出所表示機能を有しないことを理由として「商標の使用」にはあたらないと判断されている。

このような判断は，書籍の題号が不正競争防止法上の「商品等表示」に該当するかという論点についても妥当しよう。

ただ，この論点に関する判例は多くない。例えば，従前『時効の管理−法律

問答130』等，「時効の管理」という用語を題号として書籍を執筆していた原告が，この表題が著作物であるとともに，周知又は著名な商品等表示に該当するとして，「時効管理の実務」との表題で書籍を出版した被告に対して，不正競争防止法2条1項1号，2号に基づき差止め等を請求した事案では，裁判所は「書籍の題号は，普通は，出所の識別表示として用いられるものではなく，その書籍の内容を表示するものとして用いられるものである。そして，需要者も，普通の場合は，書籍の題号を，その書籍の内容を表示するものとして認識するが，出所の識別表示としては認識しないものと解される」と判示した上で，「『時効の管理』という表現は，管理行為たる消滅時効の中断を始めとする時効に関する法律問題を論じる際のありふれた表現ということができる。そうだとすると，原告書籍の題号に接した需要者は，原告書籍の題号のうち『時効の管理』という部分を，時効に関する法律書であるという内容を表現したものと認識するにすぎず，それ以上にこれを商品等表示と認識するものとは認められない」として，原告の請求を棄却している（大阪地判平成20年5月29日裁判所ホームページ〔時効の管理事件〕，大阪高判平成20年10月8日裁判所ホームページ〔時効の管理事件（控訴審）〕）。同じく「バンド1本でやせる！巻くだけダイエット」等，「巻くだけダイエット」なる語を含む複数の書籍を執筆，出版した原告が「お腹が凹む！巻くだけダイエット」の題号で書籍を出版する被告に対して，不正競争防止法2条1項2号により出版の差止め等を求めた事案でも，前記時効の管理事件の控訴審判決の判旨を引用して，書籍の題号はその書籍の内容を表示するものとして用いられているものであって，需要者も出所の識別表示として認識しないものと解せられるとしながら，「もっとも，書籍の題号として用いられている表示であっても，使用された結果，需要者が何人かの業務に係る商品又は営業であることを認識することができるような自他識別力又は出所識別機能を備えるに至ったと認められるような特段の事情がある場合については，商品等表示性を認めることができることもありうると解される」と判示している。ただし，当該事案では，原告書籍が出版される以前から「巻くだけダイエット」なる用語が同種のダイエット方法に用いられていることを理由として，「商品等表示」該当性を否定している（東京地判平成26年8月29日裁判所ホームページ〔巻くだけダイエット事件〕，知財高判平成27年1月29日裁判所ホームページ〔巻くだけ

ダイエット事件（控訴審）］）。

　以上のように，書籍の題号は，通常，その書籍の出所識別表示とは認識されないが，書籍の題号といえどもそれが同書籍の出所識別表示としての機能を取得した場合（例えば，大学受験者の間でよく知られた受験情報書籍や受験参考書のシリーズ名称などでは，これに該当する書籍の題号を想定しうる）には「商品等表示」に該当することもありえよう。

　なお，恒常的に出版されている日刊や週刊の雑誌の表題のように，その書籍の内容（記事）とは関係なく選択されている場合には，一般に当該雑誌を他の雑誌と識別する機能を有しているので，不正競争防止法2条1項1号の「商品等表示」に該当すると思われる。

5　スローガン・キャッチフレーズ

　商品や広告に，その商品名とは別に当該商品のイメージや会社の営業政策を表すスローガンやキャッチフレーズが使用される事例が見受けられる。

　商標法では，かようなキャッチフレーズ等の使用に対して，当該キャッチフレーズと同一又は類似する登録商標を有する商標権者から商標権侵害訴訟を提訴された例があるが，いずれも「商標の使用」に該当しないとして請求を棄却されている（東京地判平成7年2月22日知裁集27巻1号109頁〔UNDER THE SUN 事件〕，東京地判平成10年7月22日知裁集30巻3号456頁〔ALWAYS 事件〕）。

　スローガンやキャッチフレーズが不正競争防止法上の「商品等表示」に該当するかについても，商標法の場合と同じく，多くの場合，需要者も当該表示を商品の出所識別表示と認識することはないであろうから，これを独立した「商品等表示」に該当することもない。

　ただ，キャッチフレーズなどが特定の商品名と一体として長期的に使用され，あるいは当該商品名とは独立して広告宣伝等で長期にわたって使用された結果，二次的出所表示機能を取得することがありうる。

　例えば，製薬会社の「ファイト　イッパーツ！○○○（商品名）」などのキャッチフレーズ（キャッチコピー）などは，「ファイト　イッパーツ！」というフレーズを聞くだけで特定の商品を想起する需要者も多いだろう。

　かような場合には，健康飲料の分野では個別商品を離れても「ファイト　イッパーツ！」自体が特定の商品の出所表示機能を有するとして「商品等表示」

該当性を認めてもよいように思われる。

6　検索連動広告と商品等表示の使用

　検索連動広告は，インターネット上の検索エンジンの検索結果画面上の広告スペースに，インターネット利用者が検索したキーワードと関連した広告を表示する行為をいい，近時，ネットショッピング等を行う事業者によって顧客獲得手段として利用されている。

　ただ，このような検索連動広告中に，自社サイトとのハイパーリンクを施しユーザーがクリックを行うことによって自社の商品やサービス提供サイトに接続させるとすると，このような検索キーワードに連動する自社サイトのリンク表示が商標や商品等表示の使用に該当するかという問題が生じる。

　この問題が争いとなった事案に関する判決として，「石けん百貨事件」における大阪地裁判決及び大阪高裁判決がある。

　これは，「石けん百貨」，「石けん百科」，「石鹸百科」の商標を登録し日用品雑貨，洋品雑貨，石けん等を販売する原告が，インターネット上に「楽天市場」なるショッピングモールを開設し出店希望者に特定のURLを与え，自ら管理，運営，商品の売買や情報の提供のシステムを利用させることを業としている被告に対して，被告の「石けん百貨」等をキーワードとする検索結果画面に「石けん百科【楽天】」等の広告（検索連動型広告）を掲載し，かつ，それらの広告には楽天市場のリスト表示画面（ショッピングサイト）へのハイパーリンクが施されていたが，これらの行為が原告の商標権を侵害したと主張して損害賠償等を請求した事案である。

　大阪地裁判決は，まず，当該検索連動型広告自体が原告の商標権を害するか否かに関しては，上記のような広告の表示から「一般ユーザーは，『石けん百貨』に関連する商品が楽天市場内で提供されている旨が表示されていると理解するのが通常であると考えられる」こと，「検索連動型広告には，何らの商品も陳列表示されておらず，加盟店が提供するどの商品が『石けん百貨』等と関連するのかについて何ら表示されていないこと」等を理由として「本件広告を単体で捉える場合には，本件各商標権侵害の成立は認められない」と判示した。

　また，検索連動型広告とリンクされた楽天市場のリスト表示画面とを一体と

して捉えた場合でも，「移動後の楽天市場リスト表示画面に何らの商品も陳列表示されない場合には，本件広告が本件各登録商標に係る指定商品又は指定役務と同一又は類似の商品に関する広告であるとは認められないから，本件各商標権侵害の成立が認められないことは前記と同様である」が「移動後の楽天市場リスト表示画面において加盟店が提供する商品が陳列表示される場合については……前記のとおり，本件広告に接した一般ユーザーは，『石けん百貨』等に関連する商品が楽天市場内で提供されている旨が表示されていると理解すると考えられることからすると，その理解の下に本件広告中のハイパーリンクをクリックして楽天市場リスト表示画面に移動し，そこで加盟店が提供する石けん商品の陳列表示に接した場合には，その石けん商品が『石けん百貨』等に関連するものであるとの認識が生じ得る。そうすると，本件広告と楽天市場リスト表示画面とを一体で捉える場合には，本件表示をもって，『石けん百貨』等を石けん商品の出所識別標識として用いた広告であると解する余地がある。」と判示した。しかし，同判決はこのような前提に立ちつつ本件事件については以下のように判示している。「しかし，前記認定事実(3)（略）のとおり，移動後の楽天市場リスト表示画面において商品が陳列表示されるか否か，また，いかなる商品が陳列表示されるかは，各加盟店が出店ページでどのようなキーワードを使用しているかによって決まることになる。そして，前提事実(4)（略）のとおり，各加盟店は，被告の関与なく，自らの責任で出店ページのコンテンツを制作していることからすると，移動後の楽天市場リスト表示画面において商品が陳列表示される場合でも，それを被告の行為として当然に本件広告と一体に捉えることはできないというべきであり，本件広告とリンク先の楽天市場リスト表示画面とを一体に捉えることができるためには，被告が本件広告を表示するに当たり，移動後の楽天市場リスト表示画面で石けん商品が陳列表示されることを予定し，利用していると評価し得ることが必要であると解するのが相当である」と判示した上で，加盟店が被告との間の出店規約に違反して石けんに関連する商品を何ら販売していないにもかかわらず，その出店ページにおいて「石けん百貨」なる標章を明示又はかくれ文字として使用することは，被告として想定しえないこと等を理由として，被告の賠償責任を否定した（大阪地判平成28年5月9日判時2345号104頁〔石けん百貨事件〕）。

これに対して，原告は控訴したが，大阪高等裁判所も以下のような理由でその控訴を棄却した。

「控訴人は，本件広告は，本件各登録商標の顧客吸引力を利用してユーザーを楽天市場のウェブサイトへと導くものであるから，本件各登録商標の出所識別機能や広告機能を害すると主張する。

被控訴人が運営する楽天市場が多数の加盟店から成るインターネットショッピングモールであることは，ユーザーの間に広く知られている事実であり，また，『石けん百貨』等の語は，普通名称ではなく，造語として理解される語である。そうすると，楽天市場の広告において，造語である『石けん百貨』等を用いて，『【楽天】石けん百貨大特集』等と表示されている場合には，その広告に接したユーザーは，『石けん百貨』に関連する商品が楽天市場内で提供されている旨が表示されていると理解するのが通常であるとは考えられる。しかし，本件広告とそのハイパーリンク先である楽天市場リスト表示画面とを一体のものとして見ても，上記のとおり，具体的な商品について『石けん百貨』等が使用されているといえない以上，商標法2条3項8号にいう『商品若しくは役務に関する広告』とはいえないから，前記(7)（略）の判断は左右されない」

「他方，被控訴人が広告主である，『石けん百貨』との表示を含む検索連動型広告のハイパーリンク先の楽天市場リスト表示画面において，登録商標である『石けん百貨』の指定商品である石けん商品の情報が表示された場合には，これをユーザーから見れば，前記ウ(7)（略）のとおり，両画面が一体となって，『石けん百貨』ブランドの石けん商品を買いたいなどの動機により Google 等で『石けん百貨』をキーワードとして検索をしたユーザーを，被控訴人の開設するウェブサイト内にある，『石けん百貨』の指定商品である石けん商品が陳列表示された石けん商品販売業者のウェブページに誘導するための広告であると認識されるのであるから，被控訴人が当該状態及びこれが商標の出所表示機能を害することにつき具体的に認識するか，又はそれが可能になったといえるに至ったときは，その時点から合理的期間が経過するまでの間に NG ワードリストによる管理等を行って，『石けん百貨』との表示を含む検索連動型広告のハイパーリンク先の楽天市場リスト表示画面において，登録商標である『石けん百貨』の指定商品である石けん商品の情報が表示されるという状態を解消しな

い限り，被控訴人は，『石けん百貨』という標章が付されたことについても自らの行為として認容したものとして，商標法2条3項8号所定の要件が充足され，被控訴人について商標権侵害が成立すると解すべきである」

しかし，被控訴人は，本件訴状によって，本件原告の存在を認識するや，直ちにP₁（楽天市場内の出店者）の出店ページを調査してサーチ非表示にするとともに隠れ文字の削除を求める等，検索連動型広告のハイパーリンク先である楽天市場リスト表示画面において登録商標である「石けん百貨」の指定商品である石けん商品の情報が表示され，商標の出所表示機能を害する状態にあることにつき具体的に認識してから合理的期間が経過する間に，前記の状態を解消したのであるから，「石けん商品に『石けん百貨』という標章を付されていることについて自らの行為として認容していたと認めるには至らない」（大阪高判平成29年4月20日判時2345号93頁〔石けん百貨事件（控訴審）〕）。

なお，原告（控訴人）は，被告（被控訴人）の上記行為が不正競争防止法2条1項1号にも該当すると主張していたが，この点については，前記大阪地裁判決も大阪高裁判決も商標権侵害について述べたのと同様の理由等によって，被控訴人が「本件広告のハイパーリンク先の楽天市場リスト表示画面に石けん商品が陳列表示されたことを含めて，あらかじめ包括的に認容していて，『石けん百貨』という標章が付されたことも自己の行為として認容していたとすることもできないから，同標章を使用したとすることができない。それと同様に，不正競争防止法2条1項1号に関しても，被控訴人が『石けん百貨』という商品等表示を使用したということはできない」と判示している。

検索連動型広告とハイパーリンクの関係については，基本的にはメタタグ（ディスクリプション・メタタグ）と同様に，「リンク先のサイトが何らかの商品や役務と登録商標と結びつけるおそれがないといえるだけの積極的な事情がない限り商標的使用を肯定すべきであろう」とする見解（宮脇正晴「検索連動型広告と商標権侵害」L＆T76号53頁）と，ディスクリプション・メタタグであれ，キーワードメタタグであれ，検索エンジンにおいて他人の商標の自他商品（役務）識別力，出所表示機能等を利用して検索結果に影響を与え，特定のウェブサイトにユーザーを誘導するのであるから，当該商標の使用は「商標的使用」であり，商標がユーザーに視聴できるか否かに関係なく商標権侵害が成立すると解

釈し，これを前提として，検索連動型広告に関しても，「他人の商標の業務上の信用・自他商品役務識別力を利用して自己の商品・役務を広告するシステム」と捉え，かような「サイバースペースにおける商標の使用は『社会的・経済的な観点』から判断すべきものであるから，商標法2条3項全体を，サイバースペースで発生する事件に関しては柔軟に解釈するか……平成14年に導入された商標法2条3項2号，7号，8号をサイバースペースに関しては柔軟に当て嵌めて解釈すべき」と解する見解（外川英明「インターネット上における商標的使用」学会年報37号113頁）などが存在している。

　なお，他人の商標や周知商品等表示をメタタグとして使用する行為に関しては，これをディスクリプション・メタタグやタイトルメタタグとして使用した事例については，商標や周知商品等表示の使用に該当するが，キーワードメタタグとして使用した場合には，商標や周知商品等表示の使用にあたらないとするのが判例の傾向である（大阪地判平成17年12月8日判時1934号109頁〔中古車110番事件〕，東京地判平成27年1月29日判時2249号86頁〔IKEA事件〕，大阪地判平成29年1月19日判時2406号52頁〔バイクシフター事件〕，東京地判平成30年7月26日裁判所ホームページ〔浄水器交換用カートリッジ（タカギ）事件〕）。

第3節　営業表示

Ⅰ　営業表示の意義

　営業表示は，旧不正競争防止法では「他人ノ氏名，商号，標章其ノ他他人ノ営業タルコトヲ示ス表示」（旧1条1項2号）と規定されていた表示である。ここにいう氏名・商号は，営業表示としてのものである。

1　表　　示

　標章は一定の標識のために使用される形象をいうが，広義においては氏名，商号も含まれる。この標章としては，役務商標，営業名や図形の営業標が典型である。その他，営業表示には，営業を表示するスローガン，キャッチフレーズが入り，さらには営業表装が入る。例えば，店の制服，ショーウィンドウ，店舗装飾などの結合が，営業を表示するものの例である。戦前の不正競争防止

法事件であるパン屋の食堂事件では，「各営業所ノ建築様式色調内外ノ設備等ニ付孰レモ独自ノ工夫ヲ凝ラシ而カモ各営業所ヲ通シ同一様式ノモノヲ採用シ世人ヲシテ一見直ニ同訴外人ノ経営ニ係ル店舗ナリト認識シ得ラルルカ如ク考案セラレ」ていると認定していることは，注目に値する（大判昭和17年8月27日新聞4795号13頁〔パン屋の食堂事件〕）。

　営業表示には，統一性及び独立の識別力などが必要であること，識別性なきものについてもセカンダリー・ミーニング（二次的出所表示機能）が発生することがありうること，表示保護において機能的なものには保護を与えるべきでないことなど商品表示において指摘したことがらと同じ問題が，ここでも問題となるが，原則として商品表示の場合と同様に解釈してよい。

　なお，近年，営業表示の内容も多様化しており，フランチャイズチェーン等では店舗の外観等のほか従業員のコスチュームや店内で提供される商品（飲食物等）のメニューなどを統一することによって他の競業者の営業との差別化をはかっている。

　このような場合には，店舗の外観や従業員のコスチューム等も全体として当業事業者ないし事業者団体の営業表示に該当する場合がある。

　これとは別に，すでに周知になっている他者の商品等の名称やそのキャラクター等を使用して，自らの営業の周知化をはかり，顧客を吸引しようとする事業者の活動も積極化する。

　例えば，ゲームソフトメーカーである任天堂株式会社が自社の周知又は著名なゲームシリーズのタイトルである「マリオカート」，その略称である「マリカー」あるいはキャラクターである「マリオ」の形態等と類似する表示について，これを自らの店舗名に使用するとともにキャラクターを模した人形を配置し，従業員にコスチュームを着用させ，さらに顧客にもコスチューム等を貸与するサービスを行って公道カートのレンタル事業を営む者に対して，上記のような店舗名の使用，キャラクター人形の配置あるいは従業員のコスチューム着用行為等が不正競争防止法2条1項1号及び2号の不正競争行為に該当すると主張して差止め等を請求した事案がある。

　第一審である東京地裁は，上記のうち，「マリオカート」「マリカー」等の文字標章を使用した被告の店舗表示やチラシ等の広告宣伝は（本件レンタル事業の

主要な顧客である）海外から日本を訪問する日本語を解しない者の間では周知とはいえないので，混同が生じないと判断したが，他方日本国内に居住する公道カートを運転してみたい一般人には周知であり，両者の商品と役務の間には強い関連性が認められるから，原告である任天堂と被告であるレンタル事業を営む者の間には何らかの関係があるのではないかという広義の混同が生じると判示し，また従業員のコスチュームや人形に関しては，それが原告（任天堂）の周知な商品等表示である前記ゲームのキャラクター等の表示と類似し，原告の周知商品等表示を想起させるものであることを理由としてこれらの行為についても不正競争防止法2条1項1号の不正競争行為に該当すると判示した（東京地判平成30年9月27日裁判所ホームページ〔マリカー事件（第一審）〕）。

　この東京地裁の判断は，控訴審である東京高裁において一部変更をされている。すなわち，第一審判決が「マリオカート」「マリカー」等の文字標章について日本語を解しない者にとっては周知でないと判断した部分については，控訴審判決は，原告の文字表示である「マリオカート」「マリカー」は周知かつ著名な商品等表示であることや，本件レンタル事業の需要者には，訪日外国人に限らず日本人が含まれるだけでなく，訪日外国人の中には日本に居所があり一定期間居住している者もおり，このような外国人の中には，片仮名の読み書きができる者が相当程度存在する上，本件レンタル事業を利用する訪日外国人は日本文化，とりわけ一審原告の「マリオ」シリーズに強い関心を持つ者であるから，訪日外国人が日本語を理解できないという経験則は存在しないとして訪日外国人等を含む本件レンタル事業の需要者全体に対して上記文字標章が一審原告（任天堂）の商品等表示として周知又は著名であると認定した（知財高判令和元年5月30日裁判所ホームページ〔マリカー事件（控訴審中間判決）〕）。

　また同判決は，キャラクター人形やコスチュームに関して「マリオカート」シリーズがわが国の内外において著名であることや，そのコスチューム等からも原告の著名な前記ゲームあるいはそのキャラクターを容易に想起しうる等の具体的な取引実情を考慮した上で，これを従業員や顧客に着用させる等の行為は不正競争防止法2条1項2号の著名商品等表示の冒用行為に該当することを認めている。

　以上のように，本事案は原告（商品等表示の主体）が有する多岐にわたる周知

若しくは著名商品等表示を構成する標章・表示（若しくはその要素）を一体的に観察するのではなく，少なくとも文字によって構成される表示部分とゲームの登場キャラクターの象徴若しくは想起させる人形やコスチュームなどの要素から成る表示部分とに分離して各々について周知性若しくは著名性や対応する被告の標章・表示との類似若しくは混同の可能性を検討している。

判決がこのような判断方法をとった背景としては，原告が主張する法的構成，被告の表示使用態様の多様性（被告は店舗ごとに若干営業方法や表示の使用態様が相違していた），そして，本件文字標章について，少なくとも第一審では特定の需要者層（日本語を解しない者）にとって周知か否かという特別の論点が存在した等の事情が存在したと考えられる。

なお，文字，図形，商品の形状等の複数の要素を内包する表示について，各々の構成要素を独立した商品等表示として構成する場合と一体的な商品等表示として構成する場合のメリット・デメリットはすでに「商品表示」の項において述べたとおりである。

営業表示に関しても，本件のように原告（表示主体）の営業における個々の表示（あるいは表示の構成要素等）の使用態様及びその機能あるいは周知性の強弱，被告（被疑不正競争行為者）の営業態様や表示の使用態様等によって，上記のいずれの法的構成を選択するかが決まってくるものと思われる。

2　フランチャイズ・特約店

いわゆるフランチャイズにおける店舗の営業表示が問題となったものでは，いわゆる無関係者に対する表示の差止請求事件が主流である。札幌ラーメンどさん子事件（東京地判昭和47年11月27日無体集4巻2号635頁〔札幌ラーメンどさん子事件〕。なお，同判決については小野昌延「フランチャイズにおける名称の保護」NBL52号20頁），8番ラーメン事件（金沢地小松支判昭和48年10月30日無体集5巻2号416頁〔8番ラーメン事件〕），ほっかほか弁当事件（福岡高宮崎支判昭和59年1月30日判タ530号225頁〔ほっかほか弁当事件（控訴審）〕），つぼ八事件（東京地判平成5年6月23日判時1465号136頁〔つぼ八事件〕），ホテルサンルート事件（東京地判平成15年8月25日裁判所ホームページ〔ホテルサンルート事件〕），マクドナルド店舗表示事件（東京地判平成18年2月21日判時1949号61頁・裁判所ホームページ〔マクドナルド店舗表示事件〕）などがある。

146 第2編 不正競争行為 第2章 周知商品等表示混同行為(2条1項1号)

　フランチャイジーは,独自の営業表示の利益が帰属するものでなく,フランチャイザーに営業表示の利益が帰属するのであるから,フランチャイジーは,フランチャイズ関係から離れた場合には,直ちに離れる前の営業表示の使用を停止しなければならない。フランチャイジーが,内部で他のフランチャイジーを訴えた珍しい事件があるが,原告の請求が棄却された(京都地判昭和60年12月25日特企207号44頁〔マイショップ事件〕,最判昭和62年11月20日特企229号9頁〔マイショップ事件(上告審)〕)。

　しかし,フランチャイズ事業に用いる営業表示はフランチャイザーの営むフランチャイズ事業の営業の出所や同一性を表す表示であると同時にフランチャイザーとフランチャイジーの結びつきを表示すること,言葉を換えていうならば,フランチャイザーとフランチャイジーとで構成される団体(グループ)が行う事業を表示しているともいえる。

　したがって,このような団体(グループ)に属しない者がフランチャイズ事業を表す営業表示を無断で使用する場合にはフランチャイザーのみならず,営業上の利益を害せられるおそれがあるフランチャイジーにも差止請求権が認められる(金沢地小松支判昭和48年10月30日無体集5巻2号416頁〔8番ラーメン事件〕)。

　営業表示は,特定の営業主体を示す表示のみならず,当該営業主体と密接な契約関係(法律関係)にあることを示す表示(いわゆる子会社,チェーン店,特約店など)も包含するものと解される。このような例として,ヤマハピアノのメーカーである日本楽器は,ピアノの直販をせず,特約店契約を結んだピアノ小売店に対してのみ卸売しているのであり,特約店は日本楽器と密接な契約関係にあり競業上有利な地位を保有しているから,「ヤマハ特約店」という表示は,特約店契約をした小売店の営業表示にあたるとした判決がある(名古屋地判昭和57年10月15日判タ490号155頁〔ヤマハ特約店事件〕)。

　また,自己と契約をした加盟店において使用することができる全国共通図書券の発行・販売を行っている会社が原告となり,中古書籍の販売のフランチャイズ店の本部である被告が,「商品券,金券でもお買い物ができます。旅行券,オレンジカード,ハイウェイカード,切手,印紙,図書券でもOKです。」と記載されたチラシを作成,配布した行為やフランチャイズ店の店内に「図書券を使える」旨の掲示を行ったことが不正競争防止法2条1項1号の不正競争

行為に該当するとして提訴した事件では，「特定の商品券などを利用しての商品の購入が，特定の組織に加盟する店舗においてのみ可能であるような場合には，ある店舗において当該商品券などの利用が可能であることを表示することは当該店舗が当該組織の加盟店であることを顧客に示すものであり，このような場合には当該商品券などの利用が可能である旨を表示することが特定の組織に属する店舗の営業であることの表示となる」として，上記のような表示が「営業表示」に該当することを認めている（東京地判平成14年1月24日判時1814号145頁〔全国共通図書券事件〕）。

なお，全国共通図書券事件判決の問題点についてはすでに論述した（本章第2節Ⅱ4 ）。

3 商標の商号化

商標が，営業自体を表示する機能をもつに至ることがある。また著名商標は，営業主体を表示する力をもつ（大阪地判昭和37年9月17日下民集13巻9号1890頁〔ナショナルパネライト事件〕参照）。しかし，営業自体を表示する機能をもつに至らない商品商標は商品表示であって営業表示ではない（東京地判昭和51年1月28日判時836号73頁〔アン事件〕は，デザイナー個人のブランドは取扱会社の営業表示でないとする）。しかし，営業全体を表示する機能をもつに至らない役務商標も営業表示であって，営業表示には，営業全体の営業表示（〇〇銀行のマーク）とその一部分の営業の営業表示（ハッピィー定期）がある。

長年使用による識別力については，「メガネ」が商品の普通名称であり，「竹林」が姓を表すものであったとしても，「メガネの竹林」と組み合わされて長年特定の者に使用された結果，その者の営業を表示するものとして識別力を備えるに至った場合には，旧不正競争防止法1条1項2号（現2条1項1号）により保護されるべき営業表示にあたるとされた（福岡高判昭和61年11月27日判時1224号120頁〔メガネの竹林事件（控訴審）〕）。

立体表示については，赤く彩色した巨大な松葉がにの肢の第2関節を折り曲げ，電気仕掛けでハサミ，肢，目玉が動くようにした立体看板である「かに看板」につき，他に例を見ない奇抜性，新規性を有するものであるなどとして，営業表示としての識別性を有するとしたもの（大阪地判昭和62年5月27日無体集19巻2号174頁〔かに看板事件〕），個人タクシー業者で構成される事業協同組合の組

合員がその営業用車両に設置することになっている個人タクシー用表示灯につき，それは中小企業等協同組合法に基づいて設立された同組合の営業用の標章であり，いわゆるサービス・マークにあたるものであるが，サービス・マークについても旧不正競争防止法1条1項2号（現2条1項1号）の要件を満たす場合には当然同条による保護の対象となるとしたもの（新潟地判昭和63年5月31日判タ683号185頁〔タクシー用表示灯事件〕）がある。

　既述の「究極の選択」という言葉遊びの名称につき，言葉遊びそのものを意味する一般名称として社会に定着していったものであり，放送番組のタイトルとしては一般に認識されていないものであるとして，ラジオ番組を放送した会社の周知営業表示であるとは認められないとしたものも営業表示となりうること自体は否定していない（東京地判平成2年2月28日無体集22巻1号108頁〔究極の選択事件〕）。

Ⅱ　営業表示としてのサービス・マーク（役務商標）

　サービス・マーク（役務商標）が営業表示に入ることについては，争いはない。サービス・マークは重要であるので，ここで別項として多少説明しておこう。

　「サービス・マーク」は，商標法では「役務商標」（法文上は，商標のうち「役務について使用するもの」（商標2条1項2号），ないし，「役務について使用をする商標」（商標3条），あるいは，「役務に係る商標」）と称せられる。

　「役務商標」とは，広告・金融のように商品でなく，サービス（役務）の提供を業としている者が，その業務について使用しているマーク（標章）である。アメリカに始まり，カナダ，フランス，ドイツ，イギリス，さらには，近い国では韓国，中国など，サービス・マークを，商標法の登録制度で保護している国がほとんどである。

　わが国では，かつては，旧不正競争防止法1条1項2号（現2条1項1号）のみがその保護規定として存在していたが，平成3年法律第65号で，商標法が改正されサービス・マークの登録制度が導入された。

　サービス・マークには，全体としてのサービスのマーク（銀行のハウスマークなど）と，部分としてのサービスのマーク（定期預金の愛称など）とがある。この

いずれもが不正競争防止法2条1項1号で保護されうる。同一の標章が，商品商標であると同時に役務商標（サービス・マーク）であることがある（例えば，"NHK"が放送サービスを提供し，かつ，"NHK"の商品商標で出版物・CDなどを販売する場合のごとし）。この場合，商品商標については2条1項1号の商品表示として，サービス・マークについては1号の営業表示として各適用されることになる。

Ⅲ　ドメイン名・URLと商品表示又は営業表示

　ドメイン名は，コンピュータ自体の識別標識であり，URLはウェブサイトの同一性を表す表示にすぎないが，これらの表示がすでに周知となっている他人の商品や営業の表示と同一又は類似し，しかも当該ドメイン名やURLによって識別されるウェブサイトにおいて，一定の商品又は役務を提供しあるいはその広告を行っている場合には，当該ドメイン名やURLが「商品等表示」として機能する場合がある。

　このようなドメイン名の不正目的使用行為については，不正競争防止法2条1項19号によっても規制されるが，同時に2条1項1号又は2号における商品等表示として規制の対象となることがある（富山地判平成12年12月6日判時1734号3頁〔jaccs.co.jp事件〕，東京地判平成13年4月24日判時1755号43頁〔J-PHONE事件〕，東京地判平成14年7月15日判時1796号145頁〔MP3.COM事件〕，否定例としては，大阪地判平成18年4月18日判時1959号121頁・判タ1238号292頁〔ヨーデル事件〕，東京地判平成27年11月13日判時2313号100頁〔DHC-DS事件〕）。

Ⅳ　その他の営業表示

　前述した商品形態の商品表示性に関し判断や学説が多様な解釈をとりながら徐々に商品表示の範疇に含まれる表示概念を拡げてきたのと軌を一にするように，営業表示の概念もまた判例によって拡大している。

　古くは，趣味の雑貨を販売する通信販売会社が通信販売カタログを用いてする販売システムやこれに用いられるカタログ等が商品や営業活動と密接に結合して出所表示機能を果たしている場合には，商品表示性又は営業表示性を有することを認めた判決が存在した（大阪高判昭和58年3月3日判時1084号122頁〔通信販売カタログ事件〕）。

150 第2編 不正競争行為 第2章 周知商品等表示混同行為（2条1項1号）

　しかし，他方，文化，スポーツ協会の運営にメンバーズクラブシステムを取り入れ，これらのメンバーに対して発行する共通チケットによって各種講座のいずれをも受講できるという「完全チケット制」を営業の方法としている原告が，この営業方法が独創的であること等を理由として，旧不正競争防止法1条1項2号（現2条1項1号）の営業の表示に該当すると主張した事例では，「それが独創的な営業方法であったとしても，これを創始した当該企業者のため直ちにその営業方法につき排他的独占的使用権が生ずる理由はなく，他人が右方法と同一の営業方法を採用することも本来自由である。ただ，右営業方法自体が特定人の営業と極めて密接に結合し，その営業方法に接するものが誰でも同人の営業活動であると認識するに至ったというような特別の場合には，右営業方法は出所表示の機能を有するものとして不正競争防止法（著者注：旧法）1条1項2号にいう他人の営業たることを示す表示にあたるといわなければならない」と判示して，一般論としては，上記のような厳格な要件の下かかる営業方法の営業表示性を肯定しつつ，原告の行う「完全チケット制」という営業方法に接するものが誰でも上記営業は原告の営業であると認識するに至っていると認めることはできず，「原告の営業について出所表示機能を有するに至っていると認めるべき事情は見い出せない」として，原告の請求を棄却した判決も存在する（神戸地判昭和61年12月22日判例不競法874ノ136頁〔受講用チケット事件〕）。

　この他に，このような営業システムの商品等表示性が問題となった最近の事案としては，CDレンタル用品事件がある。

　この事件では，CDレンタル店において盗難防止のため，顧客用の陳列棚にCDを抜き取ったケースのみを陳列し，顧客が選択したCDのケースを店員に提示すると，店員は当該ケースに該当するCDを保管場所から取り出して顧客に貸与するという営業システムをとっているレンタル店に向け，ケースなどの業務関連製品を製造・販売する原告が，この業務に関連するケースなどの業務関連商品の形態などを商品等表示である旨主張したが，裁判所は，被告が同様の業務関連商品の販売を開始する前にすでに同種の業務関連商品が市場に多数存在したことと，原告からこの業務関連商品を購入した者は，これを自社の商品として原告商品の商品名とは別の商品名を付して販売した事実があることなどを理由として，原告の上記業務関連商品の形態が原告の商品の出所を表示する

ものとはなっていないとして原告の請求を棄却している（大阪地判平成3年9月30日判時1417号115頁〔CDレンタル用品事件〕）。

このように，一般論としては，ある営業方法が特定の者の営業等と密接に結合していれば営業表示と認められる場合があるだろうが，個別事案においてはその認定は厳格に行われるべきであろう。なぜならば，営業方法自体は本来自由な競争において事業者が創意工夫によって生み出されるものであって，特定の営業方法についてそれが特許権の対象となる発明や営業秘密として保護されるものでない限り，特定人が独占すべきではない。また，営業方法というものの多くは，氏名，商号，商標などのように本来特定の営業主体を識別するために選択されたものではなく，本来営業の出所識別機能を有しているわけではない。また，商品の形態等に比べてそもそもその実態や外延が不明確であるため，表示又は標識としての特定性に欠けるという問題も存在する。

このような問題点は，営業方法と密接に関連する店舗外観や商品の陳列方法において，より明確な形で顕在化している，よって，この点については後記Ⅵ「店舗外観・商品の陳列方法」において詳述する。

Ⅴ 営 業

1 営業の意義

営業についての混同行為は営業主体に関するものであり，それが営業を遂行する商人にのみ限定されるか，もう少し広い主体に適用されるときに問題となる。「営業」とは経済的対価を得ることを目的とする事業である。したがって，商業及び工業のみならず，鉱業・林業・農業・水産業などのいわゆる第1次産業や，病院などの医療・衛生及び美容事業，法律事務所・特許事務所・デザイン事務所など自由業や，文化事業や慈善事業なども，「営業」に該当する。判例に現れた事案でも，建築，不動産，ホテル，飲食，運輸などが幅広い分野にわたっており，興信所（京都地判昭和32年11月13日下民集8巻11号2060頁〔信用交換所京都本社事件〕），ギフト（大阪地判昭和54年9月12日ニュース5313号1頁〔阪急サービス事件〕），事務処理（東京地判昭和62年2月20日特企221号83頁〔センチュリー事件〕），就職情報提供（東京地判昭和63年3月23日特企233号108頁〔リクルートサービス事件〕），葬儀請負（大阪高判昭和27年5月30日下民集3巻5号749頁〔公益社堺業務部事

件（控訴審）〕，大阪地判昭和53年6月20日無体集10巻1号237頁〔公益社事件（甲）〕，大阪地判昭和54年6月27日特企129号32頁〔公益社事件（乙）〕），書写書道の普及を目的とする事業（東京地判平成23年11月30日判時2140号72頁〔書写能力検定事件〕），華道の教授等（東京地判平成24年6月29日裁判所ホームページ〔花柳流花柳会事件〕，知財高判平成25年2月28日裁判所ホームページ〔花柳流花柳会事件（控訴審）〕），長唄の一流派の家元（東京地判令和2年3月25日裁判所ホームページ〔望月流家元事件〕）なども営業として認められている。

　判例は当初，研数学館が，東京研数学館という予備校の名称に対し差止めを求めた事案において，「一定の事業を営む者がその事業に用いる名称についても，同様の条件の下にその名称使用の自由は制限せられる」として，私法上の原則により差止めを認めたが（東京地判昭和36年7月15日下民集12巻7号1707頁〔研数学館事件〕），やがて，「京橋病院」が，「京橋中央病院」に名称使用差止めを求めた事案において，「病院を経営する医師が営利事業を目的とする商人でないことは，社会通念上，いうまでもないところであるが，同法の規制の対象を，被告主張のように，商人に限るものと解すべき理由はなく，同法にいわゆる営業とは，単に営利を目的とする場合のみならず，広く経済上その収支計算の上に立って行うべき事業をも含む」（東京地判昭和37年11月28日下民集13巻11号2395頁〔京橋中央病院事件〕）として旧不正競争防止法1条1項2号（現2条1項1号）を適用した。いずれも事案として差止めは認容され，この結論に学説上異論はなかった。ただ，この種の事案については，不正競争防止法を適用すべきだという見解と，類推適用すべきだという見解に分かれる。前者が通説というべきである（豊崎光衛「商号と商標の保護の交錯」学習院大学法学部研究年報(1)68頁，喜多川篤典「不正競争防止法における『営業』の概念」商標判例百選182頁，服部栄三・商法総則（青林書院新社，1972）512頁，三宅正雄「不正競争防止法関係訴訟」実務民事訴訟講座5（日本評論社，1969）298頁，満田重昭［判例評釈］ジュリ336号126頁，小野・旧註解59頁。類推適用すべしとするのは，椎原国隆［判例評釈］ジュリ293号103頁，小松一雄「営業概念（天理教事件）」商標・意匠・不正競争判例百選120頁）。なお病院については，商法上も営業とみる説が有力である。事業いかんによっては類推適用にとどまるべき事業もありうるであろう。いずれにしても，適用か類推かは理論構成・法適用上の問題にとどまり，差止めについての結論においては変わりない。

以下，「営業」に該当するか否かが問題となる事例について論述する。

2 音曲，拳法，舞踊などの流派

その後にも，音曲，拳法，舞踊などの普及事業に不正競争防止法が適用された事例が数多く存在する。都山流尺八事件（京都地決昭和52年2月24日判タ364号294頁〔都山流尺八事件〕，大阪高決昭和54年8月29日判タ396号138頁〔都山流尺八事件（抗告審）〕），少林寺拳法事件（大阪地判昭和55年3月18日無体集12巻1号65頁〔少林寺拳法事件〕，大阪高判昭和59年3月23日無体集16巻1号164頁〔少林寺拳法事件（控訴審）〕，最判昭和60年11月14日特企205号10頁〔少林寺拳法事件（上告審）〕），花柳流名取事件（大阪地決昭和56年3月30日無体集13巻1号507頁〔花柳流名取事件〕），望月流家元事件（東京地判令和2年3月25日裁判所ホームページ〔望月流家元事件〕）などである。この他，不正競争防止法上の営業表示として保護が問題となったわけではないが，日本舞踊の流派から破門された後も類似「流派名」を使用して舞踊活動をしている元名取に対して家元が提起した「流派名」などの使用の差止請求を認めた若柳流事件（大阪地判平成元年4月12日判時1306号105頁〔若柳流事件〕，小野昌延「家元制度と無体財産権法」工業研究29号3頁，小野昌延＝三山峻司「流派名称の保護」工業研究35号1頁），同じく日本舞踊の流派である「音羽流」を退派した者が，従前の流派の名称をその一部に組み込んだ新流派名（清流音羽流）を使用したのに対して，元の流派の家元から新流派の名称に対して差止請求を行い，これが認められた「音羽流事件」（大阪高判平成9年3月25日判時1626号133頁〔音羽流事件（控訴審）〕）などがある。

これに対して，古武道の流派名として一般的に使用されていた「小野派一刀流」の名称は直ちに特定の流派の提供する役務の出所を表す名称とは認められないと認定した判決も存在する（東京地判令和3年12月17日裁判所ホームページ〔小野派一刀流事件（第一審）〕，知財高判令和4年8月22日裁判所ホームページ〔小野派一刀流事件（控訴審）〕）。

3 宗教団体

これに対して宗教団体などの名称に関しては，判例も流派とは異なった判断を行っている。

宗教法人泉岳寺が，東京都が都営地下鉄の駅名として「泉岳寺」を表示する行為に対して，不正競争防止法2条1項1号の不正競争行為に該当するとともに

154 第2編 不正競争行為 第2章 周知商品等表示混同行為（2条1項1号）

に宗教法人の氏名権を侵害するとして差止めなどを請求した事案については，宗教法人の活動が2条1項1号の「営業」に該当するか否かに関しては明確な判断をすることなく，都営地下鉄事業は国による免許事業であり，「地方公共団体」である被告以外の者が行うことはできない事業であるから原告のような宗教法人が都営地下鉄事業を行うことは一般的にありえないことであり，2条1項1号の広義の混同が生じないことを理由としてその請求を棄却している。なお，同判決は宗教法人にも人格権としての氏名権があることを認めつつ，地下鉄の駅の名称として「泉岳寺」なる名称を使用する行為は「公衆の便宜のため公共的存在である著名な寺院の名称を公共的な鉄道事業の駅名として使用しているのであって公益性が認められるものであり，これと本件駅名使用行為により原告が被る損害の程度及び本件駅名使用行為を差止めることにより被告が被る不利益を全体的に考察すれば，被告の駅名使用行為は，原告の氏名権を違法に侵害しているものと認めることはできない」として，その請求を棄却している（東京地判平成6年10月28日判時1512号11頁・判タ863号71頁〔泉岳寺事件〕）。なお，この判決の判断は控訴審（東京高判平成8年7月24日判時1597号129頁〔泉岳寺事件（控訴審）〕）及び上告審（最判平成9年2月13日判例集未登載〔泉岳寺事件（上告審）〕）においても維持されている。

　これに対して，宗教法人天理教が原告となり，従前より「天理教豊文教会」の名称で原告に包括される一般教会たる宗教法人であった者が，原告に対して被包括関係を廃止する旨の通知を行い，これに伴う規則変更認証を長野県知事から得た後も，「天理教豊文教会」なる名称の使用を継続する行為に対して，不正競争防止法2条1項1号及び2号並びに宗教法人の人格権（氏名権）侵害を理由として上記名称の差止めなどを請求した事案においては，宗教法人の活動が営業に該当するかについて下級審と最高裁の判断が分かれた。

　第一審（東京地判平成16年3月30日判時1859号135頁〔天理教豊文教会事件〕）は，不正競争防止法1条の法目的に照らして1条及び3条の「事業」又は「営業」を「広く経済上その収支計算の上に立って行われる事業一般」をいうと解し，宗教法人法が行う布教活動などの「業務」及び公益活動その他の事業を総称する「事業」のいずれも上記のような「広く経済上その収支計算の上に立って行われるものということができ」不正競争防止法が適用されると判断した。そのう

えで，原告の「天理教」なる名称が上記のような原告の行う事業の表示として周知であり，原告が日本各地に分教会を置き，「天理教〇〇分教会」なる表示をさせている事実などに鑑みれば，被告が「天理教豊文教会」なる名称を使用することによって原告に包括される一般教会であるとの誤認混同を生じるとして原告の不正競争防止法2条1項1号・3条1項及び2項による差止請求を認容した。

　しかし，控訴審（東京高判平成16年12月16日判時1900号142頁〔天理教豊文教会事件（控訴審）〕）は，不正競争防止法2条1項1号の「営業」については，「役務又は商品を提供してこれと対価関係に立つ給付を受け，これらを収入源とする経済収支上の計算にもとづいて行われる非営利事業もこれに含まれる」と解しつつ，「宗教法人の本来の業務である宗教活動は，教義を広め，儀式行事を行い，信者を教化育成することを内容とするものであり，収益をあげることを目的とするものではなく，信者の提供する金品も寄付の性格を有するものであって宗教活動と対価関係に立つ給付として支払われるものではない。このような宗教活動は，これと対価関係に立つ給付を信者などから受け，それらを収入源とする経済収支上の計算にもとづいて行われる活動ではない。」として，宗教法人の宗教活動は不正競争防止法2条1項1号，3条の「事業」又は「営業」には該当しないと判示して原告の請求を棄却した。これに対して，宗教法人天理教（第一審原告）が上告を行ったところ，上告審（最判平成18年1月20日民集60巻1号137頁〔天理教豊文教会事件（上告審）〕）は以下のように判示して，上告を棄却した。

　まず，宗教法人の活動が不正競争防止法2条1項1号，3条の対象となるか否かに関して，不正競争防止法1条の目的のほか，パリ条約ヘーグ改正による同条約10条の2の規定及び旧不正競争防止法以来の沿革に照らすと，「不正競争防止法は，営業の自由の保障の下で自由競争が行われる取引社会を前提に，経済活動を行う事業者間の競争が自由競争の範囲を逸脱して濫用的に行われ，あるいは，社会全体の公正な競争秩序を破壊するものである場合に，これを不正競争として防止しようとするものにほかならないと解される。そうすると，同法の適用は，上記のような意味での競争秩序を維持すべき分野に広く認める必要があり，社会通念上営利事業といえないものであるからといって，当然に同法の適用を免れるものではないが，他方，そもそも取引社会における事業活

動と評価することができないようなものについてまで，同法による規律が及ぶものではないというべきである。これを宗教法人の活動についてみるに，宗教儀礼の執行や教義の普及伝道活動などの本来的な宗教活動に関しては，営業の自由の保障の下で自由競争が行われる取引社会を前提とするものではなく，不正競争防止法の対象とする競争秩序の維持を観念することはできないものであるから，取引社会における事業活動と評価することはできず，同法の適用の対象外であると解するのが相当である。また，それ自体を取り上げれば収益事業と認められるものであっても，教義の普及伝道のために行われる出版，講演など本来的な宗教活動と密接不可分の関係にあると認められる事業についても，本来的な宗教活動と切り離してこれと別異に取り扱うことは適切でないから，同法の適用の対象外であると解するのが相当である。これに対し，例えば，宗教法人が行う収益事業（宗教法人法6条2項参照）としての駐車場業のように，取引社会における競争関係という観点からみた場合に他の主体が行う事業と変わりがないものについては，不正競争防止法の適用の対象となり得るというべきである。不正競争防止法2条1項1号，2号は，他人の商品等表示（人の業務に係る氏名，商号，商標，標章，商品の容器若しくは包装その他の商品又は営業を表示するもの）と同一若しくは類似のものを使用し，又はその商品等表示を使用した商品を譲渡するなどの行為を不正競争に該当するものと規定しているが，不正競争防止法についての上記理解によれば，ここでいう『営業』の意義は，取引社会における競争関係を前提とするものとして解釈されるべきであり，したがって，上記『営業』は，宗教法人の本来的な宗教活動及びこれと密接不可分の関係にある事業を含まないと解するのが相当である。」との解釈し，被上告人（一審被告）が，天理教豊文教会の名称を使用して実際に行っている活動が「朝夕の勤行，月次例祭などの年中行事などの宗教活動を継続的に行っており，その宗教活動につき，『天理教豊文教会』の名称を使用している。なお，被上告人は，現在収益事業を行っておらず，近い将来これを行う予定がない。」ことなどを理由として，被上告人が上記名称を使用する行為は不正競争防止法2条1項1号所定の不正競争行為には該当しないと判示した。

　最高裁のように，宗教法人の活動に関しては営業の範囲を限定的に解釈するのが妥当か否かは評価の分かれるところであろう。しかし，宗教法人が宗教活

動を行ううえでこれと密接不可分の関係にある名称やその施設の名称についても不正競争防止法の対象とすることには，私人相互間における信教の自由という観点からも問題である。したがって，本件のような事案の解決としては，最高裁判決のような解釈が妥当というべきである。

　次に，この最高裁判決は宗教法人の氏名権に基づく差止請求に関して，宗教法人も人格的利益を有しているから，その名称がその宗教法人を象徴するものとして保護されるが，他方で「宗教法人は，その名称に係る，人格的利益の一内容として名称を自由に選択し，使用する自由を有するものというべき」であり，その名称は「その教義を簡潔に示す語を冠した名称が使用されることが多い」こと等の事情に鑑みれば，両者の名称の同一性又は類似性だけでなく，原告の宗教法人の名称の周知性の有無，程度，双方の名称の識別可能性，被告において当該名称を使用するに至った経緯，その使用態様等の諸事情を総合的に判断すべきであるとしている。そうすると，「本件においては，被上告人が上告人の名称と類似性のある名称を使用することによって，上告人に少なからぬ不利益が生ずるとしても，上告人の名称を冒用されない権利が違法に侵害されたということはできない。」と判示している（最判平成18年1月20日民集60巻1号137頁〔天理教豊文教会事件（上告審）〕）。

　以上のような控訴審判決及び上告審判決の不正競争防止法2条1項1号，3条の「事業」あるいは「営業」の解釈に対して，従来，「営利企業による商業活動以外の分野にも広く不正競争防止法の適用を認めてきた学説・判例の趨勢を否定することなく，宗教法人の活動という取引社会とはおよそ異質な対象についてその適用範囲を画したもの」（宮坂昌利「時の判例〈本件最高裁判例評釈〉」ジュリ1330号139頁）と解して賛同するものが多い（同旨の最高裁判決評釈として鈴木將文「不正競争防止法2条1項1号・2号の『営業』と宗教法人の宗教活動」ジュリ1332号265頁，高裁判決評釈として青山紘一「宗教法人天理教との被包括関係を解消した地方の分教会が宗教法人の名称として『天理教豊文教会』（豊文は地名）を用いることは不正競争防止法による規制の対象となるものではなく，また，事案の内容に鑑みれば，宗教法人天理教の氏名権を違法に侵害するものとはいえないとされた事例」〈高裁判決評釈〉判評565号51頁（判時1915号213頁））。

　判例が，非営利団体の事業活動に対して，不正競争防止法の適用を拡大した

ことは正当であるが，その際の基準として「単に営利を目的とする場合のみならず広く経済上その収支計算の上に立って行われるべき事業を含む」（東京地判昭和37年11月28日下民集13巻11号2395頁〔京橋中央病院事件〕）としたことは，「収支計算」の解釈次第で適用範囲が無限に拡大するおそれがある。少なくともその活動に対して経済的対価を得ることを目的とする事業でなければ，不正競争防止法上の「事業」（1条）とはいえないであろう。その点からいえば，最高裁判決が不正競争防止法1条の目的やパリ条約10条の2の規定あるいは旧不正競争防止法以来の沿革に照らして，不正競争防止法の適用対象となる「事業」や「営業」の範囲を限定的に解釈したことは評価しうる。ただ，最高裁判決が不正競争防止法の適用対象とならないとした「本来的な宗教活動およびこれと密接不可分の関係にある事業」の範囲が一義的に明確であるとはいえず，宗教団体が布教のために行う各種集会やイベントなどが適用対象となるのか否かなど，限界的事例に対する上記基準の適用をめぐっては問題が生じそうである（鈴木將文・前掲266頁など）。

4 その他の公益的組織

かつて，JOC（財団法人日本体育協会内日本オリンピック委員会）はオリンピックの五輪マークをライセンスして協賛金を得ていたが，これを支払わない者に対して，著作権，不正競争防止法に基づく仮処分申請をして却下された。不正競争防止法については「JOCは営業をなすものでなく，不正競争防止法が保護の対象として予定する営業上の利益を有するものでない」とするものであった（東京地判昭和39年9月25日下民集15巻9号2293頁〔オリンピックマーク事件〕）。

しかし，同じ国際的な競技団体である国際サッカー連盟（通称FIFA）が商標権を有している「FIFA WORLD CUP」等の標章を，その指定商品である時計，ベルト等を無断で使用した者に対してFIFAが商標権侵害とともに不正競争防止法2条1項2号違反を主張した事案では，被告が答弁書も提出せず第1回口頭弁論も欠席したため，欠席判決ではあるが，上記主張をいずれも認容する判決がなされた（東京地判平成12年12月26日裁判所ホームページ〔FIFA WORLD CUP事件〕）。

この他，国際航空連盟（FAI）及びその下部組織であるFWGPAの許諾を得て両団体を主催者と表示して小型飛行機の曲技飛行競技などのイベントの着想，

第3節　営業表示　Ⅴ　営　　業　*159*

航空法などの各種許可の取得，FAI などの調整，大会における飛行計画，管制，競技運営などの業務を行った者が，FWGPA などの表示は自己が運営する上記競技大会の周知商品等表示であると主張した事案では，これらの競技大会においては FAI 及び FWGPA が競技を主管することが明示され，その大会の主体が原告であるとの表示が存在しないこと及び原告の担当した上記業務内容に照らすならば，FWGPA の標章が原告の役務を示す商品等表示とはいえないとした判決も存在する（東京地判平成16年1月19日判時1858号144頁〔FWGPA（曲技飛行競技会）事件〕）。

　なお，国際オリンピック委員会（IOC）や国際サッカー連盟（FIFA）などのように，国際的なスポーツ大会やイベントを主催する団体が当該スポーツ大会等やこれに関連する活動あるいはその活動に協賛する団体や個人に対して許諾を与えて使用させている文字やマーク等を，これらの活動に関係がない団体や個人が勝手に使用する事例が後を絶たず，国際的にも問題化している。これに対して，各国ごとに既存の法制度を活用したり新規立法により対処しているが，いまだ国際的に統一化されたルールは存在しない。この点については足立勝『アンブッシュ・マーケティング規制法』（創耕舎，2016）等に詳述されている。

5　企業グループ・団体

　最高裁は，旧不正競争防止法1条1項1号又は2号（現2条1項1号）所定の他人には，特定の表示に関する商品化契約によって結束した同表示の使用許諾者，使用権者（使用被許諾者）及び再使用権者（再使用被許諾者）のグループも含まれるものと解するのが相当であると判示し，フットボールチームの商品化事業を保護している（最判昭和59年5月29日民集38巻7号920頁〔フットボールチームマーク事件（乙）（上告審）〕）。このことからして，ある意味の商品化による事業をなしていた JOC にも救済の可能性があると思われ，不正競争防止法に関する時代の推移が窺われるところである。

　また，漫画の主人公であるポパイのキャラクターについて，著作権者から使用許諾を受けた多数のライセンシーが，それぞれ異なる業種において多くの種類の商品に当該キャラクターを絵柄として用いた場合において，たとえポパイのキャラクターが異業種の多数の会社において，多岐にわたる多くの種類の商品に用いられ，その絵柄が統一されておらず，他の商標とともに用いられてい

160 第2編 不正競争行為 第2章 周知商品等表示混同行為（2条1項1号）

るとしても，ポパイのキャラクターは，その著作権者及び日本における商品化事業のため設立された会社を中核とするそれらの企業グループの商品等表示として出所表示機能を有するとした事例（東京地判平成2年2月19日無体集22巻1号34頁〔ポパイ事件（丙）〕）がある。

このほかアニメ映画の標題及び代表的な映像等が多数の商品に使用許諾された事業について，このようなアニメ映画の標題等はアニメ映画の制作者のみならず，その商品化事業を行っている者を含めた共同事業体の商品等表示に該当するとして制作者からの上記標題等の差止仮処分請求を却下した事例も存在する（東京地決平成15年11月11日裁判所ホームページ〔マクロス事件〕）。

他方，年1回の美人コンテストは，営業主体にとっての本質的な経済活動ではないとして適用が否定された例があるが（静岡地沼津支判昭和45年6月5日特企22号67頁〔キャバレーミス熱海事件〕），営業には全体の営業と部分の営業があり，コンテストの表示にも事案によっては部分の営業の表示として不正競争防止法の適用をしてもよいのではないかと考えられる。また，放送番組題名に関する「究極の選択」事件では，番組内容同様の遊びを集めた被告の書籍「究極の大選択」などの題号が問題になったが，当該名称は遊びの一般名称として社会に定着していたので，放送番組の営業表示として周知になっていないとされた。しかし，当該具体的事案では否定されているが，放送番組名が著名になれば，営業表示として保護される可能性は理論的にはありうるだろう（東京地判平成2年2月28日無体集22巻1号108頁〔究極の選択事件〕，竹田稔「商品表示と営業表示の保護」発明90巻1号120頁，小野昌延［判例評釈］ジュリ980号244頁）。

このほか，親子会社あるいは資本関係，取引関係，人的交流等を通じて形成された企業グループ（例えば「三菱グループ」「東急グループ」）に属する会社が共通に使用する商号や企業グループの名称も，その企業だけでなくグループの「営業表示」として保護されることがある（東京地判昭和41年10月11日判タ198号142頁〔住友地所事件〕，大阪高判昭和41年4月5日高民集19巻3号215頁〔三菱建設事件（本案控訴審）〕，大阪地判平成5年7月27日判タ828号261頁〔阪急電機事件〕，神戸地判平成5年6月30日判タ841号248頁〔神鋼不動産事件〕，東京地判平成10年1月30日判タ970号255頁〔ギフトセゾン事件〕，東京地判平成10年3月13日判タ966号257頁〔高知東急事件〕，東京地判平成22年1月29日裁判所ホームページ〔三菱信販事件〕，東京地判平成25年7月12日裁判所

ホームページ〔三菱エステート事件〕)。

これらはいずれも各企業グループに属しない企業が無断で企業グループの名称や企業グループの代表的企業の名称を使用した事例であり，判決は原告たる企業と冒用した企業の間に競業関係が存在しない場合でも，後述する広義の混同のおそれを認めたり，あるいは冒用企業が原告企業やそれが所属する企業グループに属するものとの混同が生ずることを理由として，不正競争防止法2条1項1号の不正競争行為に該当することを認めている。

6　団体・企業グループの分裂

これに関連して，かつてグループ企業に所属していた企業が親子関係の解消や企業グループの分裂等の事情により企業グループやその代表的企業との間の関係が切れてしまった後も，なお従前のグループの名称を営業表示として続用できるかが問題となる。

子会社，代理店などの事業関係が消滅したときには，商号の続用をしない黙示の合意があるとして，使用の差止請求が認められる事例もある（子会社につき大阪高判昭和58年10月18日無体集15巻3号645頁〔フロインドリーブ事件（控訴審）〕，なお原審神戸地判昭和57年1月26日無体集15巻3号655頁〔フロインドリーブ事件〕は権利濫用とするが疑問。代理店につき仙台高判昭和60年4月24日無体集17巻1号188頁〔東北孔文社事件（控訴審）〕，東京地判平成12年10月31日判時1750号143頁〔麗姿事件〕)。

しかし，親子会社だけでなく団体又はグループが共通に使用していた標章について何らかの理由で団体又はグループが分裂した場合については，当該標章・表示に関して何びとがその主体となるか，換言すれば，当該標章・表示によって出所が表示されるのは何びとの営業かが問題となることがある。

契約関係によって，一方の者に対して商号や営業表示の使用が禁止されれば，禁止された者が従前の商号や営業表示の使用を継続すれば契約違反となるだけでなく，不正競争防止法2条1項1号の不正競争行為にも該当する場合がある（仙台高判昭和60年4月24日無体集17巻1号188頁〔東北孔文社事件（控訴審）〕，東京地判平成18年2月21日裁判所ホームページ〔マクドナルド店舗表示事件〕)。

これに対して，契約が存在しなかったり，不明確であった場合には，分裂したグループの一方が他方に対して不正競争防止法2条1項1号によって商号や営業表示の続用を禁止することができるか否かが問題となる。これは不正競争

162 　第2編　不正競争行為　　第2章　周知商品等表示混同行為（2条1項1号）

防止法により差止めなどの請求を受けた者にとって，当該商号や営業表示は
「他人の」周知商品等表示に該当するかという問題である。

　この点に関しては，「アザレ」なる営業表示で化粧品などの販売を行ってい
た企業グループの分裂に伴う一連の訴訟において，大阪高等裁判所が以下のよ
うな判断を示している。

　「ところで，不正競争防止法2条1項1号（周知表示混同惹起行為）の規定は，
他人の周知な商品等表示と同一又は類似する表示を使用して，需要者に出所の
混同を生じさせることにより，当該表示によって培われた他人の信用にただ乗
りして顧客を獲得する行為を，同項2号（著名表示冒用行為）の規定は，他人の
著名な商品等表示と同一又は類似する表示を使用することにより，当該表示に
よって培われた他人の信用にただ乗りして顧客を獲得する行為を，それぞれ不
正競争行為として禁止し，公正な競業秩序を実現しようとするものである。こ
のことに鑑みると，同一の商品等表示を使用していた複数の事業者（企業）か
らなるグループが分裂した場合において，その中の特定の事業者が当該商品等
表示の独占的な表示主体であるといえるためには，〔1〕需要者に対する関係
（対外的関係）及びグループ内部における関係（対内的関係）において，当該商品
等表示の周知性，著名性の獲得がほとんどその特定の事業者の行為に基づいて
おり，当該商品等表示に対する信用がその特定の事業者に集中して帰属してい
ること，〔2〕それ故，グループの構成員である他の事業者において，その特
定の事業者から使用許諾を得た上で当該商品等表示を使用しなければ，当該商
品等表示によって培われた特定の事業者に対する信用にただ乗りすることとな
る関係にあることを要するものと解される。これに対して，対外的及び対内的
関係において，当該商品等表示の周知性，著名性の獲得が，グループ内の複数
の者の行為に基づいており，当該商品等表示に対する信用が，グループ内の特
定の事業者に集中して帰属しているとはいえず，グループ内の複数の事業者に
共に帰属しているような場合には，それらの事業者の間では，相互に他の事業
者からの使用許諾を得た上で当該商品等表示を使用しなければ，当該商品等表
示に対する信用にただ乗りすることとなる関係にはならないから，グループ内
の特定の事業者だけが当該商品等表示の表示主体であるとはいえず，グループ
内の複数の事業者がいずれも表示主体であると解される」（大阪高判平成17年6月

〔図6〕自由軒事件

原告表示

21日裁判所ホームページ〔アザレ事件〕）。

　なお，旧不正競争防止法1条1項2号（現2条1項1号）の頃から，「営業表示」をめぐる係争には企業・団体・グループなどの分裂をめぐる事件がかなりの数を占めている（前出の花柳流名取事件，若柳流事件，音羽流事件，神戸地伊丹支判平成7年1月23日判例不競法1250ノ172ノ220ノ1頁〔三田屋事件〕など）。

　その多くは，分裂前にすでに特定の流派やグループの営業表示として周知性を確立している表示に関して，流派などから脱退した者が一方的に続用した事案であったため，上記アザレ事件における大阪高裁の示した〔1〕の基準を満たしているが，そのような関係にない複数の者の間で分裂が生じたような場合には，いずれの分裂当事者からの不正競争防止法2条1項1号に基づく請求も認められないものと考えられる（前出麗姿事件，東京地判平成16年7月1日裁判所ホームページ〔マクロス事件〕，大阪地判平成28年7月21日裁判所ホームページ〔全秦グループ事件〕。ただし，大阪高判平成29年1月26日裁判所ホームページ〔全秦グループ事件（控訴審）〕は第一審判決を取り消し，第一審被告（第2事件原告）の請求を一部認容している。なお，類似の事例として，すでに周知著名となっている空手団体の分裂後にその一方の当事者が取得した商標に基づき他方当事者の類似商標の使用差止請求が権利濫用であるとして棄却された事例として東京地判平成28年6月30日判時2319号116頁〔極真会館事件〕がある）。

　このほか，営業の分離・独立によって周知商品等表示の主体から周知商品等表示（営業表示）をその商号や営業表示の一部に使用することを許された者が，その後，事業規模を拡大した結果，逆に自己の商品等表示（営業表示）が周知であるとして許諾を与えた周知商品等表示の事業を承継した者に対して，その表示の差止めなどを請求した事案として自由軒事件（大阪地判平成16年2月19日裁判所ホームページ〔自由軒事件〕（図6参照））がある。

164　第2編　不正競争行為　第2章　周知商品等表示混同行為（2条1項1号）

　本事案は，明治43年大阪市千日前において「自由軒」なる屋号で洋食店を開店し，その後，合名会社自由軒を経て営業を承継した被告に対して，昭和45年に被告から独立し独立後レトルトカレーなどを販売する原告が，「自由軒」なる表示が自己の営業の周知商品等表示に該当するとして不正競争防止法2条1項1号に基づき差止請求を行い，これに対して被告（反訴原告）が原告（反訴被告）に対して2条1項1号に基づき，原告（反訴被告）が商品等表示の差止めや2条1項12号（現19号）に基づき「jiyuuken.co.jp」なるドメイン名の使用差止めを求めた事案である。

　この事件では，双方の表示の周知性や営業の混同のおそれが争点となっているが，事実上の争点としては，(i)原告が被告から独立する際に「自由軒」なる表示の使用を許諾されていたのか，それとも独立当時，原告が使用していた「本町自由軒」なる表示の使用が許諾されていたのか，(ii)原告が現在使用している「船場自由軒」「せんば自由軒」なる表示のうち，「船場」「せんば」により原告と被告の営業の混同を防止しうるか否かという点にあった。

　判決では，原告独立の際の諸事実から，上記(i)に関しては，原告が営業を開始した際には，被告の店舗の営業との混同を防止するために「本町」の表示を付することが原告，被告間で了解されていたと推認している。

　そのうえで，「原告は，合名会社自由軒から洋食店『自由軒』を承継して営業していた被告から独立したものであるから，その独立元である被告に対し，不正競争防止法2条1項1号に基づき，単なる『自由軒』を営業表示として用いることの差止めを求めることが許されないのは当然である。」として原告の請求を棄却している。

　他方，被告（反訴原告）の原告（反訴被告）に対する不正競争防止法2条1項1号の請求については，被告が明治43年創業以来の「自由軒」の周知性を承継したことを認めるとともに，原告の商品が全国的に広く流通するものであることや，原告がその営業に際して「自由軒」の表示とともに「本町」や「せんば」なる表示を小さく書き添えることは混同のおそれを否定するものではないとしている（なお，判決は「本町」や「せんば」「船場」の文字を書き添えることで被告の営業との混同を防止することができることは否定していないが，混同を防止するためには少なくともこれらの文字で「自由軒」の表示部分に比して「縦横双方の大きさ及び字の太さの

それぞれにおいて同等程度，少なくとも70パーセント以上の比重を有することが必要である」として「これを満たさない表示は混同を防止するに足りるものとはいえない」としている）。

　この事案は，アザレ事件に関する前掲大阪高裁判決以前の判決であるが，織田作之助の小説などにより「自由軒」なる表示が合名会社自由軒の商品等表示（営業表示）として全国的に周知になった後に，その周知性を承継した被告から独立した原告が，被告に対して不正競争防止法2条1項1号に基づき差止請求を行っていることや，原告の営業と被告の営業との間の混同を防止するために「本町」を付加することを条件に，被告が原告に「自由軒」の使用を許諾したと認定されていることなどを勘案すると，グループの分裂によるものでないにせよ，前記アザレ事件大阪高裁判決の示した〔1〕，〔2〕の基準にも合致した判断であると考えられる。

VI　店舗外観・商品の陳列方法

　この点に関しては，まず，「ごはんやまいどおおきに〇〇食堂（〇〇には店舗所在地を表す文字が入る）」なる表示で外食チェーンを営む原告が，「めしや食堂」の文字からなる表示で外食業を営む被告に対して，上記表示のみならず，Ａ：上記表示を白地に黒文字（毛筆体）で記載した店舗看板，Ｂ－①：「みそ汁」「玉子焼き」「煮鯖」等の大衆食堂のメニューとして一般的によく提供される物品名が数品目程度，木目調の看板に黒文字（毛筆体）で記載された店舗外部メニュー，Ｂ－②：食堂のメニューが数十品目程度，黒のボードに白文字の毛筆体で記載したメニュー表等（他にこれに類似する表示のポール看板等が③，④として列記されている），Ｃ－①：商品を提供する陳列場所上部に設置された「みそ汁」「玉子焼き」「煮鯖」等の大衆食堂のメニューとして一般によく提供される物品名が数品目程度，木目調の看板に墨文字（毛筆体）で記載されたメニュー看板（Ｃ－②は略），Ｃ－③：内装は大部分が木の色で統一され，暖色系の照明が使われ，テーブルや陳列台の高さも顧客が居心地よく利用できるよう心理工学的に配慮されていて，全体に温もりを感じさせる下町の大衆食堂のコンセプトが置かれた印象をもたせること等々の建物の外観や内装，看板，メニューの記載方法等を「商品等表示」（営業表示）として主張した事例がある。

第一審（大阪地判平成19年7月3日判時2003号130頁〔ごはんや食堂事件〕）は，上記のような各々の表示が周知商品等表示に該当するか否かについて判断せず，各々の表示と対応する被告の表示について詳細に対比を行ったうえで，上記のような店舗外観全体の対比にあたり，「店舗外観は，それ自体は営業主体を識別させるために選択されるものではないが，特徴的な店舗外観の長年にわたる使用等により，第二次的に店舗外観全体も特定の営業主体を識別する営業表示性を取得する場合もあり得ないではないとも解され，原告店舗外観全体もかかる営業表示性を取得し得る余地があること自体は否定することができない。しかし，仮に店舗外観全体について周知営業表示性が認められたとしても，これを前提に店舗外観全体の類否を検討するに当たっては，単に，店舗外観を全体として見た場合の漠然とした印象，雰囲気や，当該店舗外観に関するコンセプトに似ている点があるというだけでは足りず，少なくとも需要者の目を惹く特徴的ないし主要な構成部分が同一であるか著しく類似しており，その結果，飲食店の利用者たる需要者において，当該店舗の営業主体が同一であるとの誤認混同を生じさせる客観的なおそれがあることを要すると解すべきである」と判示し，各々の要素につきあらためて対比したうえで，その類似性を否定している。

この判決に対して，原告が控訴したが，控訴審判決も原告の主張する上記各要素の組合せよりなる店舗外観自体の「周知商品等表示」該当性については判断を避け，両者の類似性について，「控訴人店舗外観全体について周知性・著名性が認められるか否かにともかくとして，店舗外観全体の類否を検討するに，両者が類似するというためには少なくとも，特徴的ないし主要な構成部分が同一であるか著しく類似しており，その結果，飲食店の利用者たる需要者において，当該店舗の営業主体が同一であるとの誤認混同を生じさせる客観的なおそれがあることを要する」としたうえで，店舗外観において最も特徴があり主要な構成要素として需要者の目を惹く店舗看板とポール看板について類似性を否定し，その余の要素についても類似性を否定し控訴を棄却した（大阪高判平成19年12月4日裁判所ホームページ〔ごはんや食堂事件（控訴審）〕）。

この事案の解決としては，両判決のように店舗外観等の周知商品等表示性に深入りすることなく，原告の主張するところに従って各々の表示を対比し，そ

第3節　営業表示　Ⅵ　店舗外観・商品の陳列方法　*167*

の類似性を否定することで足りるであろう。

　しかし，同種係争事案が増加しているという現状と，米国連邦商標法（ランハム法）によるトレード・ドレスの保護が，商品の容器・包装だけでなく，商品の全体的なイメージや外観を保護の対象とし，さらに店舗の外観や内装へと保護の範囲を拡張する傾向にあること（Two Pesos v. Taco Cabana, 23 U.S.P.Q.2d 1081（1992））を考慮すると，わが国において商品を構成する全体的な要素や店舗の外観，視覚で認識できる特徴的な営業形態等に対する法的保護が不十分であることは問題であろう。

　このような意味において，「ごはんや食堂事件」の第一審判決が，一般論の形ではあるが，「特徴的な店舗外観の長年にわたる使用等により，第二次的に店舗外観全体も特定の営業主体を識別する営業表示性を取得する場合もあり得ないではないとも解され」と極めて慎重な言い回しながら，二次的出所表示機能の獲得による「商品等表示」該当性を認めていることは評価してよい。

　もっとも，店舗外観が常に営業の自他識別や出所表示のために選択されるものではないとはいいきれないことや，米国でも奇抜で識別力の強いトレード・ドレスであればセカンダリー・ミーニングの獲得が要求されないことなどの理由から，「二次的出所表示機能」の取得は必ずしも必要とはいえないと指摘する評釈も存在する（井口加奈子「店舗外観保護の戦略的法務─大阪地判平19・7・3不正競争行為差止請求事件を手がかりに」NBL892号7頁，奧邨弘司「全体としての店舗外観の不正競争防止法2条1項1号による保護」知管59巻7号873頁）。

　店舗外観と関連する問題として店舗内における商品の陳列が商品等表示（営業表示）に該当する場合があるかという問題がある。

　特徴的な商品の陳列方法により形成される店舗内の統一的なイメージが商品等表示（営業表示）に該当するかが争われた事案として「商品陳列デザイン事件」の判決（大阪地判平成22年12月16日判時2118号120頁〔商品陳列デザイン事件〕）がある。

　この事件は，ベビー服，子ども服等の販売を業とする原告が行っていた商品陳列デザイン（判決の用語例による）の商品等表示（営業表示）該当性が争点となっている。

　原告は原告商品陳列デザインの特徴を一ないし三の形式（略）で具体的に列

記したうえで，「①原告の各店舗では，原告のコントロールにより上記原告商品の陳列デザインの一ないし三が統一的に採用されており，かような商品陳列デザインは同種の商品を取り扱う他の店舗に見られない独自のものであり，本来的な識別力を有する，②原告は平成９年頃から原告独自の商品陳列デザインを長期間にわたり継続的に使用しており，その結果，需要者はそのような商品陳列デザインを目にした場合，『いかにもＮ（原告）らしい』という印象を視覚的に得ることになるので，同デザインは単なる商品の陳列方法たる意味を超え，出所表示機能を獲得した営業表示となっている」旨述べ，主位的には一ないし三の各陳列デザインがおのおの独立して原告の商品等表示（営業表示）であると主張し，予備的には一及び二あるいは一から三の各商品陳列デザインが原告の商品等表示（営業表示）に該当すると主張した。

判決は，まず商品陳列デザインが商品等表示（営業表示）に該当する場合があるかについて「商品陳列デザインとは，原告も自認するとおり『通常，いかに消費者にとって商品を選択しやすいか，かつ手にとりやすい配置を実現するか，そして如何に多くの種類・数量の商品を効率的に配置するか，などの機能的な観点から選択される』ものであって，営業主体の出所表示を目的とするものではないから，本来的には営業表示には当たらないものである」ものの，「商品陳列デザインは，売場という営業そのものが行われる場に置かれて来店した需要者である顧客によって必ず認識されるものであるから，本来的な営業表示ではないとしても，顧客によって当該営業主体との関連性において認識記憶され，やがて営業主体を想起させるようになる可能性があることは一概に否定できないはずである」として，商品等表示（営業表示）に該当する可能性は否定していない。

しかし，「商品購入のために来客する顧客は，売場において，まず目的とする商品を探すために商品群を中心として見ることによって商品か商品陳列されている状態である商品陳列デザインを見ることになるが，それと同時にその他の什器備品類の配置状況や売場に巡らされた通路の設置状況，外部からの採光の有無や照明の明暗及び照明設備の状況，売場そのものを形作る天井，壁面及び床面の材質や色合い，さらには売場の天井の高さや売場の幅，奥行等，売場を構成する一般的な要素を全て見るはずであるから，通常であれば，顧客は，

これら見たもの全部を売場を構成する一体のものとして認識し，これによって売場全体の視覚イメージを記憶するはずである」として，「そうすると，商品陳列デザインに少し特徴があるとしても，これを見る顧客が，それを売場における一般的な構成要素である商品陳列棚に商品が陳列されている状態であると認識するのであれば，それは売場全体の視覚的イメージの一要素として認識記憶されるにとどまるのが通常と考えられるから，商品陳列デザインだけが売場の他の視覚的要素から切り離されて営業表示性を取得するに至るということは考えにくいと言わなければならない。したがって，もし商品陳列デザインだけで営業表示性を取得するような場合があるとするなら，それは商品陳列デザインそのものが，本来的な営業表示である看板やサインマークと同様，それだけでも売場の他の視覚的要素から切り離されて認識記憶されるような極めて特徴的なものであることが少なくとも必要であると考えられる」と判示し，商品陳列デザインの二次的出所表示機能の獲得に高いハードルを設けている。

そして，このような判断基準を前提として，判決では原告店舗における営業方法の特徴や商品陳列デザインの変遷，原告商品陳列デザインに関する広告宣伝の内容，原告商品陳列デザインの識別性に関するアンケート調査の結果，同種の営業を行っている第三者の店舗における商品陳列デザイン等との比較等を検討したうえで，「原告商品陳列デザイン一ないし三が顧客に認識記憶されているとしても，それは売場全体に及んでいる原告店舗の特徴に調和し，売場全体のイメージを構成する要素の一つとして認識記憶されるものにとどまると見るのが相当であり，顧客がこれらだけを売場の他の構成要素から切り離して看板ないしサインマークのような本来的な営業表示（原告における『N』の文字看板や，デザインされた兎のマーク）と同様に捉えて認識記憶するとは認め難いから，原告商品陳列デザイン一ないし三が，いずれもそれだけで独立して営業表示性を取得するという原告の主張は採用できないと言わなければならない。したがって，……この原告商品陳列デザイン一ないし三を，いくら組み合わせてみたとしても同様のことがいえるから，原告商品陳列デザイン一及び二を組み合わせた商品陳列デザイン及び原告商品陳列デザイン一ないし三を全て組み合わせた商品陳列デザインについても，営業表示性を取得することはないというべきである」と判示し，原告の請求を棄却している。

170　第2編　不正競争行為　第2章　周知商品等表示混同行為（2条1項1号）

　前述の「ごはんや食堂事件」における原告が，店舗外観のうち複数の特徴的な要素を単独であるいは組み合わせて商品等表示（営業表示）として主張したのに対して，本件商品の陳列デザインの事案の原告は，広い意味で店舗外観に含まれる商品の陳列デザインというより特定された要素に限定して不正競争防止法2条1項1号の「商品等表示」（営業表示）該当性を主張している点に特徴がある。

　しかし，商品の陳列デザインというより抽象的な存在について商品等表示性を主張しているだけに，その特定性とともに商品の陳列方法という「アイデア」（営業方法）との線引きをどのようにはかるかという困難な課題が存在する（単なる営業方法は営業の出所表示に該当しないとした事例として知財高判平成29年9月27日裁判所ホームページ〔うどん販売方法事件〕がある）。

　そのような意味において，商品陳列デザインの二次的出所表示機能の獲得についてより厳格な判断基準を設定した地裁判決の判示にもそれなりの理由がある。

　店舗外観と営業表示の関係については，その後もいくつかの下級審判決が出ている。主なものを紹介すると，全国的に多数の店舗を有する喫茶店（債権者）が，標準型の郊外型店舗等において統一的に用いている店舗の外装，店内構造及び内装（以下「店舗外観等」という）を，自社の営業表示（商品等表示）と主張し，これと類似する店舗外観等を用いて喫茶店営業を行う者に対し不正競争防止法2条1項1号及び2号を根拠としてその差止請求を被保全権利として仮処分申請を行った事案につき，「店舗の外観（店舗の外装，店内構造及び内装）は，通常それ自体は営業主体を識別させること（営業の出所の表示）を目的として選択されるものではないが，場合によっては営業主体の店舗イメージを具現することを一つの目的として選択されることがある上，〔1〕店舗の外観が客観的に他の同種店舗の外観とは異なる顕著な特徴を有しており，〔2〕当該外観が特定の事業者（その包括承継人を含む。）によって継続的・独占的に使用された期間の長さや，当該外観を含む営業の態様等に関する宣伝の状況などに照らし，需要者において当該外観を有する店舗における営業が特定の事業者の出所を表示するものとして広く認識されるに至ったと認められる場合には，店舗の外観全体が特定の営業主体を識別する（出所を表示する）営業表示性を獲得し，不競法

２条１項１号及び２号にいう『商品等表示』に該当するというべきである」と解釈し，そのような前提に立って債権者が主張している店舗外観等の特徴の組合せからなる外観は「特徴的というにふさわしく」，「他の喫茶店の郊外型店舗の外観と対照しても，上記特徴を兼ね備えた外観は，客観的に他の同種店舗の外観とは異なる顕著な特徴を有しているということができる」として「営業表示」に該当すると判断した（東京地決平成28年12月19日裁判所ホームページ〔コメダ事件〕）がある。なお，同決定は，これらの外装等は「単に建築技術上の機能や効用を発揮するための形態というよりは前記店舗イメージを具現するための装飾的な要素を多分に含んだ表示であり，かつ，前示のとおり需要者に広く認識されていたといえることに加えて，これに類似する外装等の営業表示として使用することを禁止したとしても店舗外観等の独占による弊害は極めて小さい」と認められることも理由として，これと酷似する店舗外観等を使用した債務者に対して，飲食店営業上の施設として当該（債務者）店舗を使用すること等を禁止した。これに対して，居酒屋チェーンを営む原告が屋号の入った看板，メニューが表示された看板，暖簾，内外装等が自己の営業表示に該当すると主張して類似した看板，暖簾，内外装等を使用する被告に対して不正競争防止法２条１項１号に基づきこれら営業表示の差止めを求めた事案について，上記「コメダ事件」仮処分決定が示した店舗外観等が商品等表示（営業表示）と認められる前記〔１〕〔２〕の要件と同様の要件が必要であると判示しつつ，原告が主張する上記の各要素は和風料理を主に提供する居酒屋であれば一般的にみられる表示方法であり，他の同種同業の店舗の外観とは異なる顕著な特徴があるとは認められないから，これらをもって営業主体としての原告が識別しうるといえるまでの顕著な特徴は認められないとして原告の請求を棄却した判決（名古屋地判平成30年９月13日判時2407号53頁〔や台や事件〕）がある。

　これらの判決（あるいは決定）が，店舗外観等に関して営業表示（商品等表示）該当性を判断する基準として判示した〔１〕〔２〕の基準は，これまで商品形態等の「商品等表示」該当性を判断する際に判例が用いてきた基準とその趣旨において相違するところはなく，妥当なものと評価しうる。

　ただ，上記判断基準の中には明確に述べられていないが，店舗外観等を「営業表示」として認める際には，「コメダ事件」決定が傍論として述べているよ

うに，当該店舗外観等を「営業表示」として保護する場合の「独占適応性」を具有するか否かも検討すべきである（宮脇正晴「店舗外観の商品等表示性」平成29年度重要判例解説（ジュリ臨時増刊1518号）282頁，横山久芳「店舗デザインの不正競争防止法2条1項1号による保護」L＆T81号74頁）。

また，店舗外観等が「営業表示」として認められるためには，単に関連する複数の構成要素が特徴的であるだけでなく，これらの構成要素が全体として一個の営業表示として需要者に対して出所識別機能を有していることも必要であろう（松村信夫「商品等陳列方法の『商品等表示』該当性」知管62巻5号655頁）。

第4節　周　知　性

Ⅰ　周知性の意義

保護の対象たる周知商品表示及び周知営業表示は，「需要者の間に広く認識されているもの」であることを要する。

不正競争防止法の周知性，すなわち「広く認識されている」ということの意義は，商標法64条の防護標章の「広く認識されている」とは異なる。防護標章におけるこの要件は，不正競争防止法2条1項2号の「著名」表示と同様に，全国にわたり広く認識された著名商標であることを要する。さらに，商標法4条1項10号の登録阻止事由にあたる周知とも異なる。商標法4条1項10号が商標の消極的登録要件（登録阻止事由）であることから，その周知性の範囲は必ずしも全国的である必要はないものの，「隣接数県の相当範囲の地域にわたって少なくとも同種商品取扱業者の半数に達する程度の層に認識されている」（東京高判昭和58年6月16日無体集15巻2号501頁〔DCC事件〕）必要があるのに対して，不正競争防止法の周知要件は，不正競業としての混同防止という性格から，周知商標の存在による出願商標の登録阻止という商標法4条1項10号の事由と比較して緩やかである（なお，先使用にあたる商標の周知性は，登録主義の弊害防止という性格から，不正競争防止法の周知性より，さらに緩やかであってよい。同旨，渋谷達紀・商標法の理論（東京大学出版会，1973）299頁，豊崎・全集464頁）。

Ⅱ 周知性の内容

1 周知性の地理的範囲

周知性の地理的範囲は，原則は日本国内である。表示は外国製品の商品等表示であってもよいが，国外のみで周知である表示ではいけない。逆に，国内において新聞，雑誌などで紹介され広く知られておれば，現実の国内での営業や現実的使用はされていなくても，周知性は認められる（例えば，東京高判平成3年7月11日知的集23巻2号604頁〔ポロクラブ事件（控訴審）〕，東京高判平成4年2月26日知的集24巻1号182頁〔コンピュータワールド事件（控訴審）〕。同旨について，松尾真＝内藤順也「国際的周知商標の保護について」国際商事法務21巻8号923頁）。なお，ルイ・ヴィトン（東京地判昭和58年12月23日判タ519号259頁〔ヴィトン偽造時計事件〕，大阪地判昭和60年1月30日判タ559号289頁〔ヴィトン大日本商事事件〕），セリーヌ（東京地判昭和53年1月30日判タ369号402頁〔セリーヌ事件〕，東京地判昭和62年4月27日特企223号76頁〔セリーヌベルト事件〕），ドロテ・ビス（神戸地判昭和57年12月21日無体集14巻3号813頁〔ドロテ・ビス事件〕）等々多くの海外周知商標が国内でも周知の商標であると認められているが，シャネルのバッグは当初国内では周知であることが否定され（東京地判昭和53年5月31日無体集10巻1号200頁〔シャネルバッグ事件（甲）〕。購入対象である若い女性の認識から見ると判示の事実認定には疑問がある），後に国内でも周知であると認められた（横浜地判昭和60年3月22日判時1159号147頁〔シャネルバッグ事件（乙）〕）。

ところで，旧不正競争防止法1条1項1号・2号にあった「本法施行ノ地域内ニ於テ」という要件は，内地と外地の区別のなくなった戦後においては，「日本国内において」ということと同義であった。ちなみに旧法は制定当時，まず「内地」に施行され，朝鮮，台湾，樺太などに漸次施行される予定であったため，このような表現になっていたのである（奥野健一「不正競争防止法に就て」法曹会雑誌12巻6号8頁）。そこで，平成5年改正ではこの文言は削除された。しかし，平成5年改正時の法案作成担当者の解説では，削除の立法趣旨は，輸出商品の場合においては，周知要件は海外の周知のみでよいことにするためであると説明している（通産省・逐条解説30頁）。

　＊　中近東で有名な反物に関する事件で，混同は外国でよいが，周知は国内で必要と

し，国内取引者で周知とした（大阪地判昭和59年6月28日判タ536号266頁〔アソニ・バンバルグ事件〕）が，やや無理もあるとして，平成5年改正法では，「本法施行ノ地域内ニ於テ」の文言を削除し，わが国からの輸出によって，外国でわが国の他の輸出業者の輸出品と混同を生じている場合には，外国でのみ周知である表示も旧法1条1項・2号の対象にしたとされている。しかし，輸出製品でもない外国のみでの周知表示は，対象には入っていないとされている（第126回国会衆議院商工委員会会議録第16号11頁）。

　ただ，海外でのみ周知な商品等表示に関する混同行為が，現実に問題となるのは混同惹起商品の「輸出」であろう。判決例としても，外国周知商品等表示の周知地域への輸出を差し止めた事例がある（大阪地判平成12年8月29日裁判所ホームページ〔ガス点火器事件〕）。そこで，もっぱら海外に輸出する商品について海外において混同が生じているにもかかわらず，国内での周知性を立証しなければわが国から混同惹起商品を輸出する行為を差し止められないとするのでは，混同惹起の防止を目的とする不正競争防止法の目的を達することができないことを理由に，このような場合には海外における周知を主張・立証すれば足りると解する説もある（渋谷・講義Ⅲ〔第2版〕38頁，田村・概説〔第2版〕41頁）。

2 周知性（広く認識されている）の要件

　「広く認識されている」という要件は，それほど厳格に解すべきではない。例えば，ある文字とか図形が，単に1，2度使用されたことがあるという程度のもので，取引上で表示というほどのものでない形象に，不正競争防止法の保護を与えることは適当でない。このため，「広く認識されている」という要件を定めることによって，混同を防止しようとする同法の保護に値する程度の周知性を要求しているものである。

　したがって，「広く認識されている」という要件は，当該表示を混同させる行為が営業上の信義則に反するような事態が生ずるほどであればよいという程度に，広く知られたものでよい。周知性は混同を認定する1つの判断資料であるという指摘もあるくらいである（紋谷暢男「不正競争防止法の基本問題」学会年報8号143頁）。

3 周知性の地域的範囲

　周知性は全国にわたり広く認識されることを要するものではなく，一地方において広く認識された商品等表示であってよい（最判昭和34年5月20日刑集13巻5

第 4 節 周 知 性　　Ⅱ　周知性の内容　　*175*

号755頁〔アマモト事件（上告審）〕。渋谷達紀［判例評釈］小野還暦3頁）。例えば，前
掲アマモト事件では愛知県を中心とする数県（最判昭和34年5月20日刑集13巻5号
755頁〔アマンド事件（上告審）〕），菊屋総本店事件では福島市内とその近郊（福島
地判昭和30年2月21日下民集6巻2号291頁〔菊屋事件〕），三愛事件では，東京都を中
心とした地域内（東京地判昭和37年6月30日下民集13巻6号1354頁〔三愛事件〕），京
橋中央病院事件では，東京都中央区を中心とした地域（東京地判昭和37年11月28
日下民集13巻11号2395頁〔京橋中央病院事件〕），サカエ事件では大阪市南部，堺市
内（大阪地堺支判昭和39年6月3日判時378号34頁〔サカエ事件〕），山縣西部駐車場事
件では佐世保市内という狭い地域（長崎地佐世保支判昭和41年2月21日判タ190号95
頁〔山縣西部駐車場事件〕）において，周知性が認められている。また，アマンド
事件では，東京都内とその隣接地域（東京地判昭和42年9月27日判タ218号236頁〔ア
マンド事件〕），ピロビタン事件では，青森県八戸地区（大阪地判昭和51年4月30日
無体集8巻1号161頁〔ピロビタン事件〕），バター飴事件では少なくとも北海道地方
（札幌地判昭和51年12月8日無体集8巻2号462頁〔バター飴容器事件〕），公益社事件
（甲）では大阪市を中心に大阪府一帯，少なくとも被告らの営業地域である大
阪府北部（大阪地判昭和53年6月20日無体集10巻1号237頁〔公益社事件（甲）〕），勝れ
つ庵事件（甲）では，横浜市とその近傍地域（東京地判昭和51年3月31日判タ344号
291頁〔勝れつ庵事件（甲）〕），勝れつ庵事件（乙）では，横浜駅ないし横浜市中区
常盤町付近を中心とした周辺地域（横浜地判昭和58年12月9日無体集15巻3号802頁
〔勝れつ庵事件（乙）〕），スマイル事件では，東大阪市（大阪地判平成9年6月26日知
財協判例集（平9）1435頁〔スマイル事件〕），一地域において営業を行っているタ
クシー，ハイヤーなどの自動車運輸業については，当該営業地域（「東京都三多
摩地区」）（東京高判平成11年10月28日裁判所ホームページ〔京王自動車事件〕）など比較
的狭い地域でも周知性が認められている。

　しかし，なかには，相当広範囲（神戸地判昭和36年7月24日不競集434頁〔チキン
ラーメン事件〕）とか，まったく地域的範囲に言及せずに（東京地判昭和39年12月26
日判時397号47頁〔強力シンセン事件〕，大阪地判昭和58年12月23日無体集15巻3号894頁
〔ウエットスーツ事件〕），周知性を認定している事案もある。裁判は具体的事件の
解決であるから，事案の内容によっては周知性の地域的範囲を明示しなくても
違法ではない。

176   第2編　不正競争行為　　第2章　周知商品等表示混同行為（2条1項1号）

　ただ，周知性の地域的範囲は同時に当該表示に対する混同惹起行為に対して差止請求や損害賠償請求を行うことができる地域的範囲を確定する機能を有する。

　例えば，天一事件では，「天一」の周知性は認められたが，むしろ，遠隔地の相手に対する不正競争防止法による差止請求のためには，営業表示又は商号の使用が相手の営業地域において周知であることが必要であって，原告は店舗に来店する顧客に天ぷら料理を提供することを主たる業とし，東京その他に多数の支店を有する料理店の商号及び営業表示の周知性が，大部分の店舗は東京及びそれに近隣する都市に集中しているという営業形態や，テレビ，ラジオなどを通じて一般消費者に自己の商号又は営業表示を広告，宣伝しているわけでもないことなどの事情からして，その本店，支店店舗の所在地と掛け離れた相手の営業地域（群馬県太田市及びその周辺）には及ばないとされた（東京地判昭和62年4月27日無体集19巻1号116頁〔天一事件〕。控訴審でも同旨，東京高判昭和63年3月29日無体集20巻1号98頁〔天一事件（控訴審）〕）。

　また，京阪神を中心とする関西地方に店舗を有する伊勢海老料理の中納言事件では，その表示の周知性が認められない福岡市において営業する和風料理の店舗中納言の営業表示使用に対する差止請求が認められなかった（大阪地判昭和61年12月25日無体集18巻3号599頁〔中納言事件〕）。

　同様に，相手方との関係では，自己の営業地域で周知性を有するのみならず相手方の営業地域においても周知性があることが必要であり，寿司飲食店の営業表示として「元禄寿司」などの表示について，大阪地域では周知であるが，相手方の営業地域である北陸地方における周知性は否定されるとして，類似表示の使用差止請求及び損害賠償請求を棄却した（大阪地判平成元年10月9日無体集21巻3号776頁〔元禄寿司事件〕。判決は，被告のフランチャイザーと原告の関係がないことを前提としており，控訴審では被告のフランチャイザーと原告が，全国的に元禄グループを構成していることを被告も認め，被告は原告に損害賠償を支払い，他方，ライセンスを受けて和解した。川越憲治「商標・標章の冒用とチェーン・システム」小野還暦70頁）。

　このように，差止請求のためには，通常，差止請求の対象とされている商品が製造又は販売され，あるいは対象とされている相手方の営業が行われている地域でも周知であることが必要であるから，勝れつ庵事件（乙）でも，横浜市

第4節 周 知 性　Ⅱ 周知性の内容　*177*

中区常盤町付近を中心とした周辺地域で周知性が認められ，鎌倉市大船で営業する被告には差止請求が認められたが，静岡県富士市で営業する被告には差止請求が認められなかった（横浜地判昭和58年12月9日無体集15巻3号802頁〔勝れつ庵事件（乙）〕）。

　また，「アメ横」という名称が，特定の地域又はその地域に店舗を構える商店群の通称として全国的に知られてはいるが，名古屋で差止請求権を有する程度の営業表示として周知性があるとはいえないとされた（名古屋地判平成2年3月16日判時1361号123頁〔アメ横事件〕）。この事件では，差止めを請求する「アメ横」という名称が，特定の地域又はその地域に店舗を構える商店群の通称であることに，本事案の特性がある。他地域で，周知の地理名称を比喩的に使用している例は多く，このような他地域での影響を考慮したものと思われるが，仮に請求を棄却するにしても，相手方営業地域での「アメ横」の周知性は十分あったとも思われ，むしろ混同問題とか他の理由によって解決すべきではなかったかとも思われる。

　このように，周知性の地域的範囲は，周知営業表示の主体が営む営業地域と相手方の営む営業地域との相対的関係によって決定されるものであるから（大阪地判昭和59年2月28日判タ536号425頁〔千鳥屋事件〕），判決でも原告が現に周知性を有する地域範囲に相手方の営業地域が含まれていれば原告の請求を認め，原告が現に周知性を有しない地域で相手方が営業している場合には，原告の請求を棄却するという結論のみを主文で示せば足りる。

　ところが，原告の表示の周知性が認められる地域的範囲が比較的狭く限定された地域である場合には，現在，被告が原告の表示の周知性が認められる範囲内で営業を行っているが，近い将来，周知性の及ばない地域にも進出する可能性がある場合や，被告が現に周知性の及ばない地域でも営業をしているような場合も考えられる。

　このような場合に，判決の執行力が不当に拡大しないよう主文で原告の表示の周知性が認められる範囲に限定して差止めを命じる場合もある（前掲スマイル事件，京王自動車事件）。

　いずれにせよ，この問題は判決の既判力と執行力とを常に一致させる必要があるか，あるいは判決の主文が示した差止請求権の範囲を特定することが妥当

178 第2編 不正競争行為 第2章 周知商品等表示混同行為（2条1項1号）

であるかというように多角的視点から検討する必要があるだろう。

名称の性格が，その商品等表示性を否定するものでないにせよ，周知性の認定に影響を及ぼしているのではないかと思われる事件に，日本家庭教師協会事件がある。判決は，「日本家庭教師協会」「日本家庭教師協会本部」「日本家庭教師協会総本部」と使用方法に統一性がないことと，「日本」「家庭教師」「協会」という一般名称の組合せにすぎないので周知化が困難であることを棄却の理由としている（東京地判昭和62年7月10日判時1258号123頁〔日本家庭教師協会事件〕）。同様の例は，家庭学習センター事件にも現れている（東京地判昭和63年10月12日特企240号84頁〔家庭学習センター事件〕，東京高判平成元年7月20日特企249号45頁〔家庭学習センター事件（控訴審）〕）。パワーステーションという表示も暗示的表示である。このパワーステーション事件における周知性の認定は参考になる。パワーステーションの名を付けたガソリンスタンドは3ヵ所のみであるが，求人広告紙とはいえ，日刊アルバイトニュースに60回，フロムエーに350回の広告をしている。結果的に，東京都内での周知性は認められなかったが，埼玉県の一部，原告の店舗付近では周知性は認められたかもしれない（東京地判平成5年6月23日特企293号55頁〔パワーステーション事件〕）。

事件の当否は当該事案の内容にもよるので家庭学習センター事件の結論の当否を簡単に論じることはできない。しかし，一般的に，被告の行為の不正競争性が現れている事案の場合には，ウィーク・マークでも，効力の及ぶ範囲として狭い地域であることを明示しながら請求を認めることができるのではなかろうか。すなわち，登録されれば全国的な効力を有する商標法による役務商標権の成立には厳格性を必要とするのでウィーク・マークに安易に役務商標権の成立を認めることはできない。しかし，不正競争防止法に基づく差止請求の事件では，被告の名称，及び，被告の行為などから，原告の知名度の利用などの不正競業性が窺えるならば，当該事案の解決として，周知性のある狭い地域を明示しながら請求を認めることができるのではないかと思われる（広範囲地域で普通名称に使用による識別性が獲得されることと，表示の周知性確立とは別問題で，後者は前者より容易でなければならない）。

周知性の地域的範囲は，不正競争防止法の趣旨よりそれほど広いものでなくてよいが，当該商品が相当広範囲に取引される種類のものか（例えば，自動車な

ど），あるいは狭い範囲で取引されることのあるものか（例えば，和菓子など），商品の性格や，取引対象者などによって決定されてよい。

表示の周知の地域は，表示使用者の営業地域と同じでなく，通常営業地域より広い。例えば，勝れつ庵事件（乙）でも，営業地域より差止請求が認められた範囲は広い。対象たる地域的範囲は，現実の使用地域のみではなく，クチコミ，マスメディア（横浜地判昭和58年12月9日無体集15巻3号802頁〔勝れつ庵事件（乙）〕），その他各種広告などによって認知の形成される地域でもよいとされる。

さらに，国際的によく知れた表示であればマスメディアによる報道だけでなく，著名な映画の舞台となったり，辞典や旅行案内に記載されるなどの方法によってその営業地域外においても容易に周知性を取得することができ，不正競争者が国内において類似の表示の使用をはじめた折には，国内で営業を開始していなくとも周知性が認められることがある（東京地判平成4年4月27日判タ819号178頁〔リッツショップ事件〕）。

トイレットクレンザー事件において，判決は「一般に，その商品の出所を積極的に表示する程度に知られていることを必要とし，特定の少数の人々に知られている程度では，ここにいう広く認識された標章，容器ということはできないものというべく，その知られている程度は，取引の事情，商品の種類及び性質などによって各標章，容器について具体的に判断するのを相当とする」としている（東京地判昭和33年9月19日不競集269頁〔トイレットクレンザー事件〕）。

Ⅲ　周知性の認定

1　認定の対象

周知性の地域的範囲のほかに，周知性認定の対象をどこに求めるべきかという問題がある。周知性の存否は，消費者について判断すべきか，取引者層において判断すべきかという問題，及び，認識の浸透度はいかに判断すべきかという問題である。

不正競争防止法に定める需要者には，取引者又は最終消費者のいずれもが含まれる。混同による不正競業は，取引者又は最終消費者のいずれに生じても，これを禁圧しなければならない以上，周知性認定の対象は，取引者又は消費者のいずれであってもよい。

表示についての信用が，上記のいずれにおいて形成されていても，保護する必要がある。これは，当該表示が作用する実態において，その基礎が取引者又は最終消費者のいずれにおかれているかによって判断すればよい。

逆に，1つの表示の周知性が，取引者及び最終消費者の双方で判断され，一方において周知であり，他方において周知でないと判断されてもよい。履物関連・服飾資材関連で業界に著名なモリトが，消臭剤の製造販売・コンピュータ関係・医療機器関係の業務を営む株式会社モリトジャパンに商号の抹消請求と靴用消臭剤の製造販売において株式会社モリトジャパンの商号の使用禁止を求めた事件において，取引者及び最終消費者の双方で周知性を判断して，衣服や靴の付属品の取引者において周知であるが，一般消費者や，衣服や靴の付属品以外の商品について周知でないと判断され，株式会社モリトジャパンの商号全部の抹消請求は棄却され，靴用消臭剤の製造販売においての株式会社モリトジャパンの商号の使用禁止が認容された（大阪地判平成4年12月24日特企291号41頁〔モリト事件〕）。このように，対象となる事業ごとに周知性が判断されてよい。

2 **取引者又は消費者の範囲**

周知とは，取引者又は消費者の全部が知っている必要はない。取引者又は消費者のある範囲，ある階層でよい。当該商品に関心のない者は，あるブランド，ある表示を知らないが，しかも，それでいて当該商品に関する分野に保護すべき信用が形成されていることは多い。女性用品の有名ブランドを男性が知らず，眼鏡の有名ブランドを，眼鏡を用いない階層はまったく知らないということがある（若い女性層を中心として周知性を認定するものとして東京地判昭和37年6月30日下民集13巻6号1354頁〔三愛事件〕）。当該紛争の基礎となっている階層を基準として考えてよい（静岡地浜松支判昭和29年9月16日下民集5巻9号1531頁〔ヤマハ事件〕）。和洋菓子店やラーメン店のような一般大衆を相手にする営業では消費者層が対象となろう（東京地判昭和42年9月27日判タ218号236頁〔アマンド事件〕，東京地判昭和47年11月27日無体集4巻2号635頁〔札幌ラーメンどさん子事件〕）。女性向け衣料の場合には，対象は若い女性（東京地判昭和37年6月30日下民集13巻6号1354頁〔三愛事件〕），あるいは，婦人服飾業界の取引者・需要者（東京地判昭和62年3月20日判タ651号211頁〔ベルモード事件〕）でよいとされる。

紛争当事者が小売商の場合には，周知性の認定の対象には主として顧客にお

くべきとされる（大阪高判昭和38年2月28日判時335号43頁〔松前屋事件（控訴審）〕）。
そのため，周知性が否定されている例もある（大阪地判昭和62年11月30日特企229
号83頁〔ステファーノ・リッチ事件〕，東京地判平成15年7月11日裁判所ホームページ〔家
庭教師派遣業事件〕）。あるいは，特定の需要者に向けられた商品によっては，プ
ラスチック加工業者（名古屋地判昭和51年4月27日判時842号95頁〔中部機械事件〕）や
パソコンに関心のある需要者（札幌地判昭和59年3月28日判タ536号284頁〔コンピュ
ータランド事件〕），海外で営業するホテルについてはホテル業者，ホテル内に店
舗を有する販売業者，海外旅行でホテルを利用する旅行者等（東京地判平成4年
4月27日判タ819号178頁〔リッツショップ事件〕），カマボコ型の8本のスポークか
ら構成される一体型のアルミホイールの形態については日本国内の自動車用品
取引業者及び自動車愛好家（大阪高判平成5年11月30日知的集25巻3号476頁〔アルミ
ホイール事件〕），スポーツ用衣服についてはファッションに敏感な業者や同種
ファッションを取り扱う事業者（京都地判平成10年7月16日判例不競法1160ノ351頁〔ス
テューシー事件〕），タクシー事業やタクシーチケット販売事業についてはタクシ
ー利用者（大阪地判平成9年11月27日裁判所ホームページ〔クラウンタクシー事件〕），ダ
イエット（健康）食品に関してはダイエットに関心のある女性（東京地判平成15
年2月20日裁判所ホームページ〔マイクロシルエット事件〕），F1レースで使用済みの
タイヤをテーブルフレームとして使用した特殊なアイデア商品についてはカー
レースマニアなどカーレースに関心を有する者（大阪地判平成7年7月11日判時
1549号116頁〔フォーミュラー・テーブル事件〕），2本の棒材を結合して構成された
支柱などからなる形態を有する組立て式の柵については家具一般について何ら
かの関心を有する者（知財高判平成30年3月29日裁判所ホームページ〔ユニットシェル
フ事件〕）などが認識の主体として周知性が判断される。

　なお，当該商品の最終需要者が一般消費者であるとしても現実に当該商品を
選択する者が別に存在するときには，その者を「需要者」とすべきであろう。
例えば，医薬品のうちスーパーや薬局の店頭で誰でも購入できる家庭薬の場合
には，消費者が需要者となるが，病院等による投薬や医師の処方箋による薬品
は医師や薬剤師が需要者となる場合がある（知財高判平成18年11月8日裁判所ホー
ムページ〔PTPシート事件〕）。

182 第２編 不正競争行為 第２章 周知商品等表示混同行為（２条１項１号）

3 周知の程度と認識の浸透度

　表示の周知性は，不正競争防止法２条１項２号の著名表示の保護と異なり，その表示を知っている人と知らない人との割合を，著名表示の保護ほど考慮する必要もない。ここにおいて重要なことは，当該表示に混同を防止する必要のあるほどの信用形成がすでになされているか否か，また，他者の冒用を許すことが，取引秩序上の信義衡平に反する程度に達しているか否かということにある。

　周知性が相対的に否定されたものとしては，ビオクイーン事件がある。この判決では，原告のハウスマーク「ナリス」も被告のハウスマーク「ポーラ」もともに化粧品会社として周知著名であることを認めたうえで，被告の健康食品「ビオクイーン」に対する原告の化粧品「ビオクイーン」（昭和55年より売上600億円）による広義の混同主張に対し，差止請求を認めなかった。判決ではその理由として，訪問販売については，知名度は個別表示の「ビオクイーン」よりもハウスマークの「ナリス」により重点がおかれること，ビオクイーンが BIO と QUEEN の合成語でまったくの造語でもないこと，原告の化粧品「ビオクイーン」に相当する被告化粧品「ポリシマ」は売上が同期間に4515億円であること，ハウスマーク「ナリス」とハウスマーク「ポーラ」が著名で，「ビオクイーン」・「ポリシマ」は等級商標的に用いられること，などの事実が認められるとした。そして，これらを総合して判断すると原告の「ビオクイーン」は化粧品では周知であるが，健康食品の分野では周知性を獲得していないとされたのである（大阪地判平成４年８月27日特企290号56頁〔ビオクイーン事件〕）。この事案では，両者が訪問販売の方法で商品を販売しているため，需要者に違いが明確に認識され，被告のハウスマーク「ポーラ」を冒頭に冠した健康食品「ポーラ・ビオクイーン」の販売によっては，ナリスの化粧品「ビオクイーン」とまったく混同がないことが背景にある。しかし化粧品の分野では，昭和55年より売上600億円の商品であれば周知として十分であり，このような売上のあった化粧品「ビオクイーン」は明瞭な周知商標である。しかし，被告商品が化粧品でなく他分野の商品であったことと，両者間に具体的な混同事例もなく，著名な被告には不正競争意図がなかったことから前記の結論となったのであって，被告に不正競争意図が窺われるとか，混同のおそれが推定できれば結論も

変わることになろう（なお，具体的な混同のおそれに関しては本章第5節「混同行為」を参照）。

　以上のように，周知性は対象となる商品・役務の性格，需要者層，地域の広狭のほか，混同の性格（狭義の混同か広義の混同か）や不正競争行為の態様なども，その存否の認定に影響を受けることがある。また，周知性はその表示主体がこれを積極的に広告宣伝等で使用しなくともマスコミや需要者が使用することによって取得することができる（東京地判平成4年6月29日判時1480号146頁〔アメックス事件〕，知財高判平成25年3月28日裁判所ホームページ〔日本車輌事件〕）。

　周知性は，通常相当期間継続して商品等表示を使用することが必要であるが，比較的短期間であっても集中的な宣伝広告や大量販売等によって獲得できる場合もある（東京地判昭和57年10月18日判タ499号178頁〔キューブ・アンド・キューブ事件（仮処分異議）〕，東京地判平成10年2月25日判タ973号238頁〔たまごっち事件〕，東京地判平成11年6月29日判時1693号139頁〔プリーツ・プリーズ事件〕）。

4　周知性の認定時期

　周知性の認定時期について，最高裁判所は，差止請求については口頭弁論終結時としている。その理由として，「けだし，同号の規定自体，原判決説示のように周知性具備の時期を限定しているわけではなく，周知の商品表示として保護するに足る事実状態が形成された以上，その時点から右周知の商品表示と類似の商品表示の使用などによって商品主体の混同を生じさせる行為を防止することが，周知の商品表示の主体に対する不正競争行為を禁止し，公正な競業秩序を維持するという同号の趣旨に合致するものであり，そのように解しても，右周知の商品表示が周知性を備える前から善意にこれと類似の商品表示の使用などをしている者は，継続して当該表示の使用などをすることが許されるのであって，その保護に十分であり，更には，損害賠償の請求については行為者の故意又は過失を要件としているのであって，不当な結果にはならないからである」としている（最判昭和63年7月19日民集42巻6号489頁〔アースベルト事件（上告審）〕，この事件の原審仙台高判昭和59年3月16日民集42巻6号549頁〔アースベルト事件（控訴審）〕を変更して差し戻したものである。なお，大阪地判昭和58年2月25日判タ499号184頁〔紙なべ事件〕，札幌地判昭和59年3月28日判タ536号284頁〔コンピュータランド事件〕参照。理論的には，周知性の獲得と旧来表示の善意使用の権利を整合させる問題はある

が，一般的には実務上は周知表示の認定は容易となり，保護の強化となる）。これに対して損害賠償請求については，その損害が発生した時期に周知性が認められなければ，当該損害は不正競争行為とは因果関係が認められないだろう。

周知性はいったん獲得しても，営業状況によって時期的に失われたり変化することがある（東京高判平成12年2月24日判時1719号122頁〔ギブソンギター事件（控訴審）〕）。通常周知性の獲得時から継続し，差止請求時点でも周知であることが必要である（東京地判昭和34年6月29日下民集10巻6号1396頁〔是はうまい事件〕，東京地判平成10年2月27日判夕974号215頁〔ギブソンギター事件〕）。もっとも，原告表示が被告の使用前に周知であり，その周知性は継続し，差止請求時点でも周知であることの争いのない場合には，被告の使用開始時の原告表示の周知を認定することで十分である（東京高判平成3年7月4日知的集23巻2号555頁〔ジェットスリム・クリニック事件（控訴審）〕）。また，原告が旧製品の販売を中止した後であってもまず取引先等から注文が継続している状況の下ではすでに旧製品に関連して獲得された周知性は継続していると判示された例もある（大阪地判令和元年5月27日裁判所ホームページ〔殺菌料製剤成分表示事件〕）。

5　周知性の承継

上記の周知性の取得時期と関連して論じられる問題には，周知性の承継がある。

「周知性の承継」とは，ある商品等表示がAのもとで周知となった後に，相続や合併あるいは営業譲渡等の原因により，上記商品等表示がその営業とともに他者Bに承継された場合に，Bは従前のAのもとにおける商品等表示の周知性を援用することができるかという問題である。

これが許されるとすれば，Bが当該商品等表示の使用を開始する以前に当該表示の使用を開始したCが存在する場合にも，その使用開始がAのもとで当該商品等表示が周知性を取得した時期より後であれば，BはAのもとにおける表示の周知性を援用してCの先使用権（旧来表示の善意使用）の主張を排斥することが可能になり，Bの保護に資する結果となる。

この問題は，不正競争防止法2条1項1号による周知商品等表示が，当該表示によって商品又は営業を識別する機能を有すればよいのか，それともさらに進んで当該商品又は営業（役務）とこれを提供する特定の主体との結びつきを

識別する機能を有する必要があるのかという問題に関連する。

　この点に関して，不正競争防止法2条1項1号による周知商品等表示の保護の目的は，究極において，企業の信用の保護にあるから，企業の主体が実質的に変更しない場合——すなわち，①相続により個人企業が承継された場合，②個人企業が法人成りする場合，③有限会社が株式会社に組織変更する場合，④周知商品等表示の主体が他の会社に吸収合併される場合——などについてはその表示を承継することによって周知性も承継できると解する説がある（田倉＝元木編・実務相談111頁〔小林正〕）。

　しかし，不正競争防止法2条1項1号は，企業の信用が化体した商品や営業（役務）の識別標識としての周知商品等表示を保護するのであり，その意味では当該表示は「何人かの営業にかかる」商品又は役務の同一性を識別できるものであればよく，その提供主体との結びつきまでを識別させる機能を有する必要はない（同旨：小野編・新注解〔第3版〕（上）284頁〔芹田幸子＝三山峻司〕）。この立場に立てば，上記に述べたような相続や企業合併による組織変更に限らず営業譲渡等の原因による場合にも，提供される商品又は役務に関する営業形態に実質上変更がなく事実上の営業活動に継続性があればその表示の周知性の承継を認めてよいと考えられる。

　判例は，周知性を有する商品等表示として認められたバター飴容器に関する意匠（商品形態）を譲り受けた者については，周知性の承継を認めず，譲受人の商品等表示として周知でないとの理由で譲受人の請求を排斥したもの（札幌高決昭和56年1月31日判タ440号147頁〔バター飴容器事件（控訴審）〕）や，営業の承継を伴わない表示のみの譲渡について周知性の承継を否定したものもある（大阪地判昭和53年6月20日無体集10巻1号237頁〔公益社事件（甲）〕）。これに対して，個人企業が法人成りした場合（大阪地判昭和55年3月18日無体集12巻1号65頁〔少林寺拳法事件〕）や，有限会社が株式会社に組織変更した場合（東京地判昭和40年2月2日判時409号39頁〔山形屋事件〕），会社の一部門（製造販売部門）を独立させるとともに周知商品等表示「花ころも」を使用した天ぷら専門粉の製造販売に関する営業の譲渡を行った場合（東京高判昭和48年10月9日無体集5巻2号381頁・判タ302号170頁〔花ころも事件〕），「AFTO」なる営業表示を利用して水産物や青果物の集荷・配達業務を行っていた者から営業の譲渡を受けた者について両者の営業形

態や事務所の所在地の同一性等から営業活動の継続性が認められる場合（東京地判平成15年6月27日判時1839号143頁〔AFTO事件〕）などについて周知性の承継を肯定している。

もっとも，営業譲渡等により営業が同一性を保ちながら移転した場合にも，譲渡時に譲渡人がすでに倒産しており表示に化体された営業上のグッドウィルが失われているような場合には周知性の承継が認められないのは当然であろう（豊崎ほか・注解104頁〔松尾〕，このような趣旨から承継が認められなかったと考えられる判例として大阪地判昭和54年3月28日判タ396号142頁〔SKKキャスター事件〕，札幌高決昭和56年1月31日判タ440号147頁〔バター飴容器事件（控訴審）〕がある）。

また，周知商品等表示が営業と切り離して契約等によって譲渡されたとしても，周知性が承継されるわけではない（大阪地判平成11年9月9日裁判所ホームページ〔レコードジャケット事件〕）。

なお，類似の商品等表示を使用した商品が市場に多数出現することによって当該商品等表示の自他識別力や周知性が失われることがある（東京高判平成12年2月24日判時1719号122頁〔ギブソンギター事件（控訴審）〕）。

また，特定の流技を表す名称が周知になっていたとしても，これを普及・教授することに寄与した団体が従来から複数存在する場合には，その一団体が自己の団体の名称に当該流技の名称を含んでいたとしても，上記の周知な流技名称が当該団体の営業表示として周知であるとはいえず，また，当該団体の名称のうち当該周知な流技名称が要部であるということもできない（大阪地判平成22年6月17日裁判所ホームページ〔大日本拳法事件〕）。

6 周知性の獲得の過程における知的財産権の権利行使

上記のように周知性の有無は，当該商品等表示の使用期間の長短，当該商品等表示に関する需要者の認識の程度——その多くが商品等表示の主体による広告・宣伝等の営業活動によってもたらされるが，それにとどまらず，報道機関等の第三者による報道や評価等によってももたらされる——とともに商品等表示の顕著性の強弱等の諸事情によって決定される。

いずれにせよ，このような事情は商品等表示の主体によるたゆまぬ営業努力とともに当該商品等表示がその商品等表示の主体によって長期間継続的に使用されているという事実——他者の使用を排除するかあるいは他者を圧倒するよ

うな使用状況にあること――によってもたらされることが多い。

　ここで問題になるのは，前述したように商品の形態や配色等が「商品等表示」に該当するに至った時に，その商品形態等が特許権，実用新案権，意匠権等の知的財産権によって保護されていたことにより，当該知的財産権の権利主体（若しくはその許諾を得た専用実施権者等の独占的排他的なライセンシー）によってその形態が独占的に使用された結果，その商品形態等が周知性を獲得したと認められるような場合にも，当該商品形態等を不正競争防止法2条1項1号の周知商品等表示として保護すべきかという点である。

　これは，前述した商品形態等が「商品等表示」として保護を受ける要件として，それが，その技術的機能に関連するか否かが，あるいはその技術的機能から必然的不可避的な形態といえるかという問題とは異なる視点で検討しなければならない（もっとも，上述した観点からすでに「商品等表示」に該当しないとされた商品形態については重ねてこのような観点からの検討は不要になると考えられる）。

　もし，知的財産権の権利行使によって他者を排除して特定の商品形態等を独占して使用していた者が，その結果獲得した周知性により，知的財産権の権利保護期間経過後も不正競争防止法2条1項1号の周知商品等表示として当該形態を独占使用することができれば，事実上，当該形態に創作法と標識法とによる二重の保護を認めることになり，存続期間（保護期間）につき厳格な制限を設けた創作法の趣旨が潜脱されるおそれがないとはいえない。

　他方，知的財産権が存在している間，当該形態を独占使用していることを理由として，一律に周知商品等表示として保護もないとすると，知的財産権の存続期間の前後を問わず，自己の商品形態について周知性を獲得するために広告宣伝を行い良好な評価を維持するための営業努力を続けてきた商品等表示の主体の活動がまったく評価されないとすることも妥当ではない。

　この問題をめぐっては，従前からいくつかの書籍や論稿でその問題点が指摘されていた（牧野＝飯村編・座談会不競法21頁ないし25頁の三村量一及び松尾和子の発言，大場正成「技術的機能に由来する商品形態と出所識別のための商品等表示」小野昌延ほか編・不正競争の法律相談（青林書院，1997）163頁，松村信夫「不正競争防止法と産業財産法の交錯領域に関する若干の検討」中山信弘＝斉藤博＝飯村敏明編・知的財産権　法理と実務―牧野利秋先生傘寿記念論文集（青林書院，2013）912頁，長谷川遼「知的財産権に基

188　第2編　不正競争行為　第2章　周知商品等表示混同行為（2条1項1号）

づく周知性」ジュリ248号80頁）。

　この点に関する裁判所の判断としては，これまで，配線保護カバーの形態についての商品等表示が争点になった事件において，原告が商品等表示として主張する商品形態は原告が有していた意匠権の対象となる形態とは異なることや，原告が意匠権の存在を前面に出して広告宣伝活動をしたことはほとんどなく，そして，その周知性は多分に原告組合員の宣伝，広告活動や原告の販売実績により形成されたものと認められることなどの事実を認定し，その商品形態が周知性を獲得するについて意匠権は問題とならない旨の判示をした判決例（東京高判平成5年2月25日裁判所ホームページ〔配線保護カバー事件〕）が存在するのみであり，この問題が正面から争点となった事案が存在しなかった。

　ところが，最近，化学工場等の充填塔で使用される不規則充填物の形態の商品等表示該当性が争点となった「テラレット（不規則充填物）事件」の第一審及び控訴審の各判決において，上記の問題点につき，以下のような裁判所の見解が示された（東京地判平成29年6月28日裁判所ホームページ〔テラレット事件（第一審）〕，知財高判平成30年2月28日裁判所ホームページ〔テラレット事件（控訴審）〕）。

　本事件の事実関係を簡単に説明すると，原告はテラレットと称する形態の異なる複数の種類の不規則充填物を順次開発製造し，各々の製品につき実用新案権を有しているところ，同種の充填物を製造する被告に対して，原告の製品の形態が周知商品等表示に該当するとして，その製造販売の差止めと損害賠償請求を行ったという事案である。

　第一審である東京地裁は，原告製品の形態は「商品の技術的機能及び効用に由来するものであっても他の形態を選択する余地がある場合に該当する」として，商品等表示に該当すると判示した。この判決は，原告が有する実用新案権が，その商品等表示の周知性に対してどのような影響を与えているかについては，「特許権や実用新案権等の知的財産権の存在により独占状態が生じ，これに伴って周知性ないし著名性が生じるのはある意味では当然のことであり，これに基づき生じた周知性だけを根拠に不競法の適用を認めることは，結局，知的財産権の存続期間経過後も，第三者によるその利用を妨げてしまうことに等しく，そのような事態が，価値ある情報の提供に対する対価として，その利用の一定期間の独占を認め，期間経過後は万人にその利用を認めることにより，

産業の発達に寄与するという，特許法等の目的に反することは明らかである。もっとも，このように，周知性ないし著名性が知的財産権に基づく独占により生じた場合でも，知的財産権の存続期間が経過した後相当期間が経過して，第三者が同種競合製品をもって市場に参入する機会があったと評価し得る場合など，知的財産権を有していたことに基づく独占状態の影響が払拭された後で，なお原告製品の形状が出所を表示するものとして周知ないし著名であるとの事情が認められる場合であれば，何ら上記特許法等の目的に反することにはならないから，不競法2条1項1号の適用があるものと解するのが相当である。」と判示し，本件では，原告の各製品とも，実用新案権の存続期間が満了してから相当期間が経過しており，他者の市場参入が容易となった後における周知性が問題となった事案であることや，原告が各実用新案権の存続期間中から広告宣伝に努めるなど周知性を獲得するために相応の営業活動を行っており，しかも実用新案権の消滅後もこれを継続していることなどを理由として周知性を認めている。

　また，控訴審である知財高裁の判決も，実用新案権の存在と周知性との関係については，東京地裁判決とほぼ同様の判示を行い，「知的財産権の存在による独占状態は，知的財産権の存続期間が経過することにより解消し，知的財産権の存続期間中の独占状態に基づき生じた周知性も，存続期間満了後の期間の経過に伴って漸減し，存続期間満了後相当期間が経過した後は，知的財産権を有していたことに基づく独占状態の影響は払拭されたものと評価することができる」として，本件事案については，原告の商品等表示（商品形態）の周知性は，このような知的財産権に基づく独占状態の影響が払拭された後に獲得されたものであると認定し，被告の控訴を棄却している。

　以上のように，第一審及び控訴審の判決は，いずれも知的財産権によって生じた独占的状態の影響が払拭された後であれば，知的財産権の存在は周知性の獲得に対する障害とならないことを示したという点が評価できるものの，知的財産権による独占性が低減若しくは払拭されるとする基準として，その存続期間の満了から相当期間が経過していることを重視している点では問題が残る。

　けだし，これらの判決が提示した基準に従えば，知的財産権の存続期間満了の前後を問わず，周知性獲得に努力した者であっても，周知性が認められるか

否かは，被告（不正競争行為者）が知的財産権の存続期間満了後のいつ頃から不正競争行為を開始したかという偶然の事情によって左右されるおそれがないとはいえない。

　もっとも，このような事情を熟知して，知的財産権の存続期間満了から間がない時期に，通常であれば周知性を獲得していると思われる先行者の商品等表示との混同を生じさせる意図で，類似の商品等表示の使用を開始した「悪意の競業者」や「不正競争の意図を有する競争者」に対しては，周知商品等表示における旧来表示の善意使用の抗弁（19条1項4号）における「善意」の要件を厳格に解釈して，上記のような「悪意の競業者」や「不正競争の意図を有する競業者」については，周知商品等表示における旧来表示の善意使用の抗弁の主張を認めないとの解釈をとるか，あるいは権利濫用の法理等により対処をすることは可能であろう。しかし，そのような事情が認められない場合には，後発者の先行者に対する先使用（周知商品等表示における旧来表示の善意使用）の抗弁（19条1項4号）を認容しつつ，先行者は後発者に対して，常に混同防止表示付加請求権（19条2項）を行使することができるような措置を講じるか，あるいは，知的財産権の存在と周知性獲得との関係は，周知性獲得に対する知的財産権の存在の寄与を具体的に考慮する（すなわち，先行者が知的財産権の存続期間中から自己の商品等表示の周知性獲得に，ことさら高い努力を行った場合には，知的財産権による独占状態の影響力をしかるべく低減して評価する）などにより具体的な利益調整が可能となる解釈を検討すべきではないだろうか。

第5節　混 同 行 為

┃ Ⅰ　混同の意義 ┃

　周知商品等表示混同行為における「混同行為」は，不正競争防止法2条1項1号に次のように規定されている。すなわち，他人の周知商品等表示と「同一若しくは類似の商品等表示を使用し，又はその商品等表示を使用した商品」を販売などして「他人の商品又は営業と混同を生じさせる行為」である。

　ここにおいて混同行為を禁止しようとする趣旨は，周知商品等表示に化体形

成された信用の冒用を規制し，それによって公正な競業秩序を形成維持しよう
とするところにある。周知表示の出所表示機能を破壊することは，営業上の利
益を害するのみならず，一般取引者及び需要者を害し，ひいては取引秩序を混
乱破壊するものである。それは，表示の周知度が強ければ強いほど，すなわち
有名であればあるほど，その弊害は強い。混同判断における解釈上の基準は，
一般取引者又は需要者にこれを求めなければならない。

　最高裁判所も，混同行為は，「被害者たる者の営業者に対する不法な行為で
あるに止まらず，業界に混乱を来し，ひいては経済生活一般を不安ならしめる
おそれがある」とする（最大判昭和35年４月６日刑集14巻５号525頁〔菊屋刑事事件
（上告審）〕）。このように，不正競争防止法の混同行為の規制は社会生活におけ
る表示面を安定させるために規制されているものであって，競業者の資本の大
小を問題にする場ではない。したがって，判断は需要者一般の心理に基準がお
かれるべきである。そして，その経験則によると，表示の周知度の強さは，混
同の危険に正比例するため，著名表示の著名性の程度，言い換えれば，著名表
示の保護が単なる周知表示の保護より強いということは，法の趣旨から論理的
に導き出されるものである。

Ⅱ　混同の具体性の意味

　次に重要なことは，原則として，ここでの混同の危険は，具体的色彩を帯び
たもの，すなわち，当該具体的条件において具体的に判断されるものであり，
抽象的判断で決定されるべきことではないものである。しかし，このことが，
逆に不正競争者に有利になってはならない。すなわち，具体的にという意味
を，立証の過度の厳格性に結びつけることによって，法の趣旨を失わせてはな
らない。例えば，事案によっては，両者の表示の類似性そのものによって，混
同の危険は認定しうるのであって，このような事案において，証人による混同
事例の１つ１つの立証は不要である。経験則上の推定を活用するなどして，経
済社会とマッチする判断をすべきであり，判断において経済感覚上，不公平を
感じさせるような過度の立証を要求する厳格な解釈をとってはならない。と同
時に，その逆に，法文の形式的判断によって，過度に混同の危険の存在を拡大
する運用を生じさせてはならない。この意味において，混同のおそれの判断は

極めて難しい。

Ⅲ　混同の構造

1　混同の種類

「混同」には，商品表示又は営業表示自体の混同と，商品又は営業の出所の混同がある（以下，営業表示と特段の差異がない限り，商品表示で説明する）。

前者は，A商品表示とB商品表示とを間違うということであり，後者はA商品表示とB商品表示は間違わなくても，B商品をつくったり売ったりしている主体を間違うということである（商品主体混同説が通説であり，確定的である。馬瀬文夫・商標判例百選180頁，豊崎・全集234頁，服部栄三・商法総則（青林書院新社，1972）508頁，三宅正雄「不正競争防止法関係訴訟」新・実務民事訴訟法講座5（日本評論社，1984）307頁）。

2　狭義の混同と広義の混同

出所の混同には，出所が同一と思わせる混同（狭義の混同）と両者に何らかの関係が存するのではないかと思わせる混同（広義の混同）とがある。

周知商品等表示混同行為における混同は，商品と商品との混同でなく，商品主体間の混同であるとするのが，現在の判例・通説である。すなわち，Bの商品があたかもAの商品であるか，又は，これらの間に何らかの関係があるかのように誤認させるおそれを生じさせることであるとされる。最高裁判所が広義の混同を認めたフットボールチームマーク事件をはじめ，広義の混同を認容した判決が多数存在する。また，学説も基本的にこのような判例の傾向を肯定しており（豊崎ほか・注解150頁〔豊崎〕，渋谷・講義Ⅲ〔第2版〕26頁，田村・概説〔第2版〕86頁），不正競争防止法2条1項1号の「混同」に広義の混同を含むことは，判例・通説といえよう。混同認容の判決例としては次のようなものがある。

広義の混同理論ないし異業種間の混同に対する差止請求などを認めたものとしては，最高裁判所のフットボールチームマーク事件（乙）判決（最判昭和59年5月29日民集38巻7号920頁〔フットボールチームマーク事件（乙）（上告審）〕）をはじめ，今日では極めて多い（例えば，大阪地判昭和37年9月17日下民集13巻9号1890頁〔ナショナルパネライト事件〕，大阪高判昭和39年1月30日下民集15巻1号105頁〔三菱建設

事件（仮処分控訴審）〕，大阪高判昭和41年４月５日高民集19巻３号215頁〔三菱建設事件（本案控訴審）〕，東京地判昭和41年８月30日下民集17巻７＝８号729頁〔ヤシカ事件〕，福井地判昭和60年１月25日判時1147号134頁〔ポルシェ事件〕，東京地判昭和60年３月11日判タ566号274頁〔エーザイ事件〕，東京地判昭和61年11月14日特管別冊判例集（昭61）1375頁〔サパークラブダンヒル事件〕等々。さらに，大阪地判平成２年３月29日判時1353号111頁〔ゲラン事件〕，福岡地判平成２年４月２日判時1389号132頁〔西日本ディズニー事件〕，大阪地判平成３年10月30日知的集23巻３号775頁〔ミキハウス事件〕，大阪高判平成４年８月26日知的集24巻２号489頁〔ミキハウス事件（控訴審）〕，東京地判平成５年９月27日取消集36号460頁〔テクノス事件〕，大阪地判平成５年７月27日判タ828号261頁〔阪急電機事件〕，東京地判平成５年２月24日判時1455号143頁〔ワールドファイナンス事件〕，東京地判平成５年６月23日判時1465号136頁〔つぼ八事件〕，神戸地判平成５年６月30日判タ841号248頁〔神鋼不動産事件〕）。

　広義の混同の内容をより具体的に見ると，親子会社あるいはグループ会社に属するのではないかとの混同（上記三菱建設事件，神鋼不動産事件，阪急電機事件など），元売り会社と代理店，特約店の関係にあるのではないかとの混同（上記ナショナルパネライト事件），商品化事業のライセンサーとライセンシーという関係にあるのではないかとの混同（上記フットボール事件及び前掲ポパイ事件，ポルシェ事件），フランチャイザーとフランチャイジーという関係にあるのではないかとの混同（上記つぼ八事件など），何らかの資本関係，提携関係があるのではないかとの混同（東京地決平成11年９月20日判時1696号76頁〔imac事件〕），名称等に関する使用許諾関係があるのではないかとの混同（東京高判平成16年11月24日裁判所ホームページ〔ファイヤーエンブレム事件〕）などがあるが，かような関係になくとも，周知表示の主体の営業が不正競争行為者の行っている営業に及んでいないという認識が需要者にない以上，不正競争行為者が周知表示の主体の営業と異なる分野において同一又は類似の表示を使用した場合にも，なお混同のおそれがあると認定するものがある（上記ゲラン事件，ミキハウス商号事件）。

　広義の混同を否定したものとしては，ビオクイーン事件がある。裁判所は，原告のハウスマーク「ナリス」も，被告のハウスマーク「ポーラ」もともに化粧品会社として周知著名であることを認めたうえで，原告の化粧品「ビオクイーン」（昭和55年より売上600億円）に基づく被告の健康食品「ビオクイーン」に

対する不正競争防止法による広義の混同主張に対し，需要者が両者の競争関係を明確に認識していること，被告のハウスマーク「ポーラ」を冒頭に冠した健康食品「ビオクイーン」あるいは「ポーラ・ビオクイーン」の表示によって，両会社が業務提携やライセンス契約関係などの取引関係，経済関係を有しているのではないかと誤認されるおそれはないとして，混同のおそれを認めなかった。この判示事項に混同認定の諸要素の分析判断があり参考になる（大阪地判平成4年8月27日特企290号56頁〔ビオクイーン事件〕）。

3 フリーライドなどの相違

広義の混同とフリーライド，ダイリューション，ポリューションは重なり合う場合もあるが，それぞれ状況はやや異なる。

混同は，広義の混同を含めて当該商品や役務（営業）の需要者の側において発生する認識ないし認識の可能性を基準とするのに対して，フリーライド，ダイリューション，ポリューションは表示自体が有する価値や顧客吸引力等を減殺する行為であって，必ずしも混同を必要としない。

より詳細に説明すると，フリーライドは，信用・名声という価値の冒用であるから，無断使用者の意図や認識など主観面も関係するのに対し，いわゆるダイリューション現象は，A表示が著名で，ユニークさを有し，そして，特別の顧客吸引力を有するとき（いわゆる強い商標，良いイメージを有する商標であるとき）に，異業種であっても，これと無関係な者による表示使用が，A表示の表示力・広告力を拡散させ傷つくというのであるから，使用者の意図や認識など主観面は背後に退き，客観面が中心になる。

ダイリューション自体は著名表示でなくても生ずるが，ダイリューションを差し止める必要性については，著名表示の性格が重要であるのに対し，ポリューションでは，無断使用者の業種的性格が重要である。

しかし，平成5年改正によって不正競争防止法2条1項2号が新設される以前には，広義の混同が認められた判決例の中には，混同概念を極限にまで拡張することによって実質的にフリーライド，ダイリューション，ポリューション等を防止しようとしたものも存在する。

有名フットボールのチームマークをロッカーの模様に利用したフットボールチームマーク事件（乙）（最判昭和59年5月29日民集38巻7号920頁〔フットボールチー

第5節 混同行為　Ⅲ 混同の構造　*195*

ムマーク事件（乙）（上告審）〕は，広告力のフリーライドが中心である。そこに
はダイリューションはないとはいえないが，ポリューションはないといっても
よい。雑誌ヴォーグの有名表示を雑貨に利用したヴォーグ事件（大阪地判平成元
年9月11日判時1336号118頁〔ヴォーグ事件〕）も同様であろう。

　ヨドバシカメラに対し近所のポルノ・ショップがヨドバシ表示を用いたヨド
バシポルノ事件（東京地判昭和56年10月26日無体集14巻3号768頁〔ヨドバシポルノ事
件〕，東京高判昭和57年10月28日無体集14巻3号759頁〔ヨドバシポルノ事件（控訴審）〕，
最判昭和58年10月14日特企180号11頁〔ヨドバシポルノ事件（上告審）〕）はポリューシ
ョンの典型である。名称は地名で独自性がやや薄くダイリューションの適用は
困難な事案かもしれない。混同に至っては第一審では認められず敗訴してい
る。この点の認定は困難で控訴審判決も救済的との批判もある。少なくともフ
リーライドは認められるであろう。

　ノーパン喫茶ニナリッチ事件（東京地八王子支判昭和59年1月13日判時1101号109
頁〔ノーパン喫茶ニナリッチ事件〕），ポルノランド・ディズニー事件（東京地判昭和
59年1月18日判時1101号110頁〔ポルノランド・ディズニー事件〕），ホテルシャネル事
件（神戸地判昭和62年3月25日無体集19巻1号72頁〔ホテルシャネル事件〕）などでは，
フリーライド，ダイリューションのいずれにも関係する。強いマークであるソ
ニー事件（東京地判昭和59年3月12日判タ519号258頁〔神田ソニー・日本橋ソニー事件〕
など）は，ダイリューションの典型である。

　有名スコッチウイスキーのラベルを鏡の装飾に用いた事件（大阪地判昭和57年
2月26日無体集14巻1号58頁）などは，ポリューションとまでいえるかどうか微
妙なところであるが，他人の名声の不当利用の例としては典型的である。

4　混同と混同のおそれ

　混同には，現実の混同と混同のおそれの2つがある。不正競争防止法2条1
項1号においては，現実の混同を必要としない。混同のおそれがあれば足り
る。ただし，それは具体的危険である（混同のおそれで足りることは，判例・通説で
ある。最判昭和44年11月13日判時582号92頁〔摂津冷蔵事件（上告審）〕，大阪地判昭和35年
5月30日判時236号27頁〔ファーストプリンター事件〕，大阪地判昭和36年2月16日判タ117
号56頁〔パイロメーター事件〕ほか多数。豊崎・全集235頁，蕃・条解532頁，満田重昭〔判
例評釈〕ジュリ333号97頁，竹田稔「商品表示と営業表示の保護」発明90巻2号106頁，小

野編・新注解〔第３版〕（上）214頁〔三山峻司〕，小野・旧註解371頁。反対，東京地判昭和40年12月21日不競集826頁〔永大産業事件〕。この判決は，法文によるとしているが，旧法１条と１条の２の柱書，旧法（昭和９年法）より現行法（平成５年法）への推移よりみれば法文上もそのようにはいえない。棄却するとしても現実の混同がないという理由で棄却すべきでなく，その後同旨の判決例はない）。

Ⅳ　表示の類似

1　はじめに

　不正競争防止法２条１項１号は，不正競争行為者が周知表示と類似の商品等表示を使用し，又はその商品等表示を使用した商品を譲渡等することによって混同を生じさせる行為を行うことを要件としている。そこで，この「表示の類似」を混同行為と独立の構成要件とする学説や判例も存在する。

　しかし，本書では「表示の類似」は混同惹起の一要素にすぎないとの立場から「混同行為」の内容として解説を行う。その理由は後記2 以下で述べるとおりである。

2　混同と類似の関係

　混同は，競争関係の近似性と表示の近似性によって起こる。競争関係において，同種性が強ければ強いほど混同の危険は大きく，また，表示の近似性が強ければ強いほど混同の危険は大きい（商標の類似度の高さで商標自体だけでも出所混同がみとめられるとするものとして，横浜地小田原支判平成５年４月27日速報216号８頁6185〔パネル用接合機事件〕。これは手法として誤っていない）。わが国の商標法は，この前者の競争関係の近似性を「商品（役務）の類似」に，後者の表示の近似性を定型化して「商標の類似」として禁止権の枠組みを構成した。これが，不正競争防止法における２条１項１号の立法形式にも影響している。しかし，混同の危険性は，表示の独自性の強さや，表示の周知性の強さによっても変化する。

　したがって，両者の競争関係が強く，あるいは表示の周知性の強いときには，表示に近似性がなくても混同したりする。競争関係がなく，表示が一定した独特なもので知られているときには，他の表示構成が近似していても混同しなかったりする。このように表示の類似は混同惹起の一要素である（すなわち，

平たくいえば，似ていることと，間違うことは同じでないが関連性があるということである）。しかし，不正競争防止法２条１項１号に類似を規定しているのは，混同を惹起させる手段として表現しているものである。そこで，「類似」の文言を無意義化する考えが存する。法条の解釈・適用としては，これに近い解釈・適用をするのが妥当であるけれども，条文の文言をまったく無視することはできない（最判昭和44年11月13日判時582号92頁〔摂津冷蔵事件（上告審）〕も，類似を混同とまったく同一に考えていない。最高裁判所をはじめ判例のほとんども同旨で，類似と混同を同一の概念であるとはしていない）。

そこで，まず表示の類似につき検討する。

3 **表示の類否の判断**

(1) 不正競争防止法の類似と商標法の類似

表示の類似は，出所の混同とまったく同一の概念ではない。しかし，表示の類否は，出所混同のおそれを判断の中核に据えるべきであって，表示そのものの形式的対比でなすべきものではない。この類似判断には，表示の著名性も影響するし，表示の周辺の状況，すなわち，近くに似た表示が多く存するか否かも影響する（ドイツのいわゆる距離説）。表示の全体，すなわち，中核をなす表示に付加されているもの，全体の印象なども影響する（東京地判昭和42年12月18日判タ218号241頁〔ネスカフェ事件〕は色彩などラベルの特徴を考慮する）。これらの点は商標法と異なり（ただし，商標法においても解釈上競業法的判断が入りつつある），商標法においては，「類似」を出願直後の商標の不使用状況においても判断しなければならない。すなわち，権利範囲についての技術的基準であるのに対し，不正競争防止法における類似は，現実の使用状況での混同惹起の手段の表現である。したがって，不正競争防止法における類似概念は商標法における類似概念よりその範囲においてより弾力的である（表示の判断手法は商標法と同じであるので，差異を考慮しつつも，商標法の類似について判断し，これを不正競争防止法の請求原因についての判断に引用するものとして，東京地判昭和41年10月27日不競集945頁〔ワイキキパール事件〕ほか）。

(2) 類否判断方法

商品等表示の類否判断方法について述べたものとして，盛光刑事事件判決がある。この判決は，不正競争防止法における商標の類否判断は，商標法におけ

198   第2編　不正競争行為　　第2章　周知商品等表示混同行為（2条1項1号）

る類否判断とは異なり，各商品主体の競業関係の有無，程度，商品等表示選択
の動機などをも考慮に入れたうえで，当該取引業界の実情に照らして商品主体
の混同を生ずるおそれがあるか否かによって決すべきであると判示している
（東京地判昭和56年8月3日判時1042号155頁〔盛光刑事事件〕，東京高判昭和58年11月7日
高刑集36巻3号289頁〔盛光刑事事件（控訴審）〕）。不正競争防止法における商品等表
示の類否判断は，商品の出所につき誤認混同を生ずるおそれがあるか否かの観
点からされるもので，必ずしも商標法のそれと一致しなければならないもので
はないとした判決もある（大阪地判昭和59年6月28日判タ536号266頁〔アソニ・バン
バルグ事件〕）。

　類似を混同と別のものとする判例・学説の考え方と，同じだと解する学説の
考え方は，現実の事案における解決には結論的に差異はないはずである。解釈
的に支障がなければ法文を尊重するという考え方と，趣旨より別に解する意義
はないとする考え方の相違があるのみである。

　不正競争防止法における類似についての現実的判断手法は，商標法での類似
判断より混同を重視しつつ，商標法で発達した手法，すなわち両表示の称呼，
外観，観念の類似を用いながら全体的に弾力的に判断することになろう（豊崎
ほか・注解141頁・202頁〔松尾和子〕，小野・旧註解92頁）。したがって，商標法の類
似と不正競争防止法の類似の判断基準は多少異なる。不正競争防止法2条1項
1号における類似は，それが不正な混同目的達成の手段となるかどうかの観点
により決定される。そこで，「一般的にいって（不正競争防止法における）『類似の
商標』は『登録商標の権利範囲に属する商標』より広い範囲の商標を指称す
る」（大阪地判昭和32年8月31日下民集8巻8号1628頁〔三国鉄工事件〕）。広いとして
いる意味は，より弾力的であるとの意味として正当である。なぜなら，事案に
よっては，逆により狭くなることもありうるからである。

　類似性の判断基準につき，最高裁は「類似のものか否かを判断するに当たっ
ては，取引の実情のもとにおいて，取引者，需要者が，両者の外観，称呼，又
は観念に基づく印象，記憶，連想などから両者を全体的に類似のものとして受
け取るおそれがあるか否かを基準として判断するのを相当とする」としている
が，妥当な判示である（最判昭和58年10月7日民集37巻8号1082頁〔マンパワー事件
（上告審）〕，東京地判昭和56年1月30日無体集13巻1号6頁〔マンパワー事件〕，大阪地判昭

和63年7月28日無体集20巻2号360頁〔スリックカート事件〕，東京高判平成3年7月4日知的集23巻2号555頁〔ジェットスリム・クリニック事件（控訴審）〕もこの手法をとるとするのは，竹田稔「表示の類似の意義」発明90巻2号111頁，竹田稔［判例評釈］小野還暦429頁）。また，フットボールチームマーク事件（乙）においても，ある商品等表示が他人の商品等表示と類似のものにあたるか否かについて，営業表示の場合と同様の基準，つまり，取引の実情のもとにおいて，取引者又は需要者が両表示の「外観，称呼又は観念に基づく印象，記憶，連想などから両者を全体的に類似のものとして受け取るおそれがあるか否か」を基準として判断するのが相当であると判示している（最判昭和59年5月29日民集38巻7号920頁〔フットボールチームマーク事件（乙）（上告審）〕）。

　なお，営業表示の類似について，ヨドバシカメラ事件において，原審は「ヨドバシカメラ」という表示と「ヨドバシポルノ」及び「ヨドバシ百貨」という表示とを対比すると，地名である「ヨドバシ」の点においては共通性を有するものの，「カメラ」に対し「ポルノ」・「百貨」の点で相違するとして，両表示は類似しないと判示した。地名と普通名称の結合表示として，一般の解釈手法によったゆえであろう（東京地判昭和56年10月26日無体集14巻3号768頁〔ヨドバシポルノ事件〕）。しかし，控訴審は，上記最高裁の手法を入れ，他人の営業たることを示す表示と「類似」のものであるか否かを判断するには，その表示が広く認識されるに至る過程で当該表示に不可分一体のものとして伴われる営業主体の企業活動を反映する観念ないしイメージの広がりをも考慮に入れる必要があるとし，広く認識されている「ヨドバシカメラ」の営業表示に伴う企業イメージをも考慮すると，これと「ヨドバシポルノ」及び「ヨドバシ百貨」という営業表示は，不正競争防止法2条1項1号にいう類似の関係にあるといえるとした（東京高判昭和57年10月28日無体集14巻3号759頁〔ヨドバシポルノ事件（控訴審）〕）。「ヨドバシ」は地名であるから，使用による識別性，ないし，「ヨドバシカメラ」の知名度の高さからくる表示の強さ（いわゆるストロング・マークか否か）を考慮したものであろう。

　原告の商標表示「ライスパワー」「RICE POWER」と被告の商品名表示「ホワイトライスパワー」「White Rice Power」との間で類似性があると判断した判決（東京地判令和4年1月28日裁判所ホームページ〔ライスパワー事件〕）も両者の観

念の類似のほか原告の表示が長期にわたって使用され周知になっていることなどの取引実情が考慮されたものと推察しうる。

不正競争防止法2条1項1号の類否判断については，出所混同防止の基準で考えなければならない。不正競争防止法の性格よりみて，表示における欺罔的な配列や不正競争意図の現れた表示に対しては，判断において厳しく考えていかなければならない。逆に，表示の外観・称呼・観念の近似は，類似判断における重要な判断要素ではあるが，これを取引の実情のもとにおいて総合的に観察すべしとされる（商標法においてすら，総合的判断を重視した判例が出ている。最判昭和43年2月27日民集22巻2号399頁〔しょうざん事件（上告審）〕。識別性のない部分を除外して考察する要部観察は全体的観察と矛盾するものでなく，全体的観察に至る道程上の重要な観察方法である）。したがって上記3要素のいずれかが形式的に近似していても，取引事情の勘案によっては類似しないものもありうる。しかし，商標法で形成されてきた類否判断の手法を用いることは，決して上記の趣旨と矛盾するものではない。判断は対比的にではなく離隔的観察によるべく，需要者が異なるとき，異なる場所で商品を購入し，あるいは，役務の提供を受けることを想定しなければならない（大阪高判昭和43年12月13日判時564号85頁〔バイタリス刑事事件（控訴審）〕，札幌地判昭和51年12月8日無体集8巻2号462頁〔バター飴容器事件〕，大阪地判平成21年9月17日判時2074号140頁〔SWIVEL SWEEPER事件〕）。

混同を防止する手法として，自己の商品や営業が周知表示の主体の商品や営業とは関係がない旨の表示を付す例があるが，かような表示を付したからといって，ただちに混同が否定されるわけではない。例えば，「お客様へ，当店は，開店このかた，THE RITZ HOTEL Ltd.その他のグループとは関係ございません」という表示にかかわらず，要部を同一とするから表示の使用という客観的事実は何ら左右されないとする裁判例がある（東京高判平成5年3月31日特企291号54頁〔リッツショップ事件（控訴審）〕，田倉＝元木編・実務相談437頁〔寒河江孝允〕参照）。

なお，このような混同防止付加表示（打消表示）がなされることによって，表示どうしの類否が否定されない場合であっても，なお混同の可能性が否定される場合とそうでない場合がある。この点については後述する（**V5**参照）。

なお，最近の類似肯定例としては，大阪地判平成4年9月22日知的集24巻

３号607頁〔ミキスポーツ事件〕，東京地判平成５年８月30日取消集36号452頁〔ヴィトン・シュライサー事件〕，大阪地判平成５年７月20日判時1481号154頁〔シャンパン・ラベル事件〕，東京地判平成６年４月８日裁判所ホームページ〔シーブリーズ（SEABREEZE）事件〕，大阪地判平成６年５月31日特企311号74頁〔カブトテック事件〕，大阪高判平成７年７月18日裁判所ホームページ〔カブトテック事件（控訴審）〕，東京地判平成19年１月26日判タ1240号320頁〔杏林ファルマ事件〕等がある。

(3) 類似否定例

表示の類否の判断を考察するためには事案の詳細を見なければならず，ここで考察することは不十分であるが，一般に表示の類似を否定したものには，原則的に特別顕著性ないし識別力の弱い表示（いわゆるウィーク・マーク），あるいは，このような部分を要部として含む表示が多い。

例えば，印章の製造販売業者が営業又は商品の表示として使用している日本印相学会の標章と，他の印章製造販売業者が営業又は商品の表示として使用する宗家・日本印相協会の標章は，外観，称呼及び観念において類似しないとされたが，「日本」「印相」「学会」はいずれもウィークである。「印相」は商品又は役務によってはストロングであるが，印章の製造販売においてはウィークである（東京高判昭和56年３月30日無体集13巻１号360頁〔印相学会事件（乙）〕）。

小農具・利器などの販売業者がその商品に使用する図形と「日本利器製作所」の結合した商標が，農機具，家庭金物の販売業者の「日本利器工業株式会社」という商号と類似しないとしたものがあるが，それは「日本」「利器」「製作所」がいずれもウィークであることが判断に影響している。「利器」は表示として他の商品又は役務の種類いかんによってはストロングであるが，小農具，利器の販売を表示するものとしてはウィークである（福井地武生支判昭和58年３月30日判時1118号212頁〔日本利器工業事件〕，名古屋高金沢支判昭和59年１月30日判時1118号210頁〔日本利器工業事件（控訴審）〕）。

ラジオ放送を業とする会社の商号「株式会社アール・エフ・ラジオ日本」及びその略称である「ラジオ日本」という営業表示は，同じラジオ放送を業とする会社の商号「株式会社ニッポン放送」及びその略称である「ニッポン放送」という営業表示と類似しない（前者の会社の営業上の施設又は活動と後者の会社のそれ

202　第2編　不正競争行為　第2章　周知商品等表示混同行為（2条1項1号）

とには混同のおそれがない）としたものがある（東京地判平成2年8月31日無体集22巻2号518頁〔ラジオ日本事件〕）。「ラジオ」「日本」はいずれもウィーク表示である。「株式会社アール・エフ・ラジオ日本」は「ラジオ日本」ほどウィークではないが，他方の表示は「株式会社アール・エフ・ラジオ日本」より「ラジオ日本」に近い表示である「ニッポン放送」であり，「アール・エフ」の部分より遠い表示である。ここでは，あるいは「ニッポン放送」の知名度も考慮されているかもしれない。

　「おとなの特選街」という文字で構成されている隔月発行の雑誌の標章は，「特選街」という文字で構成されている月刊雑誌の登録商標と外観，称呼及び観念のいずれにおいても類似しないとされた事案がある。上記した例よりやや判断が難しい事案である。「特選街」という文字はウィークであること，他方，雑誌は商標登録において他の商品と異なり，通常登録されない識別性のない文字が登録され（例えば「文学」や「文学界」），この結果，登録商標の禁止権の範囲は極めて狭く，各種の雑誌が並存しているという取引状況が考慮されたのであろうか，「おとなの」という一連不可分の付加が類似性を否定すると考えられたのであろうか，原告の請求は棄却された（東京地判昭和62年10月23日判時1255号32頁〔おとなの特選街事件〕）。

　スコッチウイスキーの表示「WHITEHORSE」又は「ホワイト・ホース」は，国産ウイスキーの表示「GOLDENHORSE」又は「ゴールデン・ホース」と外観，称呼及び観念のいずれも類似しておらず，また，各表示に用いられた色彩名は，基本的な商品名の一部として使用されたものであるから，「HORSE」又は「ホース」という共通部分に色彩名を冠したものであっても，シリーズ商品のグレード表示であると誤認されるものではないとされ，さらに，前記名ウイスキーの表示である白抜きの馬の図形と王冠と馬よりなる図形は類似しているとはいえないとしたものがある。なるほど「ホワイト」「ゴールデン」の部分はウィークである。「ホース」はウイスキーではウィークではないが，ありふれており，そこで「ホワイト」「ゴールデン」という文字を一連不可分に付加したことで類似性を否定すると考えられたのであろう。しかし，ウイスキーの「ホワイト・ホース」は知名度も高く，使用によりストロング・マークになっていると考えられる。この点については，事案を精査しないと，判決に直ち

第5節 混同行為　Ⅳ 表示の類似　*203*

に賛成できない（東京地判昭和58年4月25日無体集15巻1号321頁〔ゴールデン・ホース事件〕，東京高判昭和59年11月29日無体集16巻3号740頁〔ゴールデン・ホース事件（控訴審）〕，最判昭和61年7月1日特企213号7頁〔ゴールデン・ホース事件（上告審）〕）。

　「海老花屋」と「海老葬儀店」は，「海老」の部分は同一であるとしても，また，両者が葬儀と生花・造花をともに扱うとしても，「花屋」と「葬儀店」と異なる業種が結合しているゆえに，「海老花屋」と「海老葬儀店」とは類似性がないとされた。「海老」の部分に他の名称が入ったり，「海老花屋」の知名度が極めて強い場合には，また異なる結論になろう（新潟地判昭和48年1月31日判例不競法1012ノ1頁〔海老葬儀店事件〕）。

　「チャコピー」という標章が，「チャコペーパー」「チャコパー」という商標と外観・称呼・観念において類似しないとしたものがある。「チャコピー」と「チャコパー」に至っては，語尾が異なるのみである。商品の取引状況との相対関係において，「チャコピー」の知名度が高ければ，類似しないとすることに賛成できないし，知名度が低ければ他の事実との関係で事案を精査すれば結論に賛成しうるということになろうか（大阪地判昭和49年9月10日無体集6巻2号217頁〔チャコピー事件〕）。

　このほか，料理用つゆの容器に商品名などを記載したラベル上の表示の類似性が問題となった事案では，「原告の容器のラベルは料理つゆの商品名が他の文字に比べて大きく記載されており，『料理』『つゆ』の間に『らくらく簡単』と記載されているから，これらの部分が特に需要者に注意を引くものということができる。これに対し，被告商品（一）の容器ラベルは，『献立いろいろつゆ』という商品名が他の文字に比べて大きく記載されているから，この部分が特に需要者の注意を引くものということができる」と認定したうえで，両者を比較すると共通する言葉は一般的な商品名にすぎない「つゆ」のみであるうえ，両者は文字の配列の仕方や文字の色も異なっていることや，原告商品の容器ラベルに記載されている「料理つゆ」という文字が被告商品の容器のラベルに記載されている「献立いろいろつゆ」という文字に比べて縦横とも約2倍の大きさであることなどを勘案して，両者を非類似と判断した判決（名古屋地判平成8年6月28日知的集28巻2号365頁〔料理用つゆ容器事件〕）や，書籍の題名「チーズはどこへ消えた？」はチーズと人物とを組み合わせた装丁とともに，これを

出版した出版社の周知商品等表示であることを認めながら，これと「バターは
どこへ溶けた」なる書籍の題名とは，共通するのは乳製品であるというだけ
で，「語感やその意味する内容，それから連想されるものとは大いに異なる。
また，『消えた』と『溶けた』についても，『消えた』という表現からは物体と
して存在していたものがなくなったという観念が生ずるのに対して，『溶け
た』という表現からは個体として存在していたものが液体になったという観念
が生ずるものであり，両者の意味するところは異なる」として，両者の装丁や
色調などにおいても，読者に異なる印象を与えるものであることを理由として
非類似であるとした決定（東京地決平成13年12月19日裁判所ホームページ〔チーズは
どこに消えた事件〕）などがある。

　さらに，原告の周知商品等表示と被告標章の類否につき「取引の実情の下に
おいて，取引者，需要者が両者の外観，称呼又は観念に基づく印象，記憶，連
想などから両者を全体的に類似するものとして受け止められるおそれがあるか
否かを基準として判断すべきである」との基準に基づき，被告各標章の構成や
使用態様に応じて類否を判断した判決も存在する（東京地判平成16年5月28日判時
1868号121頁・判タ1173号300頁〔キタムラ事件〕）。

(4)　店舗外観その他複合的要素からなる表示に関する類似判断

　なお，最近では，文字標章などで表される具体的な表示ではなく店舗の外
装，内装，店内の配置などの店舗外観が商品等表示（営業表示）性を備えるか
が争われた事件が存在する（本章第3節Ⅵ参照）。

　判決に現れた例としては，「ごはんや　まいどおおきに　○○食堂」を統一
ブランド名称として多店舗展開をする原告が「ザめしや」「ザめしや24」「め
しっこ」「めしや食堂」など，「めしや」を統一ブランド名称として多店舗展開
している被告に対して，上記「ごはんや」と「めしや」が「食堂」と「飯屋」
「御飯屋」を意味する営業表示として類似するだけでなく，各々ブランド名称
で展開する店舗看板，ホール看板，メニュー看板，外装の配置などの構成要素
も各々の商品等表示（営業表示）として機能しており，かつ両者は外観上類似
すると主張して当該看板などの表示の使用差止めなどを求めた事件がある。判
決は，「店舗外観は，それ自体は営業主体を識別させるために選択されるもの
ではないが，特徴的な店舗外観の長年にわたる使用等により，第二次的に店舗

外観全体も特定の営業主体を識別する営業表示性を取得する場合もあり得ないではないとも解され，原告店舗外観全体もかかる営業表示性を取得し得る余地があること自体は否定することができない。しかし，仮に店舗外観全体について周知営業表示性が認められたとしても，これを前提に店舗外観全体の類否を検討するに当たっては，単に，店舗外観を全体として見た場合の漠然とした印象，雰囲気や，当該店舗外観に関するコンセプトに似ている点があるというだけでは足りず，少なくとも需要者の目を惹く特徴的ないし主要な構成部分が同一であるか著しく類似しており，その結果，飲食店の利用者たる需要者において，当該店舗の営業主体が同一であるとの誤認混同を生じさせる客観的なおそれがあることを要すると解すべきである。」としたうえで，上記のような各構成要素たる看板やポール看板等について順次検討をし，需要者の目を惹くに足りる店舗看板やポール看板においても両者は相違し，「全体としての印象，雰囲気がかなり異なったものになっている」と認定し，原告の請求を棄却している（大阪地判平成19年7月3日判時2003号130頁〔ごはんや食堂事件〕）。

　これに対して，同様に統一的な店舗外観や内装，座席等の配置などで喫茶店を営む原告がこれらを商品等表示として主張した事案では，債権者が商品等表示であるとした，個々の構成要素について各債務者の対応する構成要素とを対比して類否を判断することなく債権者店舗と債務者店舗とは「ライン飾り（化粧板）の形状及びデザイン，出窓レンガ壁部の形状及び模様，屋根・壁・窓等の位置関係及び色調，店内のボックス席の配置及び半円アーチ状縁飾り付きパーティションの形状など余りに多くの視覚的特徴が同一又は類似していることから，債権者表示1と債務者表示1とが全体として酷似していることは明らかである」として，債務者の上記のような要素から成る店舗外観等は，債権者の商品等表示としての店舗外観等と酷似していると判示した仮処分決定も存在する（東京地決平成28年12月19日裁判所ホームページ〔コメダ事件〕）。

　いずれも，事例判断であるため，両者の相違が生じた理由を検討することはできないが，背景事情として「食堂店舗外装事件」の事案は，そもそも，原告が商品等表示として主張する店舗外観等の特定が不十分であったため，裁判所は原告の主張する店舗外観等が「商品等表示」に該当するか否かの判断を保留したうえで，原告が主張する原告及び被告の店舗外観等の構成要素を個々に比

206 第2編 不正競争行為 第2章 周知商品等表示混同行為（2条1項1号）

較してその類似性を否定するという判断手法をとったのに対して，「コメダ事件」では，債権者の主張する商品等表示（これは多様な構成要素から成る）の範囲が特定されており，裁判所も類似性の判断に先行して商品等表示と認定される店舗外観等の構成要素の範囲を特定しており，したがって，類似性の判断の対象となる店舗外観等の範囲が自ずと明確であるという事案であるとの事情のほか上記決定内容は仮処分決定の理由としてなされたものであるという特殊事情も存在している。

しかし，「コメダ事件」決定のような類似性の判断手法を前提としても，当事者が商品等表示としての店舗外観等を類否に関する主張や立証で行う場合には，単に両者の全体的な外観や印象の類似性を主張するだけでは不十分であり商品等表示を構成する個々の要素——外観，内装，店内配置，什器・備品の形状等——の間の類否を個別的に主張・立証する必要があるだろう。現に「コメダ事件」の仮処分決定の記載からは，債権者が上記のような構成要素の類否についてもその特徴や類否を一覧表等を作成して詳細な主張を行っていることが推認される。

したがって，同種又は類似の事案においては，双方の店舗外観等の共通の構成から，どのような要素を「商品等表示」と特定し，その類似性をどのような視点で主張するかが重要であろう。

なお，商品のパッケージ等において，文字・図柄・写真等の複合的な要素からなる商品等表示の類否判断についても同様の問題点がある（東京地判平成13年6月15日裁判所ホームページ〔ふりかけ外装パッケージ事件〕，東京地判平成20年12月26日判時2032号11頁〔黒烏龍茶事件〕）。

店舗外観等は海外でトレード・ドレスとして保護される場合があるが，わが国では，これを商標として登録することは，その標章としての統一性や一定性という観点から困難であろう。

そこで，不正競争防止法2条1項1号によって商品等表示（営業表示）として保護することができないかが問題となるが，上記判例のように現実にはなかなか困難である。

(5) **結合表示等につき類似性が否定された例**

複数の語から成る文字標章あるいは文字と図形から成る結合表示その他の複

数の要素から成る表示に関して差止請求の対象が複数であり，その一部の類似性を肯定し，一部を否定した判決もある。これらをみれば，類否についての考え方がより明らかになろう。例えば，「ゴルフプラザ・ワールド，GOLF PLAZA WORLD」の表示は，「WORLD」又は「ワールド」の部分がその主要部分であるから，「WORLD」「ワールド」の営業表示に類似する。しかし，「地球を獅子で囲んだ図形に小さく WORLD」とした図形表示は，全体的，離隔的に観察すると，看者の目は上部の図案に注がれ，「WORLD」の部分が看者の目を惹くとは認められないから，全体として「WORLD」の文字表示，「図形と WORLD」の文字を 2 段とした営業表示に類似しない。また，「ゴルフとワールドを 2 段とする表示」は，全体的，離隔的に観察すると「ゴルフ」の部分と「ワールド」の部分とが同等に目に訴えてくるので，「ワールド」の部分が主要部分ではあるものの，全体としてワールドの営業表示に類似するとはいえないとされた（大阪高判昭和63年 1 月22日判時1270号133頁〔ゴルフプラザ・ワールド事件（控訴審）〕。原審：神戸地判昭和61年 9 月29日判時1211号116頁〔ゴルフプラザ・ワールド事件〕では，上記の被告の表示が，いずれも原告の図形に「WORLD CO., LTD.」の営業表示に類似しないとされていた。しかし，控訴審で原告表示の主張が部分的に変更され，判断も変更された）。

　他方，ワールドファイナンス事件では，繊維関係を中心とするこの著名表示「ワールド」は，金融を中心とする「ワールドファイナンス」表示と類似すると認められた（東京地判平成 5 年 2 月24日判時1455号143頁〔ワールドファイナンス事件〕）。

　SLICKCART をやや図形化した文字標章からは「スリックカート」という称呼が生じ，SLIC-CAR の標章からは「スリックカー」という称呼が生ずるところ，両者は，語尾の「ト」という 1 音の有無に違いがあるにすぎないから，称呼において類似し，外観上も「K」と「－」と「T」が違うだけであり，観念も「CART」と「CAR」とは類似するから，「スリックカー」という標章は全体として「スリックカート」という標章に類似する。また，黒地に「スリックカーレーシング」の文字を白抜きした標章は，「レーシング」は識別力の弱い部分であり，「スリックカー」の部分が要部であり，「スリックカー」という称呼を生ずるものであるところ，他方，SLICKCART の標章から生ずる「スリッ

クカート」という称呼とは語尾の「ト」という１音の有無に違いがあるにすぎないし，観念としても「CART」と「カー」とは類似するから，「スリックカーレーシング」の標章は「SLICKCART」標章に類似する。

しかし，「キャンナムスリックカー」という一連不可分となっている標章は，「SLICKCART」の標章と外観も，称呼も，観念も類似していないとされた。これは「キャンナム」という部分の強さ，語頭におかれていること，「スリックカー」の部分との結合の強さ，一体としてとらえるのが自然で造語であること，「スリックカー」は識別力が強くないこと，これらが総合的に判断されて，「キャンナムスリックカー」標章は，「SLICKCART」標章と類似していないとされたものである（大阪地判昭和63年７月28日無体集20巻２号360頁〔スリックカート事件〕）。

また，「マッシー」を小書きしたり，「マッシー」とこれに続く文字が切り離された「マッシー　森田ゴルフ」ないし「マッシー　モリタゴルフ」の各営業表示は，「森田ゴルフ」又は「モリタゴルフ」の部分を要部とするものであり，「森田ゴルフ」ないし「森田ゴルフ株式会社」という営業表示と称呼，観念において同一であるから，これらと類似するとされた。

しかし，一連表記の「マッシーモリタゴルフ」の営業表示は，「マッシー」の部分と「モリタゴルフ」の部分を区別することなく，同じ大きさの同一形態の文字で一体的に表記したもの（一連不可分）であり，全体として一体的に観察されるから，「森田ゴルフ」ないし「森田ゴルフ株式会社」という営業表示と類似しないとされた（大阪地判平成元年９月13日無体集21巻３号677頁〔森田ゴルフ事件〕）。

これは「マッシー」という部分の識別力の強さ，「モリタ」の部分が漢字の森田でなく同じ片仮名であり，かつ，「マッシー」の部分と「モリタゴルフ」の部分とが一連不可分に結合していること，「モリタ」（森田）が氏であることなどが総合的に判断されて，「モリタゴルフ」が有名であるにかかわらず，その知名度の程度から，「マッシーモリタゴルフ」標章は，「森田ゴルフ」又は「モリタゴルフ」と類似していないとされたものである。「モリタ」（森田）という氏よりなる弱いマークも，使用により強いマークに転化するから，「モリタゴルフ」の知名度の高さいかんによっては，異論もあるところであろう。

「官公庁ファミリークラブ」と「官公庁ブライダル・センター」が類似しないとされた事例で，「官公庁」「ファミリー」「クラブ」は一私人が専用することが許されず，また各々ありふれた普通名詞の組合せで識別力が弱く，セカンダリー・ミーニングも発生することも考えにくいとし，かつ，「官公庁」に要部性はなくその余の部分は相違している，すなわち，「ファミリークラブ」の表示自体から結婚相談所業務を想定できず「ブライダル・センター」とは異なるので，類似しないと判断された判決がある。上記の諸判断基準をいずれも働かせる必要が1事例に集まった感がある。結論は，もちろん正当である（大阪地判平成5年11月11日速報223号7頁6352〔官公庁ファミリークラブ事件〕。同様の判断を示したものとして東京地判平成25年3月28日裁判所ホームページ〔御用邸の月事件〕）。

　「メガネの愛眼」及び「愛眼」なる文字商標などを有し，眼鏡などの販売を行う原告が，「愛眼」の文字を大きく横書きにし，その左横に「天神」という文字を小さく縦書きにした標章（被告標章1），「天神愛眼」という文字をすべて同じ大きさで横書きにした標章（被告標章2）及び「愛眼ビル」という文字を大きく横書きにし，その左横に「天神」の文字を小さく縦書きにした標章（被告標章3）を，同店舗の看板に付して展示したり，チラシに付して頒布などしている被告らに対して，不正競争防止法2条1項1号又は2号の不正競争行為に該当すると主張して差止めなどを求めた事例では，被告標章1は，原告のいずれの商標とも類似するが，被告標章2については「天神愛眼」が全体でひとまとまりとして特定の観念を生じさせない造語と理解されること，外観において4文字の全体でひとまとまりの標章と認識されること，発音数からして格別冗長でなく一連の称呼を生ずることなどの理由から原告のいずれの商標とも類似しないとし，被告標章3は主にビルの看板や各階の案内の表示として使用されているものの，その構成上，原告の上記商標のいずれとも類似し，かつビル事業を営んでいる被告の営業表示として使用されていると認められるから，原告の営業と被告の営業との間に混同のおそれが生じると判示し，被告標章1及び被告標章3に対する差止め及び損害賠償請求を一部認容している（大阪地判平成17年5月26日判タ1203号247頁〔メガネの愛眼事件〕）。

　この判決は，近時における結合商標の類似に関する商標審査基準や商標権侵害訴訟の判決の傾向に従ったものと解されるが，「愛眼」なる標章に周知性を

認めつつ，被告標章２について原告商標との類似性を否定した点においては結合商標の一部分に周知な標章が含まれる場合における商標の類否に関する判例の傾向とは異なった結論になっている（最判平成５年９月10日民集47巻７号5009頁〔SEIKO EYE 事件（上告審）〕など）。ただ，本件判旨を被告標章２が使用されていた東京及びその周辺の地方では，「天神」なる文字部分が「遠く離れた福岡市天神地区を指すものとは観念されていない」ことを理由としてあげているところを見ると，周知な表示（例えば，明治屋）によく知られた地名（例えば，池袋）を付加したような事例や周知な表示（例えば，「SEIKO」）に普通名称（EYE）を付加した事例とは判断の前提となった事実関係が相違した事例であると解することもできよう。

その後結合商標の類否判断については，以下のような最高裁判決により一応その判断基準が示された。すなわち，仙台市堤町で江戸時代から製造されていた堤焼のひな人形をめぐり「土人形」を指定商品として「つつみ」及び「堤」なる文字商標を登録した者が，同じく指定商品を「土人形及び陶器製の人形」（第28類）として「つつみのおひなっこや」という文字商標の登録を受けた者に対して，同商標が商標法４条１項11号に違反して登録されたとして無効審判請求を行った事件で，最高裁判所は，結合商標に関する観察方法に関して「複数の構成部分を組み合わせた結合商標と解されるものについて，商標の構成部分の一部を抽出し，この部分だけを他人の商標と比較して商標そのものの類否を判断することは，その部分が取引者，需要者に対し商品又は役務の出所識別標識として強く支配的な印象を与えるものと認められる場合や，それ以外の部分から出所識別標識としての称呼，観念が生じないと認められる場合などを除き，許されないというべきである」と判示している（最判平成20年９月８日判時2021号92頁〔つつみのおひなっこや事件（上告審）〕）。

この判断は，複数の要素から成る表示の類否判断においても，応用することができよう。ただ，商標法における登録査定時の類否判断は，出願商標と先願登録商標の間における類否判断であるから，考慮すべき取引実情の範囲も限定されるが，商標侵害時における商標の類否判断や不正競争防止法２条１項１号における表示の類否判断は，おのおのの商標又は表示の現実の使用形態，商標又は表示を使用した商品又は役務の取引の態様，需要者の同一性又は相違，需

要者の表示に対する認識（表示の周知性）等より広範な取引実情を考慮することができるのであるから，不正競争防止法2条1項1号における類否の判断基準の適用においても，これらの事情が斟酌されることになろう。

また，自他識別能力が弱い複数の用語が表示として使用されている場合には，これを一体の表示として自他識別力を認めるべきか，分離して各々の自他識別機能及び出所表示機能（出所識別機能）の有無を判断すべきかが問題となるが，仮にこれらの結合に商品等表示性を認めて類否判断を行う場合でも，その類似性については全体的比較を基本とした類似判断が行われることが多いであろう（東京地判昭和62年10月23日判時1255号32頁〔おとなの特選街事件〕，大阪地判平成19年3月22日判時1992号125頁〔大阪みたらしだんご事件〕，大阪地判平成27年9月29日裁判所ホームページ〔モーノポンプ事件〕）。

これに対して，結合した複数の文字標章のうちその一部が記述的・説明的な要素からなり，取引者・需要者も対象商品の品質・内容を説明しているものと理解される場合には，当該部分は自他識別機能を果たしえないものと認められるとし，その余の部分を対比して類似判断がされる場合もある（知財高判平成26年10月30日裁判所ホームページ〔全国共通お食事券事件〕，東京地判平成28年4月21日裁判所ホームページ〔インゴットの小分け事件〕）。

商標法における商標登録の際の商標（標章）相互間の類否の判断も，商標（標章）の全体について，その取引実情を考慮しつつ外観・称呼・観念が類似するか否かを基準として行われるが，不正競争防止法においては，それが現に使用されている状況を前提として「具体的な取引状況の下で」類似するか否かの判断が行われている点において，商標登録の場合の類否判断とは異なっているのである。

この際，斟酌される具体的取引実情は，前述したように周知商品等表示や相手方表示の使用態様，表示を使用した商品や役務の性格，具体的取引の状況，需要者層の異同，需要者の認識など種々の事情が含まれる。

(6) 類似肯定例

類似性の有無について，次に，類似性を肯定した事例を具体的に見ていこう。

「株式会社孔文社」という商号と「株式会社東北孔文社」という商号とは，

「孔文社」という主要部分において同一で，一般取引市場における一般人の判断を基準として営業の誤認混同を生じさせるおそれがあるから，類似の商号であるとされた。「株式会社孔文社」という商号と「株式会社東北孔文社」という商号とは，「東北」という地方名の識別力の弱い部分が違うのみであるから，類似性を肯定することが最も容易な事例の1つである（仙台地判昭和57年10月18日無体集14巻3号716頁〔東北孔文社事件〕，その控訴審＝仙台高判昭和60年4月24日無体集17巻1号188頁〔東北孔文社事件（控訴審）〕。同様の事案として，東京地判昭和63年4月27日判時1336号118頁〔レヴィヨン事件〕，東京高判平成2年1月26日特企255号44頁〔レヴィヨン事件（控訴審）〕）。「カシオ計算機株式会社」と「カシオ電気株式会社」の類似性を肯定することも，類似を肯定するのに容易な事例である。樫尾は，もとは人名であるが，計算機分野において「カシオ」は使用によって識別性を得ており，「株式会社」は識別力の弱い部分であるから，違いは「計算機」・「電気」部分が異なるのみであるが，「計算機」・「電気」という識別力の弱い部分であるうえに，分野が近接しており，両者の類似を肯定するのに容易である（東京地判平成2年7月20日特企261号53頁〔カシオ電気事件〕）。

　「三菱地所」と「三菱建設」の類似の認定（大阪高判昭和41年4月5日高民集19巻3号215頁〔三菱建設事件（本案控訴審）〕）や，「住友不動産」と「住友地所」の類似の認定（東京地判昭和41年10月11日判タ198号142頁〔住友地所事件〕）も同様である。また，「東阪急ホテル」という営業表示は「新阪急ホテル」に類似するものと認めるのが相当であるとされた。それは「東」や「新」は識別力の弱い部分であり，「ホテル」も識別力の弱い部分であり，著名な「阪急」部分が「要部」であり同一であるから，この事例も類似性を肯定することは容易である（大阪地判昭和46年2月26日無体集3巻1号62頁〔東阪急ホテル事件〕）。三菱，住友，阪急のような著名表示は自他識別力が強い表示（ストロング・マーク）であるから，これらの文字を含んだ表示は，これら強い表示と類似のものとなる（豊崎ほか・注解196頁〔松尾和子〕）。三菱農林事件では「三菱グループに属する企業の商号」と「三菱農林」の類似の認定という形で類似の認定がなされており（東京地判平成5年9月24日取消集36号457頁〔三菱農林事件〕），「成田国際興業株式会社」という商号及び営業表示は，「自動車運送事業」で周知な「国際興業株式会社」とは類似し，「国際興業株式会社と何らかの関係を有する成田地域における企

第5節 混同行為　Ⅳ　表示の類似　　213

業」との混同が生じるとの認定がされた事例（東京地判平成18年3月15日判時1937号132頁・判タ1216号303頁〔成田国際興業事件〕）などがその一例といえる。このような例は多い。

　同様に識別力の強い表示と一般に識別力が弱いとされる「宗家」,「総本家」,「本陣」などのディクショナリーワードが結合された表示や東西南北あるいはその所在地等を示す文字を結合した表示についてもその識別力の強い部分を要部として特定して類否の判断をすれば足りる（東京地判昭和48年4月23日無体集5巻1号80頁〔塩瀬事件〕,福岡地判昭和57年5月31日無体集14巻2号405頁〔峰屋事件〕,東京地判昭和63年3月23日特企233号108頁〔リクルートサービス事件〕,東京地判平成5年3月24日取消集34号472頁〔三重リクルート事件〕）。

　ケロッグ社は「ケロッグ・ライス・クリスピー」,「ケロッグ・ココア・クリスピー」,「ケロッグ・チョコ・クリスピー」を使用していた。このうちのケロッグはハウスマーク部分であり,ライス,ココア,チョコ部分は商品の原材料などを感得させる部分であって,クリスピーの部分が識別力を有する要部である。したがって,「シスコーン 米フロースト クリスピー」・「シスコーン 米チョコ・クリスピー」は類似表示と判断された（大阪地判平成3年4月26日知的集23巻1号264頁〔クリスピー事件〕,大阪高判平成4年9月30日知的集24巻3号757頁〔クリスピー事件（控訴審）〕）。

　「不動禅少林寺拳法道院」及び「日本古伝總本山不動禅少林寺拳法道院」という事業表示については,「不動禅」・「日本古伝」・「總本山」は識別力の弱い部分であり,「少林寺拳法」及び「少林寺拳法道院」という事業表示とその要部を同一にするものであり,全体としてそれに類似するとされた。また,「道院」表示も「少林寺拳法」と一体として周知表示と認めて,「道院」の使用を禁じている（大阪地判昭和55年3月18日無体集12巻1号65頁〔少林寺拳法事件〕,大阪高判昭和59年3月23日無体集16巻1号164頁〔少林寺拳法事件（控訴審）〕）。

　釣具メーカーの使用する「上部に釣り人の図形,下部にダイワ釣具㈲の商号などの入ったタッグ（表示）」が,他の釣具メーカーの使用する,「上部に向きは反対だがよく似た釣り人の図形,下部に称呼が同一のDAIWAの商標などの入ったタッグ（表示）」と類似するとしたものがある。これは要部比較や個々の構成要素どうしの比較を行わず全体的比較のなされた例である。しかし,ダイ

ワが著名な場合には，名称部分のみで十分類似判断がなしうる（東京地判昭和55年4月18日無体集13巻2号536頁〔ダイワ釣具事件〕，東京高判昭和56年7月20日無体集13巻2号529頁〔ダイワ釣具事件（控訴審）〕）。また，キュプラ織物に使用する「AsoniBanbarq」の標章及び鷲のマークと，輸出用同種商品の表示として周知である「AsahiBemberg」の標章及び鷲のマークとは，類似とされた。鷲の図形は外観・観念・称呼とも同一であり，「Asoni」は「Asahi」に，「Banbarq」は「Bemberg」にあててもじった文字をいれた，不正競業の意図の窺えるマークであるから，類似のものにあたるとされたのも当然である（大阪地判昭和59年6月28日判タ536号266頁〔アソニ・バンバルグ事件〕）。多くの「Dior」を連続して組み合わせて図柄にした図柄表示と，多くの「Diaj」を連続して組み合わせて図柄にした図柄表示は，類似とされた。これも不正競業の意図の窺える外観の酷似した図柄マークであるから，類似のものにあたるとされたのも当然である（大阪地判昭和60年5月29日判タ567号324頁〔ディオール図柄事件〕）。

　「マンパワー・ジャパン株式会社」という商号，及びその通称である「マンパワー」という営業表示と「日本ウーマン・パワー株式会社」という商号とが類似するとしたのは，両者の外観・観念・称呼に基づく印象・記憶・連想などから全体的に類似が認められたものである。不正の目的の潜在するとき，印象・記憶・連想などをいれているところに，日本の類似の範囲が国際的に調和して拡大する兆しが見受けられる（東京地判昭和56年1月30日無体集13巻1号6頁〔マンパワー事件〕，東京高判昭和57年3月25日無体集14巻1号158頁〔マンパワー事件（控訴審）〕，最判昭和58年10月7日民集37巻8号1082頁〔マンパワー事件（上告審）〕）。

　また，学研は周知表示であり，映像制作室は業務内容を表示するにすぎない識別力の弱い部分であるから，被告の株式会社学研映像制作室は，原告の株式会社学研と類似する。また，親会社・子会社の関係，若しくは，系列関係があるのではないかと混同させるおそれがあるとされた（東京地判平成5年7月16日取消集36号448頁〔学研映像制作室事件〕）。

　商標法の類似では考慮されるべきでない両主体の地理的位置，従前の関係，表示選択の動機，表示に現れた悪意，営業の対比なども，ここでは参酌されるべきであろう。表示におけるモチーフのひどい模倣，ファミリー・マークのとり入れ，混同のための改変，くるくる変更する表示，これら一般に不正競業者

がよく用いる手段は，類否判断において考慮されるべきであろう。なお，類否判断については，対象たる取引者又は需要者の平均人（それは，不正競争防止法においても商標法と同じく，具体人ではなく，法の擬制した者になる）を基準とし，かつ，場所と時間を異にして，需要者が周知商品等表示と相手方表示に接した場合に混同を生じるほど疑似しているか否かを基準にして判断する離隔的観察方法をとらなければならない（大阪高判昭和43年12月13日判時564号85頁〔バイタリス刑事事件（控訴審）〕ほか）。

　フクロウのマークについて，「抗告人が本件図形を使用する場合には，右図形に近接した場所に『株式会社弘文堂書店』『アテネ文庫』『アテネ新書』などの表示がなされ，相手方が相手方図形を使用する場合には，同じく右図形に近接した場所に『株式会社ミネルヴァ書房』『ミネルヴァ全書』『社会科学選書』等の表示がなされていること，及び右社会科学選書が相手方の出版シリーズであることは一般に認識されていることが一応認められる。これらの事実によれば，本件図形と相手方図形との間に前認定の類似性が存するにかかわらず，購買者が当該出版物につき，その出版元が抗告人であるか相手方であるかを区別することは比較的容易であると考えられ，このことと，前示の出版社の如何が購買の誘引に果す役割が第二次的なものにすぎないこととを併せ考えれば，相手方の相手方図形の使用により抗告人が被る営業上の不利益はかりにそれがあったとしても極めて僅少で，仮処分により右使用を差止める必要性は認められない」という決定がある（大阪高決昭和48年5月17日無体集5巻1号107頁〔フクロウマーク事件〕）。本件には，出版物という特殊性がある。しかし，このような理由で仮処分の必要性なしとすることには問題があろう。ともあれ，仮処分の必要性の有無は事実関係いかんによる。ここで特に注意すべきは，上記判断は仮処分の必要性に関するものであって，混同の認定に関するものではない。この件でも，混同そのものについては，「時と処とを異にして見た場合見る者をして両者を混同誤認させる可能性はありうる。したがって，本件図形を付した書籍と相手方図形を付した書籍とが併行して販売せられるときは，両書籍の出版元が同一であるとの誤った認識を購買者に与えるおそれはあるものといわなければならない」としている。

216　第2編　不正競争行為　　第2章　周知商品等表示混同行為（2条1項1号）

4　表示の使用

(1)　商品についての表示の使用

　商品の製造行為が「使用」にあたるかどうかについて判示した事例として，商品の製造行為自体は，周知商品表示を使用し，又はこれを使用した商品を販売，拡布，輸出する行為のいずれにもあたらないとしたもの（大阪地判昭和56年1月30日無体集13巻1号22頁〔ロンシャン図柄事件〕），これと同旨を述べるとともに，商品の製造行為は，周知営業表示を使用する行為にもあたらないとしたもの（大阪地判昭和55年7月15日無体集12巻2号321頁〔フットボールチームマーク事件（乙）〕，大阪高判昭和56年7月28日無体集13巻2号560頁〔フットボールチームマーク事件（乙）（控訴審）〕）がある。

　しかし，商品の製造行為が周知商品表示混同行為又は周知営業表示混同行為にあたることを前提に，その差止請求を認容した裁判例も少なくなく，特に商品の形態が周知商品等表示であると認められた事例の場合には，商品製造行為の差止請求も認容されることが多いようである。そのような裁判例のうち，商品製造行為が「使用」にあたることを明示的に述べたものとして，旧不正競争防止法1条1項1号（現2条1項1号）にいう「使用」には，商品に表示を付する行為も含まれるところ，商品の形態が周知商品等表示である場合には，当該形態の商品を製造することが商品に表示を付する行為に該当するものというべきであるとして，他人の商品表示として周知性を有する写真植字機用文字盤の形態と同一の形態的特徴を有する写真植字機用文字盤の製造行為が，同号にいう「使用」にあたるとした判決（東京地判昭和63年1月22日無体集20巻1号1頁〔写植用文字盤事件〕，東京高判平成元年1月24日無体集21巻1号1頁〔写植用文字盤事件（控訴審）〕）がある。

　そのほか，「使用」の意義に関するものとして，他人の周知表示である米国のプロフットボールチームの名称とそのヘルメットを型どったシンボルマークからなる30種の表示のうちの7種を多数千鳥状に印刷配列したビニール製シートにより被覆したロッカーを販売した行為につき，取引者及び需要者は，ロッカーの表示を全体的に見て，その表示は前記周知表示の個々のマークと外観及び観念において同一又は類似のものを多数個使用するものと感得するであろうことが明らかであるから，前記周知表示と同一又は類似のものを使用するも

のといわなければならないとしたものがある（最判昭和59年5月29日民集38巻7号920頁〔フットボールチームマーク事件（乙）（上告審）〕，その原審＝大阪高判昭和56年7月28日無体集13巻2号560頁〔フットボールチームマーク事件（乙）（控訴審）〕，及び，その第一審＝大阪地判昭和55年7月15日無体集12巻2号321頁〔フットボールチームマーク事件（乙）〕）。なお，同判決は，シンボルマークを意匠模様として使用したとしても，出所識別標識としての機能がないとはいえないとする。

　これに対して，最近では，「商品等表示」の「使用」に該当しないとして，不正競争防止法2条1項1号の適用が否定されたものがある。

　例えば，玩具銃（モデルガン）やそのパッケージに実銃の名称・表示と同一又は類似の表示を付することが「商品等表示」として使用に該当しないとして原告の請求を棄却した判決は以下のように判示している。

　「不正競争防止法2条1項1号は，……（中略）……を不正競争と規定しているが，同号の趣旨は，人の業務に係る商品の表示について，同表示の持つ標識としての機能，すなわち，商品の出所を表示し，自他商品を識別し，その品質を保証する機能及びその顧客吸引力を保護し，もって事業者間の公正な競争を確保するところにある。そうであればこそ，同号は，他人の周知の商品等表示と同一若しくは類似の『商品等表示』を使用する行為を不正競争行為としている。すなわち，同号の不正競争行為というためには，単に他人の周知の商品等表示と同一又は類似の表示を商品に付しているというだけでは足りず，それが商品の出所を表示し，自他商品を識別する機能を果たす態様で用いられていることを要するというべきである。けだし，そのような態様で用いられていない表示によっては，周知商品等表示の出所表示機能，自他商品識別機能，品質保証機能及び顧客吸引力を害することにはならないからである。このことは，同法11条1項1号（筆者注：現19条1項1号）において，商品の普通名称又は同一若しくは類似の商品について慣用されている商品等表示を普通に用いられる方法で使用する行為については，同法2条1項1号所定の不正競争行為として同法の規定を適用することが除外されていることからも，明らかというべきである。」

　このような前提に立って，被告各商品の実銃に付された表示と類似する「BERETTA」「PIETRO　BERETTA」「M92F」などの表示や刻印については，

218 第2編 不正競争行為 第2章 周知商品等表示混同行為（2条1項1号）

以下のように，原告の周知商品等表示を「自己の商品等表示」として使用するものではないとしている。

「被告各商品は，我が国においては，市場において流通することがなく，所持することも一般に禁じられている実銃であるM92Fを対象に，その外観を忠実に再現したモデルガンであり，実銃の備える本質的機能である殺傷能力を有するものではなく，実銃とは別個の市場において，あくまで実銃とは区別された模造品として取引されているものであって，その取引者・需要者は，原告実銃の形状及びそれに付された表示と同一の形状・表示を有する多数のモデルガンの中から，その本体やパッケージなどに付された当該モデルガンの製造者を示す表示などによって各商品を識別し，そのモデルガンとしての性能や品質について評価した上で，これを選択し，購入しているものと認められる。したがって，原告実銃において原告各表示が原告ベレッタの商品であることを示す表示として使用されており，また，被告各商品に原告実銃に付されている原告各表示と同一ないし類似の被告各表示が付されているとしても，被告各表示は，いずれも出所表示機能，自他商品識別機能を有する態様で使用されているものではないというべきである。」（東京地判平成12年6月29日判時1728号101頁〔玩具銃（ベレッタ）事件〕）。

以上のような商品の品質，来歴あるいは内容などを記述的に説明する趣旨で使用された表示は「商品等表示」に該当しないとする判例は他にも存在する（東京地判平成12年3月10日裁判所ホームページ〔A BATHING APE事件〕，東京地判平成13年1月22日判時1738号107頁〔タカラ本みりん入り事件〕，東京高判平成13年5月29日裁判所ホームページ〔タカラ本みりん入り事件（控訴審）〕，東京地判平成11年8月31日判時1702号145頁〔脱ゴーマニズム宣言事件〕，知財高判平成17年10月27日裁判所ホームページ〔マクロス事件（控訴審）〕，知財高判平成26年10月30日裁判所ホームページ〔全国共通お食事券事件〕）。

(2) 営業における表示の使用

営業における表示の使用において最も問題になるのは，全体の営業であるか，部分の営業であるかを問わず役務表示の使用（サービス・マークの使用）といえるかの問題である。例えば，民芸品・陶器などを販売する会社の印刷物についての登録商標「趣味の会」という商標権に基づき，「月刊しゅみ」あるい

は，「趣味の会」のマークを付した印刷物に対し旧不正競争防止法1条1項2号に基づきなされた差止請求は，「当該行為は民芸品・陶器などの商品の宣伝行為にすぎない。『月刊しゅみ』あるいは，パンフレット『趣味の会』は商品でない」として棄却された（東京地判昭和36年3月2日下民集12巻3号410頁〔趣味の会事件〕）。よく，サービスに付帯して提供されるパンフレットやカタログに使用する商標（サービス・マーク）を保護するために，「印刷物」を指定商品として商標登録を受ける例が見受けられる。かような場合でも，第三者が自己のサービスに付帯して提供するパンフレットやカタログに登録商標を使用したとしても，当該パンフレットやカタログがサービスから独立して取引されなければ指定商品たる「印刷物」に商標を使用したことにはならない。このことは不正競争防止法2条1項1号でも同様である。他方，上記のような事案でも仮に登録商標がサービス（営業）の分野で周知であれば不正競争防止法2条1項1号の「営業表示」として保護を受け，第三者がそのサービス（営業）に付帯して配布するパンフレットやカタログに周知営業表示たる商標と同一又は類似の表示を使用すれば，不正競争防止法2条1項1号の規制対象とすることができる。その意味では，木馬座企画事件においても，商標としての保護は問題で，商標としてよりも営業表示としての保護の問題，不正競争防止法の問題と考えるほうが適切であった（横浜地川崎支判昭和63年4月28日無体集20巻1号223頁〔木馬座企画事件〕）。

　料理・飲食店の表示については，それが役務表示か商品表示かがしばしば問題となった。寿司などのテイクアウト，持ち帰り寿司は商品であり，その表示は商品表示である。これに対してテイクイン，店内での寿司の飲食に関する表示は役務表示である。さらには，料理・飲食店の表示については箸，コップ，皿，ナフキンなど食品に近接する表示と，看板・新聞広告など食品と離れた表示があり，例えば，店舗の屋上の立て看板などをいずれと理解するかが問題であった（例えば，名古屋地判昭和60年7月26日無体集17巻2号333頁〔東天紅事件〕は商標の使用と解し，大阪地判平成元年10月9日無体集21巻3号776頁〔元禄寿司事件〕は商標の使用でなく，営業表示と解する）。すなわち，平成3年改正前の商標法では商品商標のみが商標法で保護され，役務商標は商標法での登録保護はなく，不正競争防止法でのみ保護されていたからである。しかし，平成3年改正（同4年4

月1日施行）商標法ではサービス・マーク登録制度が導入され，両者を区別する必要性は小さくなったが，商品販売に付属するサービスのマークは役務登録がなされず，なお，この問題は残っていた。

しかし，平成18年の商標法改正によって小売役務商標制度が導入された結果，総合小売役務及び特定小売役務に該当する商品の販売に付属する役務（サービス）については商標登録が認められることになり，この点では，いくらか問題が解決したといえる。

しかし，現在でも，販売サービスにかかる役務に用いられる標章に関しては，不正競争防止法に基づく商品等表示（役務表示）として保護することも可能である。

V　周知営業表示混同行為における混同の概念

1　営業表示に関する広義の混同

営業表示においても，混同は広義の混同（本章第5節Ⅲ2参照）を含む概念として理解すべきである。

混同のおそれは，営業の同種性と表示の近似性が強いほどその危険が大きい。また，表示の独自性や周知性が強いときには，異種の商品や営業についても混同のおそれがある。また，営業主体が多角経営をしているときには，未進出の分野の異種の営業についても広義の混同のおそれが生ずる。この場合，営業主体間の混同が惹起されるほか，著名な表示の場合には，営業間に業務上，組織上何らかの特殊の関係があるかのように誤認されるおそれが少なくない。例えば，「グループの一員」でないか，「子会社，系列会社」又は「その事業」でないかとの誤認（大阪地判昭和56年6月24日速報74号4頁855〔阪急設備事件〕，大阪地判昭和63年4月28日特企235号65頁〔ライフストアー事件〕，神戸地判昭和41年8月8日下民集17巻7＝8号633頁〔バイエル薬品事件〕，東京地判昭和58年2月16日特企172号41頁〔桐杏学園系列校事件〕，東京地判昭和51年12月24日判タ353号255頁〔図鑑の北隆館事件〕，東京地判昭和63年4月13日特企234号61頁〔イセタン事件〕，東京地判平成5年9月27日取消集36号460頁〔テクノス事件〕（時計とコンピュータでは，広義の混同理論も不要でないかとも思われる），神戸地判平成5年6月30日判タ841号248頁〔神鋼不動産事件〕，大阪地判平成5年7月27日判タ828号261頁〔阪急電機事件〕，東京地判平成10年1月30日判時

1648号130頁・判タ970号255頁〔ギフトセゾン事件〕，東京地判平成16年7月16日裁判所ホームページ〔東急ファイナンス事件〕，東京地判平成16年8月25日裁判所ホームページ〔セイコープランニング事件〕），「代理店・特約店」でないかとの誤認（大阪地判昭和37年9月17日下民集13巻9号1890頁〔ナショナルパネライト事件〕，名古屋地判昭和57年10月15日判タ490号155頁〔ヤマハ特約店事件〕，東京地判平成14年1月24日判時1814号145頁〔全国共通図書券事件〕），「フランチャイジー」でないかとの誤認（金沢地小松支判昭和48年10月30日無体集5巻2号416頁〔8番ラーメン事件〕，福岡高宮崎支判昭和59年1月30日判タ530号225頁〔ほっかほか弁当事件〕，東京地判平成5年6月23日判時1465号136頁〔つぼ八事件〕），「商品化事業のライセンシー」でないかとの誤認（大阪地判平成元年9月11日判時1336号118頁〔ヴォーグ事件〕，東京地判平成2年2月28日判時1345号116頁〔ミッキーマウス事件〕，東京地判平成2年2月19日無体集22巻1号34頁〔ポパイ事件（丙）〕，東京高判平成4年5月14日判時1431号62頁〔ポパイ事件（丙）（控訴審）〕），原告の営業と被告の営業との間に何らかの関係があるのではないかとの誤認（大阪地判平成19年2月15日裁判所ホームページ〔イーグル（EAGLE）事件〕，東京地判平成19年5月16日裁判所ホームページ〔ELLE GARDEN事件〕，東京地判平成19年5月31日裁判所ホームページ〔オービック事件〕）などがある。

　このような場合に，無関係者の表示使用を放置することは，表示主体の信用・名声という価値を冒用させることになる（いわゆるただ乗り又はフリーライド現象）。あるいは，当該表示がユニークなとき，又は，特別の顧客吸引力を有するとき（いわゆる強い商標であるとき）には，営業表示の表示力・広告力を拡散させる（いわゆるダイリューション現象）。このような不正競争行為を防ぐため，いろいろの理論が構成されている。

　しかし，フリーライド理論，ダイリューション理論にそった特別規定が設けられない状況の下では，わが国においては，「混同」概念の拡大解釈により旧不正競争防止法1条1項1号又は2号の要件においてあてはまる場合以外は，救済されなかった。そこで，「混同」概念の拡大解釈としての「広義の混同」理論が用いられていた。

　ところが，平成5年の不正競争防止法改正により，著名商品等表示の冒用行為が新たに不正競争行為（2条1項2号）として追加されてから，表示に対するフリーライドやダイリューションあるいはポリューション等の不正競争行為に

ついては不正競争防止法2条1項2号による規制が可能になり，2条1項1号の混同概念を拡大解釈して適用する必要はなくなった。それでもダイリューションやポリューションが生じない広義の混同には1号が適用されるし，さらに1号と2号との適用の境界にあるような事例にも1号が適用されることがある（例えば，最判平成10年9月10日判時1655号160頁〔スナックシャネル事件（上告審）〕）。

2 混同に関する判例

以下では，営業表示に関する広義の混同の具体的な判決例をみてみよう。

三菱地所の三菱建設（三菱系ではない）に対する表示差止請求事件において，その請求は容認されたが，判決は「三菱系諸会社が永年にわたって築き上げた声価の表現と見るべきものを無断且つ勿論無償で使用し……之は自由競争の限界を逸脱し取引秩序をみだす反倫理的行為として信義則に反するもの」と，フリーライド現象を指摘しており，さらに，不正競争防止法の「(旧)第1条第2号の解釈上主たる問題となるのは関係者双方の営業に共通部分が存在するか否か或は地域的に近接しているか否かではなく，一方の営業における商号，標章若くはサービス・マーク等の使用行為の態様に先に判示したような信義則違反があって之が為に他方の営業上の施設又は活動と混同を生ずる虞が無いか否かに存する」と判示している。

なお，三菱地所は当時関東地方で営業し，関西では三菱建設と競争していないから，三菱マークを使用していてもよいという被告主張に対し，不正競争防止法の解釈としては法文によって直接の競争関係が要件とされていないから，狭義の競争関係は不正競争防止法に基づく差止請求に必要としない。競業関係は混同認定の事実資料にすぎない，と判示している（大阪高判昭和39年1月30日下民集15巻1号105頁〔三菱建設事件（仮処分控訴審）〕）。

当時は，異業種でなく地域の異なる建設業どうしでも，競争関係の不存在を争っていた。しかし，表示法において競争関係が必要な場合でも，この両者間には，異なる地域間でも，潜在的競争関係の理論によれば競争関係は存在するともいいうる。また，三菱建設は，三菱マーク（関西でも周知）を冒用して，三菱地所の名声にフリーライドし，他の関西の建設業名よりも競争上優位に立っているという意味で，全同業者間における競業関係に着眼して競争関係に立っているということもできよう。もちろん，具体的な競争関係は不正競争防止法

第5節　混同行為　　V　周知営業表示混同行為における混同の概念　　*223*

に基づく差止請求に必要としないという判示は正当である（なお，事案については，神戸地判昭和37年11月30日不競集520頁〔三菱建設事件（仮処分）〕，神戸地判昭和39年5月2日不競集623頁〔三菱建設事件（本案）〕，大阪高判昭和41年4月5日高民集19巻3号215頁〔三菱建設事件（本案控訴審）〕）。

　さらに，旧不正競争防止法1条1項1号及び2号が選択的に主張され，旧2号の判断をするまでもなく，旧1号のみで認容された事例としてヤシカカメラで有名なヤシカ事件がある。ここでは，ヤシカ表示を使用するダリヤ化粧品の製造元ダリヤ工業㈱に対し，化粧品に使用するヤシカ表示の使用差止めが認容された。判決は「近時は多角経営の時代ともいわれ，カメラ業界においても，……シンクロ・リーダー……弱電工業にとそれぞれ進出していること，他方……化粧品メーカーが……マイクロ写真……カメラに進出していること，などの事情が認められ，……かかる事情の下において，……表示を化粧品に使用すれば，該化粧品は原告の製品であるか，少なくともその系列会社の製品であるとの印象を一般に与えるものと推認する」と広義の混同を認めた。

　また，表示は「原告が独自に創作した造語表示であるが，原告のみがこれを一般大衆向きの低廉な価格を有するカメラに使用して，多額の費用をかけ，その宣伝広告につとめた結果，『ヤシカ』といえば……一般大衆向きのカメラを想起せしめる機能をもつに至ったことは前判示のとおりであるところ，このような表示と同一又は類似の表示を化粧品に使用することは，該表示のもつイメージを稀釈化し，カメラとの結びつきを弱めて，一般人をして一般大衆向きのカメラを想起せしめる機能……を減殺して，該表示が持つ無体財産権としての価値を減少させることは一般に経験則の教えるところであり，……したがって，原告は被告の行為により『営業上の利益を害せられる虞ある者』ということができる」とも判示している（東京地判昭和41年8月30日下民集17巻7＝8号729頁〔ヤシカ事件〕）。

　この判決は，いわゆるダイリューション現象をもって，営業上の利益の侵害になると認定したものである。しかし，同判決は，ダイリューション理論のみにて差止めを認めたものではなく，広義の混同理論によって差止めを認めたものである（ところで，出所の混同を生じないような，言い換えれば広義の混同理論の適用の困難な事件において，フリーライド，あるいは，ダイリューション現象を防止するために

は，旧不正競争防止法では全面的適用が困難で，立法的修正を要した。例えば，いわゆるリンゼービルなどについて，江口順一「アメリカ商標法における『稀釈化』理論について」彦根論叢119巻120号参照）。そこで，改正前においては，民法の不法行為問題としてでも，あるいは，商標権侵害問題としてでも取り上げられてはいなかったが，理論上は民法の不法行為問題，あるいは，商標権の価値を害するという意義での商標権侵害問題にとどまっていた（小野＝三山・新・商標法概説〔第3版〕315頁，網野・商標〔新版再増補〕497頁参照。参考文献については，著名商標の保護に関するものに，Elsaesser（網野誠訳）「著名商標希薄化の危機保護」AIPPI10巻2号2頁，Elsaesser（網野誠訳）「著名標章の法的保護」AIPPI10巻2号2頁・3号21頁・4号2頁・5号18頁・6号9頁・7号2頁，江口順一「商標の希薄化について」阪大法学106号1頁，ボーデンハウゼン「著名商標の保護の範囲」AIPPI2巻1号32頁など）。もっとも，広義の混同理論は極限まで到達し，西日本ディズニー事件では，ディズニー社が「パチンコ業に進出したものと誤解することはほとんどないと考えられる。しかし……なんらかの誤解をうみかねない……営業に関し出資，あるいはノウハウの提供などなんらかの形で関与しているものと誤認混同するおそれがないとはいえない」とされている（福岡地判平成2年4月2日判時1389号132頁〔西日本ディズニー事件〕）。しかし，このように混同概念を拡張することに無理があり，ここに，平成5年改正により，不正競争防止法2条1項2号が新設され，2条1項1号の混同の関係のない著名表示保護問題が登場する理由があった。

　逆に，後発の被告が名声のある業者で不正競争の目的のない場合に，不正競争防止法2条1項1号の適用を否定している例がある。1号は本来パッシング・オフを規制しようとするものであり，昭和25年法改正までは，1号適用のためには不正競争の目的という主観的要件が入っていた。この要件が1号適用の支障になるので削除されたが，本来的に不正競争の目的のない場合には，混同防止付加表示請求などで調和すれば十分なのである。そこで，このような場合，形をかえて，混同が生じていない旨の認定がなされる。

　このような例としては，古くは宮廷の御用達をしていた京都の松前屋に対し，大阪中心の一流店として相応の実力と名声を有していた心斎橋の松前屋の例（大阪高判昭和38年2月28日判時335号43頁〔松前屋事件（控訴審）〕）や，大阪で古くから「大一ホテル」として営業していたがその後「大阪大一ホテル」に商号

変更をした和風ホテルの大阪大一ホテルに対し，東京新橋に本店を有し大阪に「大阪第一ホテル」の名称で進出してきた規模的に格段に大きく宿泊様式のことなる「第一ホテル」の例がある（大阪地判昭和48年9月21日無体集5巻2号321頁〔大阪第一ホテル事件〕）。この他，両表示が，類似性がないこと及び混同のおそれがないことを理由として，不正競争防止法2条1項1号の請求を棄却したものとしては，ラジオ日本事件（東京地判平成2年8月31日判時1358号3頁〔ラジオ日本事件〕），美容室ロイヤル事件（大阪地判平成7年1月31日知財協判例集（平7）819頁〔美容室ロイヤル事件〕，大阪高判平成7年11月30日速報250号9頁7092〔美容室ロイヤル事件（控訴審）〕），バドワイザー事件（東京地判平成14年10月15日判タ1124号262頁〔バドワイザー事件〕）などがある。

3　商号の類似と混同

　周知営業表示混同行為の手段としての表示の類似は，周知商品表示混同行為において述べたところと同じである。そこで，ここでは商法上の商号との関連において，その要点を述べるにとどめよう。商号は，商人が営業について自己を表示する名称であり，営業上の権利義務の主体を示す名称である。しかし，現実には営業活動を表する機能をもち，それに信用が化体していることは否めない。商号は基本的に営業主体を個別化する名称として機能する。したがって，この個別化を妨げる商号を同時に登記することはできない。

　商号登記に関して，平成18年5月1日の会社法施行前の商法（以下「旧商法」という）では，「他人が登記した商号については，同一市町村内において同一の営業のため同一の商号を登記することができない」（旧商法19条）と規定し，これを受けて，旧商業登記法は「商号の登記は同一市町村内においては，同一の営業のため他人が登記したものと判然区別することができないときは，することができない」としていた（旧商業登記法27条）。

　この商号排他原則の「判然区別することができ」ないということと，不正競争防止法の営業表示混同防止のための「類似」とを同意義に解することはできない。後者のほうが広いものというべきである。そして，法務局において判然区別しうるとして登記されたことは，不正競争行為差止めの訴えをうけた裁判所を何ら拘束するものではない。商号の登記状況は，混同判断の事実的一資料にすぎない。

226　第2編　不正競争行為　第2章　周知商品等表示混同行為（2条1項1号）

　しかし，極端なる商号自由主義の制限，旧商法（商号規定）と不正競争防止法の不統一，旧商業登記法と旧商法の基準の不統一（判然区別と類似），中央商号登記制度など，商法の商号制度は再点検の必要に迫られていた。

　東京瓦斯事件（東京地判昭和32年9月30日不競集219頁〔東京瓦斯事件〕，東京高判昭和34年9月3日判時200号24頁〔東京瓦斯事件（控訴審）〕，最判昭和36年9月29日民集15巻8号2256頁〔東京瓦斯事件（上告審）〕）において，被上告会社の本店移転予定地区に，先回りして同一商号に商号変更をして登記をしていた上告会社（東京瓦斯株式会社，旧商号・新光電設株式会社）の者が，被上告会社（東京瓦斯株式会社）より3000万円くらいの金をとれることになっていると喫茶店で話をしていたと認定されている。この事件が契機となって，商号の仮登記制度を生み出した。このように商号の設定・変更の無制限な自由は多くの弊を生んでいる。商標ブローカーの弊とともに，わが国表示法制に対する公衆の不信を生む原因でもあり，商号制度は改革が必要であった。

　しかしその後，三愛事件（東京地判昭和37年6月30日下民集13巻6号1354頁〔三愛事件〕，東京高判昭和39年5月27日下民集15巻5号1207頁〔三愛事件（控訴審）〕），フシマンバルブ事件（東京地判昭和44年3月19日判時559号60頁〔フシマンバルブ事件〕）など数多くの事件において，不正競争防止法によって登記商号の抹消が認められた事例が数多く見られるようになった。なお，東阪急ホテル事件（大阪地判昭和46年2月26日無体集3巻1号62頁〔東阪急ホテル事件〕）は，被告が同一区内において登記した事件であった。原告は，商号登記の抹消は求めず，商号使用そのものの差止めのみを請求したが，被告は商号の使用差止めの判決を受け，事件終了後は自ら商号の変更をした。この事件において，被告は，国（法務局）で商号登記を認められこれを受けた旨の抗弁をしたが，その主張は受け入れられなかった。

　なお，平成18年5月1日の会社法施行にあわせて，「会社法の施行に伴う関係法律の整備に関する法律」による商法改正によって旧商法の類似商号規制の規定が廃止された。そして，旧商法21条（不正の目的をもって他人の営業であると誤認させる商号の使用禁止）と同様の規定のみが残された（商人の商号については改正商法12条，会社の商号については会社法8条）。かかる類似商号規制の廃止によって，商号の登記の場面では事前規制をなくし事後的な規制に一本化されたのである。

しかし，改正商法12条及び会社法8条は，商号のみならず名称をも対象とするなど旧商法21条よりもその対象を拡大している反面，依然として「不正の目的」を要件とし，差止請求の主体も，「営業上の利益を侵害され，又は侵害されるおそれがある」商人（商12条）又は会社（会8条）に限定しているなど，不正競争防止法よりも対象や権利行使の範囲が限定されている。

4　広義の混同と表示の著名性

広義の混同理論は，営業間に業務上，組織上何らかの特殊な関係があるかのように誤認されるおそれが生ずるということであるから，著名商品等表示の保護の問題と関係する。周知度が低い表示にはこのような現象は生じない。表示の独自性が強く（若しくは，永年の使用，強力な宣伝でストロング・マークになったとき），周知度が高いときには，異種の商品や営業について，混同のおそれが生じてくる。また，相手方も，これを認識しながら営業をしているのであるからフリーライドとも関連する。しかし，営業主体の多角化による，未進出の分野の異種営業についての自然に生ずる混同のおそれは，フリーライドやポリューションとは関係がない。本来，このような抵触問題は，混同防止付加請求の問題として考えたほうがよいであろう。

5　混同のおそれを否定する事情

上述したように営業表示に関する混同概念も商品表示に関する混同概念と基本的に異なるものではない。

他方，混同のおそれを否定する事情としては，両者が営業の態様や方法が異なっていること（神戸地姫路支判昭和43年2月8日判タ219号130頁〔ヤンマーラーメン事件〕，東京高判昭和53年10月25日無体集10巻2号478頁〔マクドナルド事件〕，大阪地判平成4年8月27日特企290号56頁〔ビオクイーン事件〕，京都地判平成8年9月5日知的集28巻3号407頁〔京都コトブキ事件〕，東京地判平成16年3月5日判時1854号153頁〔成城調剤薬局事件〕），被告の営業地域が，原告が周知商品等表示を使用して営業をしている地域とは異なっており混同のおそれがないこと（大阪地判昭和58年2月25日判タ499号184頁〔紙なべ事件〕，横浜地判昭和58年12月9日判タ514号295頁〔勝れつ庵事件（乙）〕）などの具体的取引事情によっては混同のおそれが否定されることもある。

反面，比較的自他識別力の強い周知商品等表示に東西南北などの方角や地理

的名称を付加したとしても，通常混同のおそれが否定されることはない（東京地判昭和36年11月15日判時289号34頁〔池袋明治屋事件〕，大阪地判昭和46年2月26日判時621号8頁〔東阪急ホテル事件〕，名古屋地判昭和39年6月16日下民集15巻6号1426頁〔はとバス事件〕）。また，このような表示を付することによって混同を防止する可能性がある場合でも，当該表示が周知商品等表示との比較において文字の大きさ，太さなどにおいて小さな文字であるため，混同のおそれが否定できないとされた事例もある（大阪地判平成16年2月19日裁判所ホームページ〔自由軒事件〕）。また，自他識別力が強い商品形態や看板あるいは図形標章が周知商品等表示となる場合に，これに被告商号や営業表示を付加したり混同を防止するための文字標章を付加しても，多くの場合混同を否定されることはない（大阪地判昭和62年5月27日無体集19巻2号174頁〔かに看板事件〕，東京高判平成5年3月31日裁判所ホームページ〔リッツショップ事件（控訴審）〕，東京地判平成14年7月31日判時1812号133頁〔犬の図形事件〕，東京高判平成14年5月31日判時1819号121頁〔電路支持材事件〕，ただし，混同のおそれが否定されたものとして「ヤンマーラーメン」なる名称を付したインスタントラーメンの「ヤンマー」なる表示に自社の略称である「イトーの」を附記するとともにその住所商号などを表示した神戸地姫路支判昭和43年2月8日判タ219号130頁〔ヤンマーラーメン事件〕がある）。

　また，家庭用浄水器及びその関連商品の分野で大きなシェアを有する原告の商品等表示と類似する商品等表示を使用して家庭用浄水器のろ過カートリッジを販売するに際して，インターネット上の説明の末尾に「当製品はメーカーの純正品ではございません」と記述したとしても，それだけでは混同のおそれを解消するのに十分なものとはいえないとした判決も存在する（東京地判平成30年7月26日裁判所ホームページ〔浄水器交換用カートリッジ（タカギ）事件〕）。同様に，原告の「SHIPS」という文字標章のみからなる商品等表示は原告の多角的な営業活動もあり周知のみならず著名となっていること等を理由としてこれと類似する文字標章のみならず舟を表す図形標章を付した被告標章との間に類似性を認めた判決例も存在する（東京地判平成2年3月18日裁判所ホームページ〔SHIPS事件〕）。

　さらに，営業方式の相違は通常その混同を否定する事情とはならないこともある（最判昭和56年10月13日民集35巻7号1129頁〔マクドナルド事件（上告審）〕，大阪高判平成10年1月30日知的集30巻1号1頁〔京都コトブキ事件〕）。

Ⅵ　混同をめぐるその余の問題

1　逆混同

前記本章第4節Ⅱ*3*で指摘したように商品等表示の周知性は各々の営業地域範囲を基礎として地域的に認められるため，ある地域で周知な商品等表示の主体の商品や営業が，他の地域（あるいは「ある地域」を除いた全国）において周知なより経営規模の大きなあるいはより古くから営業を行い信用力の高い類似の商品等表示の使用者の商品や営業と混同を生じることがある。

例えば，前出の大阪大一ホテルと東京新橋に本店を有し「大阪第一ホテル」の名称を使用する者との間の不正競争防止法2条1項1号（旧1条1項2号）に関する係争事案（大阪地判昭和48年9月21日無体集5巻2号321頁〔大阪第一ホテル事件〕）や，「ROYAL21」の営業表示で大阪府内及びその近辺において複数の店舗を有する美容店と「美容室ロイヤル」等の営業表示を使用して首都圏から北海道，西日本，九州というように営業範囲を拡大し関西地区にも進出してきた美容店との同種事案（大阪地判平成7年1月31日知財協判例集（平7）819頁〔美容室ロイヤル事件〕）などにその例を見ることができる。

このような事例でも，市場における公正な競争秩序の維持を目的とする不正競争防止法の趣旨からいえば，営業規模の大小による保護に影響するものではなく（東京地判昭和62年3月30日判タ651号211頁〔ベルモード事件〕），たとえ限定された地域内において周知性を獲得した者であっても，その周知性を獲得した後に当該地域に進出してきた類似表示の使用者との間でその商品又は営業に関して混同のおそれが生じれば，進出してきた企業に対して類似商品等表示の使用の差止めや損害賠償請求を行うことができるという帰結になる。

しかし，上記のような事例における混同は，進出してきた企業の商品又は営業を，地域的な周知商品等表示の主体のそれと混同するのではなく，むしろある地域における周知商品等表示の主体の商品又は営業を進出してきた類似商品等表示の使用者のそれと混同を生じる場合が多いと考えられる。

すなわち，不正競争防止法2条1項1号の不正競争行為が前提とするパッシング・オフの類型とは逆の混同が生じることになる。

かような，逆の混同を生じる場合についても，なお不正競争防止法2条1項

１号の対象とすべきか否かは検討を要すべき問題である（茶園成樹「不正競争防止法における逆混同について」学会年報17号57頁）。

ただ上記のような事例の多くは，類似商品等表示使用者の周知性や企業規模，信用力の相違等の事情を考慮すれば，地域的な周知商品等表示と類似商品等表示の間の混同あるいは各々の表示を使用した商品や営業の間の混同のおそれが生じないと考えられ，またそのような具体的な取引実情を考慮すれば表示の類似性そのものが否定される場合もある。

これまでの裁判例も，上記のような理由で不正競争防止法２条１項１号（旧１条１項１号又は２号）の適用を認めないという判断をしていることはすでに前述したとおりである（前記V2参照）。

2　購入後の混同

従来，わが国においては，不正競争防止法２条１項１号の「混同」（混同のおそれ）も，商標権侵害において商標の類否判断の際に実質的基準として用いられる「具体的取引実情を参酌」したうえでの「混同のおそれ」も，需要者が当該商品や役務を購入する際に発生するものと考えられてきた。

ところが，米国では，主に商標法（ランハム法）32条における登録商標権の侵害の要件である「混同若しくは誤認を生ぜしめ又は欺瞞する行為」や未登録商標の保護に関する同法43条(9)項の適用の際に要件となる「混同のおそれ」について，購入時における混同のみならず，購入後の混同（post purchase confusion or post-sale confusion）を含むと解する判決例が登場した。しかし，わが国では，時折，訴訟の争点として取り上げられることはあるが，正面からこのような法理を認容した判例はない。

購入後の混同が問題となるのは，商品の購入時においては混同が生じないとしても，事後の使用の過程において使用者又は第三者が侵害商品と正規商品を混同する可能性が生じる場合である。

使用者による混同の例としては，同一組織内で，商品の購入担当者は両者の商標や商品の具体的な相違から混同を生じるおそれはないが，実際に当該商品を使用する者が商標や商品等表示の類似から混同を生じる場合が考えられる。

しかし，不正競争防止法上の需要者概念は必ずしも商品の購入担当者に限定されるわけではない。例えば，購入担当者だけでなく使用者が当該商品の購入

決定に大きな影響力を有する場合（例えば，医薬品や医療機具等における病院の購買担当者と医師との関係等がその例である）には，このような使用者も「需要者」に含まれるだろう。けだし，当該商品については購入担当者の誤認がなく選択が行われたとしても，今後の継続的な購入にあたっては，使用者の誤った認識による商品の評価が商品の選択に影響を及ぼすおそれが否定できないからである。したがって，そのようなおそれがある場合には，結果的に周知商品等表示の出所表示機能や品質保証機能が害されたといえよう（なお，上記事例において病院という組織体自体が需要者であると想定しても，その組織体内部で商品の選択に影響力を行使できるものが商品の出所を誤認したとすれば，それは需要者である病院に誤認が生じているということもできる）。

　また，第三者が誤認を生ずる場合の典型例は，偽ブランド商品等が購入者によって着用あるいは使用された際に，これを見た第三者が商品自体の同一性を誤認したり，その出所を誤認する場合であろう。

　この場合に，当該第三者が潜在的な需要者に該当すれば，かような誤認が周知商品等表示の出所表示機能や品質保証機能を害するおそれがある。

　不正競争防止法2条1項1号の需要者には，現実の商品購入者（取引者）のみならず，今後顧客となる可能性もある者も含まれるのであり，これらの者が広告宣伝等を通して周知商品等表示を付した商品と類似の商品等表示を付した商品とを誤認した結果，将来その商品選択を誤る可能性がある場合にも「需要者の誤認混同を生ずるおそれ」があるとされるのであるから（大阪地判平成元年9月11日判時1336号118頁〔ヴォーグ事件〕，東京地判平成4年4月27日判タ819号178頁〔リッツショップ事件〕），それと同様の効果を有する上記のような第三者による誤認に対しても2条1項1号を適用することは可能であろう。

□第**3**章

著名商品等表示冒用行為（2条1項2号）

第1節 総　　説

Ⅰ　2条1項2号の意義

　不正競争防止法2条1項2号は，「自己の商品等表示として他人の著名な商品等表示と同一若しくは類似のものを使用し，又はその商品等表示を使用した商品を譲渡し，引き渡し，譲渡若しくは引渡しのために展示し，輸出し，輸入し，若しくは電気通信回線を通じて提供する行為」を不正競争行為として規定している。この行為を「著名商品等表示冒用行為」という。

　「著名商品等表示冒用行為」は，不正競争防止法2条1項1号のように混同を防止しようとするものではなく，著名商品等表示を保護するためのものである。その趣旨は，「著名商標の所有者は，多大の資金と労力を投下して得た商標と商品の連動性について唯一性を維持することに正当な利益を有し，その唯一性に基礎をおく広告力が侵害されるような全てのことを排除することに正当な利益を有する」，したがって，「ここでは何らかの混同を排除することが問題なのでなく，ある獲得された地位を侵害から保護」することにある（土肥一史「他人の信用・名声の利用と不正競争防止法」特研4号15頁）。

　不正競争防止法2条1項2号は，「著名なブランド・マークなどの無断使用，需要者のブランド志向の高まりを背景に，各社ともブランドの知名度，イメージの向上に努めているが，有名ブランドの無断使用により，ブランドイメージの維持に係る企業努力が大きく害されている」（平成5年改正法案提出理由）との認識のもとに，従来の周知商品等表示の保護（旧1条1項1号・2号，現2条1項1号）の出所混同行為と異なり，周知よりさらに知名度の高い著名を要件

とする代わりに，混同を要件としない強力な不正競争行為類型として，著名商品等表示冒用行為を規定したのである。

Ⅱ　2条1項1号との相違点

　著名商品等表示冒用行為は，周知商品等表示混同行為（旧1条1項1号・2号，現2条1項1号）のような，英法でいわゆるパッシング・オフ（passing off）といわれる不正競争行為ではない。不正競争防止法2条1項1号は，周知商品等表示の混同を禁止するものであるが，同法2条1項2号は，著名商品等表示の不当使用を禁止するものであって，混同とは性格を異にするだけでなく，要件的にも関係はない。

第2節　著名商品等表示冒用行為の成立

Ⅰ　旧法における著名商品等表示の保護の限界

　著名商品等表示の保護は，旧法においては，広義の混同理論の適用によってはかられていたが，自ずと限界があった。

1　広義の混同

　旧法下では，混同は広義の混同まで拡大されており，この広義の混同理論は，著名商品等表示の保護についても適用されていた。例えば，営業主体が多角経営をしているときには，未進出の分野の異種の営業についても混同のおそれが生ずるし，著名商品等表示の場合には，営業間に業務上，組織上なんらかの特殊の関係があるかのように誤認されるおそれが少なくない。このような場合に，広義の混同理論で不正競争行為を防ぐことができたのである。

　しかし，このような広義の混同理論に該当しない場合に，これを放置することは，表示主体の信用・名声という価値を冒用させることがある（いわゆるただ乗り又はフリーライド現象）。

　また，当該表示が著名でユニークさを有し，かつ，特別の顧客吸引力を有するとき（いわゆる強い商標，良いイメージを有する商標であるとき）には，たとえ冒用者が異業種の企業であっても，表示の表示力・広告力を拡散させることになる

234 第2編 不正競争行為 第3章 著名商品等表示冒用行為（2条1項2号）

（いわゆるダイリューション現象）。

2 広義の混同理論の限界

しかし，フリーライド理論やダイリューション理論にそった特別規定である不正競争防止法2条1項2号の著名表示の保護の規定が新設されるまでは，商品等表示に対するただ乗りや希釈化のみでは2条1項1号（旧1条1項1号ないし2号）によっては，救済されなかった。

すでに述べたように，三菱建設事件では，関西では被控訴人（一審原告）の三菱地所は控訴人（一審被告）の三菱建設とは競争をしていないとの控訴人（一審被告）の反論を裁判所は認めず，以下のように判示した。

「被控訴会社がいわゆる三菱系会社の一つとして設立せられたものであつて，その組織及び営業内容がその主張のとおりであり，単に建築土木の設計監督ばかりでなく，その工事請負をも行つておりその商号が日本国内に広く認識されていること，又同会社がサービスマークとしていわゆる三菱マークを使用しており，之によりいわゆる三菱系の会社の一員としての被控訴会社の営業の表示として同じく広く認識されている……（中略）……而して被控訴会社その他いわゆる三菱系の諸会社がいずれもその商号に三菱の二字を冠し，且つ三つのダイヤ印を組合せた同型のサービスマークを使用して永年にわたり営業活動を続けており，これらの諸会社は互にその業種は全く相違しているけれども，いずれも三菱系の一員であるとの一事によつて取引上特別の名声と信用を築き上げていることは……疎明せられるところである。」「従つて三菱系諸会社は三菱の二字と三菱マークの使用に付共通の重要な利害関係に立つものと見なければならないのであつて，本件仮処分申請の当否の判断をするについては，以上の事柄をも考慮に入れる必要がある。」との事実を認定し，「以上に認定したような事実関係の下においては，三菱系会社の一員であることに重要な利害関係を持つ各会社はすべて同系統に属しない会社が三菱の二字と右のサービスマークを使用することを特段の事情が無いかぎり排除できるものと解しなければその法律的利益を擁護できないものと謂うべく，換言すれば三菱系諸会社が全体として被る不利益は結局直接間接に同系各会社に及ぶものと考えるのが相当である。かくして当裁判所の不正競争防止法の解釈につき講学上説かれる競争観念の稀釈化の理念を正当とし，本件については三菱系諸会社はいずれも同法第

１条第２号にいわゆる他人に該当し，従つてこれらの会社なかんづく控訴会社とその営業内容に共通点をも持つ被控訴会社は当然同条本文にいわゆる『之ニ因リテ営業上ノ利益ヲ害セラルル虞アル者』として控訴人の不正競争行為の差止請求権を有するものと解するのである。」として，著名表示の希釈化を根拠の１つとしつつ，旧法１条１項２号（現２条１項１号）により差止めを認めている（大阪高判昭和39年１月30日下民集15巻１号105頁〔三菱建設事件（仮処分控訴審）〕）。

　しかし，このような希釈化理論に基づき混同のおそれを認定した上記三菱建設事件や前出のヤシカ事件も，現行の不正競争防止法２条１項２号によれば，各々の表示の著名性と被告（侵害者）の表示と著名表示との類似性を主張・立証すれば足りるといえよう。

　　　＊　ヤシカ事件判決は，「近時は多角経営の時代ともいわれ，カメラ業界においても，
　　　　……シンクロ・リーダー……弱電工業とにそれぞれ進出していること，他方……化
　　　　粧品メーカーが……マイクロ写真……カメラに進出していること，などの事情が認
　　　　められ，……かかる事情の下において……」，表示は「原告が独自に創作した造語表
　　　　示であるが，原告のみがこれを一般大衆向きの低廉な価格を有するカメラに使用し
　　　　て，多額の費用をかけ，その宣伝広告につとめた結果，『ヤシカ』といえば……一般
　　　　大衆向きのカメラを想起せしめる機能をもつに至ったことは前判示のとおりである
　　　　ところ，このような表示と同一又は類似の表示を化粧品に使用することは，該表示
　　　　のもつイメージを稀釈化し，カメラとの結びつきを弱めて，一般人をして一般大衆
　　　　向きのカメラを想起せしめる機能……を減殺して，該表示が持つ無体財産権として
　　　　の価値を減少させ」るという理由まで認定した（東京地判昭和41年８月30日下民集
　　　　17巻７＝８号729頁〔ヤシカ事件〕）。

　そこで，広義の混同理論ですら適用の困難な事件において，フリーライド，あるいは，ダイリューション現象を防止するためには，旧不正競争防止法ではその防止が困難で，立法的修正を要した。これが平成５年の不正競争防止法改正による著名表示の保護（２条１項２号）の新設となった。

　しかし，不正競争防止法２条１項２号の法文と立法趣旨（後記報告書参照）とには，多少の乖離がある。法文は括弧書を除外して要約すると，「他人の著名な商品等表示と類似する商品等表示を使用する行為は不正競争である」という極めて適用が広範となりうる規定となっている。すなわち，実質的に不正競業性のない行為も形式的に包含する広い規定形式のため，逆に，不正競業性のな

236　第２編　不正競争行為　第３章　著名商品等表示冒用行為（２条１項２号）

い形式的該当行為を２条１項２号の適用から排除する必要が生じた。このため解釈の基礎に立法趣旨を考慮するほかないので，平成５年改正において改正の方向を議論した産業構造審議会知的財産政策部会の報告書「不正競争防止法の見直しの方向」（平成４年12月14日。以下，単に「報告書」という）を，少し長くなるが，引用しながら十分検討しておく必要がある。

3　平成５年改正前の著名表示保護に対する認識

　旧法のもとにおける冒用規制の現状について，報告書は「著名表示の冒用に対する規制」として，次のような認識に立っていた（報告書６～８頁）。

> 問題の所在
>
> 　(1)　現行法上，他人の商品表示・営業表示の冒用に対する規制は，『混同』を要件としている（第１条第１項第１号，第２号）。
>
> 　『混同』の概念については，基本的には，被冒用者と冒用者との間に競業関係が存在することが前提とされている（狭義の混同）。（永大産業事件・東京地判昭和40年12月21日を引用（略））
>
> 　(2)　しかしながら，現代における経営の多角化，企業の系列化・グループ化などの傾向に伴い，商品表示・営業表示の不正使用により営業上の利益が害される範囲も拡大されてきており，原告と被告の間に直接の競業関係がなくても，両者間に取引上，経済上あるいは組織上何らかの関係があるのではないかとの誤信が生ずる場合が生じてきており，判例もこのような場合に混同を認めるようになっている（広義の混同）。（三菱建設事件・大阪高判昭和39年１月30日，日本ウーマン・パワー株式会社事件・最判昭和58年10月７日，フットボール・シンボルマーク事件・最判昭和59年５月29日を引用（略））。
>
> 　(3)　さらに，現代の情報化社会において，様々なメディアを通じ商品表示や営業表示が広められ，そのブランドイメージが極めてよく知られるものとなると，それが持つ独自のブランドイメージが顧客吸引力を有し，個別の商品や営業を超えた独自の財産的価値を持つに至る場合がある。このような著名表示を冒用する行為によって，たとえ混同が生じない場合であっても，冒用者は自らが本来行うべき営業上の努力を払うことなく著名表示の有している顧客吸引力に『ただのり（フリーライド）』することができる一方で，永年の営業上の努力により高い信用・名声・評判を有するに至った著名表示とそ

れを本来使用してきた者との結びつきが薄められ，表示の持つ高い信用・名声・評判，良いイメージが損なわれる（ダイリューション）ことになる。

　判例は，このような著名表示の冒用行為に対し，現実には混同が生じているとは考えられないような事案に対しても混同を認定することで規制を図ってきている。かかる判例の結論は具体的事案の解決としては妥当なものと評価されているが，混同を認定した点は理論上問題視されており，解釈論の限界を超えているのではないかとの指摘もされている。

　むしろ端的に，著名表示の冒用行為については，混同を要件としない新たな不正競争行為類型として位置づけることが適切である（西日本ディズニー事件・福岡地判平成2年4月2日，ホテルシャネル事件・神戸地判昭和62年3月25日，ヤシカ事件・東京地判昭和41年8月30日，ソニーチョコレート事件・商標無効審決，東京地裁において社名と商標を変える形で和解が成立を引用（略））。

　ちなみに，報告書が引用しているもののほかにも，ディズニーの漫画「ミッキーマウス」などのキャラクターが，その商品化事業を営むグループの商品表示及び営業表示として周知であるとして，広義の混同理論で，これに類似する標章を衣類にプリント加工して販売する行為が不正競争行為に該当するとされた〔東京地判平成2年2月28日判時1345号116頁〔ミッキーマウス事件〕）。

　続いて，報告書は，「諸外国の著名表示の冒用規制の現状」として，これについて，下記のように述べている。そして，この諸外国の著名表示の冒用規制の現状についての認識が，不正競争防止法2条1項2号の制定，法化に極めて大きく影響している。同号の文理上極めて広い規定内容を，解釈的に制限するためには，報告書の記載は立法趣旨に強く関連する事項として重要である。そこで，引用として長くなるが，いかなる現状認識のもとに2条1項2号が制定されたか，立法趣旨を間接的に示すため，この部分を紹介する（報告書8〜9頁）（各国についての動向に関心のある者は，J.M.Elsaesser（網野誠訳）「著名標章の法的保護」AIPPI10巻2号〜7号，J.M.Elsaesser（網野誠訳）「著名商標希釈化の危険」工業研究1巻3号21頁，満田重昭「著名標識保護の問題の諸相」同・不正競業法の研究85頁，土肥一史「他人の信用・名声の利用と不正競争防止法」特研4号12頁，田村善之「スイスの不正競争防止法の紹介」学会年報16号27頁参照）。

(1) ド イ ツ　ドイツにおいて, 著名表示の冒用規制は, 不正競争防止法や民法において行われている。

　これらのうち, 不正競争防止法第1条 (一般条項) に関しては, 競争関係の存在が, また同法第16条 (営業表示に係る混同惹起行為規制) に関しては混同が規制要件となっている。また著名表示が企業表示と評価される場合には, 無権限の使用による利益侵害に対する差止めを認める民法第12条 (氏名権) の適用対象としている。

　(2) 米　　国　モデル州トレードマーク法案は, その第12条 (希釈化防止条項) に,『事業上の名声に対する侵害のおそれ, 又はこの法律において登録されているマーク, コモン・ロー上有効なトレードネームの顕著性に対する希釈化のおそれは, 両当事者間の競争関係の不存在又は商品若しくはサービスの出所の混同の不存在にも拘わらず, 差止命令による救済の根拠となる』と定めている。

　既に, マサチューセッツ, イリノイ, ニューヨーク, ジョージア, コネチカット, アイダホ, カリフォルニアなど20以上の州でこのような趣旨の『希釈化防止条項』が明文化されている。また, 州登録制度を有しない州においても, コモン・ローにより, 著名標章の冒用の規制が図られている。

　また, 不正競争防止法リステイトメント [起草中] は, その25条において, 非常に著名な自他識別力の強い標識について, ①自他識別力を減少させ, 又は②商品, 役務, 営業の名誉を毀損するか標識から連想されるイメージを汚すような他人による類似の標識の使用は差し止められる, としている。

　なお, 連邦法レベルでも, 1988年の法改正の際, 機が熟さずとして見送られはしたが, ラナム法 (連邦商標法) に希釈化防止規定 (43条C項) を新設することにより, 著名標章の冒用を規制しようとする動きがあった。

　(3) フランス　フランスには, 日本やドイツの『不正競争防止法』のように, 不正競争の防止を直接の目的として制定された一般的・包括的な法律は存在しないため, 著名表示の冒用規制については, もっぱら不法行為に関する判例法により行われている。

　判例は『混同』と呼ばれる不正競争行為類型に限らず, 混同を惹起せしめる意図を有しない場合を含め,『他人の名声の不法な使用』行為に対して不正競争訴権を認めていく傾向にあるといわれている。

　(4) WIPOにおける議論　著名表示の冒用については,『フリーライド』の一類型と位置付け,『著名標章は, 他市場の参加者の標章の唯一性に付け込みたいという欲求に対して保護されるべきである』として『営業上の標識が有する財産的価値, すなわち, その識別力, 良いイメージ, 顧客吸引力ないし広告力などを減少せしめるような第三者による当該標識の使用行為』を混同が生じていない場合

においても規制すべきものとしている。

　著名表示の冒用規制についての諸外国での現状認識を以上のように示している。

Ⅱ　問題点とその解決

　不正競争防止法２条１項２号の新設の主眼点は，著名表示の「顧客吸引力」の減殺からの保護（報告書９頁３の(1)ダイリューション），表示の「イメージが減殺又は毀損」されること（同９頁３の(2)ポリューション），及び，表示の「財産的価値を利用」されること（同９頁３の(3)フリーライド）を防止しようとしたことにあると考えられる。

　同一業種間においては，不正競争防止法２条１項１号より混同の要件を除き，その代わりに，保護表示の周知要件より知名度の高い著名性を要件として要求することで，ある程度目的を達成できるかもしれない。

　しかし，例えば，ダイリューションに例をとれば，ダイリューションありというためには，表示の知名性に関する「著名性」以外にも，表示の「独自性」（又は使用による独自性），「唯一性」（１つでなくても，あまりありふれていないこと），「広告力」（良いイメージをもっていることなど）など，これらを相関的，総合的に判断しなければならない。ところが，法文では知名度に関する表現である「著名」のみしか要件化されていない。これは，平成５年改正にあたり不正競争防止法２条１項２号の適用範囲を極力広くしたものと考えられる（ダイリューションの意義については，満田重昭・不正競業法の研究123頁参照。ただし，ダイリューションの意義が確定していないことについては，小泉直樹「ダリューション」ジュリ1005号29頁）。

　著名概念は，知名度の高さに関する概念であって，他の要件，すなわち表示の独自性（その典型は造語），唯一性，広告力などを，知名度の高さに関する概念である不正競争防止法２条１項２号の「著名」概念のなかに解釈的に包含させることは，ある程度以上は無理がある。

　したがって，著名表示側・使用側のいずれかの条件に，著名表示に関する不正競業性のない場合（例えば，新聞の朝日とビールのアサヒと銀行の（旧）あさひの抵触のような場合）には，違法性がないものとするのが妥当である（第３編第２章第

5節II参照）。

第3節　著名商品等表示冒用行為の要件

　不正競争防止法2条1項2号により不正競争行為とされる著名商品等表示冒用行為の要件は，①自己の商品等表示として，他人の「著名」な「商品等表示」の存在と，②「同一若しくは類似」の表示を，③「使用」すること，又はその商品等表示を「使用した商品の譲渡などをする」ことである。2条1項2号では混同は要件になく，混同の立証は不要である。

　以下，分説する。

I　著名商品等表示

　保護の対象となる商品等表示は「著名」であることを要する。

1　著 名 性

(1)　著名性の地域的範囲

　著名性の地域的範囲は，原則は日本国内において判断すべきである。

　著名商品等表示は，外国製品の商品等表示であってもよいが，国外のみで著名である表示は含まれない。

　「著名」という要件は，どれほど厳格に解すべきであろうか。この点に関して，表示の著名性は日本国内において全国的に著名でなければならないかという問題がある。

　この点に関しては，著名表示の保護が広義の混同さえ認められないまったく無関係な分野にまで及ぶものであることを考慮し，通常の経済的活動において相当の注意を払うことによりその表示の使用を避けることができる程度に表示が知られている必要があるとの理由から，全国的に著名でなければならないと解する説がある（経産省・逐条解説〔平成16・17年改正版〕53頁，山本・要説〔第3版〕116頁，玉井克哉「フリーライドとダイリューション」ジュリ1018号37頁）。

　これに対して，地域的（ただし，商標法4条1項10号の広知性に該当する程度の広域性—少なくとも数県程度—が必要）に著名である表示も，表示が著名である地域内で冒用が行われ，これによってダイリューションやポリューションが生じてい

第3節　著名商品等表示冒用行為の要件　　I　著名商品等表示　　*241*

る場合には，不正競争防止法2条1項2号をもって救済することを否定すべきでないと解する説もある（田村・概説〔第2版〕243～244頁）。

　ある文字表示とか図形表示が，過去の判決例で著名表示と表現されたことがあるということのみで，不正競争防止法2条1項2号の保護を与えることは適当でない。同号の保護の趣旨に値する程度の著名性，知名度を要求すべきである。

　したがって，不正競争防止法2条1項2号の「著名」という意義は，同業種の表示冒用に対する事案での知名度の要求と，異業種の表示冒用に対する事案での知名度の要求とでは異なるものと解すべきであろう。同業種の表示冒用に対する場合は，2条1項2号の要件を満たすことで，一応請求原因を満たすが，異業種の表示冒用に対する場合は，同業種に対する関係で全国的に知られていることのみならず，同業種以外でもある程度知られ，特に相手方の関係でも全国的に知られているぐらいの知名度が必要であろう。すなわち，当該対象異業種においてすら通常の注意を払っておれば表示選択を避けうる程度にまで知名度があることである。もっとも，同一又は類似の表示選択がなされることによってダイリューション，ポリューション，フリーライドが生ずる程度に，高い知名度があることを意味するとしなければならない。そして，異業種といっても，近似度，すなわち離れ具合によって要求される知名度は異なるものとすることが妥当である。

　著名性は周知性より知名度が高いために，不正競争防止法2条1項2号の目的からして，特殊な分野の商品等表示などでの同業種の表示冒用に対する事案の場合は別として，異業種の表示冒用に対する事案などでは，著名性自体の立証は，本来周知性の立証より容易であるべきである。なぜなら，著名商品等表示の冒用は，異業種の業界人としても避ける必要があるように立法が改正されたからである。つまり，著名商品等表示が使用されている業界人でなく，異業種の業界人でも，通常の注意を払っておればその著名表示に気づき，抵触が避けられる程度に著名でなければならない（もちろん，著名性は客観的で，当人が知っていたか知らなかったかは判断する必要はない）。ソニーのような著名な造語文字表示，日航・東急・阪急のような独自性のある著名文字表示，三菱のような全国的企業集団の著名文字表示・図形表示，コカ・コーラの瓶の形状表示などがこ

れに属するとしても，さらに広く上記の程度に至らない高い知名度の表示については，どこまで不正競争防止法2条1項2号の著名性があてはまるのか，その具体的な程度について，ある程度判例法が形成されつつある（詳細は後記⑵）。

また，著名性を要する地域的範囲については，不正競争防止法2条1項2号の趣旨とともに，2条1項1号の周知性に関する地域的範囲との相違も考慮する必要がある。

不正競争防止法2条1項1号の周知性が，全国にわたり広く認識されることを要するものではなく，一地方において広く認識された表示であってよい（最判昭和34年5月20日刑集13巻5号755頁〔アマモト事件（上告審）〕。この事件においては，愛知県を中心とする数県）とされているのに対し，不正競争防止法2条1項2号の著名商品等表示は，必ずしも地理的な全国に一律に知られている必要はないが，極めて広い地域的範囲にわたり広く認識されることを要し，一部の地域，一部の需要者層のみでの認識では足りない。

ただ，著名性の地域的範囲について，極めて広い地域的範囲にわたり広く認識されることを要するとしても，それについて不当利用（フリーライド）や汚染行為（ポリューション）が行われている場合に，著名性を広い地域的範囲のすみずみまで立証をさせるような厳格な要求をすると，法改正の意義はまったく失われる（立法としては，「他人の名声の不当利用」概念を用いるべきであったと考える。「混同のおそれのない他人の名声の不当利用」が，不正競争防止法2条1項1号と2号の間で，あまりこぼれ落ちてしまわないように解釈し運用する必要がある）。

特に，同業種間において，全国的な著名商品等表示と同一の表示が冒用されている場合においてまで，異業種におけるダイリューション行為の場合のように，当該地域（全国的であることを要する）以外の対象（老若・男女・無関係層）にまで，極めて広い範囲での知名度をむやみに厳格に要求すれば，不正競争防止法2条1項2号で解決しようとした問題の多くは不法行為法に委ねることとなり，立法の意義は失われる。ダイリューションの場合において，表示の「高い知名度」，「独自性」，「唯一性」，「好評性」などが立証された場合には，むやみに広い対象範囲の著名性を要求する必要はない。また，表示の「高い知名度」，「独自性」，「唯一性」，「好評性」は相関関係にあり，それぞれが他を補う。

なお，対象たる地域的範囲は，現実の使用地域のみではなく，旧不正競争防

止法1条1項1号・2号での判例・通説と同じく，広告などによって認知の形成された地域も含まれる。

ただ，不正競争防止法2条1項2号による請求が認容された判決を概観すると，女性向けのファッション雑誌としてわが国のみならず国際的にも知られた「ELLE」（東京地判平成10年11月27日判時1678号139頁〔ELLE CLUB 事件〕），わが国内で航空運送事業をはじめ多角的事業を営む航空会社の略称として知られた「JAL」（東京地判平成10年11月30日特企352号85頁〔JAL 保険事件〕），古くから胃腸薬として知られた「セイロガン」に「糖衣」及び「A」なる文字が一体となった「セイロガン糖衣A」（大阪地判平成11年3月11日判タ1023号257頁〔正露丸糖衣錠 AA 事件〕），同じくわが国内で広く流通し，よく知られたビタミン剤「アリナミン」（大阪地判平成11年9月16日判タ1044号246頁〔アリナビック事件〕），わが国内のみならず，国際的にも知られたサッカーワールドカップの表示である「FIFA WORLD CUP」（東京地判平成12年12月26日裁判所ホームページ〔FIFA WORLD CUP 事件〕），東京に所在するものの，全国から受験生を集めている大学やその附属中学・高校などを経営する学校法人の名称たる「青山学院」（東京地判平成13年7月19日判時1815号148頁〔呉青山学院事件〕），わが国内のみならず，国際的に著名な鞄メーカーのブランドである「LOUIS VITTON」（東京地判平成14年4月25日裁判所ホームページ〔ルイ・ヴィトン事件〕），わが国内で広く知られた企業グループの名称たる「三菱」（東京地判平成14年7月18日裁判所ホームページ〔三菱ホーム事件〕，知財高判平成22年7月28日裁判所ホームページ〔三菱信販事件〕），ファッション雑誌及びこれを発刊する者の商品等表示としての「VOGUE」（東京地判平成16年7月2日裁判所ホームページ〔ヴォーグ事件〕），わが国内において広く知られたデパートの名称「伊勢丹」（東京地判平成18年2月13日裁判所ホームページ〔伊勢丹商事事件〕），電鉄会社及びその企業グループ及びその中核企業の表示「東急」「阪急」（東京地判平成20年9月30日判時2028号138頁〔TOKYU 事件〕，大阪地判平成24年9月13日裁判所ホームページ〔阪急住宅事件〕，大阪高判平成25年4月11日判例集未登載〔阪急住宅事件（控訴審）〕，東京地判平成20年9月30日判時2028号138頁〔藤久建設事件〕〈ただし，類似性は否定された〉，東京地判平成20年2月26日裁判所ホームページ〔東急ドライクリーニング事件〕，東京地判平成19年7月26日裁判所ホームページ〔東急産業事件〕），昭和26年からコーヒー豆の輸入販売やコーヒーを主体とした喫茶店などコーヒー関連事業を

244 第2編 不正競争行為 第3章 著名商品等表示冒用行為（2条1項2号）

営む企業グループの営業表示である「UCC」「ユー・シー・シー」（大阪地判平成27年11月5日裁判所ホームページ〔UCC事件〕），わが国を代表する航空会社が営業表示として使用する鶴を模した鳥が円形の外周に沿うように翼を広げた図柄（東京地判平成10年11月30日裁判所ホームページ〔JAL保険事件〕，東京地判平成30年9月12日裁判所ホームページ〔JAL鶴のマーク事件〕）などは，ほぼ全国的に著名であることが争いなく認められる事案である。

　しかし，このような全国的に高い知名度を獲得したとまではいい得ないような事案であっても，不正競争防止法2条1項2号の著名商品等表示と認められた例もある。

　例えば，室町時代京都において創業し，明治初期に東京に本店を移転し，平成12年ころには87の直営店や札幌，大阪など全国15都市のデパートが駅ビルに68の出店を行い，海外でもパリ，ニューヨークに店舗を有している和菓子店の屋号である「虎屋」及び「虎屋黒川」は広辞苑にも記載され，少なからぬ文学作品にも登場しているなどの事情があるが，それでもこの屋号（商品等表示）は和菓子を中心とする食品の製造・販売の分野において著名であったと認定されている（東京地判平成12年12月21日裁判所ホームページ〔虎屋事件〕）。これは原告の営業が和菓子の製造・販売という比較的狭い範囲に限定された事案であるものの，その商品等表示は前記のように広辞苑や文学作品を通じて広く和菓子店の名称としては知られるようになっているが，和菓子店というジャンルを越えて他の分野においてまで著名になったとは断定し難いという事情があったものと思われる。

　また，わが国のゲーム機及びゲームソフトのメーカーが開発したアクション系ゲームの名称である「マリオカート」及びその略称である「マリカー」はゲーム愛好家等の間ではきわめて著名だといわれているが，ゲームを行ったり興味を持たない者の間では社会現象として当該ゲームがゲーム愛好家の間ではきわめて高い人気を博していることを知る程度であって，このゲームの名称を原告であるゲーム機及びゲームソフトのメーカーとの一対一の結びつきを強く認識するまでに至っていない可能性があるものの，同メーカーの著名な商品等表示であると認定されている（東京地判平成30年9月27日裁判所ホームページ〔マリカー事件（第一審）〕）。これは被告の営む路上カート事業の主たる利用者層と原告

商品の需要者層の主要な部分が重複していること及び被告自身が原告の商品等表示の強い顧客吸収力を利用して営業を行おうとする意思を強く推認させる事情があったことが影響しているとも推認される。

なお，同じようなエンターテイメントの業界や需要者においてはきわめて著名であるとともに社会的にも広く知られた名称が，著名な商品等表示と認定された事例としては，怪獣映画シリーズ及びそこに登場する怪獣の名称「ゴジラ」（以下「原告表示」という）はこれを製作した映画会社の作品としてだけでなく，その表示が使用された玩具，衣料品，文房具等の商品化事業の商品等表示としても著名であるとして，これに類似する「ガジラ」等の表示は，その表示の使用態様等の具体的な取引実情の下では，その取引者，需要者は著名な原告表示を容易に想起しうるとして類似表示を付した商品等の譲渡差止め等の請求を認容した判決がある（東京地判令和4年4月26日裁判所ホームページ〔GUZZILLA事件〕）。

この他，著名商品等表示と同一のドメイン名を使用したサイト上で，自己の商品や営業の広告宣伝等を行う事案に対して不正競争防止法2条1項2号を適用した判決も存在する（富山地判平成12年12月6日判時1734号3頁〔Jaccs.co.jp事件〕，名古屋高金沢支判平成13年9月10日裁判所ホームページ〔Jaccs.co.jp事件（控訴審）〕，東京地判平成13年4月24日判タ1066号290頁〔J-PHONE事件〕）。不正の利益を得る目的又は他人に損害を加える目的で，他人の特定商品等表示と同一又は類似のドメイン名を使用する権利を取得し，若しくは保有し，若しくはドメイン名を使用する行為は，不正競争防止法2条1項19号で不正競争行為として規定されている。しかし，かような不正の利益を得る等の目的の有無が明確に立証できない事案でも，他人の著名表示を自らの商品や役務の販売・提供あるいはその広告・宣伝を行うサイトのドメイン名として使用するなどの行為は，当該ドメイン名を自らの商品や役務の出所を識別する表示として使用していると認められ，不正競争防止法2条1項2号の「商品等表示」に該当する。

(2) 著名性認定の対象と程度

著名性の地域的範囲のほかに著名性認定の対象の問題がある。著名性の存否は，消費者について判断すべきか，取引者層において判断すべきかの問題，及び，認識の浸透度はいかに判断すべきかの問題である。

不正競争防止法に定める需要者には，取引者又は最終消費者のいずれもが入

る。著名商品等表示の冒用行為による不正競業の効果たるダイリューション等は，取引者又は最終消費者のいずれに生じても，これを禁圧しなければならない。不正競争防止法2条1項2号においては，著名性認定の対象は，消費者でなければならないものではない。したがって，それは，取引者又は消費者のいずれであってもよい。

著名商品等表示についての強い信用が，上記のいずれにおいて形成されていても，保護する必要がある。これは，当該表示の作用する実態において，その基礎が取引者又は最終消費者のいずれにおかれているかによって判断すればよい。

例えば，1つの表示に対する認識が，取引者及び最終消費者の双方で判断され，一方において周知であり，他方において周知でないと判断された不正競争防止法2条1項1号の適用例として，モリト事件がある。履物関連・服飾資材関連で業界に著名なモリトが，消臭剤の製造販売・コンピュータ関係・医療機器関係の業務を営む㈱モリトジャパンに商号の抹消請求と消臭剤の製造販売において㈱モリトジャパンの商号の使用禁止を求めた事件である。この事件において，モリトは衣服や靴の付属品において周知であるが，一般消費者において衣服や靴の付属品以外の商品について周知でないと判断され，㈱モリトジャパンの商号全部の抹消請求は棄却され，消臭剤の製造販売においての㈱モリトジャパンの商号の使用禁止が認容された（大阪地判平成4年12月24日特企291号41頁〔モリト事件〕）。

㈱モリトは，明治41年創業，昭和10年法人化のプライム市場上場の会社であるが，上記判決時において従業員647人，大阪本社のほか3支店，4営業所，11出張所，関連会社2社，香港，アメリカ，オランダに現地法人，シンガポール，韓国，中国に駐在所があり，平成2年売上458億円，輸出は40億円の規模であるが，卸が中心であるとされた。これだけの規模があるので，全国の履物資材関係の業者，カラーナイロンファスナーを取り扱う業者はほとんど知っている。しかし，一般消費者には靴クリームの「KIWI」のほうが知られているかもしれない。このような場合に，不正競争防止法2条1項1号で，㈱モリトジャパンの商号全部の抹消請求は棄却されたが，認定事実を前提とすれば，同号の請求原因との関係では正当であろう。しかし，この消臭不織布とこ

れを原料とするシール「くっつ」を売る㈱モリトジャパンもそうであるが，ある会社がある物Aの製造販売のほか，コンピュータソフトの開発や，医療機器，不動産，宝石などのすべてに周知になることは困難であり，また，何か離れた業務が営業目的に入れば商号抹消ができないとなると，根本的に考えなければならない。したがって，営業は名目・形式で考えずに，主要・実質で考えてよいのではなかろうか。また，ある業界で著名な商品等表示の保護に不正競争防止法2条1項2号が用いられないとすると，2号は立法にあたって想定された事例にも適用されず，1号の外延と2号の外延の間に大きな間隙ができることになってしまう。

　また，表示は国民全部，すなわち取引者及び消費者の全部が知っている必要はない。取引者又は消費者のある範囲，ある階層でよい。すなわち，個別の取引対象者での知名度で，著名性が決定されてよい。全国的に知られている程度は，商品・役務の種類及び性質などによって具体的に判断するのを相当とする。不正競争防止法2条1項1号では通説・判例といえようが（東京地判昭和33年9月19日不競集269頁〔トイレットクレンザー事件〕），不正競争防止法2条1項2号でも同様に解釈しないと2号は無力な規定となり，立法趣旨は生かされないであろう。

　当該商品に関心のある者は知っているが，当該商品に関心のない者は，そのブランドやその表示は知らない。しかも，それでいて当該商品に関する分野において保護すべき信用が形成されていることは多い。女性生理用品の極めて有名なブランドを男性が知らず，国際的に有名な眼鏡のブランドを，眼鏡を用いない階層はまったく知らない。また，玩具の国際的・国内的有名表示は，あえて子供や子供をもつ親しか知らないといってよい。もし仮に全国民，老若男女を通じての知名度が必要となると，著名性が認められるのは極めて限られた商品・役務に限定されてくる。

　しかし，地域的範囲の問題と同様，商品・役務の種類及び性質などによって，これを知る人が極めて少数の者に人的範囲が限定されてくるならば，やはり著名性はないとしなければならない。それは，不正競争防止法2条1項2号の趣旨から，自ら人的広狭の判断はなされるべく，事案に即して具体的に判断される。

(3) 不正競争防止法2条1項2号の著名性と商標法の周知・著名

　不正競争防止法2条1項2号の著名性，すなわち「著名」の意義は，商標法64条の防護標章の「広く認識されている」の意義と完全に一致はしない。しかし，防護標章における認識度は，不正競争防止法2条1項2号の「著名」と同様に，全国にわたり広く認識された著名な商標であることを要するとされ，極めて厳格に認定され運用されてきたので，不正競争防止法2条1項2号の「著名」の意義は，商標法4条1項10号の登録阻止事由に用いられている「広く認識されている」よりも，商標法64条の「広く認識されている」のほうが性格的に似ている。したがって，防護標章で登録されているという事実は，不正競争防止法における著名性認定の1つの参考にはなろう。ただし，商標法64条のように「混同」を要件としないので，不正競争防止法2条1項2号の「著名性」のほうがより知名度は高いことが必要というべきであろう。

　また，不正競争防止法2条1項2号の「著名」の意義は，商標法4条1項8号の登録阻止事由に用いられている「著名」な雅号などの「著名」の意義とも異なる。

　不正競争防止法2条1項2号の著名商品等表示保護の要件においては，使用対象の商品・役務の範囲を問わない，著名性の不当利用防止という不正競業としての性格から，いわゆる周知商標の存在による出願商標の登録阻止という商標法4条1項10号の事由と比較して，不正競争防止法2条1項2号の知名度の高度さの要求は，商標法4条1項10号のそれよりは厳しいものというべきである。

(4) 不正競争防止法2条1項2号の著名性と立法趣旨

　不正競争防止法2条1項2号の著名性について，立法の基礎となった産業構造審議会知的財産政策部会の報告書は，次のように述べている（報告書9頁）。

　著名表示の冒用行為を新たな不正競争行為類型として位置付ける場合には，以下のような要件によって規制することが適切である。

　1　冒用された表示が著名であること

　営業上の努力により，商品表示・営業表示は，自己の営業の本来の需要者や本来の営業地域の枠を超えて自己を表示するものとして広く知られ，高い信用・名声・評判が化

体されたものとなる。そのような表示は，本人（営業努力により表示を自己の営業の本来の需要者や本来の営業地域の枠を超えて広く知られるようにした者）により使用されている商品や営業と無関係な商品や営業に付された場合でも，それに化体された信用・名声・評判により，商品や営業の売上を促進させる顧客吸引力を有し，それ自体が独自の財産的価値を有する。

　本規制による保護の対象は，このような表示とすることが適当である。

　しかし，不正競争防止法2条1項2号の「著名性」には，「表示の著名性」の要件のほかに，①表示の希釈化（ダイリューション）の成立のためには，表示の独自性，表示の唯一性，表示の印象の良さなどの総合的判断が必要であり，②表示の汚染（ポリューション）の成立のためには，使用商品・役務の粗悪性が必要であり，③表示のただ乗り（フリーライド）の成立のためには，他人の名声の不当利用性が必要である。

　しかるに，法文の形態では著名性しか要件化されていない。

　著名概念は，どうしても，知名度の高さに関する概念であって，以上の他の要件をその中に解釈的に包含させることには無理があることはすでに述べた。

　したがって，被侵害者側は他人の著名な商品等表示の使用の立証のみで，一応外形的には，不正競争防止法2条1項2号の主張責任，挙証責任を果たしたものとなる。しかし，当該事案において著名商品等表示に，表示の独自性，表示の唯一性，表示の印象のよさなどがなくダイリューションに相当しない場合，使用者側（被疑侵害者側）に，使用商品・役務の粗悪性がなくポリューションにならない場合，他人の名声の不当利用性，すなわちフリーライドでない場合，このいずれの状況もない場合には，形式上法文の要件に該当しても不正競争性はない（例えば将来，アサヒビールと朝日新聞，協和銀行と協和法律事務所のような事態の生じた場合，従来の表示理論をまったく変えて考えるのであろうか。不正競争防止法2条1項2号では要部理論は適用がなくなるのであろうか。アサヒビールを著名でないとする議論は，表示の唯一性の問題であり，それは，もはや表示の知名度の問題ではない）。かかる場合，違法性がないもの，すなわち形式的に法文に該当しても実質的に不正競争行為でないものとして，使用者側（被疑侵害者側）で，ダイリューション，ポリューション，フリーライドなどの不正競争性のない事実を反証して請

250　第2編　不正競争行為　第3章　著名商品等表示冒用行為（2条1項2号）

求の棄却を求めうるものと思われる。

　表示の使用をする側に，ダイリューション，ポリューション，フリーライド
などの不正競争性がない場合は，不正競争に該当するが営業上の利益の侵害が
ないから不正競争防止法で差止請求がなされない，というものではない。当初
より不正競争行為ではないのである。

　なお，ある学説は「純」「ワールド」などの弱いマークが著名性を獲得した
場合にも，後発者が著名商品等表示と異なる事業分野において「純」「ワール
ド」といった表示を自己の商品等表示として選択する利益を容易に奪われるべ
きではないとの観点から，かような後発者による商品等表示の使用によって，
著名商品等表示にポリューションなどの具体的不利益が生じたことが主張・立
証されたときに，著名商品等表示の主体の「営業上の利益」が侵害されるおそ
れが生じたものと解すべきであるとする（田村善之「改正不正競争防止法の論点(2)」
JCAジャーナル454号7頁）。

　「営業上の利益」の解釈で，不正競争防止法2条1項2号の広がりすぎを制
限することは，将来の不正競争防止法体系に影響を与える。「営業上の利益」
の文言は，現在，事業者のみに不正競争防止法に関する訴権があり，事業者団
体・消費者団体などには訴権がないことと関連づけられており，この要件が変
更されたり，なくなる可能性もある。また，立法当時この不正競争防止法2条
1項2号は刑事罰の対象になっていなかったから，営業上の利益の解釈で，2
号の広がりすぎを制限する調整的な役割を果たさせうるが，刑事的救済には
「営業上の利益」は無関係である。「営業上の利益」の解釈で不正競争でないも
のを不正競争としたうえで，訴えのみを制限する形は法体系上望ましくない。
民事的救済・刑事的救済に共通の違法性にこの解決を求めることが妥当であ
る。また，営業上の利益の侵害は，原告に挙証責任があり，営業上の利益の侵
害要件を挙証容易な概念にしておかないと運用上妥当ではない。

(5)　表示の混同・ただ乗り・希釈化・汚染の相違

　最後に表示の混同（コンフュージョン；confusion）・ただ乗り（フリーライド；free-
ride）・希釈化（ダイリューション；dilution）・汚染（ポリューション；pollution）の相
違について見てみよう。

　広義の混同理論は，「混同」とは，営業間に業務上，組織上何らかの特殊な

関係があるかのように誤認されるおそれがあるということであるから，著名商品等表示の保護の問題と関係し，表示の独自性が強く，周知度が高いときには，異種の商品や営業についても，混同のおそれがある。この点ではフリーライドとも関連する。しかし，営業主体の多角化は，未進出の分野の異種の営業についても混同のおそれが生じるが，これはフリーライドやポリューションとは関係が薄い。

　フリーライドは，信用・名声という価値の冒用であるから，無断使用者の意図や認識など主観面も関係するのに対し，いわゆるダイリューション現象は，当該表示が著名で，ユニークさを有し，そして，特別の顧客吸引力を有するとき（いわゆる強い商標，良いイメージを有する商標であるとき）に，異業種であっても，無関係な表示使用が，表示の表示力・広告力を拡散させ傷つくというのであるから，使用者の意図や認識など主観面は背後に退き，客観面が中心である。

　ダイリューションでは著名商品等表示の性格が重要であるのに対し，ポリューションでは無断使用者の業種的性格が重要である。

　最高裁判所が広義の混同を認めた，フットボールチームマーク事件（乙）（最判昭和59年5月29日民集38巻7号920頁〔フットボールチームマーク事件（乙）（上告審）〕）は，フリーライドが中心である。ダイリューションもないとはいえないが，ポリューションはないといってもよい。日本国内はもとより世界的にも著名なファッション雑誌の題号である「VOGUE」の標章を，ベルト，バッグ，財布，定期入れなどに使用した行為が，旧不正競争防止法1条1項1号・2号に該当する行為であるとされた事例（大阪地判平成元年9月11日判時1336号118頁〔ヴォーグ事件〕）も同様であろう。

　これに対して，ヨドバシポルノ事件（東京地判昭和56年10月26日無体集14巻3号768頁〔ヨドバシポルノ事件〕，東京高判昭和57年10月28日無体集14巻3号759頁〔ヨドバシポルノ事件（控訴審）〕，最判昭和58年10月14日特企180号11頁〔ヨドバシポルノ事件（上告審）〕），パチンコ業の西日本ディズニー事件（福岡地判平成2年4月2日判時1389号132頁〔西日本ディズニー事件〕），ホテルシャネルの名称でラブホテルを営業していた者に対する事件などでも不正競争防止法上の請求が認容されている（神戸地判昭和62年3月25日無体集19巻1号72頁〔ホテルシャネル事件〕）。これらは，ポリ

ューションの典型である。地名のヨドバシ名称は独自性がやや薄くダイリュー
ション理論では困難な事案かもしれない。混同の有無に関して第一審では敗訴
している。控訴審，上告審に対しても救済判決との批判もある。しかし，この
事案ではフリーライドは認められるであろう。ノーパン喫茶ニナリッチ事件
（東京地八王子支判昭和59年1月13日判時1101号109頁〔ノーパン喫茶ニナリッチ事件〕），
ポルノランド・ディズニー事件（東京地判昭和59年1月18日判時1101号110頁〔ポル
ノランド・ディズニー事件〕）では，フリーライド，ダイリューションも妥当する。
強いマークであるソニー事件（東京地判昭和59年3月12日判タ519号258頁〔神田ソニ
ー・日本橋ソニー事件〕）は，ダイリューションの典型でもある。

　ゴールデン・ホース事件（東京地判昭和58年4月25日判時1076号128頁〔ゴールデ
ン・ホース事件〕）などは，ポリューションとまでいえるか微妙なところである。
しかし，他人の名声の不当利用の例としては典型である。

2　商品等表示

　不正競争防止法2条1項2号の保護の対象は，著名商品等表示，すなわち
「著名商品表示」及び「著名営業表示」である（本章第3節Ⅰ参照）。

　ここでいわゆる商品等表示（「商品・役務を表示するもの」）とは，商品・役務を
個別化する認識手段たる形象である。すなわち，その認識手段を備えた商品・
役務が，何人から出たものであるかということを示す，他の商品・役務の出所
と区別させる認識手段である。ただ，それは「特定の出所より出たこと」を弁
別させることをもって足り，出所の正式名称などを想起させるものである必要
はないことは，不正競争防止法2条1項1号の表示の場合と同じである。

　ここにいう商品等表示というのは，不正競争防止法2条1項1号に規定して
いる「人の業務に係る氏名，商号，商標，標章，商品の容器若しくは包装その
他の商品又は営業を表示するもの」である。

　表示が保護されることは，表示として列挙されているものはすべて同じであ
って，条文に「氏名，商号」と同一又は類似のものとあっても，それが商品表
示としてもつ意味，あるいは機能は，商標と同じような商品表示としての氏
名，商号であり，営業表示としてもつ意味，あるいは機能は，商号と同じよう
な営業表示としての氏名，商号である。「容器，包装」と同一又は類似のもの
というのも，商標・商号と同じ作用をしている表示としての第二次的出所表示

機能をもった商標的な商品容器・包装である。

　表示は，認識可能な表示としての全体的一体性を有し，独立の個別化を有するものでなくてはならない。この統一性と独立性を有する限り，商品個別化手段が，商標であるか，商品の容器であるかなど，手段の何たるかを問わない。

　したがって，氏名のみでなく，氏も名も，また雅号，芸名も，さらには，法人の名称であってもよい。商号も，全体でなく略称であってもよい。営業表示としてのサービス・マーク（役務商標）であってもよい。

　すでに述べたように，サービス・マークには，全体としてのサービスのマーク（銀行のハウスマークなど）と，部分としてのサービスのマーク（定期預金の愛称など）とがあるが，いずれも不正競争防止法2条1項2号で保護されうる。同一の標章が，商品商標であると同時に役務商標（サービス・マーク）であることもある（例えば，"NHK"が放送サービスを提供し，かつ，"NHK"の商品商標で出版物・CDなどを販売する場合のごとし）。この場合，2条1項2号の営業表示でありかつ商品表示であるものとして取り扱われることになる。NHK・読売新聞のような全国的媒体を有する企業体の表示は，2条1項2号で保護される可能性が極めて高い。

　表示は商品の普通名称のように本来自他識別機能がなく，特定人に独占させるに適さないものであってはならないが，それが永年使用され，香水における「4711」のように使用による特別顕著性（二次的出所表示機能）を生じたものでもよい。

　問題になる「商品の容器，包装」も，「その他の商品を表示するもの」である。表示としての「商品の形態」そのものも，表示同様の機能，すなわち，個別化機能をもつものは，不正競争防止法2条1項2号の対象となる。

　商品の形態が商品等表示に含まれることは，判例・通説ともに認めるところである。

Ⅱ　表示の類似

1　趣　　旨

　著名商品等表示冒用行為が成立するためには，冒用者の使用する表示が著名表示と同一又は類似の表示であることが必要である。

前記報告書は「著名表示と同一の表示に限らず，著名表示と類似の表示についても，その冒用により，著名表示の持つブランドイメージが減殺又は毀損され，冒用者は自ら営業上の努力を払うことなく著名表示の財産的価値を利用する状況が生ずると考えられるため，規制の対象となる表示としては，著名な表示と同一の表示のみならず著名な表示と類似の表示をも含むべきある」（報告書9頁）とする。表示の構成の同一については，問題が少ないので，以下，表示の類似について詳述する。

2 他の類否判断との相違

表示の類似は，出所の混同とまったく同一概念ではない。不正競争防止法2条1項1号では，表示の類否判断は，出所混同のおそれを基準として考えるべきであるとされる。しかし，同法2条1項2号の類否判断は，表示そのものの構成の形式的対比のみでなすべきものではないことはもちろん，出所混同のおそれを基準として考えるべきでない。なぜならば，1号と2号では，保護の趣旨が違うからである。

不正競争防止法2条1項2号では，当該表示が著名表示を認識あるいは想起させるかどうかで判断すべきである。すなわち，2号では著名商品等表示と著名表示の主体との一対一の対応関係を崩し，ダイリューションを惹き起こすほど似ている表示，換言すれば，容易に著名商品等表示を想起させるほど似ている場合に両者が類似すると考えるべきである。

不正競争防止法における表示の類似の判断には，表示の知名度の高さも影響するが，不正競争防止法2条1項2号では表示の独自性も影響する。さらに，表示の周辺の状況，すなわち，当該取引分野において，近くに似たような表示が多く存するか否か，あるいは唯一性が保たれているか否かなど，いわゆる表示の強さが影響する。

また，表示の全体，すなわち，中核をなす表示に付加されているものが，どのように全体の印象を変えて著名表示から印象を遠ざけているかなども影響する。不正競争防止法2条1項2号においては，混同防止よりもダイリューション，ポリューションや，フリーライドを防ぐ意味が大きいとされるからである。

不正競争防止法2条1項1号と異なり，打消表示は，これらダイリューショ

ン，ポリューションや，フリーライドの起こらないほど根本的なものでなくてはならない。

逆に，不正競争防止法2条1項1号と判断手法はやや異なり，著名表示と同一ではないが，当該表示が著名表示を認識させるかどうかで判断される。ダイリューション，ポリューションや，フリーライドがない場合には，1号の混同防止の場合よりも，類似の範囲は狭いことも起こりうる。

商標法においても，最近では，解釈上競業法的判断が入りつつあるが，不正競争防止法2条1項2号の類似の判断は競業法的判断のなかでも，パッシング・オフ的規定，混同防止的規定を超えた反良俗的判断を必要とする。商標法における規定のなかでも，不正競争防止法2条1項1号の他人の表示と混同のおそれのある表示の使用排除の規定の性格は商標法4条1項15号の他人の商標と混同のおそれのある商標の登録排除の規定に対比しうるのに対し，不正競争防止法2条1項2号は，商標法4条1項15号でなく，むしろ商標法4条1項7号の公序良俗違反の商標あるいは商標法4条1項19号の不正目的をもつ著名表示の使用の登録排除の規定に対比しうるものである。

なお，この関係で，いわゆる強いマークと弱いマークとの階層性（強いマークと弱いマークの階層性に関しては，江口順一「アメリカ商標法における強い（strong），弱い（weak）マークの法理について」阪大法学部創立三十周年記念論文集219頁など参照）に関する議論を参考にしつつ，不正競争防止法2条1項2号の類似性の判断においても造語商標（表示）などの強いマークと記述的な表示や総称的な表示のような弱いマークを含む表示とで相違を設けようとする考え方もある（田村・概説〔第2版〕246頁）。

この説では，「特に混同のおそれが存することをいう限定要件を持たない2条1項2号における類似性の要件には，表示の独占を認めうる範囲を限定するという機能が十二分に発揮されることが期待される」との前提に立ち，「著名表示の主体に発生する不利益が稀釈化にとどまる場合，他者の表示選定の自由を過度に害することのないよう，ウィーク・マーク（識別力の弱いマーク）については保護を付与しないことにすべきである」と考え，「解釈論としても両表示の共通部分が識別力を持たない部分にとどまる場合には，類似性を否定すべきである」とするのである。

256　第2編　不正競争行為　第3章　著名商品等表示冒用行為（2条1項2号）

　具体的には，「たとえば，『朝日（アサヒ）』『大正』『日清』のように，相互に無関係にさまざまな企業に用いられているという意味で識別力のない弱いマークに関しては，たとえば，『朝日』のみが共通するだけでは特定企業を容易に連想するわけにはいかないから，『朝日新聞』『アサヒビール』まで模倣されてはじめて『類似性』の要件を満足する」という解釈をとる。

　しかし，ある用語が多数の企業によってその商号や商標に用いられているというだけで，直ちにその識別力が弱くなるというものではない。この説も，他方では，ストロング・マークかウィーク・マークかは「著名標章の主体（便宜上，原告と呼ぶ）にとってのマークの意義を考察するのではなく，著名標章を冒用しているとされた者（便宜上，被告と呼ぶ）にとって，当該マークを使用することにどのような利益があるのかという問題として捉えるべきである。たとえば，コンピュータ業界に属する原告が『アップル』という言葉を自己の商品や営業に用いる場合，コンピュータ業界およびその関連産業に属している被告に対しては『アップル』はストロング・マークであるが，飲食関連産業に属している被告に対してはウィーク・マークである」（田村・概説〔第2版〕251頁）というように使用される状況によって，ストロング・マークやウィーク・マークの判断基準に相対性があることを認めている。

　したがって，この説で用いられているストロング・マークやウィーク・マークの概念は，商標や表示の構成（それが造語的マークか記述的あるいは総称的マークか）のみによって決定されるものではなく，具体的な取引状況において識別力が強いか弱いかという基準として使用されているものと思われる。

　そうだとすれば，「朝日」「大正」「日清」といった表示も，それ自体識別力が弱いのではなく，長年多数の企業によって使用された結果，特定表示主体との一対一の関係が弱くなったか，あるいは有しなくなった表示というべきであろう（なお，当初ロシアを征する意味で「征露丸」と呼称された薬剤の名称が変じた「正露丸」はその後複数の事業者によって同種薬剤に使用された結果，特定の表示主体との結合関係が弱まり，それのみでは商品・役務の出所表示機能を有しないと判断された事例として大阪地判平成18年7月27日判タ1229号317頁〔正露丸包装事件〕，大阪地判平成24年9月20日判タ1394号330頁〔正露丸糖衣S事件〕）。

　なお，下級審判例のなかには，原告の著名商品等表示「プルデンシャル

（Prudential）」は，日本において英語の本来の意味では一般に認識されているとはいえず，原告と米国会社が使用するもの以外に「プルデンシャル」の名称が商品等表示として使用され，社会的認識を得ているものと認められないことを考慮して，被告表示「プルデンシャル」「Prudential」「Prudential life」などとの類似性を肯定した判決がある（東京地判平成10年4月24日速報277号13頁8098〔プルデンシャル生命事件〕）。

　また，前出の呉青山学院事件では，原告であり東京に存在する青山学院大学，青山学院中学部などを経営する学校法人青山学院の「青山学院」なる表示の著名性を認めたうえで，呉市青山町に存在する「呉青山学院中学校」との類似性を判断するにあたっては，「『青山』の部分が人名又は地名として上げられた名称であり，『学院』の部分が学校の異称であって，ミッションスクールや各種学校などにおいて多く用いられる普通名称であることからすれば，それぞれの部分からは，営業主体の識別表示としての称呼観念は生じず，『青山学院』全体としてのみ識別表示としての称呼観念が生じるものであるところ，本件において前述のとおり原告の名称が著名性を有するものであるから，『青山学院』全体として強い自他識別力を有するものと認められる。」と判示し，両者の類似性を認めている（東京地判平成13年7月19日裁判所ホームページ〔呉青山学院事件〕）。

3　類否判断の方法

　類否判断については，出所混同防止の基準というよりも，不正競争防止法2条1項2号の性格からみて，表示における欺罔的な配列や，不正競争意図の現れた構成の表示に対しては，類似の判断において，不正競争者に厳しく考えていかなければならない。また，背景の取引実情も十分に勘案することが必要である。商標法の類似では考慮されるべきでないところの，両者の地理的位置，従前の関係，表示選択の動機，表示に現れた悪意，両営業の対比なども，ここでは参酌されるべきであろう。表示におけるモチーフのひどい模倣，他人のファミリー・マークのとり入れ，混同を惹起するための改変をしたこと，訴えを避けるため次々とくるくる変更する表示，これら一般に不正競争者がよく用いる手段をとっている場合には，類似判断においても，不正競争意図の存在を不正競争者に不利益に考慮すべきであろう。

　しかし，商標法と判断手法に共通する点も考えられる。例えば，判断につい

ては，対象たる需要者の平均人（それは，不正競争防止法においても，商標法と同じ
く，具体人ではなく，法の擬制した者になる）を基準とし，かつ，離隔的観察方法を
とらなければならないことも商標法と同じであろう。また，商標法においてすら，類否について標章を全体的に比較し可能な限り具体的な取引事情を考慮して判断すべきであるとした判例がある（最判昭和43年２月27日民集22巻２号399頁〔しょうざん事件（上告審）〕）。不正競争防止法においては，なおさらであろう。

　下級審判決ではあるが，上記判例のように，「取引の実状下において需要者又は取引者が，両者の外観，称呼または観念に基づく印象，記憶，連想などから両者を全体的に類似のものと受け取るおそれがあるか否かを基準とすべきである。原告表示と被告表示は，全体的，離隔的に対比して観察した場合には，その共通点から生じる印象がその相違点から生じる印象を凌駕し，一般に需要者に全体として両表示が類似するものと受け取られるおそれがあるというべきである」と判示するものがある（大阪地判平成11年９月16日判タ1044号246頁〔アリナビック事件〕）。

4　類似と原表示認識との関係

　著名原表示の認識の問題は，競争関係の近似性と表示の近似性を重要な要素としてフリーライドについて起こる。両表示関係において，競争関係の同種性が強ければ強いほど原表示の認識の容易性は大きい。また，表示の近似性が強ければ強いほど原表示の認識の容易性は大きかったことが推定される。業種が同一で，表示が同一ならば，著名な原表示の認識は極めて容易であったといえる。著名な原表示の認識の容易性は，両表示の近似性のみならず，著名表示の独自性の強さや，著名表示の知名度の高さなどにも，かかっている（大阪地判平成16年１月29日裁判所ホームページ〔マクセル（MAXELL）事件〕）。

　なお，不正競争防止法２条１項２号の保護を正当化する著名性の要件として，「表示が特別に顕著であること，すなわち，独占に適するものである必要がある」と解する説もある（田村・概説〔第２版〕242頁）。

　したがって，競争関係の同種度が強く，表示の知名度の高いときには，表示の近似性が薄くても原表示の認識が推定される。他方，競争関係がないとか，極めて遠い場合，著名表示が企業全体のハウスマークでないとか，業務の多角化路線をとっていないなどの理由から，ダイリューション，ポリューション，

フリーライドが生じえない場合において，両表示間の近似度が高くても，他の要素から類似しないと判断しなければ妥当でない場合もあるであろう。

第4節　請求権者

　著名表示の保有者はもちろん請求権がある。著名表示がグループ表示である場合，中核会社はもちろんのこと（大阪地判昭和46年6月28日無体集3巻1号245頁〔積水開発事件〕），これを用いているグループに属する者のいずれもが差止請求をなしうる（大阪高判昭和41年4月5日高民集19巻3号215頁〔三菱建設事件（本案控訴審）〕，吉原省三〔判例評釈〕小野還暦11頁）。また，ライセンスグループに属する者，あるいは，フランチャイザー，フランチャイジー（フランチャイザーについて，東京地判昭和47年11月27日無体集4巻2号635頁〔札幌ラーメンどさん子事件〕，金沢地小松支判昭和48年10月30日無体集5巻2号416頁〔8番ラーメン事件〕）のいずれもが差止請求をなしうる。これらは，同じ信用・名声のもとに営業を行っている者であって，冒用により，著名表示に化体された信用・名声などを希釈化，汚染化されることにより損害をうけるおそれがある。このようにこれらの者はともに営業上の利益を害されるから，いずれも請求しうる。

　逆に，フランチャイジーが商標権侵害行為をした場合において，直接フランチャイジーに差止請求を行うのみならず，その指導をしているフランチャイザーを被告として，フランチャイジーが侵害行為をしないよう求めることも認められる（大阪地判平成2年3月15日無体集22巻1号174頁〔小僧寿し事件〕，大阪高判平成4年10月28日知的集24巻3号840頁〔小僧寿し事件（控訴審）〕）。

□第 **4** 章

商品形態模倣行為（2条1項3号）

第1節　総　　説

I　2条1項3号の意義

　不正競争防止法2条1項3号は，「他人の商品の形態（当該商品の機能を確保するために不可欠な形態を除く。）を模倣した商品を譲渡し，貸し渡し，譲渡若しくは貸渡しのために展示し，輸出し，輸入し，又は電気通信回線を通じて提供する行為」を不正競争行為として規定している。この行為を「商品形態の模倣行為」という。

　ところで，不正競争防止法2条1項3号は，平成5年の改正によって導入されたもので，導入時の条文は「他人の商品（最初に販売された日から起算して3年を経過したものを除く。）の形態（当該他人の商品と同種の商品（同種の商品がない場合にあっては，当該他人の商品とその機能及び効用が同一又は類似の商品）が通常有する形態を除く。）を模倣した商品を譲渡し，貸し渡し，譲渡若しくは貸渡しのために展示し，輸出し，若しくは輸入する行為」（旧3号）であった。その後，平成17年の改正で「他人の商品の形態（当該商品の機能を確保するために不可欠な形態を除く。）を模倣した商品を譲渡し，貸し渡し，譲渡若しくは貸渡しのために展示し，輸出し，輸入する行為」と書き改められるとともに，括弧書の「最初に販売された日から起算して3年を経過したものを除く。」の部分は，新たに不正競争防止法19条1項5号イ（現19条1項6号イ）において「日本国内において最初に販売された日から起算して3年を経過した商品について，その商品の形態を模倣した商品を譲渡し，貸し渡し，譲渡若しくは貸渡しのために展示し，輸出し，又は輸入する行為」と規定され，2条1項3号の不正競争行為から除外する旨

を明示した。

　しかし，不正競争防止法2条1項3号をめぐる平成17年の改正は，従来内容が不明確であった「模倣」や多義的に解釈されていた「同種の商品が……通常有する形態」などの文言の意義を明確にするとともに，条文の体裁を整理することが目的であって，3号の立法趣旨や3号をめぐって従来から積み重ねられてきた学説や判例の解釈を変更する趣旨ではない（産業構造審議会知的財産政策部会不正競争防止小委員会「不正競争防止法の見直しについて」（2005年1月）Ⅷ2参照）。

　そこで，以下においては，まず，平成17年改正前の不正競争防止法2条1項3号（旧3号）の立法趣旨を概観することにする。

Ⅱ　商品形態模倣規制の趣旨

　1992年（平成4年）12月の産業構造審議会知的財産政策部会報告書（以下「報告書」という）は，商品形態模倣規制の趣旨について，次のとおり述べている（報告書15頁）。

　　先行者の成果を学び，その上に新たな成果を築くことは社会の健全かつ持続的な発展に資することであり，あらゆる模倣を一般的に禁止することは，自由な競争を阻害し，かかる発展を妨げることになる。他方，全ての模倣を放任することは，先行者の開発へのインセンティブを阻害することになり，妥当ではない。

　　……特に，近年の複製技術の発達，商品ライフサイクルの短縮化，流通機構の発達などにより，他人が市場において商品化するために資金，労力を投下した成果の模倣が極めて容易に行い得る場合も生じており，模倣者は商品化のためのコストやリスクを大幅に軽減することができる一方で，先行者の市場先行のメリットは著しく減少し，模倣者と先行者の間には競争上著しい不公正が生じ，個性的な商品開発，市場開拓への意欲が阻害されることになる。このような状況を放置すれば，公正な競業秩序を崩壊させることにもなりかねない。

　　このような状況を踏まえれば……個別の知的財産権の有無に係わらず，他人が商品化のために資金，労力を投下した成果を他に選択肢があるにもかかわらず，ことさら完全に模倣して，何らの改変を加えることなく自らの商品として市場に提供し，その他人と競争する行為（デッドコピー）は，競争上，不正な行為として位置付ける必要があるの

ではないかと考えられる。

特に最後の部分が，模倣行為を禁止する中核的な理由である。

このように不正競争防止法2条1項3号の商品形態の保護理由を，実用新案のような商品形態の機能的考案や，意匠のような審美性でなく，「他人の資金，労力の成果を，他の形態をとる選択肢があるにもかかわらず，ことさら，……商品を完全に模倣して，その他人と競争する行為」を「競争上」の「不正」ととらえている。なお，商品混同は模倣と関連はあるが，その関係は2条1項1号の周知商品等表示混同行為の禁止ほど直接的なものではない。

第2節 商品形態の模倣に対する従来の規制

商品形態の模倣に対する従来の規制について，わが国における規制と主要国における規制について述べる。

I わが国における規制

平成5年改正前の不正競争防止法では，直接的に商品形態の模倣自体を規制する不正競争類型は規定されていなかった。そして，それぞれの保護要件に適合する場合に，あるいは意匠法で，あるいは著作権法などで保護されていた。

ところが，商品の形態が，コカ・コーラの瓶のように，いわゆるセカンダリー・ミーニングを獲得して商品標識として働き出した場合に，その周知性のある商品形態の模倣に対しては，不正競争防止法上の周知商品表示として旧法1条1項1号によって保護され，この種の事件はその後とみにその数と重要性を増してきた。さらに，不正競争防止法では保護されないが，模倣商品の製造販売を不当とすることが社会通念に合致し救済が必要と思われる事案で，民法709条の不法行為として，一定要件の下に損害賠償請求権のみが与えられて保護される事案が現れてきた。

以下では，不正競争防止法，意匠法，著作権法，不法行為法による従来の規制について概観する。

1 不正競争防止法による規制

不正競争防止法 2 条 1 項 1 号は，他人の氏名……容器，包装など「他人の商品又は営業を表示するもの」が，広く認識されている場合（周知商品等表示となっている場合），その商品等表示と同一又は類似の商品等表示を使用し，他人の商品等表示と混同を生じさせる行為を禁止する。

商品形態は，通常，本来的には商品の実用的機能，美的効果を目的として選択されるものであり，商品表示とは異なる。しかし，形態が，ある場合には選択された特異な形態により，ある場合には長期間の独占的な使用により，ある場合には強力な宣伝によって，二次的に出所表示機能（いわゆるセカンダリー・ミーニング）を獲得して標識として機能するに至る。したがって，商品形態も周知商品等表示となり，混同を惹起するおそれのある場合には，不正競争防止法 2 条 1 項 1 号が適用できることになる。

このような論理が具体的に初めて認容されたのは，ナイロール眼鏡枠事件であった。これは，原告の眼鏡枠の形態が，その特異性ある形態に宣伝などが加わって，原告の商品であることを示すものとして広く認識されるようになったとして，これと類似し混同のおそれのある被告製品の製造販売の差止請求が認められた事件であった（東京地判昭和48年 3 月 9 日無体集 5 巻 1 号42頁〔ナイロール眼鏡枠事件〕）。その後の判例の動向については，すでに述べたところである（本編第 2 章第 2 節Ⅲ参照）。

2 意匠法による規制

また，工業上利用できる商品形態が，新規性及び創作非容易性を有し，美感を起こさせるものであるとして意匠の登録要件を満たし，特許庁での審査を経て意匠登録がなされれば，その意匠権侵害行為に対して，差止請求，損害賠償請求が認められる。

3 著作権法による規制

現行著作権法の立法者は，応用美術について，一品製作の美術工芸品以外は原則としては意匠法による規制に委ねられ，著作権法によって保護されないものとしていた（昭和40年 5 月，著作権制度審議会第 2 小委員会審議結果報告）。しかし，博多人形について，一品製作品でなく量産品であったのに，美術工芸品として著作権法による保護が認められ（長崎地佐世保支決昭和48年 2 月 7 日無体集 5 巻 1 号

264　第2編　不正競争行為　第4章　商品形態模倣行為（2条1項3号）

18頁〔博多人形事件〕），さらにプラスチック製仏壇彫刻について，一部改変した後シリコンゴムで型枠をとって複製し，仏壇に組み込んで販売した事案で，純粋美術同様に高度の美的表現を具有し美術的鑑賞にたえるものであるとの理由で著作権法上の保護を認めた（神戸地姫路支判昭和54年7月9日無体集11巻2号371頁〔仏壇彫刻事件〕）。また，Tシャツに模様として印刷された図案と同一の図案を用いたTシャツを販売した事案で，当該図案は，実用に供しあるいは産業上利用する目的のため美の表現において実質的制約を受けて制作されたものではなく，専ら美の表現を追求して制作されたものと見られる美的創作物にあたるとして，著作権法上の保護が認められた（東京地判昭和56年4月20日無体集13巻1号432頁〔Tシャツ事件〕，小野昌延〔判例評釈〕ジュリ91号72頁）。

　他方，木目化粧紙事件では，木目化粧紙は，とうてい純粋美術と同視しうるような高度の芸術性を有するものと認めることはできないので，著作権法上の保護が否定され（東京高判平成3年12月17日知的集23巻3号823頁〔木目化粧紙事件（控訴審）〕），また，後述の写植機用文字書体に関する模造事案でも，著作権法上の保護が否定されるに至った（そして，意匠法の保護も，不正競争防止法の保護の要件も，ともに欠く事案である）。

　さらに，ファービー人形の形態を模倣した者に対して著作権侵害罪の成否が争われた刑事事件では，「応用美術のうち純粋美術と同視できる程度に美的鑑賞の対象とされると認められるものは，美術の著作物として著作権法上保護の対象となる」との前提に立ちつつ，「『ファービー』に見られる形態には，電子玩具としての実用性及び機能性保持のための要請が濃くあらわれているのであって，……全体として美的鑑賞の対象となるだけの審美性が備わっているとは認められず，純粋美術と同視できるものではない」とした判決（仙台高判平成14年7月9日判タ1110号248頁〔ファービー刑事事件〕）や，応用美術のうち，その実用面や機能面を離れてそれ自体として完結した美術作品として専ら美的鑑賞の対象となるものを純粋美術と同様に著作物として保護を受けるとして，保護を受ける応用美術の範囲を極めて限定的に解釈する判決も存在する（大阪高判平成2年2月14日裁判所ホームページ〔ニーチェアー事件〕及び大阪地判平成12年6月6日裁判所ホームページ〔街路灯デザイン事件〕）。

　ただ最近「トリップ・トラップ」との名称で世界的に知られている幼児用椅

子の形状の著作物性が争点となった事案について控訴審である知的財産高等裁判所が著作権法1条の目的に照らして「表現物につき，実用に供されること又は産業上の利用を目的とすることをもって，直ちに著作物性を一律に否定することは，相当ではない。同法2条2項は，『美術の著作物』の例示規定にすぎず，例示に係る『美術工芸品』に該当しない応用美術であっても，同条1項1号所定の著作物性の要件を充たすものについては，『美術の著作物』として，同法上保護されるものと解すべきである。」との前提に立ち，同法2条1項1号の「著作物」の要件たる「思想又は感情を創作的に表現したもの」の要件については，従来の判例のように「応用美術に一律に適用すべきものとして，高い創作性の有無の判断基準を設定することは相当とはいえず，個別具体的に，作成者の個性が発揮されているか否かを検討すべきである。」「また，……実用的な機能に係る部分とそれ以外の部分とを分けることは，相当に困難を伴うことが多いものと解されるところ，上記両部分を区別できないものについては，常に著作物性を認めないと考えることは……相当とはいえない。」と判示して応用美術の著作物性を広げる可能性のある解釈を示した（知財高判平成27年4月14日判時2267号91頁〔TRIPP TRAPP事件（控訴審）〕）。しかし，その後の下級審判決でもこの判決と同様の解釈をとるものは，ほとんど見受けられない。

4 不法行為法による規制

前記3の著作権法上の保護が否定された木目化粧紙事件では，著作権侵害は認めなかったが，裁判所は，「該物品と同一の物品に実質的に同一の模様を付し，その者の販売地域と競合する地域においてこれを廉価で販売することによってその営業活動を妨害する行為は，公正かつ自由な競争原理によって成り立つ取引社会において，著しく不公正な手段を用いて他人の法的保護に値する営業活動上の利益を侵害するものとして，不法行為を構成する。」と不法行為の成立を認め，損害賠償請求を認容して救済した。しかしながら，差止請求については「特別にこれを認める法律の規定の存しない限り……差止めることはできない」とし，これが不正競争防止法2条1項3号新設の1つの引き金となった（東京高判平成3年12月17日知的集23巻3号823頁〔木目化粧紙事件（控訴審）〕，田村善之「他人のデッドコピーと不法行為の成否」特研14号32頁）。

また，西陣製の佐賀袋帯の模様などの酷似的模倣商品である粗悪な袋帯に正

266 第2編 不正競争行為 第4章 商品形態模倣行為（2条1項3号）

絹でないにもかかわらず正絹の証紙を付して販売した結果，被模倣品の製作者の信用を害した行為を不法行為とした判決例もある（京都地判平成元年6月15日判時1327号123頁〔袋帯図柄事件〕）。

さらに，不法行為法による救済を否定しながらも，木目化粧紙事件とともに，不正競争防止法2条1項3号新設のもう1つの引き金となったのは，タイプフェイス事件である（大阪地判平成元年3月8日無体集21巻1号93頁〔タイプフェイス事件〕）。これは，写植機用文字書体を機械的に複写し，わずかな修正を加えたものを自社の電算写植システムに搭載し販売した事件である。タイプフェイス事件では，著作物性も否定され，書体もそっくりそのまま流用したものではないとして不法行為の成立も認めなかったものの，傍論で「実用的な文字の書体についても，……創意，工夫を凝らし，新しい書体の製作や改良……の作業には，多くの労力と時間，そして費用を要すること……写植業界等では，他人が製作した書体の文字を使用する場合には，その製作者ないし保有者に対し，使用についての許諾を求め，更に対価を支払うことも，かなり広く行われるようになってきていること……を参酌すると……著作物性の認められない書体であっても，真に創作性のある書体が，他人によって，そっくりそのまま無断で使用されているような場合には，これについて不法行為の法理を適用して保護する余地はある」と理論上は不法行為法適用の余地を認めた（大阪地判平成元年3月8日無体集21巻1号93頁〔タイプフェイス事件〕。同事件は，牛木理一〔判例評釈〕小野還暦241頁によれば上告審で和解が成立した。なお，改正前時期の不法行為判例については，竹田稔「模倣」発明90巻4号103頁以下参照）。

以上のように，商品形態が，周知商品等表示性を獲得した場合には，旧不正競争防止法1条1項1号によって規制され，また，意匠法，著作権法の保護要件を満たす場合には，工業所有権法や著作権法で規制されていたが，これらに該当しない場合においては，商品形態の保護は図られず，保護として十分ではなかった。

Ⅱ　主要国の法制

先進工業国において，酷似的模倣については，①自由競争の下で本来許されている他人の成果の利用の範囲を逸脱するものとして原則的に違法と観念し，

一定条件下のものは許されるとするか，②工業所有権などのない限り商品形態の模倣は，自由競争の下で原則的に許されていると解し，営業上の良俗に反する態様のもののみ違法とするかのいずれかである。例えば，ドイツ判例法は，初期には前者①，後に後者②となり，わが国は平成5年の不正競争防止法改正により前者①を選択した。また，商品形態の模倣を，成文法で救済するもの（例えば，日本，ドイツ），ある法理の下に救済するもの（例えば，アメリカ），成文法で救済するものにもある要件を定めた条項で救済するもの（例えば，日本）もあれば，一般条項に基づいて判例理論により救済するもの（ドイツ）もある。

わが国は平成5年の不正競争防止法の改正によって数少ない酷似的模倣についての成文法を新設した。前記報告書は，WIPOにおける各国の不正競争防止法のハーモナイゼーションへ向けての条約検討作業においても，商品形態の模倣は，不正競争行為類型の1つとして位置づけられているとしている。前記報告書の主要国の法制についての認識は，以下のとおりである（報告書18頁）。上記のようにこれらの諸外国の法制が原則禁止の積極的な態度をとったわが国の不正競争防止法2条1項3号の制定にも影響を与えている（詳細には，小泉直樹「商品の形態の保護をめぐる競業法と創作法の調整(1)〜(3)」法協106巻6〜8号，田村善之「スイスの不正競争防止法の紹介」学会年報16号32頁，佐藤恵太「意匠保護法制の再検討」法学新報99巻56号177頁）。

(ア) ドイツ

ドイツ不正競争防止法は第1条に『業務上の取引において競争の目的をもって善良の風俗に反する行為をなす者に対しては，差止め及び損害賠償を請求することができる。』との一般条項を有しており，右条項に基づき，判例法上『他人の成果の利用』の法理が確立しており，デッドコピーを規制している。

〈参考〉

『他人の成果の利用』の法理は，さらに2つに分かれるとされる。

① 隷属的模倣

他人の成果を手本として用い，自ら制作をなす行為であり，この場合は模倣自由の原則が妥当するが，特段の事情がある場合は違法とされる。違法性は，創作物の価値（競業上の特異性と市場における占有状態）と，模倣者側の特段の事情（出所混同の防止措置の懈怠，不正入手，信頼破壊，計画的妨害など）を考慮して判断される。

② 直接的利用

労力とコストをかけて獲得された他人の成果を，機械的な複製方法で自らのコストを省きつつ，又は自らの改良を加えずに，自らの成果として利用する行為は，違法とされる。

(イ) スイス

1986年スイスの不正競争防止法全面改正の際に，ドイツ法の直接的利用の法理を成文化し，デッドコピーを規制している。

〈参考〉スイス不正競争防止法第5条

特に以下の者は，不正行為を行う者である。

a項，b項（省略）

c項 市場性の熟した他人の作業の成果を自ら固有の相当な費用を費やすことなく技術的な複製手段を通じてそのまま引き写し，利用する者

(ウ) アメリカ

コモン・ロー上，ミスアプロプリエーション（不正使用）の法理がある。右法理の成立のためには，一般的には，①原告が当該物の制作に多大の時間，努力，資金を費やしたこと，②被告がその物をほとんどあるいはまったく無償で利用したため，被告の行為が「種をまかざる場所から刈り取る」ものと性格づけられること，③原告が被告の行為により損害を被っていること，が要件とされる。

(エ) WIPO での議論

現在，WIPO において検討中の不正競争防止法の国際的ハーモナイゼーションを図るためのモデル法策定に向けての現在の準備作業においても，混同が生じなくても，特殊な状況では他者の表示・製品・実用的創造を模倣する行為は unfair とされるとし，デッドコピーを不正競争行為の一類型として明確に位置付けている。

以上にかんがみれば，デッドコピーを競争上，不正な行為として位置付けることが適切である。その際，模倣によって社会の発展がもたらされる側面と，模倣により公正な競争秩序が害される側面のバランスを考慮し，……デッドコピーを規制することが適切である。

Ⅲ 規制の方法

ドイツにおいては，判例は当初は原則として他人の労力，費用の成果の模倣を禁止していたが，その後，見解を変更して，技能・時間・費用の使用のもとに成立した他人の労力・費用の成果も，その模倣・使用は，原則は自由とし，

公序良俗に反する他人の成果の模倣のみを不法とするに至った。これは，戦後，連邦最高裁（BGH）に引き継がれた（しかし，最近は保護を強化すべしとの意見が強くなっているとされる。G．シュリッカー（江口順一＝茶園成樹訳）「ヨーロッパにおける不正競業法の新展開」阪大法学42巻4号236頁）。

わが国も規制の趣旨はドイツと同じと思われるのであるが，規制の法的形式は反対になったと考えられる。すなわち，わが国では，まず不正競争防止法2条1項3号の広い要件の枠で，他人の労力，費用の成果の商品形態の模倣が禁止される。そして，技術の必然の結果として回避不可能な技術の採用はドイツでも一般条項違反とされず，わが国においても，公序良俗に反しないような場合には，外形上は2条1項3号の他人の商品形態の模倣に形式的に該当する場合であっても，違法性のないものとして不正競争にならないとされる手法をとることになる（結論は同旨，田村善之「他人の商品のデッドコピーと不法行為の成否」特研14号42頁注7）。

わが国では，不正競争防止法2条1項3号の要件を形式的に満たす限り，日本国内で最初に商品が販売されてから3年間という制限の下に，原則的に不正競争となり，法的な妥当性を求めて除外を考えるという点で，原則的に不正競争とならず一般条項違反として違法とするドイツ法と異なり，思考的に原則と例外が逆となっているが，酷似的模倣を違法とし，回避不可能な技術の採用を合法とする結果はドイツと同じである（第3編第2章第5節Ⅲ2参照）。

第3節　商品形態模倣行為の要件

ここでは，まず平成17年改正前の不正競争防止法2条1項3号の法文に従ってその要件を分説し，その後，平成17年改正によって各要件がどのように整理されたかを説明する。

以下では，平成17年改正前の不正競争防止法2条1項3号を「旧3号」と表記する。

Ⅰ　旧3号の規定

旧3号は，「他人の商品（最初に販売された日から起算して3年を経過したものを除

270 第2編 不正競争行為 第4章 商品形態模倣行為（2条1項3号）

く。）の形態（当該他人の商品と同種の商品（同種の商品がない場合にあっては，当該他人の商品とその機能及び効用が同一又は類似の商品）が通常有する形態を除く。）を模倣した商品を譲渡し，貸し渡し，譲渡若しくは貸渡しのために展示し，輸出し，若しくは輸入する行為」と規定していた。

Ⅱ 旧3号の要旨

旧3号では，括弧書が二重になっているので，括弧書を除いて単純化すると，旧3号の行為は，「他人の商品の形態を模倣した商品を譲渡などする行為」と要約される。

括弧書を入れて記述すると，「他人の①商品の形態を②模倣した商品を③譲渡などする行為。ただし，（この他人の商品は）④最初に販売された日から起算して3年を経過したものを除く。また，⑤（その形態は）当該他人の商品と同種の商品が通常有する形態（のもの）を除く。ただし，同種の商品がない場合にあっては，当該他人の商品とその機能及び効用が同一又は類似の商品が通常有する形態（のもの）を除く」となる。

このように，商品の形態が，商品販売の事実だけで，著作物と同様に登録なくして他人の模倣より保護されることになったが，平成17年改正前不正競争防止法によるこの商品形態保護の条件は，上記のとおり，①「模倣」，すなわち，主観的にはその他人の商品に依拠し，客観的には商品形態を模倣すること，②同種の商品，あるいは，機能・効用が同一・類似の商品が「通常有する形態」でない形態の新商品であること，③発売日より起算して「3年以内のもの」であることが必要であった。

Ⅲ 2条1項3号の対象とする行為

現行の不正競争防止法2条1項3号が規制する「商品形態模倣行為」とは，他人の商品の形態を模倣した商品を「譲渡など」する行為である。

「譲渡など」する行為とは，「譲渡し，貸し渡し，譲渡若しくは貸渡しのために展示し，輸出し，輸入し，又は電気通信回線を通じて提供する行為」である。不正競争防止法2条1項1号・2号が標識法である商標法と同様「引渡し」（商標2条3項）となっているのに対し，2条1項3号では創作法である意

匠法などと同じく「貸渡し」（意2条2項など）とされている。

　模倣行為自体は，その段階にとどまる場合には，不正競争行為の前段階である。不正競争防止法2条1項3号では，模倣行為自体を規制せず，次の段階である模倣行為の結果物を譲渡等する行為を規制の対象としている。したがって，研究所での純粋の試験研究のための商品製作，商品形態の模倣は，譲渡，貸渡しなどの段階に進まないから不正競争行為ではない。また，展示会等において展示された物であっても開発中の試作品であり，当該形態で製品化して販売する具体的な予定がない物は不正競争防止法2条1項3号の「商品」に該当しないと判示する判決も存在する（東京地判平成28年1月14日判時2307号111頁〔スティック状加湿器事件〕）。ただし，純粋の試験研究のための商品形態の実験的模倣でなく，商品化のための試作は模倣行為の段階にとどまっていて譲渡段階に進んでいなくても，状態いかんによっては，模倣製作行為禁止の予防請求等をなしうる場合もあろう。

Ⅳ　2条1項3号における「商品」の意義

　現行の不正競争防止法2条1項3号は，旧3号と同様に，「商品」自体の定義規定を設けていない。同法2条1項1号及び2号においても「商品等表示」の「商品」に関しては，定義規定を設けていない。

　ただ，判例は，デジタルフォント化された書体の形態を旧不正競争防止法1条1項1号の「商品表示」であることを認める前提として，「不正競争防止法は，……不公正な競争行為を排除し，公正な取引秩序の維持，確立を目的とするものであることは明らかなところであるから，同法が使用する用語の解釈に当たっては，同法のかかる目的を充分に考慮に入れて解釈することが必要であるというべきである。……そこで，前記の『商品』の概念についてみると，経済的価値を肯定され取引対象とされる代表的なものとして有体物があることはいうまでもないところであるが，社会の多様化に伴い，新たな経済的価値が創出されることは当然のことであることからすると，その有する経済的価値に着目して取引対象となるものが有体物に限定されなければならないとする合理的な理由は見いだし難い。この意味で，無体物であっても，その経済的な価値が社会的に承認され，独立して取引の対象とされている場合には，それが不正競

272　第2編　不正競争行為　　第4章　商品形態模倣行為（2条1項3号）

争防止法1条1項の規定する各不正競争行為の類型のいずれかに該当するものである以上……，これを前記の『商品』に該当しないとして，同法の適用を否定することは，同法の目的及び右『商品』の意義を解釈に委ねた趣旨を没却するものであって相当でないというべきである。」として，「書体を単に無体物であるとの理由で不正競争防止法1条1項1号の『商品』に該当しないとすることは相当でない」と判示している（東京高決平成5年12月24日判時1505号136頁〔モリサワタイプフェイス事件〕）。

　しかし，不正競争防止法2条1項3号は，商品の形態の模倣商品の譲渡等を規制しようとするものであるから，同法2条1項1号や2号と同様に解することはできない。およそ有体物であれ無体物であれ，その形態を認識することができないようなものは2条1項3号の「商品」とはいえないだろう。

　この点に関して付言すれば，平成5年の改正によって不正競争行為類型が設けられたときには，この不正競争行為類型のみならず，不正競争防止法全般において「商品」概念についての明確な定義規定が存在しないというだけでなく，「商品」の概念に無体物が含まれることを否定的に解する判例も存在した（東京高判昭和57年4月28日無体集14巻1号351頁〔タイポス書体事件（控訴審）〕）。

　すなわち，平成5年当時，不正競争防止法の改正を担った官庁関係者は不正競争防止法2条1項3号の「商品」概念についても「周知表示混同惹起行為の場合と同じである」（山本・要説〔第2版〕176頁）と解釈し，他方，「周知表示混同惹起行為」における「商品」概念については「商取引の目的となって市場における流通が予定されている有体物のうち主として動産をいう。不正競争防止法は競争が行われることを前提としていることから市場で流通するものでなければならず，またそれ自体に表示を使用できるものでなければならないことから工業所有権，書体等の無体物は含まれない。」（山本・要説〔第2版〕55頁）と解した。

　そこで，当時刊行された著作物や解説書の多くは，本類型の「商品」とは一般に形態が認識されかつ市場で流通に付されることを目的として生産され取引される有体物を意味するものと解説していた（竹田稔・知的財産権侵害要論（不正競業編）105頁，小松一雄・不正競業訴訟の実務287頁，松村信夫・不正競争争訟の上手な対処法〔初版〕239頁等）。

第3節 商品形態模倣行為の要件 Ⅳ 2条1項3号における「商品」の意義 *273*

しかし，その後，デジタルフォントの形状が不正競争防止法2条1項1号の「商品等表示」に該当するか争いになった事例につき，上記のように無体物にその商品等表示該当性を肯定した。

また，無体物を識別性がないとの理由のみによって不正競争防止法2条1項1号（旧1条1項1号）の「商品」に該当しないとする理由はないとした有力な学説（紋谷暢男「タイプフェイスの不正競業法及び不法行為法上の保護」ジュリ849号112頁，田村・概説〔第2版〕37頁等）も現れた。

そこで，今日では，不正競争防止法2条1項1号の「商品」には市場において流通しており形態が商品等表示としての識別性を有するような無体物も含まれると解する考え方が有力になってきている。

さらに，平成17年の不正競争防止法改正において，新たに「商品の形態」に関して「需要者が通常の用法に従った使用に際して知覚によって認識することができる商品の外部及び内部の形状並びにその形状に結合した模様，色彩，光沢及び質感をいう。」（2条4項）との定義規定が設けられたため，無体物であっても，その形態が上記定義規定を充足する限り不正競争防止法2条1項3号の適用対象から除外する積極的な理由が見出し難い状況となった。

ただし，商品形態の出所識別性に着目し，これを「商品等表示」として保護する不正競争防止法2条1項1号・2号と，商品開発に投下された資本や労力の回収機会を保証するために当該商品形態の模倣商品の流通を一定期間差し止めようとする同法2条1項3号の趣旨とが相違している以上，本類型における「商品」の概念を2条1項1号・2号の「商品」あるいは「商品の形態」と同一に解釈するという必然性は存在しない。

すなわち，不正競争防止法2条1項1号の商品形態が自他識別性の存否（若しくは二次的出所表示機能の獲得による自他識別性の存否）の判断対象となるような形態である必要があるのに対して，2条1項3号は「需要者が通常の用法に従った使用に際して知覚によって認識できる」ような「商品の形態」であれば商品外部だけでなく，商品の内部の形態も含まれるということができる。

しかし，いずれの不正競争行為類型においても，需要者が通常の方法で認識することが困難な「商品」の「形態」及び書体，書風というように個々の具体的な商品の形態を超えたより抽象的な存在を「商品」の「形態」とすることに

274 第2編 不正競争行為 第4章 商品形態模倣行為（2条1項3号）

は慎重でなければならないだろう（参考：前掲東京高判昭和57年4月28日無体集14巻
1号351頁〔タイポス書体事件（控訴審）〕）。

V デジタル時代における「商品」の概念

　令和5年3月に公表された産業構造審議会知的財産分科会不正競争防止法委
員会の「デジタル化に伴うビジネスの多様化を踏まえた不正競争防止法の在り
方」と題する報告書（以下，「令和5年小委員会報告書」という）によると，令和5
年の改正にあたり「デジタル時代におけるデザインの保護（形態模倣商品の提供
行動）」の課題のひとつとして「不競法第2条第1項第3号の対象行為の拡充」
をあげ，仮想空間等のデジタル空間において生成されたデジタル生成物が他人
によって模倣され，あるいは現実社会における有体物の形態を模倣したデジタ
ル成果物がデジタル空間において譲渡等の取引の対象とされるような「フィジ
カル／デジタルを交錯するような模倣事例が現れ始めている」などの実情認識
を踏まえて，不正競争防止法2条1項3号の「形態模倣商品提供行為」の類型
に「電気通信回路を通じて提供」する行為を追加し，ネットワーク上の形態模
倣商品提供行為も適用対象であることを明確にするなどの方法が検討された。

　他方，不正競争防止法2条1項3号の対象とする「商品」の概念について
は，上記のように従前から学説や判例でも争いがあり，不正競争防止法上の
「商品」につき定義規定を設け，無体物も「商品」に含まれることを明確にす
ることは，「他法令に参考となるような用例が見当たらないことや，不競法に
おける他の『商品』の規定にも影響を与える可能性があることから，さらに検
討を重ねる必要がある」とし，その代案として経済産業省知的財産政策室が編
纂する『逐条解説　不正競争防止法』等において，2条1項3号の「商品」に
無体物が含まれる趣旨を明白にする記述を設けることにより，上記のような解
釈を明確にするとの結論に至っている（令和5年小委員会報告書8頁）。

　したがって，令和5年の改正では，不正競争防止法2条1項3号のうち「商
品」の概念に関しては明文化は行わず，ただ行為類型として新たに他人の商品
の形態を模倣して商品を「電気通信回線を通じて提供する行為」を追加するに
とどめた。

Ⅵ　形態の模倣

1　2条1項3号による模倣規制の趣旨

　不正競争防止法2条1項3号の規制の対象となる，形態の模倣の典型例は，いわゆる「デッドコピー」ないし直接的利用及び隷属的模倣（スレヴィッシュ・イミテーション）などである。それは，先行新商品開発者の労力，費用の成果を完全に模倣し，先行新商品に本質的な改変（競争上意味のある改変）を加えることもなく，先行新商品が開拓した市場に参入するものである。2条1項3号の規制対象となる形態の模倣は，先行者と新商品の形態の模倣によって不公正な競争をする行為であるととらえている。この観点から，商品形態の模倣が，不正競争防止法の類型に新しく追加されたのである。したがって，2条1項3号の具体的要件は，この新商品開発者の労力，費用の成果である商品形態を，模倣から護るという観点から解釈されなければならない。

2　商品の形態

(1)　保護の対象となる商品形態

　不正競争防止法2条1項3号の模倣行為における不正競業的性格は，先行者が資金，労力を投下して商品化し市場に提供した成果を，模倣者が自ら資金，労力を投下することなく模倣して，競争上不公正な有利性を得ることにある。

　したがって，不正競争防止法2条1項3号の客体となる商品の形態には，特許法の「発明」のような高度性はもちろんのこと，特許法の新規性も進歩性も関係はない。意匠の創作非容易性も不要であるとしても，あまりにも些細な新形態は保護されないのではなかろうか（ドイツでもあまりにも些細な形態では，それを写すことが公序良俗違反にならないとする）。すなわち，それが模倣されることによっても競争上の不公正が生じると評価されないような些細な新形態まで参考にすることを禁じ，むやみに保護してよいのか疑問である。2条1項3号の客体は「競業価値」を備えた商品の形態でなければならない。したがって，後述の異種商品は含まれない。ただし，令和5年の改正により，2条1項3号の不正競争行為に「電子通信回線を通じて提供する行為」が新たに追加されたことによって，解釈上2条1項3号の「商品の形態」にはデジタル成果物の形態も含まれることになった。そこで，今後は「フィジカル／デジタルを交錯するよ

276 第2編　不正競争行為　第4章　商品形態模倣行為（2条1項3号）

うな模倣事例」が2条1項3号の対象となる可能性がある（令和5年小委員会報告書）。

　以上のことは，不正競争防止法2条1項3号の保護を求めるにあたって，原告が商業上の成功を立証する必要があると誤解してはならない。原告がかかる立証を行う必要はない。また，被告が商業上の不成功を立証しても，直接的意味はない。ただ，原告は商業上の成功を立証する必要はないが，被告による原告商品の形態模倣を立証し，その上，原告の商業上の成功を立証した場合には，2条1項3号の要件の成否に関する争いにおいて，原告に有利な事実の推定がなされることを意味する。

　報告書も「デッドコピーの客体となるのは，それが模倣されることによって，このような意味での競争上の不公正が生じると評価し得るような市場価値を有する成果でなければならない。」としている。

　従来の市場に存在しない商品の形態は，通常，その形態創作の商品化に資金，労力がかかる。他方，模倣による同種の競合商品，いわゆるモノマネ商品の販売などには，通常，資金，労力がかからず，かかる模倣によって，先行者と模倣者の間に競争上の不公正が生じることが多い。一方，役務提供の模倣などにも他人の成果の不当利用はあるものの，無形の役務の模倣からの保護と無形のアイデアの保護（これは不正競争防止法2条1項3号で保護されない）とは区別し難いこともあり，平成5年の改正では役務の模倣の禁止は見送られ，特に有形的な商品の形態のみが，模倣禁止の規制の客体とされた。

(2)　外国商品

　「商品」は日本国民の商品であると，外国人の商品であるとを問わない。外国商品の模倣も，不正競争防止法2条1項3号の模倣となる（海外で開発された商品の模倣が問題となったものとして，東京地判平成11年1月28日判時1677号127頁〔キャディバッグ事件〕，大阪地判平成16年9月13日判時1899号142頁〔ヌーブラ（対パスブラ）事件〕）。ただ，外国で開発・製造された商品について，旧3号の保護期間の起算点である「最初に販売された日」について，海外で最初に販売された日をいうのか，日本国内で最初に販売された日をいうのかについては解釈上争いがあった。しかし，平成17年改正後の現行不正競争防止法は，「日本国内において最初に販売された日」（19条1項6号イ）であることを条文上明記した。

〔図7〕断熱ドレンホース事件

原告商品のホースの断面図
第一物件目録
　軟質塩化ビニルによりなる内外周壁1a，1b間にスポンジ等の断熱材4を内装してなる断熱ドレンホースにおいて，内周壁1aの外周面に中空螺旋突条2を形成してあり，この中空螺旋突条2内にポリプロピレン等のオレフィン系樹脂よりなる可撓性芯線3を，該中空螺旋突条2の内面に接着させることなく内包させてホースを湾曲させた場合に中空螺旋突条2を芯線3から遊離する方向に波形状に屈曲変形させるように構成している別紙形態図の長尺ホース。

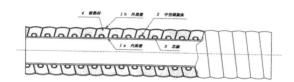

(3) 「形態」の意義

　不正競争防止法2条1項3号の「形態」の意義は，広義の商品形態の意義で，「商品の外部及び内部の形状並びにその形状に結合した模様，色彩，光沢及び質感」と広くとらえられている（2条4項）。また，「立体」のみならず，「模様を付した商品」などのように「平面的」なものも含まれる。

　しかし，旧3号は商品の形態について明確な定義規定を設けていなかったため，解釈上，種々の問題点が指摘された。

　(a) 商品の内部形状　　商品の形態には，商品の内部にあって外部からは認識されないような形態も含まれるのかという問題があった。

　この点に関する判例としては，断熱ドレンホース事件（大阪地判平成8年11月28日知的集28巻4号720頁〔断熱ドレンホース事件〕）（図7参照）がある。

　この事件は，エアコンの室内機に発生する水滴を室外に排出する断熱ドレンホース（以下「ホース」という）の形態の模倣が争われたが，原告が模倣されたと主張するホースの形態は，①長尺ホースである，②外皮部分には内部に独立した伸縮自在のパッド状筒が内蔵されている，③ホース芯がプラスチック製であるというもので，それ自体，本件ホースの機能と結びついた形態であるだけでなく，②，③はホースの断面形状によってのみ認識可能なものであって，通常の方法では外部から認識することができないものであった。この点につい

〔図8〕小型ショルダーバッグ事件

原告商品 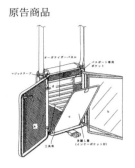　　被告商品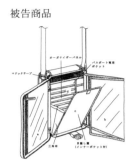

て，判決では「他人が商品化のために資金，労力を投下して開発した商品について，その機能面だけでなく，形態面における模倣をもって不正競争行為とする同号の立法趣旨及び『形態』という用語の通常の意味に照らせば，同号にいう『商品の形態』とは，商品の形状，模様，色彩，光沢など外観上認識することができるものをいうと解すべきである。したがって，商品の機能，性能を実現するための構造は，それが外観にあらわれる場合には右にいう『商品の形態』になりうるが，外観にあらわれない内部構造にとどまる限りは『商品の形態』にはあたらない」と判示した（大阪地判平成8年11月28日知的集28巻4号720頁〔断熱ドレンホース事件〕）。

　その後も，判例は，商品の物理的な内部と考えられる形態であっても，通常の使用方法において容易に外部から認識することが可能な形態については，「商品の形態」の一部として不正競争防止法2条1項3号の保護対象とする立場を維持していた（東京地判平成13年1月30日判時1742号132頁〔小型ショルダーバッグ事件〕（図8参照））。

　これに対して，商品化のための労力・費用の回収機会を保護するという不正競争防止法2条1項3号の趣旨や，同号と物品の美感を保護する意匠制度などの相違を理由に，商品の内部の形状であっても2条1項3号の「商品の形態」に含まれると解する説（田村・概説〔第2版〕299頁），あるいは商品の内部的形態が需要者の購買動機を左右する場合も少なくないことを理由として「内部的形態」や「不可視的形態」も「商品の形態」に含まれるとする説（渋谷・講義Ⅲ

〔第2版〕111頁・112頁）など，一定の条件の下で商品の内部的形態も「商品の形態」に含まれるとする解釈も存在した。

　また，実務家の側でも，商品の物理的な内外を問題とするのではなく，内部的形状であっても通常の用法で外部から認識可能であれば「商品の形態」に含まれると解する説（竹田稔・知的財産権侵害要論（不正競業編）〔第4版〕68頁，松村・実務〔第4版〕313頁）も唱えられていた。

　このような商品の形態をめぐる錯綜した議論を踏まえて「商品の形態」の意義を明らかにするため，平成17年の改正によって，「商品の形態」とは，「需要者が通常の用法に従った使用に際して知覚によって認識することができる商品の外部及び内部の形状並びにその形状に結合した模様，色彩，光沢及び質感をいう」（2条4項）との定義想定が設けられた。

　この規定によって，上述した商品の内部的形状のうち，どの範囲のものが「商品の形態」に含まれるかについては一応の決着がついたように思われる（改正後の判例で商品の外部の形状だけでなく，内部の収納部の形状も商品の形態に含んで判断した事件として，大阪地判平成25年5月30日裁判所ホームページ〔婦人用ショルダーバッグ事件〕）。しかし，それ以外の問題については，この規定の文言からは必ずしも明確になったとはいい難い。

　上記定義規定を設けた趣旨については，「判例の蓄積などを踏まえて文言の明確化を図るため」（経産省・逐条解説〔平成16・17年改正版〕31頁）と説明されている。

　そうであるならば，上記定義規定の解釈にあたっては，従前の判例などによって形成された「商品の形態」をめぐる議論を参考にする必要がある。

　そこで，以下では，平成17年改正前の判例などにおいて「商品の形態」をめぐる論点となった点について順次検討をしたい。

　(b)　肉眼で認識することができない商品の形態　　不正競争防止法2条1項3号が意匠法のような商品形態の審美性を保護する趣旨ではなく，他人の成果物に投下された資本・労力の冒用を規制する趣旨であるから，微細なコンピュータの部品のような肉眼では形状が判別できないような商品の形態であっても，2条1項3号の「商品の形態」として保護の対象となると考えられる（小野・概説〔初版〕85頁）。

280 　第2編　不正競争行為　　第4章　商品形態模倣行為（2条1項3号）

　また，同様の見地から「不可視的形態」であっても「需要者の購買動機を左右するもの」であれば，「商品の形態」に含まれると解する説（渋谷・講義Ⅲ〔第2版〕111頁，同「商品形態の模倣禁止」バイヤー教授還暦記念論文367頁，同旨，田村・概説〔第2版〕299頁）が有力であった。

　なお，上述した内部的形状に該当する場合を除き，平成17年改正前には当該形態が肉眼で認識可能か否かが直接の争点となった判決例は見当たらない。

　ところが，平成17年改正にあたって改正法案の策定に関与した経済産業省知的財産政策室は，上記平成17年改正後の不正競争防止法2条4項の「商品の形態」の定義規定のうち，「需要者が通常の用法に従った使用に際して知覚によって認識することができる」との文言を根拠として，「肉眼で見えないような微細な内部構造」は「商品の形態」に含まれないと説明している（経産省・逐条解説〔平成16・17年改正版〕32頁）。

　しかし，上記条項のうち「需要者が……知覚によって認識することができる」との文言からは，需要者が機械的方法（例えば，顕微鏡など）を用いれば知覚によって認識することができるような商品の形状を「商品の形態」に含まないことを意味するのか否かは明確ではない。

　商品の内部的形状であるために，需要者が通常の用法に従った使用に際して外部から知覚によって認識することができない場合には，上記条項の対象外にあることは明らかであるとしても，外部に存在する微細な形態までも同様に解すべき理由は見当たらない。例えば，「不可視的形態」の例としてあげられた「半導体集積回路の配置」のようなものは，半導体集積回路がコンピュータの部品として使用されればコンピュータの通常の用法に従った使用に際して外部から認識されない場合も考えられるが，半導体を単体として取引する場合においては，機械的方法を用いればその回路配置を需要者が知覚で認識することが不可能ともいえない。しかも，半導体はその集積回路の回路配置が需要者の購買動機を左右するのであるから，半導体集積回路配置法の保護を受けない回路配置であっても，その開発努力や投下資本の回収の機会を保証するためには不正競争防止法2条1項3号による保護を否定すべき理由はない（渋谷・講義Ⅲ〔初版〕88頁）。

　なお，渋谷教授は，平成17年改正について，「知覚による認識可能性の要件

については，①成果の冒用行為を広く禁止する規定を有しない現行不正競争防止法の下では，知覚されない商品の内部的形態や，不可視的形態も商品の形態に含め，模倣を禁止することが妥当なのではないか，②知覚されない内部的形態を図解して広告する例があるが，その内部的形態の模倣は禁止できてよいのではないか，という疑問がある。他人の競争上の成果にただ乗りして，これを冒用する行為は不正競争であるから，これを広く規制することは，不正競争防止法の目的にかなうことである。2005年の法改正が知覚による認識可能性の要件を加え，模倣の禁止される商品形態の範囲を狭めたことは，不正競争防止の思想に無用の制約を課したものといえる。」と批判している（渋谷・講義Ⅲ〔第2版〕111頁）。

　少なくとも，商品の内部に存在するがゆえに「需要者が通常の用法に従った使用に際して知覚によって認識することができない」場合と，商品の外部に存在するがゆえに「通常の用法に従った使用に際して」機械的方法を用いれば，その商品の形態が認識可能な場合とは異なった扱いをすべきであろう。

　(c)　商品の容器・包装（容器・包装と一体となった商品の「形態」）　商品の容器・包装は「商品」ではないため，その容器・包装の形態が独立した商品の形態の一部として保護されなければならない（ただし，例外として，他商品の容器として使用されるものが独立した「商品」として取引の対象となるときは，その形態が不正競争防止法2条1項3号の保護対象となることは当然である。例として，却下事例ではあるが，神戸地決平成6年12月8日知的集26巻3号1323頁〔ハート型包装容器事件（仮処分）〕，認容事例として，名古屋地判平成9年6月20日知財協判例集（平9）2083頁〔ハート型包装容器事件（本案）〕）。

　ただ，商品が粉体・液体・気体などであるため，通常容器に収納して取引の対象とされるものは，容器が商品と一体化したものとして当該容器の形態が不正競争防止法2条1項3号の「商品の形態」として保護される。

　ところが，商品が有体物であるため，容器・包装に収納する必要がない場合であっても，商品と容器とが一体として取引の対象となっている場合には，当該商品のみならず，その容器や包装の形態が「商品の形態」に含まれて保護されるかについては議論の分かれるところである。

　このような争点が現れた判決例としては，第1に，ホーキンスサンダル事件

〔図9〕ホーキンスサンダル事件

被告商品外箱の形状

被告商品（サンダル）の形状

原告商品外箱の形状

被告商品（サンダル）の形状

（保全異議）（大阪地判平成8年3月29日知的集28巻1号140頁〔ホーキンスサンダル事件（保全異議）〕）（図9参照）がある。

　この事件は，ホーキンス社が製造した特殊なサンダルの形態について模倣をしたと主張して，大阪のサンダルメーカーの製造・販売するサンダルやその包装箱，商品説明書としてのタグなどについても差止めを請求した事案である。

　当初，仮処分裁判所は，サンダルの形態だけでなく，その包装箱の形態や当該包装箱や商品説明を記述したタグに記載された商品の出所表示としての文字や説明文などについても「商品の形態」に該当するとして，債権者商品（サンダル・包装箱・タグ）と実質的に同一の形態の債務者商品（サンダル・包装箱・タグ）の製造・販売などの差止めの仮処分決定を行った。

　これに対して，債務者は，①商品の包装箱やタグは「商品の形態」に含まれない，②債務者商品は債権者商品を模倣したものではない（債権者商品の形態は「同種の商品が通常有する形態」として保護されない）などの主張をして仮処分異議訴訟を提起した。仮処分異議事件の判決は，①の論点について「不正競争防止法2条1項3号にいう『商品の形態』は，通常，商品自体の形状，模様，色彩等を意味し，当該商品の容器，包装等や商品に付された商品説明書の類は当然に

〔図10〕ワイヤーブラシセット事件

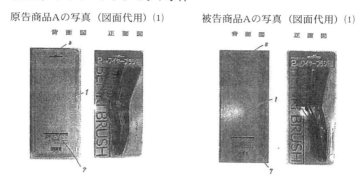

原告商品Aの写真（図面代用）(1)　　被告商品Aの写真（図面代用）(1)

は含まれないというべきであるが，商品の容器，包装等や商品説明書の類も，商品自体と一体となっていて，商品自体と容易には切り離しえない態様で結びついている場合には，右にいう『商品の形態』に含まれるというべきである」と判示したうえで，本件では包装箱やタグは「サンダルと容易に切り離しえない態様で結びついているとはいえないことが明らかである」として「商品の形態」であることを否定した（大阪地判平成8年3月29日知的集28巻1号140頁〔ホーキンスサンダル事件（保全異議）〕）。

ただし，この判決がいう「容易に切り離しえない態様と結びついている」とはどのような場合をいうのかが必ずしも明らかではなかった。

しかし，その後の判決を見ると，次に述べるセット商品（大阪地判平成10年9月10日判時1659号105頁〔タオルセット事件〕），ブリスターパックによって容器と商品とがパッケージ化されている商品（大阪地判平成14年4月9日判時1826号132頁〔ワイヤーブラシセット事件〕（図10参照），大阪地判平成15年8月28日裁判所ホームページ〔トリートメントブラシ事件〕）などにおいては，当該商品のみならず容器・包装と一体化した形状を「商品の形態」としているから，「容易に切り離しえない」というのは物理的な分離不可能をいうのではなく，取引上，容器・包装と商品とが一体として取引されているという程度であればよいと解せられる。

なお，平成17年改正後の現行不正競争防止法2条1項3号も，この点に関する解釈には変更がないものと思われる（経産省・逐条解説〔平成16・17年改正版〕32頁）。例えば，化粧品などもその内容物（成分）は「需要者が通常の用法に従

った使用に際して知覚によって認識ができる商品の外部及び内部の形状」には
あたらないため商品形態を構成する要素にあたらないが，その容器の形状，寸
法，色彩，ワンポイント色，容器の素材の光沢及び質感等は通常の用法に従っ
た使用に際して外部から認識可能であるから，商品の形態に該当する（大阪地
判平成21年6月9日判タ1315号171頁〔アトシステム事件〕）。

(d) セット商品（複数の商品などの組合せ）　複数の商品が組み合わされた商品
やこれと容器・包装が一体化したセット商品の全体の形態を1つの「商品の形
態」として不正競争防止法2条1項3号の保護対象とするか否かも問題である。

　この点に関して，小熊の人形，タオルハンガー，小熊の絵が描かれたタオル
類と籐かごなど包装との組合せからなる6種類のタオルセットについて販売す
る原告が，個々の商品のみならず，その組合せ方法や籐かごに収納された形態
までもほぼ同一の形態の商品を販売する被告に対して，不正競争防止法2条1
項3号に基づき商品形態の模倣商品であることを理由として差止・損害賠償請
求を行った事案について，「これらの商品はいずれも包装箱又は籐かごに収納
された状態で展示され購入されるのであるから，その形態は右収納状態のもの
を中心にとらえるのが相当である」として，2条1項3号の「商品の形態」を
認めた判決がある（大阪地判平成10年9月10日判時1659号105頁〔タオルセット事件〕
(図11参照)）。

　また，トリートメントブラシ及び本体部を取り外し可能なアタッチブラシか
らなる「商品の形態」について，不正競争防止法2条1項3号の模倣の有無が
争われた事件では，原告商品はその販売時にはブリスタートレイにトリートメ
ントブラシ本体のほか，アタッチブラシ，スペアブラシ及び折り畳んだ布製ポー
チを配置し，中央に透明窓のある包装箱に収納されている商品の形態を，原
告商品と被告商品の形態の実質的同一性を認定するうえでの認定事実の1つと
してあげている（大阪地判平成15年8月28日裁判所ホームページ〔トリートメントブラ
シ事件〕）。

　これに対して，不正競争防止法2条1項3号の「商品」については，「取引
社会における物品とは何か，商品とは何かという観点からみるべき」として，
複数物品の組合せについても「取引社会における商品」であると認定できる限
り，その一体的形態をも商品の形態であると認める場合があるとする説（牧野

第3節　商品形態模倣行為の要件　Ⅵ　形態の模倣　285

〔図11〕タオルセット事件

1　原告商品

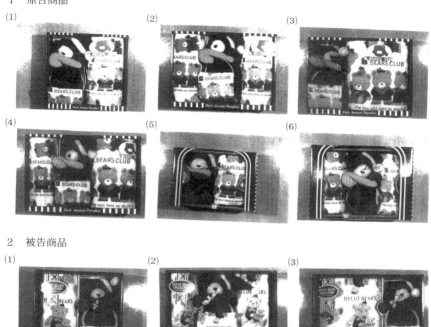

2　被告商品

＝飯村編・座談会不競法73頁〔松尾和子〕）や，セット商品などの場合には，「商品の配置の仕方や包装が消費者の目を引きつけるデザインとして機能しうるのだから，その保護が一律に否定されるわけではない」とする説（田村・概説〔第2版〕298頁）など，商品と容器・包装が一体化した商品だけでなく，複数の商品を組み合わせて一体として包装したセット商品の形態も「商品の形態」として

保護されることについては肯定的評価が多い。

　ただ，注意しなければならないのは，個々の商品がありふれた形態であり，かつ，組み合わされたセット商品全体の形態自体もありふれた形態であるにもかかわらず，商品を組み合わせて販売することが従来にない新しい販売方法であったり，その組合せ方法が従来見かけないものであるという一事のみでセット商品（複数の商品の組合せ）を「商品の形態」としてこれと同一の組合せの商品を不正競争防止法2条1項3号の「模倣」としてはならないことである。それでは，商品の組合せ方法というアイデアを保護することと，差異がなくなるからである。

　その意味では，宅配鮨のネタの選択，個々の握り鮨の個数，握り鮨相互の配列，盛り付け方法などについて原告が「商品の形態」であると主張した事件において，宅配鮨については使用する容器，ネタ及び添え物の種類，配置などによって構成されるところの1個1個の鮨を超えた全体の形状，模様，色彩及び質量感などが「商品の形態」になりうるものであるとしたうえで，原告の宅配鮨の形態には，容器やネタの種類や鮨の大きさ形状を含めて，従来からある一般的な範囲を出る独自の特徴を見出すことはできないとして，その「商品の形態」は「同種の商品が通常有する形態」であるとして不正競争防止法2条1項3号の適用を認めなかった判決（東京地判平成13年9月6日判時1804号117頁〔宅配鮨事件〕）の結論は妥当であるが，鮨や添え物の配置が商品の形態を構成するとの趣旨であれば妥当ではない。

　(e)　商品の部分的形態　　商品の部分的形態には，①ある種商品の部品やカスタムパーツなどのように当該商品と分離することが可能であり，それ自体独立して取引の対象となる場合，②商品の部品として当該商品から分離することは可能だが，独立して取引の対象とならない場合，③商品の構成部分であって当該商品から分離することが不可能かあるいは著しく困難な場合を想定することができる。

　このうち，上記①に関しては，それ自体が独立した「商品」であると考えられ，その形態が不正競争防止法2条1項3号の「商品の形態」に該当することはおそらく争いがないだろう（渋谷・講義Ⅲ〔第2版〕112頁，経産省・逐条解説〔平成16・17年改正版〕32頁）。

第3節　商品形態模倣行為の要件　　Ⅵ　形態の模倣　　*287*

　判例でも，遊戯銃の部品（カスタムパーツ）の形態については，部品の商品の形態とその機能とが不可分一体となっている場合や，互換性保持のため一定の形態をとることが必要な場合には，「同種の商品が……通常有する形態」に該当するとして，不正競争防止法2条1項3号の保護の対象から除外されるとしているものの，カスタムパーツの形態自体が「商品の形態」に該当することは否定していない（東京地判平成11年2月25日判時1682号124頁〔エアソフトガン事件〕）。

　しかも，その後，同事件の控訴審では，カスタムパーツのうち一部については「同種の商品が……通常有する形態」であることも否定され，「商品の形態」に該当することを前提に不正競争防止法2条1項3号の適用が認められている（東京高判平成14年1月31日判時1815号123頁〔エアソフトガン事件（控訴審）〕）。なお，「同種の商品が通常有する形態」については，後に詳述する。

　これに対して，上記②，③の場合に，部品又は部分の形態を不正競争防止法2条1項3号の「商品の形態」として保護するか否かは，判例の考え方も明確ではなく，学説も分かれている。

　上記②の場合には，例えば，万年筆のキャップや菓子入れのふたのように物理的には商品全体の形態とは分離して独立した存在としてその形態を把握することができるが，それ自体独立した販売単位ではなく取引の対象となっていない以上，完成品（商品）の一部分と考えて商品の一部分の形態が「商品の形態」に含まれるか否かという問題に帰着する。

　上記③の場合には，物理的にも商品の全体的形態の一部を構成しており，独立の形態を考えることができないのであるから，やはり商品の一部分の形態が「商品の形態」に含まれるのかという問題になる（このような商品の一部を構成する形態が「商品の形態」に該当しないと判断した判決例として，東京地判平成17年5月24日判時1933号107頁〔マンホール用足掛具事件〕）。

　ところで，商品の一部の形態が「商品の形態」に含まれるとすると，他の部分の形態が異なっているにもかかわらず，B商品の形態はA商品の形態と実質的に同一と判断され，B商品の作成者にA商品の形態に依拠する主観的な意思が認められれば，B商品はA商品の模倣商品ということになる。

　しかし，このような帰結は，そもそも不正競争防止法2条1項3号が先行商品の形態を何らの実質的変更も加えず模倣する行為（隷属的行為）を規制しよう

〔図12〕ピアス装着用保護具事件

とする目的で設けられたことと整合しない。

　ただ、例外的にある商品の形態の大部分（例えば、基本的形態）はありふれた形態又は技術的に不可避な形態であるために、当該部分の形態の実質的同一性では模倣か否かを決定することができず、この部分を除いた当該商品の一部の形態（具体的形態）が実質的に同一といえるか否かで、商品全体が模倣商品か否かが決定される場合が考えられる。これは、旧３号のもとにおいても、商品の基本的形態が「同種の商品が通常有する形態」であるため、その具体的形態において模倣か否かが決定されたピアス装着用保護具事件（東京地判平成９年３月７日判時1613号134頁〔ピアス装着用保護具事件〕）（図12参照）や網焼プレート事件（大阪地判平成10年９月17日判タ1021号258頁〔網焼プレート事件〕）などにおいて、上記のような考え方が示されている（詳細は後述する）。

　この場合には、結果として商品の一部の形態が事実上「商品そのものの形態」と同様に評価された実例といえよう。

　これに対して、「需要者は商品の全体的形態に着目して商品を購入することもあれば、その部分的形態に着目して商品を購入することもある。……部分的形態が需要者の購買動機を高めるのであれば、その形態を模倣することは禁止される」あるいは「全体は無数の部分の集積からなり、形態の模倣とは部分の模倣の集積に他ならないからである」との理由から、商品の部分的形態も「商品の形態に含まれる」と解する説がある（渋谷達紀「商品形態の模倣禁止」バイヤー

第3節　商品形態模倣行為の要件　Ⅵ　形態の模倣　*289*

教授還暦記念論文集364頁）。

　通常，ありふれた形態や機能的に不可避な形態は需要者の購買動機を高めることには寄与しないであろうから，渋谷説の立場に立ったところで，上記のように客観的にみてありふれた形態や機能的に不可避な形態を除外した部分的形態が需要者の購買動機を高めるのに寄与した部分として「商品の形態」となるであろうと考えられ，実際の結果においては大きな差異はないものと思われる。しかし，不正競争防止法2条1項3号で保護されるべき「商品の形態」の範囲を決定するのに需要者の購買動機という主観的な事実を考慮することが妥当かという疑問がある。

　(4)　**商品の形態をめぐるその他の問題点**

　上記のような「商品の形態」をめぐる種々の論点のほか平成5年の改正時から「商品の形態」に関連して論じられてきたいくつかの問題点がある。不正競争防止法2条1項3号の立法趣旨にも関連するので，ここでまとめて説明する。

　(a)　ソフトウェア　　特定の媒体中に固定されれば，「コンピュータ・ソフトウェア化体商品」なども商品としての取引の対象となる。けれども，特定の媒体中に固定されない「コンピュータ・ソフトウェア自体」や「データベース自体」などは，「形態」の概念によって不正競争行為をとらえた不正競争防止法2条1項3号の保護対象には含まれない。著作権が認められない音楽を入れた音楽テープの無断コピーも，音楽には形状はないので，「形態」の概念によって不正競争行為をとらえた2条1項3号の保護の対象には含まれない。

　これら無形物のデッドコピーは，平成17年の改正にあたっても一般に競争上不公正な行為であると考えることができるとしても，その規制のあり方については，情報処理技術の進展の方向を見極めつつ，今後さらに検討していく必要があるとされている。

　なお，前述したように，令和5年改正にあたって改正の論点を整理した報告書（令和5年小委員会報告書）は，同改正の目的の1つとして「不競法2条1項3号の対象行為の拡充」を掲げ，デジタル空間において生成されたデジタル成果物が他人によって譲渡され，あるいは現実社会における有体物の形態を模倣したデジタル成果物がデジタル空間において譲渡等の取引の対象とされているな

290 第2編 不正競争行為 第4章 商品形態模倣行為（2条1項3号）

どの状況があることから，ネットワーク上の形態模倣商品提供行為が適用対象であることを明確にするなどの方法が検討された。ただ，ここにいう「デジタル成果物」はあくまでデジタル空間で「形態」が認識できるようなコンピュータ・グラフィックスであって，これを形成するためのコンピュータ・ソフトウェア自体の構成や構造ではないことに留意すべきであろう。

同様に，商品の「機能そのもの」は，不正競争防止法2条1項3号の保護に含まれていない。その開発には資金，労力がかかっている場合が多いものの，機能そのものの模倣を，特許法等以外で新たに規制することは，技術の独占につながり，過度な競争制限をもたらすおそれがあるので2条1項3号の対象とはしない。いわゆる「リバース・エンジニアリング」による製品の製作は，形態の同一性がない限り，2条1項3号との関係では可能である。

(b) アイデア　商品の「アイデア」とか「コンセプト」のような形而上の成果についても，それらが商品やサービスに具体化・商品化されていない限りは，保護の範囲に入れられていない。

不正競争防止法2条1項3号の立法にあたって，商品の「アイデア」とか「コンセプト」と称せられる形而的成果については，いくら他人の労力，費用の成果であっても，社会通念上も，その模倣を不公正とする社会的コンセンサスがいまだわが国で形成されているとはいい難い。そこで，2条1項3号の保護は有形物の模倣に限定された。

この点に関連して，個々の商品の具体的形態ではなく複数の商品（多くの場合「シリーズ商品」である）に共通する抽象的な形態の特徴あるいはコンセプトのようなものが，不正競争防止法2条1項3号によって保護されるかという問題がある。

判例に現れた例としては，原告が象，キリン，ライオンなど13種類の動物の縫いぐるみの背面にファスナーを取り付け，小物入れとして使用できるキーホルダー用金具のついたプチリュックサック（小物入れ）を製造販売していたところ，被告も象，キリン，ライオンほか4種類の動物の縫いぐるみの背面にファスナーを取り付け小物入れとして使用できる商品（被告はこれをキャリーバック，プチバックと称している）の製造・販売を開始したため，原告は被告に対して旧3号を根拠として差止めを請求した事案がある。

第3節　商品形態模倣行為の要件　　Ⅵ　形態の模倣　　*291*

　しかし，判決は「原告は，原告商品の中の個々の動物の形態と，被告商品の中の個々の動物の商品の形態とが実質的に同一であることを主張するものではないとして請求原因4（一）及び（二）のとおりの動物の縫いぐるみの背面にファスナー，リュック型の肩ベルトを模したベルト及びキーホルダー用金具がついていることなどの特徴をとらえて，被告商品の形態が原告商品の形態と実質的に同一である旨主張する。しかしながら，法2条1項3号所定の『他人の商品……の形態』とは，商品の具体的な形態をいうものであって，具体的な商品の形態を離れた商品のアイデアや，商品の形態に関していても抽象的な特徴は，『商品の形態』にあたらない。原告主張のように，抽象的な特徴の同一性までを法2条1項3号における商品形態の模倣に含ませて解釈することは同号の文言上からも困難である。よって，原告が主張するとおり，原告商品と被告商品との間に特徴の共通性があるとしても，このことをもって，被告商品を，法2条1項3号の『他人の商品の形態を模倣した商品』に該当するということはできない。」と判示して，原告の請求を棄却している（東京地判平成9年6月27日判時1610号113頁〔ミニチュアリュック（プチリュック）事件〕）。

　このほか，同様の判例として，「おかずを挟んだごはん」に関する実用新案権を有する原告が，この実用新案権を実施すべく，コンビニエンスストアのフランチャイズ本部の商品企画担当者らにこのアイデアを開示し商品化について検討を促す書面などを送付していたが，原告自身の資本労力を投下して当該商品を製造・販売をしているわけではないにもかかわらず，同一のアイデアに基づいて牛の焼肉などをサンドイッチ状にはさんだおにぎりを販売した被告に対して，旧3号を根拠として損害賠償を求めた件に関して，旧3号が商品化前のアイデアを保護するものでないことを理由として原告の請求を棄却した判決（東京地判平成12年4月25日裁判所ホームページ〔おかずを挟んだおにぎり事件〕，東京高判平成12年11月29日裁判所ホームページ〔おかずを挟んだおにぎり事件（控訴審）〕）がある。

　また，先に紹介した宅配鮨事件（東京地判平成13年9月6日判時1804号117頁〔宅配鮨事件〕）のように個々の商品の形態というよりも，ネタの選択や握り鮨の個数，配列，盛り付けの方法などの原告独自のアイデアを旧3号によって保護をうけようとした事件について，判決がそのような方法や当該方法によって盛り付けられた宅配鮨の形態（鮨の個数，配列，盛り付け）は，「商品の形態」に該当

しないと判示したものと見ることもできる。

(c) 商品表示・営業表示　　商品商標，役務商標（サービス・マーク）などのような典型的な「商品表示」・「営業表示」の構成形態についても，隷属的模倣を想定することはできる。しかし，これらは，商標法や不正競争防止法2条1項1号・2号などで保護されており，商品表示・営業表示の本質的価値は，出所の表示機能にあるから，典型的な商品表示・営業表示の構成形態の隷属的模倣は商標法や不正競争防止法2条1項1号の混同惹起行為等の対象となり，原則的に2条1項3号の対象とは考えられない。

(d) 著作物　　「著作物」も隷属的模倣を想定することができる。しかし，表示や著作物の外延は広く，著作物の隷属的模倣行為と商品形態模倣行為を排他的に考える必要はなく，それぞれその適用される面が異なるのであって，具体的事案においては，不正競争防止法2条1号3号と意匠法とはもちろん，不正競争防止法2条1項1号・2号と3号等と著作権法の重畳的適用は成立しうる（なお，この問題にふれるのは，田村善之「他人の商品のデッドコピーと不法行為の成否」特研14号32頁注9）。

(e) 役　務　　不正競争防止法2条1項3号は，「商品」の形態という「有体物若しくは無体物の可視的な形態」（ただし，意匠法では肉眼での可視であるが，不正競争防止法2条1項3号の可視は，これと異なり，より微細なものも入る）に限定される。レストランのレイアウトなどは，2条1項1号の周知商品等表示，2号の著名商品等表示の対象であっても，3号は「役務」の提供形態や方法については適用されないから，3号の対象ではない。役務提供方法の模倣は，アイデア，コンセプトの模倣にとどまるものであるとして，保護対象としては立法化されなかった。

　レストランの皿やクロスのような「サービスに伴う付属的商品」は，商標法では，商品商標の対象としての商品ではない。しかし，レストランの皿，クロスのような「サービスに伴う付属的商品」も，条件付きで不正競争防止法2条1項3号の商品の「模倣」の対象物の内に含まれると解する余地がある。したがって，レストランの皿やクロスのような「サービスに伴う付属的商品」を模倣したレストランが，飲食物提供の役務で皿やクロスを用いることに対して2条1項3号は適用されないが（役務商標や2条1項1号の問題は別），模倣したメニ

ュー，クロスを販売する者は，先行開発者であるレストラン業者が皿やクロスの物品販売を開始した後に模倣した場合には，これらの物品（商品）の形態を模倣したものとして２条１項３号の適用もありうる（ただし，これらの商品が独立して取引の対象とされるものでなければならない）。

（f）競争商品　先行商品と模倣商品は，具体的な直接的競争をしている必要はない。例えば，先行商品の販売地域は北海道であり，模倣商品の販売地域は沖縄であってもよい。

しかし，不正競争防止法２条１項３号の趣旨，商品の形態からの異種の先行商品の形態の除外などからみて，３号の問題は，同種の商品間（あるいは機能，効用の同一又は類似の商品間）に生ずる模倣問題のみである（ただし，将来，デジタル空間におけるデジタル成果物間の模倣や「フィジカル／デジタル間の模倣」についても２条１項３号が適用されるとするならば，必ずしも「対象」を「同種商品」に限定する必要はない）。３号の商品には，異種商品の形態の模倣は入らない。おもちゃでのビール瓶，コーラ瓶の模倣などは，３号の対象にはならない。しかし，そのコーラの容器が著名で，著名表示性が確立しておれば，２条１項２号の問題が生ずる。

（g）商品の色様，光沢，質感　旧３号の時代にも「商品の形態」には商品の形状のほか，その色彩，光沢，質感が含まれると解釈されていた（大阪地判平成17年９月８日判時1927号134頁〔ヌーブラ事件〕）。平成17年改正後の不正競争防止法２条１項３号の「商品の形態」には「模様，色彩，光沢及び質感」が含まれることが明文で規定された（２条４項）。そこで，形状が同一の商品がすでに存在していたとしても，これに独自の模様，彩色等をほどこした商品を開発したときには，２条１項３号の「商品の形態」として保護される場合がある（大阪地判平成21年６月９日判タ1315号171頁〔アトシステム事件〕）。

Ⅶ　模　　　倣

1　模倣の概念

不正競争防止法２条１項３号において，模倣の概念は商品形態模倣行為の性格を決定する重要概念である。

「模倣」とは，「自分で創り出すのではなく，すでにあるものをまねならうこ

294　第2編　不正競争行為　　第4章　商品形態模倣行為（2条1項3号）

と。他ににせること」とされている（広辞苑〔第3版〕（1973）2384頁，同〔第4版〕（1991）2551頁）。「まねならうこと」「にせること」という場合にも，一様ではない。創作を加えず，そっくり，そのままのコピーという「にせること」という場合もある。創作性は認められるものの，あるものを準拠として創作を加える，参考にするというような「まねならうこと」もあり，この場合は創作があるといっても，寄生的な行為で到底参考とか準拠という程度の「まねならうこと」ではなく，模倣というべき場合と，自主的にあるものを準拠として創作を加え，参考にするのみで「まねならう」といっても模倣というべきでない場合がある。この違いは明瞭ではない。不正競争防止法2条1項3号では，模倣は原則的に他人の労力，費用の結果を無断で窃用するという点に重点をおいて考えられている（フープマン（久々湊伸一訳）・著作権法の理論（中央大学出版部，1967）第1編19頁以下が創作（模倣）を詳察する）。

　しかし，新しいヒット商品の販売にいつも先行者が資金，労力を投下して商品化するとは限らない。先行者がそれほどの資金，労力を投下せず，もちろん努力もせずに市場に提供した商品がヒットすることは多い。このような場合でも，成果物を模倣者が自ら資金，労力を投下することなく模倣することは，競争上不公正な有利性を得ることになることに変わりはない。先行者が資金，労力を投下するとか，努力の成果といわれることは典型例をもって説明しているのであって，原告は自己が資金，労力を投下したことや，努力をしたことを何ら主張・立証する必要はない。もちろん，不正競争防止法2条1項3号の要件になってもいない。

　模倣においては，先行者の商品に創作を加えず，そっくりそのままのコピーをした直接的利用の場合を典型例とする。しかし，このような厳密なそっくりそのままのコピーに限定されない。創作が加えられているといっても，寄生的な行為で，到底参考にしたとか準拠したといえない模倣と評価すべき場合を含ませるべきである。立法の趣旨も，いわゆるデッドコピーの防止といっても，「直接的利用」のみならず「隷属的模倣」も入れている（デッドコピーの意味については，「模倣行為であるというためには，先行者の商品の形態を参考にしたり，あるいはそれをまねている。準拠している」（第126回国会参議院商工委員会会議録5号18頁）とか，「特徴的部分がポイントである」（第126回国会衆議院商工委員会会議録16号18頁）などとか

の答弁が，政府委員よりなされている。なお，前掲報告書18頁参照）。

　ただ，「隷属的模倣」（sklavische Nachahmung）の場合は，他人の仕事の成果を手本として自らが創作するが，創作が隷属的である場合であり，「直接的利用」は他人の仕事の成果をそのまま借用する場合であるとされる。わが国でデッドコピーの言葉が用いられるとき，この直接的利用よりまだ狭い意味で用いられているのか，隷属的模倣と直接的利用とを含めた広い意味で用いられているのか一定していない。しかし，不正競争防止法２条１項３号の模倣の意味が後者の直接的利用にわたることは，明らかである（前掲政府委員の答弁など立法の説明にあたっては直接的利用より保護範囲を広げるために「実質的同一」の用語が用いられている）。

　なお，不正競争防止法２条１項３号でも模倣の方法には限定がない。例えば，先行者がその商品形態を創出する際に使用した金型をそのまま使用して同一の形態の商品を作ってもよいし，異なる金型を使用して同一又は実質的に同一の商品形態を作ってもよい。極端な例としては，先行者が開発した形態の商品の模倣商品を入手するため，先行者が製造委託をしていた海外の製造元から，先行者の商品と実質的に同一の形態の商品を輸入して販売することも「他人の商品形態を模倣した商品」を輸入し譲渡したことになる（大阪地判平成23年８月25日判時2145号94頁〔包丁研ぎ器事件〕，大阪高判平成25年４月18日裁判所ホームページ〔包丁研ぎ器事件（控訴審）〕）。

2　模倣の要件

　模倣の概念には，概念自体に主観性があり，意味内容には，(i)主観面のほか，(ii)客観面が存在する。

　判決も，旧３号の時代から，模倣とは，すでに存在する他人の商品の形態をまねてこれと同一又は実質的に同一の形態の商品を作り出すことをいい，客観的には，他人の商品と作り出された商品を対比して観察した場合に，形態が同一であるか実質的に同一といえるほどに酷似していることを要し，主観的には当該他人の商品形態を知り，これを形態が同一であるか実質的に同一といえるほどに酷似した形態の商品と客観的に評価される形態の商品を作り出すことを認識していることを要するものである（東京高判平成10年２月26日判時1644号153頁〔ドラゴンキーホルダー事件（控訴審）〕，同旨，東京地判平成８年12月25日判時1644号156

〔図13〕 ドラゴンキーホルダー事件

原告　　　　　　　　　被告

頁〔ドラゴンキーホルダー事件（第一審）〕（図13参照），東京地判平成9年3月7日判時1613号134頁〔ピアス装着用保護具事件〕など）として，模倣には，主観的な模倣の認識と客観的な模倣の事実（後述する形態が同一若しくは実質的同一といえる程度に似ていること）の存在が必要であることを早くから認めていた。

また，この点については，学説上もほぼ争いがなかった（渋谷・講義Ⅲ〔第2版〕120頁以下，田村・概説〔第2版〕288頁以下。ただし，田村・前掲書は模倣の主観面を「依拠」という用語で表現している）。

そこで，平成17年不正競争防止法改正では，このような判例・学説の状況を踏まえ，新たに不正競争防止法2条5項を設け，「この法律において『模倣する』とは，他人の商品の形態に依拠して，これと実質的に同一の形態の商品を作り出すことをいう。」との定義を行った。

しかし，そもそもこの改正が，旧3号時代の判例・学説の解釈を踏まえたものである以上，上記不正競争防止法2条5項の「依拠」については，従前の判例・学説の模倣の主観面の解釈が，また「実質的に同一の形態」についてはやはり従前の判例・学説の模倣の客観面の解釈がほぼそのまま妥当する。よって，以下では，旧3号時代の上記各要件の解釈につき解説する。

3　主観面の問題（依拠性）

行為者が，先行者の成果を利用していない場合には，いかに先行者の成果に近づく機会があり，客観面で商品が近似していようと，模倣ではない。

しかし，模倣についての現実の立証活動では，成果物との同一性については，成果物の重要部分の実質的同一性とこれを補強する近似物製作の客観的な

〔図14〕たまごっち事件

1　原告商品の形態　　　　2　被告商品の形態

市場における製作価値の挙証をもって，成果物と同一とみる。また，成果物の認識については，アクセスへの機会の高さ，すなわち先行者の商品自体あるいは商品の広告などへのアクセスへの機会と，これを補強する成果物の実質的同一性（特にその同一性が偶発的に生じたものでないこと）をもって，成果物の認識度の高さの証拠とし，この成果物と同一の成果物の認識度の高さによって，依拠性の一応の挙証があったものとすべきである（同旨，田村・概説〔第2版〕290頁，判決としては，東京地判平成10年2月25日判タ973号238頁〔たまごっち事件〕（図14参照））。

この程度で一応の挙証ありとしなければ，不正競争防止法2条1項3号の趣旨は生かされない。もちろん，上記推定に対する反証はなしうる。この反証において，商品の製作過程，開発経過は重要であり，これから企業において商品の製作過程，商品の開発経過を記録することが重要になってくるであろう（被告の側から反証がないことを斟酌して依拠性を認定した判決としては，大阪地判平成10年8月27日知財協判例集（平10）2016頁〔仏壇事件〕，大阪地判平成10年9月10日判時1659号105頁〔タオルセット事件〕）。

次に，他人の成果物の認識は，依拠性を十分推定させるものであるが，極めて例外的には，他人の成果物を認識していても，依拠性のないことがありうる。しかし，後発者が先行商品の存在と形態とを認識している場合，ないし，商品の形態が周知であって後発者が認識していることが推定される場合においては，この例外である依拠性のないことの反証は，特別の事情の立証のない限り厳格に認定すべきで容易に認めるべきではない。なお，模倣が違法であることの認識は不要である。

298　第2編　不正競争行為　　第4章　商品形態模倣行為（2条1項3号）

直接の模倣でなく，模倣者Yの模倣者Zも，第1先行者Xの模倣である。

しかし，第1先行者Xは模倣者Zに対して差止めを請求できるが，模倣者Y
は第2模倣者Zに対して差止めを請求できない（京都地判平成3年4月25日知的集
25巻3号529頁〔アルミホイール事件〕）。しかし，現実には，模倣者YがXの模倣者
であるのか否かが問題となるであろう。そうであるから，模倣者ZはYがXの
模倣者である事実を立証しなければ，Yは模倣者Zに対して差止めを請求でき
ることになる。なお，第1先行者Xの商品の形態が当該商品と機能・目的を共
通にする商品において広く用いられている場合には，旧3号の「同種の商品が
通常有する形態」として，同一の形態の模倣者YのZに対する旧3号に基づく
請求を認容しなかった判例（大阪地判平成8年3月29日知的集28巻1号140頁〔ホーキ
ンスサンダル事件（保全異議）〕）もある。この点は後に詳述する。

このほか，先行商品と後発商品の形態の同一性（特に，両者の形態が微細な部分
においてまで一致していること）の程度が依拠性を推認させることがある（大阪地判
平成10年8月27日知財協判例集（平10）2016頁〔仏壇事件〕（図15参照），東京地判平成16
年9月29日裁判所ホームページ〔耐震補強金具形態事件〕，東京地判平成16年9月29日裁判
所ホームページ〔カットソー（LIZ LISA）事件〕，東京地判平成27年7月16日裁判所ホーム
ページ〔ブラウス事件〕）。

原告商品が発売される以前に，これと同様の形態の商品がなかったことと，
原告商品と被告商品の基本的な形態が同一であるか，極めて類似していること
（東京地判平成11年6月29日判時1692号129頁〔ファッション時計事件〕（図16参照））は形
態の同一性とともに，被告が従前原告から原告商品を購入していた事実なども
依拠性を推認させる事情といえる（大阪地判平成12年10月24日裁判所ホームページ
〔カレンダー事件〕）。

4　客観面の問題（実質的同一性）

行為者が，先行者の成果を利用していない独自の創作である場合には，その
者が先行者の成果にいかにアクセスする機会があり，いかに客観面で商品が近
似していようと，模倣ではない（商品の形態がまったく同一であってさえ偶然の一致
は模倣ではない）。行為者が先行者の影響を受け，他人の成果を利用していても，
客観面で自らそこに十分な改変を加え，独自の商品を作り上げて市場に参入す
ることは，正当な競争行為の範囲に入るものと考えられる（報告書20頁）。

〔図15〕仏壇事件

原告商品目録一
別紙図面及び別紙写真表示の形態の仏壇

原告商品目録二
別紙図面及び別紙写真表示の形態の仏壇

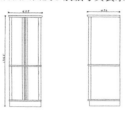

被告商品目録一
別紙図面及び別紙写真表示の形態の仏壇

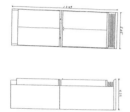

被告商品目録二
別紙図面及び別紙写真表示の形態の仏壇

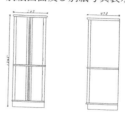

〔図16〕ファッション時計事件

原告商品形態

300   第２編　不正競争行為　　第４章　商品形態模倣行為（２条１項３号）

　不正競争防止法２条１項３号の立法趣旨から，規制の対象となる３号の模倣は，客観面では，「他人の成果と同一」，ないしは，「実質的に同一性」のある完全な模倣の場合とされる。他方，２条１項３号の模倣の規制を潜脱することを防止するため，実質的に同一性を失わない程度のわずかな改変が加えられたとしても，３号の模倣の範疇に依然含まれるとされる（報告書20頁）。立法趣旨の，この客観面における相反する命題について，具体的事件で模倣か模倣でないかを判断することは極めて困難な問題である。模倣において主観面の認識が，後発者の否認にかかわらず立証された場合には，客観面において，仮に改変があったとしても極力同一性を失わない程度のものと判断される傾向が生ずるであろう。

　この客観面での実質的同一の判断の基準について，立法者は「他人の労力，費用の窃用」に力点をおく。もちろん，この基準による社会への寄与の保護は必要である。しかし，不正競争防止法２条１項３号による規制の目的は特許法，意匠法等の社会への技術的水準への寄与とは異なる。後者の場合は現在の技術水準に対する進歩的・創作的寄与が基準になる。ただ，「他人の労力，費用の窃用」といっても，労力，費用もかかっていないのに商業的にヒットする商品があり，これを模倣しようとする者もまた多い。

　この問題は創作法における，現在の技術水準に対する進歩的・創作的寄与の保護の問題に近づいてくる。労力，費用もかかっていないのに商業的にヒットする商品におけるヒント・頭脳のひらめきを「労力」と解するか，その後の販売における努力を「労力」と解釈しなければ，不正競業法上妥当な解釈といえない。かかる商業的成功の模倣を禁圧しなければ，不正競争防止法２条１項３号制定の意味はない。そこで，かかる商業的成功商品の模倣においては，実質的同一性の範囲を弾力的に考えるべきである。この実質的同一性の範囲は，判例の集積で徐々に明らかになっていくと思われる。

　実質的同一性の判断は，一方は先行商品に基礎をおき，他方は模倣と擬せられる商品（以下「模倣商品」という）に基礎をおく。先行商品の形態の保護は，形態そのもの保護であって，思想（アイデア）の保護ではなく先行商品の形態は固定されたものである。先行商品の形態について，特許発明の均等理論の比喩的類推適用などで，広がりをもたせてはならない。すなわち，不正競争防止法

２条１項３号の模倣は，この固定された先行商品と模倣商品の形態的相違点を対比して考察することになる。それが同じ場合は同一であって，問題なく客観面で模倣である。ただ先行商品をとりまく類似品のない技術状況と客観的酷似の程度は，客観的な模倣にとどまらず主観面の模倣（依拠）の推定にまで役立つこともあろう。

なお，先行商品と後発商品の形態の実質的同一性は両商品の全体的な形態を比較するものであるから，仮に先行商品の形態の一部に公知の形態が存在したとしても，それが実質的同一性の判断に影響を及ぼすことはない（東京地判平成23年６月17日裁判所ホームページ〔デジタル歩数計事件〕）。ただ，その形態が「ありふれた形態」であったり「当該商品の機能を確保するために不可欠な形態」である場合には，当該部分を除外したその余の形態が実質的に同一といえるかを判断することになる（東京地判平成９年３月７日判時1613号134頁〔ピアス装着用保護具事件〕，大阪地判平成10年９月17日知管別冊判例集（平10）2157頁・判タ1021号258頁〔網焼プレート事件〕）。

先行商品と模倣商品の形態に相違点がある場合には（そして，現実の模倣においても，かかる場合が多いであろうが），その相違点を考察することになる。相違点において何らの競争上の差異もなく，かつ，当業者が，（先行商品の製作時でなく）後発商品の模倣時において，容易に製作しうる程度の相違点である場合には，実質的同一性があるというべきである。

商品の外周にのみ無用の装飾をつけるというような無用の付加をしている場合には，その付加部分が商品の形態からみて重要であるかどうか，当業者からみて，付加にかかわらず重要部分はそのままの引写しと評価できるかどうかによって，模倣の実質的同一性が判断されることになろう。

無意味な多少の改変は商品の形態の同一性を離脱させないが（田村善之「他人の商品の模倣行為と不正競争防止法」ジュリ1018号26頁），商品の形態の同一性の範囲を離脱するために，先行商品の形態を認識していながら，いろいろな要素を組み合わせて模倣の範囲を離脱することは許される。この場合，組み合わせる他の要素は公知の要素でもよい。これら組合せの結果，客観的に十分異なる商品形態になれば，両者の形態は実質的同一とはいえない。この場合，先行の商品形態が従来の商品形態に比して極めて特異性のあるものならば，後発の商品は

302　第2編　不正競争行為　　第4章　商品形態模倣行為（2条1項3号）

先行の商品に対し大きな差異をもたせなければ従前の商品よりの同一性の範囲を離脱しない。実質的同一という概念はこれからも判例上発展すべき概念なのであるが，旧不正競争防止法1条1項1号の事件である無線操縦用模型飛行機事件が参考になるかもしれない。そこでは「デッドコピーと言ってよいほど」とか「形状寸法の酷似」などと，認定されているからである（大阪地判平成4年7月23日判時1438号131頁〔模型飛行機事件〕）。

　以上の実質的同一性の範囲が，不正競争防止法2条1項3号の重要な解釈問題の1つである。

　判例においても，模倣の概念に関して「既に存在する他人の商品の形態をまねて同一の形態の商品を作り出すことをいい，行為の客体の面において，他人の商品と作り出された商品とを対比して観察した場合に，形態が同一であるか，実質的に同一と言える程に酷似しており」（東京地判平成8年12月25日判時1644号156頁〔ドラゴンキーホルダー事件〕）と解しており，「実質的同一性」を「模倣」の客観面における基準としている。

　しかし，この「実質的同一」の基準を具体的に適用する場面では，何に着目したかによって結論が相違する。例えば，上記「ドラゴンキーホルダー事件」の第一審判決（東京地判平成8年12月25日判時1644号156頁〔ドラゴンキーホルダー事件〕）は原告商品と被告商品を対比的に観察して，「①全体が金属製で扁平であり，柄及び刃体と鍔部とが交差して縦長の概略十字形で中心に円形のガラス玉がはめこまれた双刃の洋剣に竜が二巻螺旋状に巻き付いているなどの形態の基本的構成②竜の頭部は右上方から左斜め下方に向けて同方向をにらみながら威嚇するように口を開けて牙を見せているなどの竜の具体的形態③黒味を帯びた銀色という色彩」などが共通しているのに対し，竜の頭数の違い（原告商品の頭部は1個なのに対して，被告商品は双頭の竜である点），その形態の詳細な相違，ガラス玉の色の違いなどは上記共通する部分に比べて細部の相違にすぎないことを考慮して，両商品の形態は実質的に同一であると判断している。これに対して，控訴審判決は，原告商品と被告商品の対比的観察のみでなく，被告商品が販売された当時に存在した同種のドラゴンキーホルダーの形態も参考にして，「作り出された商品の形態が既に存在する他人の商品の形態と相違するところがあっても，その相違がわずかな改変に基づくものであって，酷似しているも

のと評価できるような場合には，実質的に同一の形態であるというべきであるが，当該改変の着想の難易，改変の内容・程度，改変による形態的効果等を総合的に判断して，当該改変によって相応の形態上の特徴がもたらされ，既に存在する他人の商品の形態と酷似しているものと評価できないような場合には，実質的に同一の形態とはいえないものというべきである。」と判示し，第一審判決が細部の相違と考えた竜の頭部の違いは，竜の具体的形態が占める比重が極めて高く，洋剣の柄部分側と刃先側に表された竜の頭部が向き合っている形態は，需要者に強く印象づけられることや，両商品の大きさの相違などから両商品は実質的に同一でないと判断している（東京高判平成10年2月26日知的集30巻1号65頁〔ドラゴンキーホルダー事件（控訴審）〕）。

　その他の判例を概観すると，上記ドラゴンキーホルダー事件の控訴審判決のように，後発商品と先行商品との形態の相違（すなわち「改変」部分）に着目して，「当該改変の着想の難易，改変の内容・程度，改変による形態的効果などを総合的に検討し，またその商品の種類，用途などに応じて，取引者・需要者の観点（取引者・需要者が他人の商品と同一ないし酷似していると認識するか否か）を考慮」して実質的同一性を判断すべきとする判決（大阪地判平成10年11月26日知財協判例集（平10）2391頁〔エアソフトガン営業誹謗事件〕，大阪地判平成11年6月1日速報293号16頁8868〔ベッド事件（第一審）〕，東京地判平成11年6月29日判時1692号129頁〔ファッション時計事件〕）もある。

　しかし，上記ドラゴンキーホルダー事件の第一審判決のように，両商品の形状，模様，色彩などの形態を対比して観察し，総合的に判断するとの立場に立つ判決（大阪地決平成8年7月30日判例集未登載〔仏壇事件（仮処分）〕，奈良地決平成9年12月8日速報294号20頁9039〔ハンガー事件〕（図17参照），大阪高判平成11年2月16日速報288号17頁8674〔仏壇事件（控訴審）〕，大阪地判平成16年12月16日裁判所ホームページ〔香醋事件〕，東京地判平成23年4月26日裁判所ホームページ〔デニムパンツ図柄事件〕，大阪地判平成24年6月7日裁判所ホームページ〔ウィンカー装飾品事件〕，東京地判平成24年11月29日裁判所ホームページ〔カスタマイズドール事件〕，大阪地判平成26年8月21日裁判所ホームページ〔ハッピーベア事件〕，東京地判平成27年7月16日裁判所ホームページ〔ブラウス事件〕，大阪地判平成27年10月29日裁判所ホームページ〔草刈機保護カバー事件〕，東京地判平成30年8月30日裁判所ホームページ〔ミリタリーパーカ事件〕，大阪地判令和4年

〔図17〕ハンガー事件

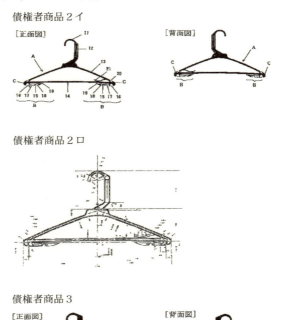

6月13日裁判所ホームページ〔トレンチコート事件〕など）もあれば，さらに看者や需要者に強い印象を与える部分の同一性をもって実質的同一性を判定した判決（東京地判平成12年12月26日判夕1061号251頁〔磁気活水器事件〕，東京地判平成30年9月7日裁判所ホームページ〔コート事件〕）や他の同種商品にない創作的なデザイン（形状）と認められる部分を相互に対比して実質的同一性を判定した判決（東京地判平成19年7月17日裁判所ホームページ〔前あきボタン留め長袖カーディガン形態模倣事件〕）（図18参照），保護を求める商品の形態が，従前同種の商品にない新たな要素を有し，相手方がこれを具備するものであるとともに，両者の商品を対比し，全体として形態が同一といえるか，又は実質的に同一といえる程度に酷似してい

〔図18〕前あきボタン留め長袖カーディガン形態模倣事件
写真目録

る必要があるとする判決（大阪地判平成26年8月21日裁判所ホームページ〔ハッピーベア事件〕，大阪地判平成29年1月19日裁判所ホームページ〔女性用ブラウス事件〕，大阪地判平成30年3月26日裁判所ホームページ〔洗浄用泡立て器事件〕）などその判断の基準は一義的ではない。

また，当該商品の需要者たる比較的若い女性が形態上の相違を十分吟味して購入する衣料品などについては，たとえ相違点が共通点に比して数は多くはないとしても与える印象を大きく左右するものである場合には，当該相違部分の存在によって両商品の形態が実質的に同一といえないとした判決例も存在する（東京地判平成17年4月27日裁判所ホームページ〔アメリカンスリーブ事件〕，東京地判平成24年1月25日裁判所ホームページ〔クマの編みぐるみ事件〕，東京地判平成30年7月30日裁判所ホームページ〔フリル袖付ノースリーブブラウス事件〕）。

なお，先行商品と後発商品の形態の実質的同一性を判断する場合には，原則として商品を対比的に比較観察して行うことになる。

この場合には，両商品の形態のうち一致している部分と相違する部分をそれぞれ具体的に特定して比較し，上述した判例の基準に照らして両商品の形態が実質的に同一か否かを判定することになる（このような対比的判断により模倣が否定されたものとして，大阪地判平成18年11月16日判時1978号141頁・判タ1249号272頁〔背負いリュック事件〕，大阪地判平成19年2月1日判タ1271号238頁〔金属管継手事件〕，東京地判令和3年9月3日裁判所ホームページ〔ふんわりルームブラ事件〕，東京地判令和3年10月29日裁判所ホームページ〔バニーガール衣装事件〕）。

306 第2編 不正競争行為 第4章 商品形態模倣行為（2条1項3号）

ただ，両商品の形態が一致している部分が当該商品の機能・効用などを発揮
させるために不可避な形態である場合には，当該部分を除外した残余の形態を
比較して実質的に同一か否かを決定することになる。

判例も，旧3号の時代から，このような機能及び効用を奏するためには不可
避的に採用しなければならない形態については，「同種の商品が通常有する形
態に該当するもの」として，上記のような形態の実質的同一性を判断する対象
から除外していた（東京地判平成9年3月7日判時1613号134頁〔ピアス装着用保護具
事件〕，その他，同旨の判決例として，大阪地判平成10年9月17日判タ1021号258頁〔網焼
プレート事件〕，大阪地判平成11年6月1日速報293号16頁8868〔ベッド事件〕）。

現行不正競争防止法2条1項3号の下でも，「当該商品の機能を確保するた
めの不可避な形態」が商品の形態から除外されているのであるから，このよう
な部分は，形態の実質的同一性を判断する際には，当然除外して考えることに
なろう（大阪地判平成19年4月26日裁判所ホームページ〔電解水生成器事件〕，東京地判平
成29年12月22日裁判所ホームページ〔半田フィーダ事件〕）。

Ⅷ 当該商品の機能を確保するために不可欠な形態

1 趣旨・沿革

不正競争防止法2条1項3号の「当該商品の機能を確保するために不可欠な
形態」は「そのような形態をとらない限り，商品として成立しえず，市場に参
入することができないものであり，特定の者の独占的利用に適さないものであ
って，その模倣は競争上不正といえないため」（経産省・逐条解説〔平成16・17年
改正版〕57頁）「商品の形態」から除外されたのである。

ただ，旧3号では，これに対応する規定として「当該他人の商品と同種の商
品（同種の商品がない場合にあっては，当該他人の商品と機能及び効用が同一又は類似の商
品）が通常有する形態を除く」との文言の規定が設けられていた。

改正法案作成担当者は，平成17年の不正競争防止法改正で，この規定を削
除し，代わりに冒頭に記述したような新規定を設けた背景について，旧3号の
除外規定は，その意義が不明確であるとの指摘がなされていたことから，判例
の蓄積などを踏まえて上記改正を行ったものであり，「平成17年改正前に『商
品の形態』から除外された形態については，改正後も除外される」（経産省・逐

条解説〔平成16・17年改正版〕58頁）と説明している。

　そこで，以下では，まず旧3号の「同種の商品が通常有する形態」に関する解説を行うことにする。

2　旧3号の除外規定である「同種の商品が通常有する形態」について

　「同種の商品」とは，模倣した対象と競業関係にある商品である（報告書20頁）。当該模倣した対象商品と同種の商品が通常有する形態の模倣は，不正競争というほどのことではなく，何人も自由に利用できる技術，形態として規制から除き，特定の者に独占させないことが，社会の進歩のため適当である。

　新しい商品分野で，他者に先駆けて開発したため，模倣された対象商品と競業関係にある商品がない市場の状態である場合がある。このような場合でも，当該形態が模倣した対象商品とその機能及び効用が同一又は類似の商品において，通常有する形態である場合には，何人も自由に利用できる技術，形態として，たとえ3年の短期であっても，技術独占及び形態独占の保護対象から除いておくことが適当であるので，保護の対象から除外されている。

　同種の商品が「通常有する形態」とは，当該他人の商品と同種の商品分野（もし同種の商品がない場合にあっても，その機能及び効用が同一又は類似の商品の分野）において，一般的な形態である。

　保護の根拠が異なるから，旧3号の商品形態の保護のためには，すでに述べたように，発明の高度性はもちろんのこと，新規性，進歩性あるいは審美性，趣味性，創作性などを必要としない。形態の特異性も必須のものではない。

　しかし，当該商品と競合する同種の商品にあって一般的でない形態であることが必要である。また，模倣によって競争上の不公正が生じると評価しうるような「競業価値」を備えた商品形態であることが必要である。つまり，通常のもの，オリジナルでないもの（通常のものに競争上意味のない改変を加えたもの）は保護価値がない。競業上の価値からみて，あまりにも些細なものには，保護をする価値がない。しかし，通常のものかオリジナルなものか，競業上の価値からみて些細なものか否かなどについては，先行者と後発者で意見の相違が生じよう。ドイツでは，その形態への追従が公序良俗違反と評価されるか否かを基準として判断するが，わが国では，先行者が労力・資金を投下した成果といえないような極めてわずかな改変か否かを基準とするということになろうか（前記VI2参照）。

308 第２編　不正競争行為　　第４章　商品形態模倣行為（２条１項３号）

3 「同種の商品が通常有する形態」に関する学説及び判例

　前述したように，不正競争防止法２条１項３号の文言が極めてあいまいで漠としたものであったため，この規定の解釈をめぐっては学説や判例の解釈も分かれていた。

(1) 学　　説

　不正競争防止法２条１項３号の趣旨を，一方で同種の商品において一般的に用いられている形態（例えば，「コーヒーカップ」であれば，通常半球型のカップに把手がついている）は，そもそも模倣＝デットコピーにならないことを規定した確認規定であると解しつつ，「これに対して，例えばVHSテープを製造販売する場合には，互換性を維持するために，他人の商品と必然的に同一の形態，すなわち模倣＝デッドコピーにならざるを得ない。このような競争上不可避な形態も，この括弧書きがあるため，本制度による保護を享受しないことになる。」とし，特に後者の「競争上不可避な形態」を除外することにこの規定の積極的意義があると解する説（田村・概説〔第２版〕304頁）や，同じく旧３号によって除外される「通常有する形態」を「同種の商品と比べてその特定の商品に何の個性も与えない。何の特長ももたらさない形態（没個性的形態）」と「同種の商品に共通してその特有の機能および効用を発揮するため一義的に決まってくる形態，すなわちどうしてもとらざるを得ない形態（技術的形態）」の２通りの例があると解する説（山本・要説〔第３版〕140頁・141頁）がある。

　これに対して，「他人の商品の形態が同種の商品または代替関係にある商品が通常有する形態と同一のものであるときは，これを模倣しても不正競争とならない（２条１項３号第２括弧書き）。同種の商品または代替関係にある商品が通常有する形態とは，その機能的形態またはありふれた意匠的形態をいうものと考えられる（東京地判平成９年３月７日判時1613号134頁参照）。なお，ここにいう代替関係にある商品とは，他人の商品と同種の商品が存在しない場合において，その他人の商品と機能および効用が同一または類似の商品（２条１項３号第２括弧書き）をいうものとする。」と解する説がある（渋谷・講義Ⅲ〔初版〕93頁）。

　この説は，旧３号の趣旨を「同種の商品が通常有する形態」と同一の形態を採用しても，それは「採用者の固有の成果ではないから，これを無断使用する者があっても，その者は形態の採用者の成果を冒用したことにはならない」（同

93頁）と解するが，「代替関係にある商品が通常有する形態と同一の形態を採用した場合は，代替関係にある商品の形態を転用したところに創意が認められるので，その創意による転用をもって採用者の成果とみることができないわけではないが，それは冒用の禁止を妥当とするほどの著しい成果ではないともいえる。不正競争防止法は，そのように考えて，代替関係にある商品が通常有する形態と同一の形態についても，その無断使用行為は不正競争にあたらないとしたものと理解される。」（同94頁）として，代替関係にある商品の形態を転用する行為を旧3号の不正競争行為から除外したことについて，上記除外規定の積極的意義があると解している（なお，渋谷教授は，この規定の趣旨を上記のようなものと理解しつつ，「転用形態を無断使用する行為は，他人の成果を冒用する行為として理論的には不正競争であるといえる。そのことを考慮すると，代替関係にある商品と同一の形態の模倣が許されるのは，転用に成果というほどの創意が認められない場合に限るとするのが妥当である。」と解している）。また，渋谷達紀「商品形態の模倣禁止」バイヤー教授古稀記念論文集（知的財産と競争法の理論）357頁では，「商品が通常有する形態」の解釈について，外国の類似制度の比較法的検討を行ったうえで，「公用の形態」「陳腐な商品形態」「進歩性の欠ける形態」などについては，その模倣について非難可能性が欠けるが，「商品の機能的形態」であっても少なくともパイオニア商品の機能的形態を商品が通常有する形態と解することは規定の文言上も無理がある（同論文372頁ないし379頁）としている。

　以上のように，旧3号の「同種の商品が通常有する形態」の解釈をめぐっては，学説の考え方も区々であって，通説的見解といえるものは存在しなかったといっても過言ではない。

(2) 判　　例

　他方，判例も，前出の「ホーキンスサンダル事件（保全異議）」（大阪地判平成8年3月29日知的集28巻1号140頁〔ホーキンスサンダル事件（保全異議）〕）では，債権者が模倣されたと主張するサンダルの形態が，従前ビルケンシュトック社が製造し，「ビルケンタイプのサンダル」の名称によって市場で広く販売されていた紐付きサンダルの形態と，その基本的形態において極めて類似している事実を認定し，債権者の主張するサンダルの形態は「同種の商品が通常有する形態にすぎないというべきであるから，不正競争防止法2条1項3号による保護を受

けるものとはいえない」と判示した。この判決は，特定の用途・目的によって形態が同一となるべきサンダルを同種の商品と考え，その形態が市場において広く販売されている同種商品に用いられている場合には，「同種の商品が通常有する形態」であるとの判断を示した。

しかし，「仏壇事件（仮処分）」（大阪地決平成8年7月30日判例集未登載〔仏壇事件（仮処分）〕）では，「債権者商品と債務者商品に共通する形態が先行する第三者の商品においても存在するから公知となっており，かような形態は同種の商品が通常有する形態である」との債務者主張に対して，「本号（著者注：旧3号）が，同時に『同種の商品が通常有する形態』を保護の対象から除外したのは，同種の商品であれば一般的に有するような形態は，その開発に特段の費用や労力の投下およびリスク負担が行われたわけでないのが通常であるうえに，それを特定の者に専用させることは，同種の商品間における発展的な競争を阻害することに基づくものと解される。したがって，『同種の商品が通常有する形態』とは，単に同種の先行品の中に類似した形態があるというだけでは足りず，同種の商品であれば，一般的に有している形態であることを要するものと解すべきである。」と判示している。

また，「ある商品が『ありふれた形態』に該当するか否かは，商品全体の形態がありふれているか否かを判断すべきであり，商品の部分の形態がありふれていたとしても当該部分を除外して商品の形態が実質的に同一であるか否かを対比すべきではない」とする判決も多い（大阪地判平成29年1月19日裁判所ホームページ〔女性用ブラウス事件〕，東京地判平成30年4月26日裁判所ホームページ〔女性向けドレス事件〕）。

他方，衣料品（カットソー）の形態については「同種の先行商品に全く同一の物が存在しない場合であっても，既に広く見られているいくつかの商品形態を単に組み合わせること自体も容易であるような商品形態については，同法2条1項3号による『同種の商品が通常有する形態』にあたると解するのが相当である」とする判決も存在する（東京地判平成17年3月30日判時1899号137頁〔ノースリーブ型カットソー事件〕）。

また，「小型ショルダーバッグ事件」（東京地判平成13年12月27日裁判所ホームページ〔小型ショルダーバッグ事件〕）では，「原告商品の形態的特徴と原告が主張す

る主要な内容はいずれもランドセルやビジネスバッグにおいてはありふれた構成，配置であり，同種製品が通常有する形態にすぎない」との被告の主張に対して，「不正競争防止法２条１項３号が『同種の商品が通常有する形態』を保護の対象から除外したのは，先行商品の開発者において特段の資金・労力を要さずに容易に作り出せるような，特段の特徴もない同種の商品に共通するごくありふれた形態は保護に値せず，また，同種の商品の機能・効用を発揮するため不可避的にとらざるを得ないような形態については，これを保護対象とすると，商品の形態を超えて同一の機能・効用を有する同種の商品そのものの独占を招来することとなり，複数の商品の市場における競合を前提としてその競争のあり方を規制する不正競争防止法の趣旨そのものにも反することとなるためであると解される。」との前提に立ち，「原告商品発売時以前の商品において，原告商品と同一またはその基本的な特徴を備えたものは認められない。また，原告商品の有する上記……の特徴が必ずしもすべて原告の着想したものでないとしても，それらを組合せた具体的な商品の存在は認められない。さらに，原告商品の形態が，同種の商品の機能・効用を発揮するため不可避的にとらざるを得ないような形態ということもできない。以上によれば，原告商品の形態は，同種の製品が通常有する形態とはいえない。」と判示している。

　これに対して，原告商品が新規分野の商品について，同商品の販売前には「同種の商品」が存在しない場合であって，かつ「機能及び効用が同一の商品」も見出せない場合であっても，その機能及び効用を奏するために必要不可欠な形態は「同種の商品が通常有する形態」にあたると判示した判決としては，「ピアス装着用保護具事件」（東京地判平成９年３月７日判時1613号134頁〔ピアス装着用保護具事件〕）がある。

　これは，原告が考案した，ピアスを装着しないときにピアス孔を保護するピアス装着用保護具の基本的形態に関し，それが「同種の商品が通常有する形態」に該当するか否かが争点となった事件である。判決は，「同種商品が通常有する形態を保護の対象から除外したのは，同種商品であれば通常有するようなありふれた商品形態は，特定のものに専用させるべきものではないし，また同種商品が通常有する形態は，その商品の機能及び効用を奏するために採用される形態，すなわちその商品としての機能及び効用を果すために不可避的に採

312　第2編　不正競争行為　　第4章　商品形態模倣行為（2条1項3号）

用しなければならない商品形態である場合が通常であろうから，この種の形態を特定の者に独占させることは，商品の形態でなく，同一の機能及び効用を奏するその種商品そのものの独占を招来することになり，複数の商品が市場で競合することを前提としてその競争のあり方を規制する不正競争防止法の趣旨そのものにも反することになるからであると解される。」と判示したうえで，このような趣旨に照らせば，当該商品が極めて斬新で，機能及び効用が同一の商品を見出せない場合でも，当該商品の形態がその機能及び効用を奏するためには不可避に採用しなければならない形態である場合には，「同種の商品が通常有する形態」に該当するとしている。

　また，「エアソフトガン事件」（東京地判平成11年2月25日判時1682号124頁〔エアソフトガン事件〕）では，遊戯銃のカスタムパーツ（部品）と互換性を有する部品についての模倣が争われた事件であるが，この事件でも，カスタムパーツの形態がその本体との関係で「同種の商品が通常有する形態」か否かが争点となった。判決は，「同種の商品が通常有する形態」を形態の模倣から除外する趣旨について，「このように，法が商品形態の模倣行為を規制しているのが，先行者が商品形態開発のために投下した費用・労力を保護する趣旨のものであることに照らせば，当該商品の性質上その形態が一義的に決まるものについては，商品の形態について他の選択肢がないことから製造業者の創意工夫が働く余地がなく，この点につき先行者が資金・労力を投下することが考えられないことからして，法2条1項3号による保護の対象とならないものと解される。すなわち，商品の形態と機能とが不可分一体となっている場合，互換性保持のため一定の形態をとることが必要な場合や，特定商品の形態が市場で事実上の標準となっている場合など，その形態をとらない限り商品として成立し得ない場合は，形態模倣の規制対象とならないものと解すべきである。法2条1項3号の条文において，括弧書きとして『当該他人の商品と同種の商品（同種の商品がない場合にあっては，当該他人の商品とその機能及び効用が同一又は類似の商品）が通常有する形態を除く』と規定されているのは右の趣旨であって，同種の商品においてありふれた形態や，製作上回避不可能な形態を，『通常有する形態』として形態模倣に対する保護の対象から除外したものである。」と判示したうえで，当初から本体に組み込まれている部分と同一の形態の部品につき本体の製造

者・販売者らが修理などの目的のため別個に独立した商品（純正部品）として販売している場合には，当該純正部品の形態は，旧３号による保護の対象とはならないと判示した。

このように，判例もまた「同種の商品が通常有する形態」について，「ありふれた商品形態」と「機能及び効用を奏するために不可避に採用しなければならない形態」あるいは「商品の互換性を確保するために不可避な形態」が含まれると解していたのである。

4　平成17年改正後の２条１項３号における「当該商品の機能を確保するために不可欠な形態」の意義

このように，旧３号の「同種の商品が通常有する形態」をめぐっては学説の解釈も分かれており，また，判例も決して固まっているとはいえないにもかかわらず，平成17年の不正競争防止法改正では，旧３号の規定の意義が不明確であるとの指摘を受けて明確化するとの目的から，「当該商品の機能を確保するために不可欠な形態」との文言に改正されたことは前述のとおりである。

しかも，この改正に先立って改正の内容を検討した産業構造審議会知的財産政策部会不正競争防止小委員会の平成17年２月付「不正競争防止法の見直しの方向性について」と題する報告書（以下「平成17年報告書」という）では，「通常有する形態」の意義について「立法当時より『ありふれた形態』『標準的な形態』『既存の形態』『互換性を確保するための形態』又は，『当該商品の機能を確保するために不可欠の形態』が該当すると解される」としつつ，「標準的な形態」「既存の形態」は解釈によって「他人の形態」の「模倣」に該当するものではなく，「互換性を確保するための形態」は「当該商品の機能を確保するために不可欠の形態」に含まれると考えられることから，これらを除外して「『通常有する形態』とする必要がある形態は『ありふれた形態』及び『当該商品の機能を確保するために不可欠な形態』である。そうであれば，この点を条文上明記し，『通常有する形態』に代えて『当該商品の機能を確保するために不可欠な形態及びありふれた形態』と規定すべきである」と提言をしていた（平成17年報告書Ⅶ２(2)(a)①部分）。

しかし，実際の改正では，どういうわけか前述の「ありふれた形態」の部分は削除され，「当該商品の機能を確保するために不可欠の形態」の文言のみが

条文に残された。

　そのため，改正後の現行不正競争防止法2条1項3号の除外規定（括弧書）の条文をそのまま素直に読むと，上記平成17年報告書に記載された解釈のうち，「当該商品の機能を確保するために不可欠な形態」（ただし，それは商品の技術的な機能を確保するというだけではなく，「互換性を確保するための形態」が含まれる）のみが除外されるという解釈も成り立たないわけではない。

　この点について，改正法の立法作業を担当した経済産業省知的財産政策室編著の解説書（経産省・逐条解説〔平成16・17年改正版〕）では，改正に至った経緯に続けて，「したがって，平成17年改正前に『商品の形態』から除外された形態については改正後も除外されることになる」とのみ簡潔に記述している（同書58頁）。

　いずれにせよ，平成17年の改正が「同種の商品が通常有する形態」に関し，判例によって種々展開されてきた解釈を整理し，その意義を明確にする趣旨でなされたことは明らかであるから，従来判例によって「ありふれた形態」として「商品形態の模倣」から除外されたような事案がこの改正によって除外されなくなるとは考えられない（解釈論としては，文言にかかわらず，その趣旨に基づき除外規定が適用されると解釈するか，あるいはそもそも「ありふれた形態」は不正競争防止法2条1項3号の全体的趣旨から「形態の模倣」の対象とはならないと解釈する方法がある）。

　この点について，平成17年の改正によって，「ありふれた意匠的形態などの使用が自由であることは，規定には明記されないことになった。しかし，旧規定の解釈は，改正後も妥当しているものというべきである。それらの形態は，特定人の競争上の成果と言い難く，これを使用しても，他人の成果を冒用する不正競争とはいえないからである。」（渋谷・講義III〔第2版〕115頁）として，同種の商品にありふれた形態は，不正競争防止法2条1項3号の趣旨に照らして同号の保護を受けることができないと解することにより，現行法の下でも改正前の解釈と同一の結果を導く説がある。また，このようなありふれた形態の商品と実質的に同一の形態の商品を製造したとしてもそれは2条1項3号の「模倣」には該当しないと解する説もある（三村量一「商品形態の模倣について」牧野利秋ほか編・知的財産権の理論と実務(3)291頁）。さらに，判例でも「ありふれた形態」は2条1項3号で保護される「商品の形態」に該当しないと判示するものがある（東京地判平成24年12月25日判時2192号122頁〔コイル状ストラップ付タッチペン事

件〕，東京地判平成25年７月19日裁判所ホームページ〔電気マッサージ器事件〕，東京地判平成28年４月28日裁判所ホームページ〔青汁粉末包装箱事件〕，東京地判平成28年７月19日判時2319号106頁〔フェイスマスク事件〕）。なお，ありふれた形態ではないが，平成17年改正後に，２条１項３号の「商品の形態」にはあたらないと判断した判決の中には，当該商品の機能及び効用を果たすために不可避な形態であることを理由とするもの（東京地判平成23年２月25日裁判所ホームページ〔美顔パック事件〕，知財高判平成30年６月７日裁判所ホームページ〔半田フィーダ事件〕）と，機能及び効用を果たすため不可欠な形態以外に同種商品における標準的な商品形態であることを理由とするもの（東京地判平成24年３月21日裁判所ホームページ〔車種別専用ハーネス事件〕，東京地判平成27年11月11日裁判所ホームページ〔防災キャリーバッグ事件〕）がある。

5　類似商品の通常有する形態

　他人の商品の形態が「当該他人の商品とその機能及び効用が同一又は類似の商品」を模倣した場合においても，同種の商品が「通常有する形態」は，この商品形態の保護から除かれる（旧３号括弧書の中の括弧書参照）。

　このことは，反対解釈をすると「当該他人の商品とその機能及び効用が同一又は類似の商品でない商品」の通常有する形態を模倣した場合には，すなわち，他種商品の応用であれば，たとえそれが既存の「通常有する形態」の模倣・応用であっても，その後発商品の応用形態は新しい商品形態となり保護がなされることになる。強いていえば，商品の形態が，機能的に類似する同種商品の「ありふれた形態」の後発形態であれば保護されないが，反対解釈で，機能的に類似しない異種商品の形態の模倣が，新商品形態として保護されることになってしまうことになる（意匠法的保護なら創作性のない場合として，保護されない）。これを望ましくないとして，不正競争防止法による保護から外すためには別の法理がいる，ということになろう。仮に，このような異種商品の模倣を保護することを正当化する論理は，非競争分野の商品形態の中から選択した形態を異種商品に新たに利用したという，非競争分野への商品形態の採用を１つの創意として保護するという理由しかない（渋谷・講義〔初版〕93頁）。ちなみに（デザイン・パテントの事案であるが）非競争分野の形態の中から既存の形態を選択する場合にあっても，単なる模倣の場合と，これを超えた新たな創作の場合とがある（このことを指摘するものに Smith v. Whitman 148 U.S.674（1893）がある）。

316 第2編 不正競争行為 第4章 商品形態模倣行為（2条1項3号）

第4節 2条1項3号の規制期間の制限

Ⅰ 保護期間の制限の趣旨

　平成5年改正の基礎となった産業構造審議会知的財産政策部会の報告書では，「商品の模倣に対する規制の実効的意味は，先行開発者の成果を模倣者が模倣することにより生じる競争上の不公正を是正することにある」としていた。したがって，先行開発者が投下した費用，労力の回収を終了し，通常期待しうる利益をあげた後は，模倣によって競争上の不公正が生じることはないから，模倣規制の効果を及ぼすのは適当ではないとして，その期限を一律に販売より3年とした。

　一般条項に基づき判例法で隷属的模倣を規制しているドイツでは，判例で客体に対する投資が回収される期間ないしその機会としての期間に限定している。また，不正競業法に隷属的模倣規制の類型をもつスイスでも，条文上期間の限定はないが，解釈上で期間制限がなされるべきとしている。

　投資が回収される期間は，商品により異なり一律に決めることはできないのであるが，社団法人日本デザイン保護協会の商品のライフサイクルに関するアンケートにおいて，モデルチェンジのサイクルを概ね3年以内とする結果や，共同体意匠に関するECディレクティヴ案の不登録デザイン権の権利期間における提案が当該デザインの公表から3年間であること，実用新案法が権利期間を6年（筆者注：平成5年当時）としていることなどから，特許法等の他の創作法とのバランスを考慮し，報告書では，先行開発者が投下した費用，労力を回収し，通常期待しうる利益を得る期間を「3年～5年間とするのが適当である」（報告書21頁）とした。立法にあたっては，この報告書の3～5年間のうち3年がとられた。

　ところが，旧3号では，立法形式として，「他人の商品（最初に販売された日から起算して3年を経過したものを除く。）の形態……を模倣した商品を譲渡……する行為」と実体条項の一部に規定して，「最初に販売された日から起算して3年」を権利行使条項の箇所で制限規定として定めていなかった。

第4節 2条1項3号の規制期間の制限　　Ⅰ　保護期間の制限の趣旨　　*317*

　そこで，旧3号の規定を模倣時点で「他人の商品」が「販売の日から3年を経過していない」というように，「他人の商品」の修飾語として「3年」の意味を読むならば，このような商品の形態を模倣する者に対しては，最初に販売された日から起算して3年を超えても差止請求ができるような誤解を生ずる。しかし，前記のような旧3号の立法の趣旨を考慮すると，他人の商品形態の模倣は，それが最初に販売された日から起算して3年経過すれば，不正競争行為でなくなり，差止請求権や以後に発生した損害に対する損害賠償請求権はなくなることを規定するものと理解される。

　平成17年の不正競争防止法改正では，上記のような誤解が生じることを防止し，「3年を経過したものでない」ことが権利行使制限の要件であることを明確にするため，適用除外に関する規定（19条）に1項5号イ（現19条1項6号イ）として新たに次のような規定を設けた。

> 五　第2条第1項第3号に掲げる不正競争　　次のいずれかに掲げる行為
> 　イ　日本国内において最初に販売された日から起算して3年を経過した商品について，その商品の形態を模倣した商品を譲渡し，貸し渡し，譲渡若しくは貸渡しのために展示し，輸出し，又は輸入する行為（以下略）

　この規定の新設によって，旧3号時代にも判例・通説においてもほぼ争いのなかった，最初に販売されてから3年を経過すれば，当該商品の形態を模倣する商品の譲渡などが不正競争行為ではなくなる趣旨がいっそう明確になった。

　そこで，商品形態の模倣行為や模倣された商品の譲渡などの行為が，上記期間経過後に始まる場合だけでなく，商品形態の模倣行為が最初の販売の日から3年を経過しない間に開始され3年経過後も継続している場合にも，3年という期間経過後は，期間経過前（すなわち最初に販売された日から起算して3年以内）になされた模倣や模倣商品の譲渡などに対する差止請求権は消滅することになる。

　しかし，原告の商品が最初に販売された日から起算して3年を経過するまでになされた被告の不正競争行為に基づく損害に対する賠償請求は，前記3年を経過後もなしうる。例えば，訴えの提起後，仮に審理が，前記3年が経過した後も継続している場合も，被告の行為は不正競争行為でなくなるから損害賠償

318　第２編　不正競争行為　第４章　商品形態模倣行為（２条１項３号）

請求権は発生しなくなり，賠償額は増加しなくなるが，期間中に生じた損害賠償については３年経過後も時効により消滅するまでの間は請求ができる（大阪地判平成30年10月18日裁判所ホームページ〔ごみ箱事件〕）。

Ⅱ　保護期間の開始及び終了

1　「最初に販売された日から起算して３年」の意味

　しかし，平成５年報告書では，「市場における不公正を是正するという本規制の趣旨から，商品として市場に出された時とするのが妥当である。なお，この趣旨から，商品として市場に出す前に商品を見本市に出すなど広告活動を開始した場合にはその時とすることが適当である」としていた。しかし，同報告書の，最初に市場化（first marketing）された日を起算点とするということは，法文上，損害賠償請求の起算時点として明確にされていない。「商品のカタログ，広告キャンペーン，実際の販売前の展示によって当該デザインが公に明らかに」なった時点や（報告書22頁），「商品として市場に出す前に商品を見本市に出すなど広告活動を開始」した時点などの解釈もありえたが，法文には現れていない。販売以前に商品が第三者に知られた時点は保護期間の終了の起算点になっておらず，終了の起算点は商品が「最初に販売された日から起算する」ことになっている。

　商品の販売前に，カタログ，広告キャンペーンや展示会などで，当該商品の形態が公に明らかにされた場合（以下「展示会の日」という）に，これを模倣した者に対しては，どうなるのだろうか。

　例えば，当該商品の形態が公に明らかにされた1995年（平成７年）の２月１日の展示会で発表した甲の商品の販売前に，展示会で入手したカタログ，パンフレット写真などによって公表された商品の形態を乙が模倣して，甲の実際の販売日1995年９月１日より半年前の３月１日に，乙がいち速く模倣製品の販売を開始した場合，模倣した乙の責任は，どうなるのだろうか。

　報告書は，甲が商品を市場に出した９月１日より前の，甲商品の形態を展示会で明らかにした２月１日の時点は，不正競争防止法２条１項３号の差止請求権・損害賠償請求権の行使の起算点は，法文では明確にされていない。商品の販売以前にその形態が第三者に知られたとしても，その時点では保護期間が開

始するとの明文上の根拠はない。ただ，商品が最初に販売された９月１日から起算し３年間で２条１項３号の保護期間は終了することになっている。しかし，だからといって，乙の行為は放任行為ではなく，２条１項３号の模倣行為として評価される。そして，販売の準備活動をしている甲は，乙の模倣製品の販売に気づいた場合，甲から乙に対して不正競争防止法３条１項の予防請求として模倣に対する警告をなすことができ，この場合甲は販売を開始していなくても，警告行為は不当警告ではない。

しかし，保護期間の終了は，カタログなどにより商品の形態を公に明らかにした展示会の最初の日の２月１日より３年でなく，甲の商品の最初の販売日９月１日より３年の該当日であるという解釈も成り立つ。２月１日より９月１日までの７ヵ月間の法律関係は法文からは読みとりにくい。その７ヵ月間は２条１項３号で差止請求権や損害賠償請求権が発生し，実質的な保護期間は正確には３年間以上になるのか，保護期間は３年で，販売前の７ヵ月間は民法709条の不法行為として救済すべきなのかは１つの問題点であるが，一応前者と解するのが妥当であろう。

なお，「最初に販売された日」以前の模倣行為の規制に関して，学説では不正競争防止法２条１項３号の目的が他人の経済的成果へのただ乗りを防止する趣旨であるので，試作品や設計図の完成段階であっても，その模倣行為は違法と考えるべきであると解する説（渋谷達紀「商品形態の模倣禁止」バイヤー教授古稀記念論文集（知的財産と競争法の理論）383頁），商品販売前であっても商品化の時点で保護に値する労力・費用の投下は終了しているので，そのデッドコピーには２条１項３号の保護を及ぼすべきであると解する説（田村・概説〔第２版〕312頁・313頁）など，販売前であってもその模倣行為を違法と解する説が多い。また，「最初に販売された日」は，保護期間の終期の起算点であり，保護期間の始期を定めるものでないと解すれば，「最初に販売された日」以前に模倣行為が開始された結果，商品形態の開発者の営業上の利益が害され，若しくは害されるおそれがある限り，不正競争防止法３条の差止請求権（予防請求権）の行使が可能であると解することもできる（平成17年報告書Ⅷ2(2)）。

次に，保護期間の終期の起算点である「最初に販売された日」は，文字どおり商品を販売譲渡した日をいうのか否かに関しても判例が分かれている。前掲

320 第2編 不正競争行為 第4章 商品形態模倣行為（2条1項3号）

のハート型包装容器事件（仮処分）（神戸地決平成6年12月8日知的集26巻3号1323頁〔ハート型包装容器事件（仮処分）〕）では，「『最初に販売された日』にいう『販売』とは，利益を得る目的をもってする有償譲渡をいうものであるが，必ずしも一般の取引市場を通じての販売に限るものではなく，本格的出荷の前のサンプル出荷などを含むものであり，卸問屋への出荷なども右にいう販売に該当する」と判示したうえで，債権者が主張する起算日（市場への販売開始日）以前に取引先に本件製品の形態を図面により提示し，取引先から注文を受けていた事実などから，前記起算日以前に取引先などへサンプル出荷していた可能性があるとしている。

これに対して，上記仮処分に対する本案事件の判決（名古屋地判平成9年6月20日知財協判例集（平9）2083頁〔ハート型包装容器事件（本案）〕）は，「『最初に販売した日から起算して3年を経過したもの』を除いたのは，他人の商品化に際しての投下資本，労力の，正当な競争関係のもとで回収を保護することと産業の発展との調和から，『他人の商品』の保護を，投下した資本，労力を回収することができると一般的に理解される期間（最初に販売された日から起算して3年が経過しない期間）に限定したためであるから，同号の『販売』とは，市場での投下資本，労力の回収活動が外見的に明らかになった時点，すなわち，商品をはじめて市場に出荷した時点と解すべきである。よって，金型を発注した時点や現物がない段階で契約を締結したというだけでは未だ『商品を最初に販売した』とはいえないが，サンプル出荷の時点で『最初に販売した』といえる。」として，原告がはじめて3500個を取引先にサンプル出荷した時点で「市場に出荷した」と認定し，同日をもって「最初に販売された日」としている。

また，前掲の小型ショルダーバッグ事件の東京地判（東京地判平成13年12月27日裁判所ホームページ）では明確な理由はなく，原告商品が「発売され若しくは発売可能な状態であった」と認められる時期を起算点として，すでに3年が経過したことを理由として差止請求を棄却している。

ただし，展示会で展示された商品であっても展示の当時は開発途上の試作品であり，製品化される具体的な予定がない商品は，展示の時点では「商品を最初に販売した」とはいえないとする判決がある（東京地判平成28年1月14日判時2307号111頁〔スティック状加湿器事件〕）。

なお，この規定との関係で，しばしば商品形態のマイナー・チェンジが問題となる。マイナー・チェンジ問題とは，ある形態の商品を最初に販売した日から3年以内に当該形態の一部分にわずかな変更（以下「マイナー・チェンジ」という）を加えた商品を販売した場合に，上記の保護期間は，マイナー・チェンジ後の商品についてその販売日から再び起算されるのかという問題である。仮にもし，そのようなことを許すと，マイナー・チェンジをくりかえすことによって容易に保護期間の制限を潜脱することになりかねない。そこで判決も，先行商品に変更を加えても変更後の商品の形態が変更前の商品の形態と実質的に同一といえるような例については，「最初に販売された日」は先行商品の販売日であると判示している（東京地判平成11年5月10日裁判所ホームページ〔建物空調ユニットシステム事件〕，大阪地判平成23年7月14日判時2148号124頁〔ミニバスケット事件〕，東京地判平成29年2月24日裁判所ホームページ〔ワンタッチ式テント事件〕。これに対して，モデルチェンジがマイナーチェンジにあたらないとされた事案として知財高判平成31年1月24日裁判所ホームページ〔サックス用ストラップ事件〕）。

　もとより，一般論としては，判決の判示が正当である。ただ，具体的な事案における適用は慎重であるべきである。先行商品と後発商品の形態の同一性の判断にあたっては，「形態」のみを比較すべきであり，そのアイデアやコンセプト，機能等が同一であることを重視してはならない。もし，そのようなことを重視すると商品形態の創作性を問うことなく，その開発に投下された資本や労力を保護することを目的とした不正競争防止法2条1項3号の趣旨が没却されるおそれがあるからである。

2　「日本国内において最初に販売された日」を起算点とすることの意義

　不正競争防止法2条1項3号の「他人の商品」の「他人」には，外国人や外国の企業も入る。

　そこで，外国人又は外国企業が開発した商品が最初に国外で販売され，その後日本国内で販売された場合，旧3号では，いずれを「最初に販売された日」とするかについて明確な規定がないこともあり，国外での販売開始日を起算日とするか，日本国内での販売開始日を起算日とするか争いがあった（国外説として，小野・概説〔新版〕189頁，山本・要説〔第3版〕133頁など。これに対して，国内説として，渋谷達紀・前掲論文384頁・385頁，田村・概説〔第2版〕312頁など）。

322　第２編　不正競争行為　　第４章　商品形態模倣行為（２条１項３号）

　平成17年の改正にあたって，改正内容を検討した平成17年報告書では，不正競争防止法２条１項３号の保護期間が極めて短期間であるにもかかわらず，国外での販売開始日を起算点とすると，母国での販売を先行させるのが通常である外国企業にとって酷であることや，国外市場での販売開始日を起算点とすると，その保護期間の終期を調べるのに世界中でいつ販売を開始したかを調査せざるを得ず，その負担は，国内企業にとって酷であるし，新たに２条１項３号違反に刑事罰規定を設ける際にも，その適用が不明確にならざるを得ないことなどを理由として，「日本国内で最初に販売された日」を起算点とするよう提言し，この提言に基づき新設された19条１項５号イ（現19条１項６号イ）の規定には，「日本国内において最初に販売された日」を終期の起算点とすることが明記された。

3　保護期間経過後における他の規定による保護

　不正競争防止法２条１項３号の商品形態の模倣の規制は，その形態が強力な宣伝などにより，当該形態が周知商品表示性を有するに至った場合には，従来もあった２条１項１号の商品の形態による周知商品等表示としての保護と，この２条１項３号の保護との重畳的な保護を受ける。このように，２条１項３号の商品形態の模倣規制の期間経過後であっても，期間の満了とともに絶対的にその保護がなくなってしまうものではなく，保護期間中にその形態が周知商品等表示性をもつようになった場合には，期間的制限のない２条１項１号の規定の適用を受けうる場合がある（さらに，極めて稀な事例ではあろうが，理論上は，その形態が著名商品等表示性をもつようになった場合には，同じく期間的制限のない２条１項２号の著名商品等表示の規定の適用すら受けることになる）。

Ⅲ　起算日の主張及び立証

　差止請求・損害賠償請求のためには，原告の請求の基礎である一定形態の商品は，商品が最初に販売された日から起算していまだ３年を経過していないことが，実体法的に必要である（また，衡平上も商品が最初に販売された日の立証は原告が一番よく知っており，被告に比し立証は容易である）。したがって，原告には請求にあたり，この点の挙証責任がある。３年の期間経過は被告の抗弁であって被告に挙証責任があるとは解し難い。ただし，差止請求の場合には，最初に販売さ

れた日そのものを立証しなくても，大体いつ頃に販売が開始され，口頭弁論終結の日が，当該商品を最初に販売した日から起算して少なくとも３年を経過していない日に属することが明らかであることが立証されていればよい。もちろん，商品が最初に販売された日から起算して３年を経過したことを，被告が立証すれば，原告の差止請求の棄却を求めることができる（東京地判令和３年10月29日裁判所ホームページ〔バニーガール衣装事件〕）。

損害賠償請求訴訟においても，商品が最初に販売された日が何日か不明であるが，少なくとも当該発売日が属するある週，ある月であることが明白である場合には，少なくとも商品が最初に販売された該当日より後の日から起算して，３年を経過していないことの明らかな日までの期間分の損害賠償請求をするようなこともできる。

しかし，被告において厳密に原告製品が販売された日を反証した場合には，当該販売開始の日から３年を経過した日以後の損害賠償の請求をすることができない。

第５節　競業上の良俗に反しない商品形態の模倣

Ｉ　模倣商品の善意取得者の保護

商品形態の模倣規制（２条１項３号）適用の例外として，不正競争防止法19条１項６号ロは，その適用除外について，２条１項３号の対象である模倣商品を，譲受時にその商品が他人の模倣商品であることを知らず，かつ，そのことに重過失がない者に限り，その者がその商品を譲渡し，貸し渡し，譲渡若しくは貸渡しのために展示し，輸出し，輸入し，又は電気通信回線を通じて提供する行為について不正競争防止法の適用を排除し，製品を入手した善意の第三者に対して，取引の安全確保の観点などから保護を図っている。

Ⅱ　旧３号の製作上回避不可能な形態や商品の本来的性格に伴う形態

立法者は，製作上回避不可能な形態については，保護より除外すべき（報告書22頁）と考えながら，これを一般的適用除外の解釈や「通常有する形態」概

念の解釈に委ね，旧不正競争防止法11条1項5号（現19条1項6号ロ）の善意の商品第三取得者の保護のような適用除外規定を別段設けていない。

例えば，自動車の部品の形態などは，必然的に自動車本体の変更にもなりうる。本体に取り付けるためのジョイント，穴の位置などは多くあり，新しい車種のデザイン，ジョイント，穴の位置などが変更すれば，当然それによって，自動車部品の形態も変化する。このような本体に取り付けるためのジョイント，穴の位置などの変更からくる部品製作上の不可避的な形態部分まで保護の対象とすると，独立自動車部品業者は自動車製造業者から窮地に追い込まれることになりかねない（自動車の排気パイプのデザイン著作権に関するレイモンド事件参照，British Leimond v. Armstorong，1986 RPC 279．レイモンド事件（イギリス）において，この問題が詳細に議論された。田村善之「不正競争行為類型と不正競争防止法」ジュリ1005号12頁，同「他人の商品の模倣行為と不正競争防止法」ジュリ1018号28頁）。

このような，製作上回避不可能な形態の保護の除外のような，不正競業でない商品形態の利用行為を，不正競争行為としない根拠を解釈的に考える必要がある。なぜならば，不正競争防止法2条1項3号の法文の文言は，やや広範であるからである。現在の経済秩序においては，営業の自由が原則であって，競業に活力をもたせることが必要であり，直接的な模倣行為は格別，競業上良俗に反すると思われない正当競争行為は規制より除く必要があるからである。

前述した遊戯銃のカスタムパーツのように遊戯銃本体の取付部分の形状に応じてその形態が定まってくる互換部分の形状について，それが本体との関係で「同種の商品が通常有する形態」に該当すると判示した判決（東京地判平成11年2月25日判時1682号124頁〔エアソフトガン事件〕）などにより，わが国でもこのような法理が定着しつつある。

第6節　2条1項3号違反の行為に対する差止請求・損害賠償請求等の主体となりうる者

I　商品の開発を行った者

他人の商品の形態を模倣した商品の譲渡などを規制することによって，当該商品の開発に要した資本・労力の回収の機会を保障しようとする不正競争防止

法２条１項３号の趣旨に照らすと，３号違反の行為について差止請求権や損害賠償請求権等の民事救済を求めることができる者としては，第１に当該商品の開発に資金・労力を投下した商品開発者が考えられる。

判例では，当該製品の企画・立案・製造指示などを行った者を，その製品の開発・商品化した主体と認定し，不正競争防止法２条１項３号に基づく損害賠償の主体と認めた判決（東京地判平成11年４月22日速報289号13頁8721〔誕生石ブレスレット事件〕）や，商品の開発に企画提案を出した者と当該企画に基づき腕時計の具体的な形態を創作した者に，２条１項３号の原告としての地位を認めた判決がある（東京地判平成11年６月29日判時1692号129頁〔ファッション時計事件〕）。

また，不正競争防止法２条１項３号の立法趣旨から，３号の不正競争行為に対して差止めないし損害賠償請求を行うことができる者は，形態模倣の対象とされた商品を自ら開発・商品化して市場においた者に限られることを明言する判決もある（大阪地判平成12年７月27日裁判所ホームページ〔結露水掻取具事件〕，大阪地判令和２年12月３日裁判所ホームページ〔トレンチコート（バックプリーツ）事件〕）。

さらに，形態模倣の対象とされた商品について自ら開発・商品化した者でもなく，これと同様の固有かつ正当な利益を有する者と認められないことを理由として差止請求権等の行使を認めない判決も存在する（東京地判平成24年３月28日裁判所ホームページ〔ジュース容器事件〕，知財高判平成24年９月19日裁判所ホームページ〔ジュース容器事件（控訴審）〕）。

これに対して，単に開発資金を提供しただけで開発に関与しなかった者は，不正競争防止法２条１項３号違反行為について差止めないし損害賠償請求の主体とは認められていない（東京地判平成16年２月24日裁判所ホームページ〔猫砂事件〕）。

また，商品開発のアイデアの提供やデザインの制作のみを行った者も，不正競争防止法２条１項３号違反行為に対して差止請求等の主体とはなりえない（アイデアに関して，東京地判平成14年７月30日裁判所ホームページ〔携帯電話機用２段折れアンテナ事件〕）。

同様に，ある商品の開発においてそのデザイン等を発案した者がいたとしても，当該デザインについて最終的決定権を有しこれを商品として製造・販売する権限を有している者がいれば，後者が不正競争防止法２条１項３号の不正競争行為につき差止請求権の主体となる（東京地判平成24年１月25日裁判所ホームペー

326 第2編 不正競争行為 第4章 商品形態模倣行為（2条1項3号）

ジ〔クマの編みぐるみ事件〕）。

したがって，複数の者が各々ある商品を商品化して市場におくために費用や労力を分担した場合には，当該当事者間では相互に「他人の商品」には該当しないから，当該商品を販売譲渡する行為は不正競争防止法2条1項3号の不正競争行為者に該当しない（東京地判平成12年7月12日判時1718号127頁〔猫の手型ゲーム機事件〕，東京地判平成23年7月20日裁判所ホームページ〔常温快冷枕事件〕，東京地判令和3年12月23日裁判所ホームページ〔JSピン（鎖骨プレート）事件〕）。

Ⅱ　独占的販売業者

日本国内において，他人の商品を独占的に販売することができる者が，当該取扱商品についてその形態を模倣して販売する者が国内に現れたときに，これに対して差止めないし損害賠償請求を行うことができるか。これが可能であれば，海外ブランド商品などを独占的に輸入販売する者は，国内でブランド商品の模倣商品の販売行為を発見したときに，当該商品の開発者たる海外ブランドメーカーの手助けを受けることなく迅速に法的手段を行使することができる。

しかし，先に述べたように不正競争防止法2条1項3号の趣旨に照らせば，当該商品の開発に自ら関与した者以外の販売事業者が2条1項3号違反行為に差止請求権や損害賠償請求権を行使することはできない（先に述べた東京地判平成14年7月30日裁判所ホームページ〔携帯電話機用2段折れアンテナ事件〕。本来の争点は，このような販売事業者に損害賠償請求権があるか否かであり，同判決は販売事業者の請求を棄却している。なお，この結論に賛同するものとして，小谷悦司〔判例評釈〕知管53巻4号589頁）。

この観点に立てば，たとえ国外メーカーの商品の独占的販売事業者であっても，商品開発・商品化に関与した者でない以上，不正競争防止法2条1項3号違反行為に差止請求権や損害賠償請求を認めるべきではないという結論になる。

なお，判例でも，米国のゴルフ用品メーカーが開発したキャディバッグにつき，日本国内における独占的販売権を有する者が，その模倣商品の販売者に対して不正競争防止法2条1項3号違反を理由に差止請求権及び損害賠償請求を行った事件では，裁判所は，上記のような理由で独占的販売事業者の請求を棄

却した判決が存在する（東京地判平成11年1月28日判時1677号127頁〔キャディバッグ事件〕）。

　しかし，その後，「ヌーブラ」と称する特殊なブラジャーを独占的に販売する事業者が不正競争防止法2条1項3号違反行為に対して提訴した一連の訴訟では，資本・労力を提供して商品化した者（先行者）から独占的な販売権を与えられた者のように，「自己の利益を守るために，模倣による不正競争を阻止して先行者の商品形態の独占を維持することが必要であり，商品形態の独占について強い利害関係を有する者も3号の主体になり得る」と判示している（大阪地判平成16年9月13日判時1899号142頁〔ヌーブラ（対パスブラ）事件〕，大阪地判平成18年1月23日裁判所ホームページ〔ヌーブラ（対ナチュラルブラ）事件〕，大阪地判平成18年3月30日裁判所ホームページ〔ヌーブラ（対リーフブラ）事件〕，同旨判例として，大阪地判平成23年10月3日判タ1380号212頁〔水切りざる事件〕）。

　この点は，学説でも見解が分かれている（独占的販売事業者の請求を認めない考え方として，田村・概説〔第2版〕321頁，小谷悦司「携帯電話機用アンテナ事件判批」知管53巻4号590頁，井上由里子「不正競争防止法上の請求者―成果開発と成果活用の促進の観点から―」学会年報29号41頁。これに対して，ヌーブラ事件判決を支持し，独占的販売事業者らにも請求主体になる可能性を認めるものとして，渋谷・講義Ⅲ〔第2版〕122頁，高部眞規子「営業上の利益」牧野＝飯村編・新裁判実務大系(4)434頁，古城春実「不正競争防止法2条1項3号の形態模倣と先行者の地位」高林龍＝三村量一＝竹中俊子編集代表・現代知的財産法講座Ⅱ知的財産法の実務的発展361頁など）。

　仮に，独占的販売事業者に請求権を認めない場合にも，債権者代位権（民423条）を転用して商品を開発し市場化した者の差止請求権を代位行使するという救済方法が考えられる（井上・前掲論文はこの可能性を指摘する）。しかし，特許権等の独占的通常実施権にも債権者代位権の転用による特許権者の差止請求権の代位行使を認めない判例の傾向から見て，実務的にはこのような解決は困難であろう。

　そもそも，不正競争防止法3条の「営業上の利益を侵害され，又は侵害されるおそれがある者」の解釈には弾力性があり，初めから差止請求権の行使主体を限定せず，個々の不正競争行為の特性を考慮しつつも，当該不正競争行為から護られるべき営業上の正当な利益を有する者には差止請求権の主体たる地位

328　　第2編　不正競争行為　　第4章　商品形態模倣行為（2条1項3号）

を認めてきた。

　かような事実を考えるならば，商品を開発・市場化した者が海外に存在し迅速な権利行使が期待できないような国外のメーカーの商品について，国内で独占的販売権を有する事業者のように，当該商品形態の模倣商品の国内での流通を阻止するについて正当な利益を有する者には，例外的に差止請求権や損害賠償請求権の行使を認めてよいように思われる。

Ⅲ　他人の商品形態の模倣者

　他人の商品形態を模倣した商品を製造・販売した者は，仮に第三者に自己の模倣商品の形態を模倣されたとしても，当該第三者の模倣商品の譲渡などに対して差止請求や損害賠償請求を行うことはできない。

　なぜならば，このような他人の商品形態を模倣した者は，その商品の開発及び市場化について自ら資本・労力を投下したとはいえないし，仮に他人の商品を模倣するについて，これに実質的同一性が認められる範囲で若干の改変を行いあるいはそれを商品として市場に流通させるについて何らかの資本・労力を投下したとしても，そのような資本・労力の投下は，不正競争防止法2条1項3号の趣旨に照らして保護すべき正当な利益とはいえないからである（同旨，東京地判平成13年8月31日判時1760号138頁〔エルメス社バーキン事件〕）。

　ただ，模倣された商品が「他人の商品の形態の模倣」という以外の事由で，すなわち他人の知的財産権を侵害している可能性があるという理由のみで，直ちに不正競争防止法2条1項3号による保護を否定されることはない。

　この点に関しては，前掲のタオルセット事件（大阪地判平成10年9月10日判時1659号105頁〔タオルセット事件〕）が参考になる。同判決の事例は，原告商品が訴外Aからその商標権を侵害するおそれがあるとして警告を受け，2ヵ月後にはAと和解契約を締結して和解金を支払い，そのロゴの一部を変更していた事実があったことから，被告から，原告が不正競争防止法2条1項3号によって保護を主張している商品の形態には，訴外A社の商標権を侵害する商品が含まれており，自ら商標権侵害によって取引秩序を乱した原告らに2条1項3号による保護を主張する資格はない旨の主張がなされた。

　しかし，判決は，「しかしながら，不正競争行為の被害者に他人の商標権を

侵害する点があったとしても，それだけではただちに当該被害者が不正競争行為者に対して不正競争防止法の権利を主張する妨げとはならないものと解すべきである。けだし，不正競争防止法は，事業者間の公正な競争を確保するために一定の行為類型を不正競争行為とし，それを規制したものであって，この趣旨を実現するためには，右のように解することが必要であり，また，右被害者自身の商標権侵害行為は，不正競争行為とは別個の法律関係であって，商標権者と右被害者との間において別途規律されることが可能であり，それで足りるからである。もっとも，……商標権侵害行為自体が単に第三者との間での別途の規律に委ねるだけでは足りず，被害にかかる不正競争行為を事実上容認することとなっても，なおかつ規律する必要があると考えられる程度の強い違法性を有する場合には，当該被害者が不正競争防止法上の権利の主張をすることが許されない場合もあるものと解される。」と判示したうえで，「本件で商標権を侵害したのは，原告商品の形態全体からすれば枝葉に属する部分であるにすぎず，また，原告はクレームが寄せられると，約2ヵ月後には和解契約を締結し，商品名及びロゴを変更するとともに和解金を支払っているのであって，これらの事実からすれば，原告商品の形態の保護を求めることは，なお妨げられないというべきである。」として被告の主張を排斥している（大阪地判平成10年9月10日判時1659号105頁〔タオルセット事件〕）。

□第**5**章

営業秘密に係る不正行為（2条1項4号〜10号）

第1節　総　　説

　営業秘密に係る不正行為は，不正競争防止法2条1項4号ないし10号に規定されている。それは，旧法1条3項1号ないし6号をほぼそのまま承継し，競争財産である営業秘密を民事的に保護するため，一定要件の営業秘密に係る不正行為が，不正競争行為であることを明定したものである。

　営業秘密に係る不正行為を規制する規定は，平成2年の不正競争防止法改正によって新設された。その改正に踏み切った背景には，営業秘密の重要性が高くなってきたこと，雇用の流動性の可能性も出てきたこと，営業秘密の保護に関する国際的ハーモナイゼーションの要請の高まりがあった（立法化の経緯については，逐条解説営業秘密16頁以下に詳細である）。

　営業秘密の保護を内容とする不正競争防止法の改正法の提案理由は，次のとおりであった。すなわち，「近年の技術革新の著しい進展，経済社会の情報化などを反映して重要性が増大している事業活動に有用な営業秘密について，諸外国における制度との調和に配慮しつつその効果的な保護を図るため，営業秘密の不正な取得行為など営業秘密に係る競争行為に対してその停止および予防を請求することができる制度を確立するなどの必要がある。これが，この法律案を提出する理由である」。

　この改正法提案理由の説明において「ガット・ウルグアイラウンドにおいて交渉項目として取り上げられるなど，国際的な調和を図ることが求められて」いることも付加されている。このような状況下で，産業構造審議会財産的情報部会は平成2年3月に「財産的情報に関する不正競争行為についての救済制度のあり方について」という報告書を作成した（以下「営業秘密報告書」という）。

法改正は，ほぼこの報告書に基づいた法律案が衆議院商工委員会において６月13日に審議され，翌14日の本会議で可決され，参議院商工委員会でも６月21日に審議され，翌22日の参議院本会議で可決・成立し，６月29日に平成２年法律第66号として公布された。

　従来は，営業秘密の不正取得行為，不正開示行為などの不正競業行為に対し，民事的救済として損害賠償請求権は判例上も認められてきたが，本改正は，学説上は有力であったものの判例上は否定的ないし不明確であった営業秘密の不正取得，不正開示などの不正競業行為に対する差止請求権を明文で定めた点に特徴がある（逐条解説営業秘密30頁）。なお，営業秘密の不正競争防止法による保護とわが国における従来の不法行為法による保護，あるいは，民法の契約法による保護との関係などについては，すでに述べた（第１編第４章第２節Ⅰ２参照）。

　経済界を見るとき，秘密のもとにおいて営業者は競争財産である情報の保護を図り，競業上の優位を確保しようとしている。このように秘密のもとにおいて情報や知識の保護を図ることは，古くから行われ，決して新しい問題ではない。このことは，ローマ法に現れる奴隷誘惑訴権（actio servi corrupti）を見ても明らかである。しかし，営業秘密の保護法理の確立が，特段に意識され始めたのは，ここ100年くらいのことであるといわれている（小野・新営業秘密527頁）。特に技術情報については，1964年に BILPI（パリ条約合同事務局）で採択された「発明に関する発展途上国のための模範法」においても，特許と同列において法を構成している。このように，国際的動向を待たずとも，営業秘密は，いつかは不正競争防止法で保護されるべき必然性をもっていたのであった。

第２節　営 業 秘 密

　「営業秘密」の定義として，不正競争防止法２条６項は「秘密として管理されている生産方法，販売方法その他の事業活動に有用な技術上又は営業上の情報であって，公然と知られていないものをいう。」としている。

I 秘密の意義

「秘密」という用語は，刑法や民法の分野においても現れるけれども，統一的に通用する定義は存在していない。法律用語としてではなく，一般に秘密という用語が用いられるときには，極めて広汎な意味において用いられることもある。宇宙の秘密という場合のように誰も知らないものも秘密という。しかし，このような秘密は，法的秩序には無関係である。

このような秘密を「絶対的秘密」（absolute Geheimnis）ということがあるが，法律上，秘密は「相対的秘密」（relative Geheimnis）で十分である（小野・新営業秘密529頁）。不正競争防止法での秘密も保有者の管理下以外では一般的に入手できない状態であることで十分とする（逐条解説営業秘密60頁）。

次に，秘密という用語は，ときには①秘密を保持することを指し，ときには②秘密の客体（object，Gegenstand）を指す。また，③秘密という状態を指すこともある（小野・新営業秘密534頁）。例えば，秘密は「①かくして人に知らせないこと。かくして示さぬこと。おおやけにせぬこと。②おくのて。ひじゅつ」（広辞苑〔第2版〕(1969) 1888頁）と解説されている。前者の秘密にすることと後者の秘密の客体とは，以上のように異なる。

秘密にすることと，秘密の対象物との相異を，さらに具体的に説明すると，次のとおりである。「秘密の客体」又は「秘密の対象物」という場合，「この機械が秘密である」という言葉が意味するところは，「機械」たる動産そのものではありえない。秘密の対象は，一定の情報又は知識であって，ある場合は「機械の存在」であり，それが高能率で稼働しているという情報であり，あるいは，その「機械の構造」などに関する知識である。これら無形のものが「秘密の対象」なのである。

営業秘密自体は精神的産物の1つであるけれども，秘密の対象は，精神的産物に限られるものではなく，あらゆる「情報」について成立しうる。

「秘密」（Geheimnis）と「秘密領域」（Geheimsphare）も，また，しばしば混同して用いられる。しかし，秘密領域は，秘密を所有すべき法的可能性の基礎であって，具体的な秘密と概念的に区別しなければならない。

Ⅱ　不正競争防止法における営業秘密の意義

　「営業秘密」は，秘密の中の営業に関する秘密であるが，営業秘密の特徴の
うち，もっとも重要なものは「競業財産」としての特性であり（小野・新営業秘
密531頁・540頁），秘密の中で財産的性格の強い社会的利益である。そして，そ
の保護は特許保護と両立すべき保護であるが，しかし，営業秘密は特許権のよ
うに準物権としての保護ではなく，不正競業法的保護のもとに保護される。

　「営業秘密報告書」は，財産的情報の客体の要件として，

①　「公然と知られていない」こと

②　「秘密として管理している」こと

③　「経済的な価値のある技術上又は営業上の情報」であること

④　「秘密として保護されることに正当な利益がある」こと

としている（営業秘密報告書16頁）。これがそのままわが国における営業秘密の客
体的要件（2条6項）とされた（ただ，最後の要件④については，法文上は規定されな
かったので，多少解釈を必要とする）。

Ⅲ　秘密管理性

1　管理要件の必要性

　平成2年の不正競争防止法改正にあたり「財産的情報として保護されるため
には，上記のように『非公知』という状態のみならず，財産的情報の保有者自
身がそれを維持する合理的な努力を行い，不正な手段によらなければ不特定の
者には知り得ないように秘密として管理を行っている必要がある」とされた
（営業秘密報告書16頁）。すなわち，営業秘密には秘密の管理が必要とされたので
ある。

　ところで，「財産的情報」の用語は一時期多用されたが，その理由について
は，後述のいわゆる「民間3極会議共同文書」によるところが多い（この用語
法に対する疑問については，小野昌延「トレード・シークレットの保護」特管38巻11号
1456頁）。「財産的情報」の用語については，民間3極会議において日本代表が
この用語を利用して義務を少なくしようとしたこととは反対に，広い解釈がで
きる（この用語を用いることの危惧を表明するのは，松本恒雄「欧米のトレード・シークレ

334 第2編 不正競争行為 第5章 営業秘密に係る不正行為（2条1項4号〜10号）

ット法制と日本法の状況」L＆T7号36頁）。また，「企業秘密」という用語も，「企業」以外の秘密も「企業秘密」である点から適切でない。現行法の「営業秘密」という用語が法文としてはトレード・シークレットに一番即応する（以下，営業秘密報告書における「財産的情報」の用語を「営業秘密」に置き換える）。

さて，営業秘密の定義に管理要件を必要とした理由として，営業秘密報告書は，「営業秘密に関する不正な行為は，『秘密として管理』している他人の情報を不正な手段により取得し，競争上有利な立場に立とうとする行為であるが，このような不正な手段が必要となるのは，『秘密として管理』されているからに他ならない」からであるとされ，「客観的に秘密として管理されていない情報は，その情報にアクセスする人間に自由に使用・開示できる情報という認識を抱かせる蓋然性が高いため，秘密として管理されていない情報までも保護することは情報取引の安定性を阻害する」としている（営業秘密報告書16頁・17頁）。

また，保護対象からの理由のほか，第三者保護のため，「情報にアクセスした者が，何が財産的情報なのか明確に認識できるように」するということも重要である（熊谷健一「トレード・シークレットの保護と不正競争防止法の改正」金法1258号55頁）。

2 秘密管理の内容

営業秘密は，「単に営業秘密の保有者が秘密とすることについての意思をもつだけでは不十分であり，客観的に秘密であること（秘密を維持するために合理的な努力を払っていること）が必要であることを明らかにするために」も，「秘密として管理していること」（秘密管理性）を要件として付加することが適切とされた（営業秘密報告書17頁）。

ただし，秘密の一般概念そのものとしては，「秘密として管理されている」ことまでは必要ではない。

もちろん，法律的意義における秘密が成立するためには，単に秘密の対象が，「公開されていないこと」のみでは十分ではない。法の保護対象としての秘密においては，第三者が知らないということは，単に偶然そうであるというのみでなく，第三者に知らしめないという秘密保有者の「秘密保持の意思」(Geheim-haltungswille) が必要である。秘密保持の意思は，外部に認識されうるものであればもちろん十分であるが，必ずしも明示的に表示されていることを

要しない。学説としては，秘密保持の意思は，明確に，あるいは少なくとも推定しうる何らかの行為によって表明されていることを要するという説と，外部より保持意思について認識可能な状態が存すればよいという説に分かれている（逐条解説営業秘密54頁，小野・新営業秘密535頁）。しかし，不正競争防止法での保護価値のある営業秘密としては，さらに，保有者の管理努力までもが必要とされているのである。このことは実務界に影響を与えるであろうが，規定として妥当であろう。

　秘密保持の意思は，例えば書類に，「厳秘」，「秘」，「部外秘」などと記載してあれば，秘密保持の意思があることはわかる。しかし，これだけでは形式的秘密の条件は満たすが，秘密保持の利益がなければ，秘密であるとはいえない。国家公務員法の秘密保持義務違反に関する刑事事件においてであるが，わが国では形式的秘密で足りるような判示をしているものは少ない（例えば，東京高判昭和32年9月5日高刑集10巻7号569頁〔ラストボロフ事件（控訴審）〕）。刑事事件では実質的秘密説が判例・通説といえる（最決昭和35年11月30日刑集14巻13号1766頁〔ラストボロフ事件（上告審）〕）。

　不正競争防止法の規定する営業秘密の要件に，単なる秘密保持の意思を超えた秘密保持の利益が設定された要因には，アメリカの「統一トレード・シークレット法」1条4項2号（Uniform Trade Secrets Act §1.(4)ii. 1990年において，約30州でモデル法たる同法を，部分修正などして採択）に，トレード・シークレットは「秘密を維持するために，その状況の下において合理的な努力の対象となっている」ものであることを要するという要件が存在していることも影響していよう。

　それはさておき，秘密として「管理」するということは，どのようなことなのかについて，営業秘密報告書は，「秘密として管理している」状況については，具体的な状況に即して判断されるとしたうえで，「通常以下のような点が判断基準になる」とし，具体的に，次のような例を挙げている。

　例えば，「①　当該情報にアクセスした者に当該情報が営業秘密であることを認識できるようにしていること（例えば，書類に「部外秘」と記載とか，特定の場所に保管しているものは営業秘密であるということが明確にされていること），②　当該情報にアクセスできる者が制限されていること（例えば，社員以外の者はアクセス

できないような措置や当該情報にアクセスした者に権限なしに利用・開示してはならない旨の義務を課すなどの措置が講じられていること）」などとしている（逐条解説営業秘密55頁，営業秘密報告書17頁）。

そして，「どのような状態であれば保護に値する程の『管理』といえるかについては，不正な行為の態様によっても異なると考えられるため，一律に管理の内容を定義することは適切ではない」としたうえで，「たとえば，部外者が企業の建物に侵入して営業秘密を窃取するような場合には，社員以外の者はアクセスできないような管理が行われていれば十分とも考えられるし，従業員が営業秘密を持ち出す場合には，当該情報にアクセスした者に当該情報が営業秘密であることを認識できるような管理が必要とされる」（営業秘密報告書18頁）としている。裁判例としては，旧不正競争防止法1条1項3号の営業秘密に関する仮処分事件において，当該コンベヤベルトカバー，取付部品などの設計図に関して「秘密トシテ管理セラ」れているものである疎明がないとして不正競争防止法に基づく申立ては認められなかった例などがある（大阪高決平成5年4月15日速報219号10頁6262〔コンベヤベルトカバー設計図事件（控訴審）〕）。

3 「秘密管理性」をめぐる判例

上記のように，「秘密管理性」の概念は相対的なものであり，一律にその内容を確定することはできない。

しかし，判例に現れた過去の営業秘密に関する係争例を概観すると，秘密管理性の要件を充足しないことを理由として，「営業秘密」該当性を否定した判決例がかなり多い。

このことは，営業秘密侵害訴訟において，秘密管理性の要件の主張・立証が極めて重要であることを示唆している。しかも，秘密管理性は当たり前のことではあるが，侵害行為が行われる以前から存在していなければならないから，侵害行為が判明した後に，かような要件を充足するような秘密情報の管理をはじめても意味がない。「秘密管理性」を満たすか否かは，当該企業における日常の管理体制の確立にかかっているといっても過言ではない。

そこで，以下においては，過去の判例に現れた「秘密管理性」に係る判示から，秘密管理性に関する判例の一般的な傾向を概観する。

第2節　営　業　秘　密　　Ⅲ　秘密管理性　　*337*

（1）　**秘密の特定と明示**（当該情報にアクセスした者に当該情報が営業秘密であること
を認識できるようにしていること）

　秘密の特定の方法は，秘密情報の性質やアクセスできる者の人数や保有者と
の関係に応じて相対的に決定される。

　中小企業で役員や従業員の全員が重要な秘密であることを了解可能であれ
ば，役員や従業員に対し口頭で注意するなどの手段であっても十分認識させう
るであろうし，大企業の場合には，多数の従業員がアクセスする可能性がある
ことから，誰がアクセスしても営業秘密であることが認識できるよう厳格な管
理が必要である（逐条解説営業秘密56頁）。

　判例に現れた事例でも，顧客に応じた男性用かつらの販売等をしているＸの
心斎橋店で保管していた同支店の顧客名簿を同店の従業員Ｙが複写して持ち出
し，Ｘを退職後に同名簿を使用してＸの顧客に電話などでその後Ｙが勤務して
いる競業事業者への来店などを勧誘した事件では，「原告が顧客名簿の表紙に
マル秘の印を押印し，これを心斎橋店のカウンター内側の顧客から見えない場
所に保管していたところ，右措置は男性用かつら販売などにおける顧客名簿と
いうそれ自体の性質，原告の事業規模，従業員数（本店支店を合わせて７名，心斎
橋店は店長１人）に鑑み，原告顧客名簿に接する者に対し，これが営業秘密であ
ると認識させるに十分なものというべきであるから，原告顧客名簿は秘密とし
て管理していたということができる」と判示し，比較的ゆるやかな管理体制で
も秘密管理性を認めている（大阪地判平成８年４月16日知的集28巻２号300頁〔男性か
つら顧客名簿事件〕）。

　また，比較的少人数でセラミックコンデンサー積層機などの設計を行ってい
る事業所Ｘの従業員２名が，同事業所のサーバー内に蓄積された6000枚にの
ぼる同機械の設計図のＣＡＤデータなどを違法に複製した後に退職し，その後
に同従業員を雇用した競業会社などにおいて，これら設計図のデータを使用し
たセラミックコンデンサー積層機などの設計を行った事案では，「要求される
情報管理の程度や態様は，秘密とされる情報の性質，保有形態，企業の規模な
どに応じて決定されるべきである。」としたうえで，㋐　対象となる情報は，
社内ＬＡＮにのみ接続されたメインコンピュータ（サーバー）に集中管理されて
いた。㋑　同サーバーにアクセスできるのは原告の設計業務に関与する従業員

338　第2編　不正競争行為　第5章　営業秘密に係る不正行為（2条1項4号〜10号）

のみであり，各自のコンピュータ端末機を使用して設計業務に必要な範囲内でのみサーバーに保存されている本件情報（電子データ）にアクセスし，その時々に必要な電子データのみで各コンピュータ端末に取得して設計業務を行っていた。㋒　Xは，本件電子データをはじめとする技術情報が外部へ漏洩されるのを防止するため，上記サーバー及び端末を外部のネットワークとは接続せず，電子メールの交換など外部との接続は別の外部接続用コンピュータ1台のみを用いていた。㋓　Xにおいては，本件電子データのバックアップをDATデータによって行っていたが，このバックアップ作業は，設計部門の統括責任者と営業部の統括責任者だけに許可されており，バックアップ作業を行うにあたっては，特定のユーザーIDとパスワードを使用してサーバーにアクセスする必要があった。また，バックアップを取ったDATデータは設計部門の統括責任者の机上にあるキャビネットの中に施錠して保管していた。㋔　Xの従業員は10名であり，うち設計部門にたずさわっていた者は6〜8名であるので，上記のような情報の管理状況は全員が認識できたなどの各事実を認定し，「本件電子データが原告の設計業務に使用されるものであり，設計担当者による日常的なアクセスを必要以上に制限することができない性質のものであること，本件電子データはコンピュータ内に保有されており，その内容を覚知するためには，原告社内のコンピュータを操作しなければならないこと，原告の規模なども考慮すると，本件電子データについては，不正競争防止法2条4項（現6項）所定の秘密管理性の要件が充足されていたものというべきである。」と判示している（大阪地判平成15年2月27日裁判所ホームページ〔セラミックコンデンサー設計図事件〕）。

　また，営業秘密の特定やアクセス制限の程度は，その不正取得者が営業秘密の保有者の従業員あるいは元従業員の場合（あるいは不正取得者が保有者の従業員あるいは元従業員に依頼をして入手した場合）と第三者の場合とでも相違があるだろうし，元従業員らの行った不正取得の態様が悪質であるか否かによっても相違する（小松一雄編・不正競業訴訟の実務（新日本法規，2005）344頁）。

　不正取得者が保有者の従業員・元従業員である場合には，個々の顧客名簿や顧客情報ごとに秘密であることを示す表示をしなくとも，これを例えば，事務所内の施錠可能なロッカーや営業課長の机の引出しに保管するとともに，新規採用職員に対して「上記のような保管方法による営業資料について，営業活動

以外への使用を禁止することを指導する」程度であっても，秘密管理性が認められている（東京地判平成12年11月13日判時1736号118頁〔墓石販売業者顧客名簿事件〕）。同様に，半導体全自動封止機械装置など半導体封止用金型などにかかる設計又は製造技術情報（以下「本件営業秘密」という）を，保有者と競業関係にある他社Yが，保有者Xの社内関係者に働きかけて不正に取得した事案では，Xが顧客にあたる企業に営業秘密に関連する資料などの提供を行うにあたり，その大部分とは秘密保持契約を締結していなかったため，Yからは，かかる状況の下では，本件営業秘密について秘密管理性が存在しないと争われたが，判決は，「しかしながら，営業秘密管理の程度・内容を社内関係者とそれ以外の者とで同じくする理由はなく，営業秘密の不正取得者又は不正使用者が競争関係にある他社が社内関係者に対し，営業秘密の持ち出しを働きかけている場合，社内関係者に対する営業秘密の管理として十分であれば，被侵害者の営業秘密であることが認識しうるように管理されているものとして，営業秘密の管理として欠けるところはないと解すべきである。」として，秘密管理性を認めている（福岡地判平成14年12月24日判タ1156号225頁〔半導体全自動封止機械装置設計図事件〕）。

　この判例も，上記のような現実に侵害行為を行った者の属性や侵害の態様を考慮して，秘密管理性（秘密としての特定）を相対的に解釈したものといえよう。

　このほか，営業秘密の対象が技術的ノウハウであり，アクセス可能な従業員（多くの場合，技術者あるいは当該技術ノウハウを実施した機械等のメンテナンスや販売の担当者）が，通常保有者たる企業が秘密として保持する意思を有していることを知りうる場合には，要求される秘密管理の程度は比較的高いものでなくともよい（大阪地判平成19年5月24日判時1999号129頁〔水門開閉機用減速機事件〕，名古屋地判平成20年3月13日判タ1289号272頁〔ロボットシステム事件〕，東京地判平成22年4月28日裁判所ホームページ〔コエンザイム事件〕，東京地判平成28年4月27日裁判所ホームページ〔オートフォーカス製品設計図書事件〕，東京地判令和3年9月29日裁判所ホームページ〔酸素チャンバー事件〕）。

（2）　当該情報にアクセスできる者が制限されていること

　アクセス制限の方法としては，施錠した施設での保管，他者が立入りできない場所での開発，あるいはパスワードやIDを使用して秘密情報を入力したコンピュータなどへアクセスする人や方法を制限するように，アクセスに対して

340　第2編　不正競争行為　第5章　営業秘密に係る不正行為（2条1項4号〜10号）

物理的な制限を行う方法と，アクセス者又はアクセス可能者に対して，契約や勤務規則などで秘密保持義務を課し，第三者への漏洩又は開示を制限するなど法的な制限を行う方法がある。

　しかし，実際には，両者が併用されている場合も多い。

　そこで，ここでは，両者を区別して論じるのではなく，むしろ上記(1)で述べたように，秘密情報の性質やアクセス可能者の人数や保有者との関係に応じて，判例がどのような点を重視して秘密管理性の有無を判断しているのかを概観してみたい。

　まず，技術的情報を掲載した設計図などの管理方法に関して，十分な管理体制をとっていなかったために，従業員による営業秘密の窃取の事実すら立証できなかったものとして，「フレアマシン事件」（東京地判平成8年1月31日知管別冊判例集（平8）1頁〔フレアマシン事件〕）がある。事案は，船舶用甲板機械及び海洋構造物用各種機器の製造販売及び「90度フレアー鋼管接続工法」と称する溶接不要の配管接続法による配管工事請負などを業とする原告Xが，フィンランド法人である訴外Gからライセンス契約により導入したパイプ鍔部成形機（フレアマシン）に関して作成された設計図面など（以下「本件図面」という）を，Xの取締役部長でその後Xを退職した被告Yらが窃取したとして，Yらに対して損害賠償を請求したというものである。

　判決は，「X社では設計図などは技術部の区画内の図面棚，ロッカーなどに保管されていたため，社外のものが自由にこれを持ち出せる状況にはなかった」としながら，他方「Xは社員による図面の持ち出しなどの管理については，管理者を定めて図面の持ち出し使用などを逐一図面管理簿に記載させるなどの厳格な管理をしていたわけでなく，その都度図面を必要とする社員が図面を持ち出して使用しこれを返却するという状況でその管理はあまり厳格でない」ことや，「被告Yが自らG社のGSタイプのフレアマシンをJIS規格のパイプの厚さに合わせるための設計業務を担当してきたものであり，YがXにおいて培ってきた経験と知識を利用すれば，フレアマシンの設計図がなくても，退職から2ヵ月程度でフラップジョイントの試作機の設計図の製図をすることも容易である」ことなどを認定し，「Yらが本件設計図を窃取したものとは認められない。」と判示している。

第2節　営業秘密　Ⅲ　秘密管理性　*341*

　このように，元従業員が在職中に窃取した可能性の高い営業秘密であって
も，保有者が従業員に対して最低限の物理的なアクセス制限も設けていないよ
うな事例については，仮に「窃取」の事実が証明されたとしても，当該営業秘
密について「秘密管理性」を認めることは困難であろう。

　これに対して，前掲の「セラミックコンデンサー設計図事件」（大阪地判平成
15年2月27日裁判所ホームページ〔セラミックコンデンサー設計図事件〕）のようにデジ
タル情報化された設計図などの技術情報であっても，外部のネットワークとは
接続していないメインサーバーに情報を蓄積して集中管理し，社員は社内
LANなどによって同サーバーにアクセスして業務に必要な設計図のみを自己
のコンピュータに受信して使用できる体制になっていたことや，メインサー
バーの中のデータのバックアップ作業などは特定の社員がパスワードやIDなど
を入力することによって行うことができるなどの集中的な情報管理を行ってい
たことから秘密管理性を認めた判決や，フッ素樹脂シートライニングの溶接に
使用するノズルの口金の熱バランスがよいように改良したノウハウの営業秘密
侵害事件では，当該ノズルなどの治工具を製造課の部室のロッカー内に保管し
ているという物理的制限だけでなく，役員や従業員からは誓約書を提出させ，
これらの者に営業秘密の保持義務を負わしているなどの法的な制限を設けたこ
とを総合的に評価して秘密管理性を認めた判決もある（大阪地判平成10年12月22
日知的集30巻4号1000頁〔フッ素樹脂シートライニング事件〕）。

　一般に技術的情報に関してはその技術の性質や内容の高度性あるいは開発の
過程等の客観的な事実から，その開発に関与した者はもとよりこれにアクセス
する者も，保有者が秘密として保持する意思や利益を有していることを容易に
認識することができる場合がある。かような場合には，保有者が，厳格な管理
を行わなくとも，その秘密管理意思を認識可能とする程度の管理を行っていれ
ば秘密管理性が認められる場合がある（大阪地判平成19年5月24日判時1999号129頁
〔水門開閉機用減速機事件〕，名古屋地判平成20年3月13日判時2030号107頁〔ロボットシス
テム事件〕，東京地判平成22年4月28日判タ1396号331頁〔コエンザイム事件〕，知財高判平
成23年9月27日裁判所ホームページ〔PCプラント図面事件（控訴審）〕，大阪地判平成28年
11月22日裁判所ホームページ〔交通規制情報管理システム事件〕）。このような典型的事
案としては，例えば，鉄鋼事業を営む原告が主力製品として製造販売する電磁

342 第2編 不正競争行為 第5章 営業秘密に係る不正行為（2条1項4号〜10号）

銅板のうち一方向に優れた磁気特性を有し，主にトランスや電気機器，電気自動車用のモーター発電機等に使用される「方向性電磁銅板」の製造技術に関するノウハウにつき，それが原告の長年にわたる研究開発の結果作り出された技術であり，その生産工程において実施される操業条件等に関する技術情報は非公知であって原告の管理下以外では一般に入手できない状態にある情報であること，被告は原告の元従業員として長年にわたって電磁鋼板の技術開発業務に従事していたこと等の事実を認定し，原告が社内機密管理規程に基づき，上記技術情報を含む電磁鋼板工場の全設備について「機密性が著しい●（原判決のママ）扱いとし，被告に対しても秘密保持の書面を提出させるなどの秘密管理の努力をしてきている」との理由により「秘密管理性」を認めた判決（東京地判平成31年4月24日裁判所ホームページ〔方向性電磁鋼板事件〕，知財高判令和2年1月31日裁判所ホームページ〔方向性電磁鋼板事件（控訴審）〕）がある。

　顧客名簿や従業員スタッフ名簿等の営業上の秘密に関しては，アクセスできる社員の数やその利用方法に応じて秘密管理性の判断も区々に分かれている。

　秘密管理性が肯定された例から見てみると，Xは男性用かつらメーカーの特約店として，販促活動に応じて毛髪相談に応募してきた者（相談客）や実際にXの製品又は役務の提供を受ける契約をした者（契約客）につき，㋐　問い合わせ帳，㋑　顧客ノートなどを作成するとともに，㋒　相談客に対する営業活動の結果を入力した相談客情報データ，㋓　契約客に関する「注文申込書」及び「カルテ」に記入されたデータ，㋔　㋓に基づき来客した顧客に対して，整髪，かつら修正，増毛・育毛などの実施などのサービスを提供した際の「売上伝票」や担当技術部員らが顧客の指名によるときはその情報などの顧客情報をコンピュータに入力した相談者情報・顧客情報データベースなどの情報を営業秘密と主張し，これを元従業員Yが持ち出したとしてXが提訴した事件では，X社が相談情報や契約情報などの顧客情報を本社の統括部長室に置かれているオフィスコンピュータに入力して管理しており，その入力作業も女性職員1名のみに担当させ，これ以外の職員らには一切当該コンピュータを取り扱わせず，当該顧客情報を入力したデータベースのアクセスコードなども統括部長と入力を担当する女性職員のみにしか知らせないなど，常時，物理的アクセスを困難にする管理を行っていること，個々の従業員が作成した顧客ノートなども

退職時にはその他の資料ともども会社に返還させていたこと，及び店長会議などを通じて，日常的に顧客情報の管理を厳重にし，顧客の秘密が外部に漏れることがないよう指示していたこと等の事実を認定し，上記事実関係のもとでは，「顧客情報にアクセスできる者を制限しており，顧客情報にアクセスした者に対し，権限なしに使用・開示してはならない旨の義務を課しており，アクセス者に当該情報が営業秘密であることを認識できるようにしていた」として秘密管理性を認めている（札幌地決平成6年7月8日取消集51号442頁〔エーアンドネイチャー事件〕）。同じく男性用かつらを扱う店舗の顧客名簿について秘密管理性を認めた判決としては，前掲の「男性かつら顧客名簿事件」（大阪地判平成8年4月16日知的集28巻2号300頁〔男性かつら顧客名簿事件〕）がある。

　また，美術工芸品の販売などを業とする会社Xの元従業員が同社の顧客名簿を持ち出し競業他社に売却した事件では，「⑦　Xは顧客情報を専用のコンピューター内にデータベース化して格納し，同社の全役員，従業員に対し，それぞれ個別のパスワード（毎月変更される。）を与え，右パスワードを使用しない限り本件顧客情報を取り出すことができず，第三者がこれを取り出す余地はないような工夫をし，また，ディスプレーで表示する際には，各部門が必要とする最少限度の顧客情報を表示するようなシステムを採用している。④　また，本件顧客情報を出力し，紙に印字する場合には顧客セレクト依頼書の用紙に必要事項を記入し，販売担当役員及び情報管理室担当役員の押印を得た上で，情報管理室の操作担当者に作業依頼すること，出力の操作手続を知る者は3名のみとしていること等により，他の者が右役員の了解なしに本件顧客情報を出力することはできないように工夫している。⑨　印字された顧客名簿については，使用後シュレッダー等で処分することを原則とするが，保存する場合には，施錠されている保管室に保管し，7年経過後に，原告従業員立会いの下に，専門業者に焼却を依頼するようにしている。⑤　印字された顧客名簿を外部へ持ち出す場合には，顧客名簿社外持出許可書の用紙に記入し，社長の決裁を受けることとしている。⑦　就業規則第58条（会社利益の擁護）において，社員は，会社が指示した秘密事項を自己の担当たると否とを問わず，一切外部に漏らしてはならず，証人などで秘密事項を発表しなければならないときは，Xの許可をうけなければならない旨の規定を設けている。」などの事実を認定

344　　第2編　不正競争行為　　　第5章　営業秘密に係る不正行為（2条1項4号〜10号）

し，上記事実関係のもとで秘密管理性を肯定している（東京地判平成11年7月23日判時1694号138頁〔美術工芸品顧客名簿事件〕）。

　このほか，広義の顧客名簿などの顧客情報の秘密管理性を肯定した事案としては，治験データ事件（東京地判平成12年9月28日裁判所ホームページ〔治験データ事件〕），放射線測定機械器具事件（東京地判平成12年10月31日判時1768号107頁〔放射線測定機械器具事件〕），墓石販売業者顧客名簿事件（東京地判平成12年11月13日判時1736号118頁〔墓石販売業者顧客名簿事件〕），作務衣販売顧客情報事件（東京地判平成16年5月14日裁判所ホームページ〔作務衣販売顧客情報事件〕）などがあり，その他の営業に関する情報の秘密管理性を肯定した事案としては，人材派遣業の派遣スタッフの管理名簿や派遣先事業者のリストなどの情報の秘密管理性を認めた人材派遣事業顧客情報（東京）事件（中間判決＝東京地判平成14年12月26日裁判所ホームページ，終局判決＝東京地判平成15年11月13日裁判所ホームページ）や，中国野菜を，鮮度を保ったまま輸入できるよう仕入先を技術指導するとともに，かような仕入先を確保することによって中国野菜に関する需要情報を収集し，顧客ごとの取引履歴などの情報を蓄積管理し販路を拡大していた事案について，仕入先情報を含む購入先別人脈管理法，得意先一覧表，仕入マニュアル，営業マニュアル，倉庫管理規則，野菜の栽培技術を記載した書面などについて秘密管理性を認めた中国野菜仕入先顧客情報事件（東京地判平成17年6月27日裁判所ホームページ〔中国野菜仕入先顧客情報事件〕），サーバーに保管されていた電子データとしてのインターネット掲示板プログラムや顧客情報に関して，サーバーへのアクセスを制限するためのIDとパスワードが付与された従業員がこれを紙片に記入して各自のコンピュータ端末に貼布するなどしたり，ログインしたまま離席するような状況があったとしても，IDやパスワードを知らない従業員や社外の者に対して，サーバーに対するアクセスを禁止して，上記情報を秘密として管理する意思を認識させるだけの措置をとっていたとして秘密管理性を肯定した判決（大阪地判平成20年6月12日裁判所ホームページ〔出会い系サイト事件〕），社員をエンジニアとして派遣する事業を営む者が，派遣社員の個人情報や派遣先情報に関する書類は施錠された金庫に保管して鍵を管理者が管理し，当該鍵の貸出しを受ける場合には総務部社員が許可の署名を行い，返却を受けた場合には返却時間を記載し総務部社員が署名押印する等の方法で総務部が管理し，営業部門

の社員は同金庫に入室することを許されず総務部社員に依頼することで，従業員の履歴書等の採用関係書類のみの貸出を受けることができるのであったこと及び上記情報を電子データとして入力したデータベースへのアクセスも制限されアクセス権限を与える際には多くの決裁者による慎重な決裁が必要であった事実を認定し秘密管理性を肯定した判決（東京地判平成22年3月4日裁判所ホームページ〔派遣エンジニア事件〕），投資用マンションの販売を業とする企業が有していた顧客情報について，当該企業が全従業員に対して各種の情報セキュリティに関する研修や試験を毎年実施していること，情報管理に関する国際規格に適合する旨の認識を受け，当該認証取得，維持のためのパンフレットを従業員に配布し，これに基づく試験を実施していることを重視し秘密管理性を肯定した判決（東京地判平成23年11月8日裁判所ホームページ〔マンション顧客名簿事件〕，知財高判平成24年7月4日裁判所ホームページ〔マンション顧客名簿事件（控訴審）〕），就業規則において「原告（使用者）の許可なく原告の機密ノウハウ等に関する書類，電子情報を私的に使用したり，複製したり，原告の施設外に持ち出すこと」を禁じており，また行動規範においても「原告による雇用期間中及び退職した後においても原告の許可なく原告の秘密情報を不正に開示することを禁じるなど秘密保持に関する一般的な禁止条項を設けているほかに，退職時には退職後も秘密を保持する旨の誓約書を徴求するなど原告が情報管理を徹底しようとしていたことを被告（従業員）も認識し得たこと，対象となるファイルには原告及びグループ会社の販売数量，売上げ，単価，利益率，顧客名等の原告の事業遂行に関わる情報が詳細かつ網羅的に記載されていること，及び原告の従業員のネットワーク管理システムにより管理されたID及びパスワードを入力しなければ，貸与されたパソコンにログインすることができず，しかもこれらのファイルを管理するシステム上の電子データをこれを取り扱う部門に属する従業員のみがアクセスできるように設定されていたことなどの事実を総合的に評価して，これらのファイルに記載された情報には秘密管理性があると認定した判決（東京地判令和4年10月5日裁判所ホームページ〔事業情報事件〕）などがある。

　しかし，営業上の秘密情報については，十分な管理を怠ったがために秘密管理性を認めなかった判決例も多い（東京地判平成10年11月30日知財協判例集（平10）1210頁〔カッター機器顧客名簿事件〕，大阪地判平成11年9月14日裁判所ホームページ〔会

346　第2編　不正競争行為　　第5章　営業秘密に係る不正行為（2条1項4号～10号）

計事務所顧客名簿事件〕，東京地判平成12年12月7日判時1771号111頁〔車輌運行管理情報事件〕，東京地判平成15年5月15日裁判所ホームページ〔氣づきの会事件〕，東京地判平成16年4月13日判時1862号168頁〔イベント企画会社顧客名簿事件〕，大阪地判平成16年5月20日裁判所ホームページ〔昇降機顧客名簿事件〕，東京地判平成17年2月25日判時1897号98頁〔薬品リスト事件〕，大阪地判平成17年5月24日裁判所ホームページ〔工業用刃物取引先・取扱商品情報等事件〕，大阪地判平成19年2月1日裁判所ホームページ〔派遣スタッフ情報事件〕，大阪地判平成19年5月24日裁判所ホームページ〔水門開閉機用減速機事件〕，東京地判平成20年11月26日判時2040号126頁〔ダンスミュージック・レコード事件〕，東京地判平成21年11月27日判時2072号135頁〔中古ワンルームマンション顧客情報事件〕，大阪地判平成22年10月21日裁判所ホームページ〔投資用マンション事件〕，知財高判平成23年6月30日判時2121号55頁〔LPガス顧客名簿事件〕，東京地判平成23年9月14日裁判所ホームページ〔仕入先名簿事件〕，知財高判平成24年2月29日裁判所ホームページ〔服飾品仕入先情報等事件〕，東京地判平成24年6月11日判時2204号106頁〔印刷顧客情報事件〕，知財高判平成26年2月27日裁判所ホームページ〔工事発注情報事件〕，大阪地判平成26年3月18日裁判所ホームページ〔システムプラン事件〕，知財高判平成26年8月6日裁判所ホームページ〔ソースコード事件〕，東京地判平成27年9月11日裁判所ホームページ〔コンサルタント顧客情報事件〕，東京地判平成28年2月15日裁判所ホームページ〔美容室顧客情報事件〕，知財高判平成28年3月8日裁判所ホームページ〔コンサルタント顧客情報事件〕，東京地判平成28年4月27日裁判所ホームページ〔ワーク加工装置事件〕，東京地判平成28年7月27日裁判所ホームページ〔リンパコンディショニング事件〕，東京地判平成29年10月25日裁判所ホームページ〔水産物商品情報事件〕，大阪地判平成30年3月15日裁判所ホームページ〔ゴミ貯留機事件〕，東京地判平成31年3月19日裁判所ホームページ〔キーマシン事件〕，東京地判令和2年11月17日裁判所ホームページ〔まつげエクステ専門店顧客情報事件〕，東京地判令和3年2月26日裁判所ホームページ〔価格情報事件〕，東京地判令和3年3月23日裁判所ホームページ〔保険顧客名簿事件〕，東京地判令和3年3月25日裁判所ホームページ〔見積りシフト事件〕，大阪地判令和4年1月20日裁判所ホームページ〔入札見積データ事件〕，東京地判令和4年5月31日裁判所ホームページ〔テスト設計書事件〕，東京地判令和4年8月9日裁判所ホームページ〔AIチャットボット事件〕）。

　秘密管理性が肯定された事例と否定された事例を比較しても，何が両者の分水嶺であったかは一概にはいえないが，前述したように，情報の性質，保有及

び利用形態，関与（アクセス）可能者の多寡，侵害者の属性（従業員や元従業員のような内部者か外部者か），侵害態様等の具体的事情を考慮しつつ，秘密情報への物理的アクセス制限の強弱だけでなく，アクセス可能者に対して秘密保持義務を課していたか否かという法的管理体制，秘密を管理する責任者が存在したか否かや，従業員に対する秘密情報管理の徹底などの組織的管理体制，さらには従業員に業務上使用する目的で交付した営業秘密を記載した書類（複製物）の回収を怠っていたか否かという業務上の管理体制などの有無を総合的に評価して，秘密管理性の有無が決定されていると思われる（なお，秘密管理性に関する過去の判例を，①情報の性質，②保有形態，③情報を保有する企業等の規模，④情報にアクセスしこれを利用する者と保有者との関係に分類して各々の特性を論じたものとして松村信夫「営業秘密をめぐる判例分析」ジュリ1469号32頁参照）。

4 経済産業省による「営業秘密管理指針」の公表

経済産業省は，平成15年1月30日に「営業秘密管理指針」（以下「管理指針」という）を公表している。

管理指針は，知的財産戦略会議の「知的財産戦略大綱」（平成14年7月3日）において課題として示された「企業は営業秘密に関する管理強化のための戦略的なプログラムを策定できるよう，参考となるべき指針を2002年度中に作成するとの方針に基づいて作られたものである」（管理指針第1章1）。その後，同管理指針は，平成17年，平成22年，平成23年，平成25年，平成27年，平成31年に改訂されている（令和6年9月現在）。

内容は，営業秘密に関する不正競争防止法の規定の解説のほか，営業秘密の要件に関する従来の判例，学説の概略を踏まえて具体的な「営業秘密の管理」の方法について，「⑴個別的管理方法」「⑵組織的管理方法」に分類して詳細に解説している。作成当時に公になった判例を踏まえているので，その内容は大略本書が解説しているところと変わりはない。

この管理指針は，上記のような背景のもとで作られたものであり，あくまで行政庁が企業実務において望ましい営業秘密管理のあり方を示したガイドラインであるので，これが直ちに裁判規範となるものではない。しかし，企業法務や弁護士らの実務において営業秘密管理の法的体制（コンプライアンス）を策定する際には参考になる資料である。

Ⅳ　生産方法，販売方法その他の事業活動に有用な技術上又は営業上の情報

1　「技術上又は営業上の情報」

（1）　はじめに

「技術上の情報」の典型は，製造技術，設計図，実験データ，研究レポートなどの技術上のノウハウであり，「営業上の情報」は，顧客名簿，顧客データベース，販売マニュアル，仕入先リストなどである（営業秘密報告書3頁）。技術上の情報，営業上の情報を区別することは，常に可能であるとはいえないうえ，解釈上は，あえて峻別する必要もない。

コーラーは，（ⅰ）工業秘密すなわち経営及び製造秘密，（ⅱ）調査技術の秘密，（ⅲ）営業生活上の秘密に3分類した（Kohler, Der unlautere Wettbewerb, (1914) S.258 §51）が，この分類は一般に受け入れられるところとはなっていない。コールマンは，営業秘密の対象よりみて，有用な技術や着想のような，（ⅰ）特定の営業との関係よりまったく独立して別個に存在する秘密と，（ⅱ）広告計画とか政府への契約受注の申込みなどというような，特定の営業との関係と切り離した場合には独立した価値を有しない秘密との2つのグループがあるとする（Callmann, Unfair Competition and Trade Marks 3ed., (1967) p.792, p.802, 小野・新営業秘密544頁）。

（2）　技術上の情報

技術上の秘密情報の対象の例としてあげうるものには，次のようなものがある。技術に関するある方法，例えば，防水方法，混合方法，処理方法，取扱方法，操作あるいは，いわゆるノウハウ，製造に関する資料，その他有形的表現をとっているものとして，模型，雛形帳，図面などである。そのなかには，特許されていないもの，ある理由からそのままでは特許能力ある発明に属さないものなどがある。また営業秘密には，特許法的意味における新規性は要求されないゆえに，周知の工程を従前知られない方法で用いること，あるいは古いもの，刊行物に記載されたものなどを組み合わせた方法なども技術上の秘密の対象となりうるし，ある企業において，ある方法を使用するようになったという，ただそれだけの事実ですら技術上の秘密の対象となりうる（小野・新営業秘密541頁）。

(3) 営業上の情報

　営業上の秘密情報の対象の典型例は，顧客リストである。そして，価値ある
ものであれば，住所録さえ対象となりうる。この場合，選定の困難なものほど
価値を認めうる場合がある。代理店名簿，商品や材料の仕入先も同様である。
取引先や顧客の信用リストは，ほとんど対象としての価値を認められる。価格
表も，価格算定の基準，特価，割引率，供給条件など価格政策，さらに入札計
画，申込状況なども営業上の秘密の対象となりうる。この他，販売計画，販売
統計，相当の労力と費用をかけた取引資料及び情報，原価計算などが営業上の
秘密情報になることがある。また，決算についての協議記録，貸借対照表及び
財産目録も場合により含まれるし，合弁計画，利益協同体設立計画も含まれ
る。さらに，広告計画も1つの典型例である。変わった対象としては，土地の
買集め，石油又はガスの埋蔵地帯の地理的分布や，租税及び関税方策，節税方
策などの例がある（小野・新営業秘密541頁）。

　ただ技術上の情報とは異なり，営業上の情報は他の手段によって容易に入手
できる場合も多い。したがって，被告が営業に使用している情報が原告の下で
秘密として管理されていた営業情報か否か争いになることもある。このような
例として，行政書士事務所での顧客名簿窃取事件がある。最古参の事務職員で
あった被告が，行政書士の資格を取得したにもかかわらず十数年秘匿してい
た。しかし，被告は，窃取はせず，独立後，建築専門新聞，建設業者名簿，電
話帳などで業務活動をしたと主張した。裁判所は資格取得を十数年秘匿してい
たことだけで，顧客台帳を持ち出した疑いがあるというには飛躍があるとして
請求を棄却した（東京高判平成4年7月28日特企287号47頁〔行政書士顧客台帳事件（控
訴審）〕）。

　上記のように，顧客情報などの営業上の情報は，当該営業に関連して収集さ
れた情報の集積であり，顧客名簿（台帳）のように顧客情報の集合体としては
秘密性を有するが，個々の顧客情報は当該営業主の下で長年にわたり勤務した
従業員にとっては，顧客名簿（台帳）を持ち出さなくとも周知であることが多
い（東京地判平成17年3月22日裁判所ホームページ〔給湯設備機器顧客ファイル事件〕）。
このような情報についてまで営業主に帰属する秘密として，従業員が退職後に
利用することを一切禁止するということは問題が多い（茶園成樹「営業秘密の民事

350 第2編 不正競争行為 第5章 営業秘密に係る不正行為（2条1項4号〜10号）

上の保護」学会年報28号37頁，松村信夫「退職従業員に対する競業行為の制限」学会年報30号184頁）。

　したがって，かような従業員が個人的にも知りうる可能性のある顧客情報については，上記判例のように，それが，営業主が秘密として管理している顧客名簿などにアクセスして知ったものか否か——換言すれば営業秘密を窃取，詐欺，その他不正な行為によって取得したものか否か——について，十分に吟味する必要があろう（大阪地判平成27年11月26日裁判所ホームページ〔医薬品販売顧客名簿事件〕，大阪地判平成28年11月1日裁判所ホームページ〔学習塾顧客情報事件〕。なお，従業員と使用者等の関係ではないが会員方式による販売システムにおいて会員であった者が顧客名簿等の情報によらず会員相互間の人的関係に基づいて他の会員を勧誘した事案に関して知財高判平成28年6月13日裁判所ホームページ〔栄養補助食品会員名簿事件〕がある）。

　この点に関係して，在職中に得た顧客の個人情報の開示や目的外利用を禁止する就業規則を有する原告Xに在職した被告Yが，退職後に原告の顧客情報を利用して営業活動を行ったことが不正競争防止法違反及び債務不履行に該当するかが争われた事例で，顧客情報全体の持ち出しはないが，少なくとも数社以上の顧客情報を持ち出した事実はあることを認定したうえで「しかし，本件顧客情報のうち，顧客の氏名，電話番号等の連絡先に係る部分については，被告Y等の営業担当者が営業活動を行い，取得して事業主体者たる原告に提供することにより，原告が保有し蓄積することとなる性質のものであって，営業担当者が複数回にわたり営業活動を行うことなどにより，当該営業担当者と顧客との個人的信頼関係が構築され，または個人的な親交が生じるなどした結果，当該営業担当者の記憶に残るなどして，当該営業担当者個人に帰属することとなる情報と重複する部分があるものということができる。そうすると，このような，個人に帰属する部分（個人の記憶や，連絡先の個人的な手控えとして残る部分）を含めた顧客情報が，退職後に当該営業担当者において自由な使用が許されなくなる営業秘密として，上記就業規則所定の秘密保持義務の対象となるというためには，事業主体者が保有し蓄積するに至った情報全体が営業秘密として管理されているのみでは足りず，当該情報が，上記のような個人に帰属するとみることのできる部分（個人の記憶や手控えとして残る部分）も含めて開示等が禁止される営業秘密であることが当該従業員らにとって明確に認識す

ることができるような形で管理されている必要があるものと解するのが相当である」と判示し，本件顧客情報が記載された顧客名簿は常時経理担当者の机の上に置いてあり何人も閲覧することができ，顧客データを保有したコンピュータにはパスワードの設定もなく，原告従業員がアクセスを禁止されるなどしていた形跡もなく，被告が原告を退職する際にも「顧客の連絡先等の手控えの有無を確認し，その廃棄を求めたり，従前の営業先に接触しないよう求めたりした事実も認められない」などの事実から秘密管理性を否定した判決も存在する（東京地判平成24年6月11日判時2204号106頁〔印刷顧客情報事件〕）。営業担当社員が収集した顧客情報を使用者が顧客名簿として管理している事例は数多く存在するが，保有者は顧客名簿だけではなく従業員の手元に残る顧客情報についても秘密管理の意思を従業員に理解できる形で明示しなければならないことを，銘記すべきである。

（4）　営業秘密とノウハウ

「ノウハウ」は，技術上の秘密の一対象である。「ノウハウ」(know-how) という用語は，わが国における技術革新の進展とともに，極めて一般的なことばとなった。ノウハウということばは，訳されず，そのまま技術援助契約などにおいて用いられている。この現象は日本のみの現象でなく，ドイツやフランスなどにおいても，米語の know-how が，そのままドイツ語・フランス語中に使用されている。

ところで，このノウハウという表現は，極めて不明確であって，正確な定義を欠いている。ノウハウは，もともと実務より生じたことばであって，それに種々の内容，種々の範囲の事項を包含させているから，これを定義することは困難である。しかし，考えるべきは，秘密と秘密対象の区別である。「トレード・シークレット（営業秘密）」は，営業（トレード。広義）に関する秘密であり，ノウハウは営業秘密の対象（客体）の1つであることは明確に意識しなければならない。ノウハウについては，秘密要素は常に必要不可欠の要素ではない。

営業秘密の対象たるノウハウの意味について，いわば経験の集積ともいうべき「こつ」・「呼吸」・「冴え」といった，身をもって教える技術であるという説明がある。辞書でも，「秘訣・こつ」などとしているものもある。説明としては一般人に受け入れやすい。しかし，このような「秘訣・こつ」などは，法律

的には，ノウハウとはいえない。技術者の習得する知識・経験にも，一般的知識と特別的知識がある。後者が当該企業独自のノウハウの名に値するものであり，前者は技術者から切り離すことのできない知識として当該企業を退職した後においても，その他の企業に勤務していても得られたであろうところの使用自由の一般的知識である（小野・新営業秘密553頁）。フォセコ・ジャパン事件においても「従業員が雇用中に習得する一般的知識・技能は従業員の主観的財産を構成し，これを禁ずることは従業員の職業選択の自由を不当に制限するものであって公序良俗に反するというべきである。しかしながら，当該使用者のみが有する特殊な知識は，使用者にとり一種の客観的財産であり，いわゆる営業上の秘密として保護されるべきである。」とされている（奈良地判昭和45年10月23日下民集21巻9＝10号1369頁〔フォセコ・ジャパン事件〕）。

　ターナーも「"know-how"という語は，ときには，英国においてきわめて限定せられた，技術者から切り離すことのできない，現実に従業員にとって技術的価値であるところの，技術者の習得した技能及び蓄積した経験の意味に，しばしば用いられる」といっている（Turner，The Law of Trade Secrets（1962）p.17.）。しかし，ターナーは，この用法は起源的な通俗的意味のものとしての説明であり，法律的考察の対象から除外している。それは，営業秘密を，原則として譲渡可能な財産としてとらえる限り，このような技術者の身から離すことのできないようなものを法的考察の対象とする必要はないからである（小野・新営業秘密553頁）。

2 事業活動に有用なる情報

　秘密情報を保護する利益は，「当該情報を秘密として自らが専有することにより，経済活動の中で有利な地位を占め，収益をあげることを可能とする利益」（営業秘密報告書18頁）である。不正競争防止法2条6項で保護されるためには，単にそれが「技術上又は営業上の情報」であるということのみでは足らず，「事業活動に有用な」情報であることが必要である。具体的には，「当該情報により財・サービスの生産・販売，研究開発，費用の節約，経営効率の改善などの現在又は将来の経済活動に役立てることができるものである」ことが必要であるとするが（営業秘密報告書18頁），それを使用する者がそれを知らない者に対して有利な地位を占めうるという競業財としての観点に有用性を求めるほ

うが同法2条6項の解釈として妥当でなかろうか。

　営業秘密報告書は，こうした情報の例として「経済的な（現在の又は潜在的な）価値のある情報としては，製品の設計図，製法，基礎的な研究データなどのような技術情報や，顧客名簿，販売マニュアルのような営業上の情報があげられる。また，例えば，新薬開発に際し，約1万の化合物の研究から1個の成功割合といわれるような研究についての過去に失敗したデータについては，経済的に重要な価値をもつ情報であると考えられることから，保護の対象に含まれる」と例示する（営業秘密報告書18頁）。

　なお，報告書は「経済的な価値のある技術上又は営業上の情報には該当しないと考えられるものとしては，企業の役員又は従業員の個人的なスキャンダルなどのプライバシー情報や虚偽の情報など」を挙げている（営業秘密報告書18頁）。

　この要件は「企業の秘密であれば何でも保護されるのでなく，保護されることに一定の社会的意義と必要性が認められるものに限定」するための要件であるとされる（熊谷健一「トレード・シークレットの保護と不正競争防止法の改正」金法1258号57頁）。そして，「本法において，公害，脱税などの公序良俗に反する内容の情報を保護の対象から除外するため」，前掲営業秘密報告書においては存在した「保護することに正当な利益があること」の文言が，改正法の条文に現れていない理由は，立法作業時に，「①公害，脱税などの公序良俗に反する内容の情報が『事業活動に有用なる技術上又は営業上の情報』に該当しないこと，②保護されるべき保有者の『営業上の利益』は法律上保護されるに値する正当な利益と解されること，③民事法上の大原則である権利濫用，公序良俗の法理が本法案にも当然適用があること，④さらに民事法規において『正当な利益』を規定した立法例もないことが挙げられる」ことによるとされている（熊谷・前掲58頁）。さらに，秘密や営業秘密の概念自体に秘密保持の利益が必要であり，保護のためには，「その利益の保持が社会的に是認されることが必要である」（小野・新営業秘密538頁・559頁，特に560頁）から，この意味においても，結論は同じところに行き着くであろう。

　この点に関する判例は多くはないが，油炸スイートポテトの製造・販売を行う者が，取引先に対してその真の原価や利益率を偽り，実際の利益率よりはるかに低い利益率を示して取引先との取引の永続化を図りながら実際には高い利

354　　第2編　不正競争行為　　第5章　営業秘密に係る不正行為（2条1項4号〜10号）

益を獲得するための販売方法に関して営業秘密であると主張して，同社から独立した社員が上記のような販売方法を利用又は開示する行為の差止め等を求めた事案では，「不正競争防止法2条1項所定の保護の対象となる『営業秘密』とは，営業上秘密とされた情報のすべてを指すのではなく，営業上の秘密として管理された情報の中で，事業活動に有用な技術上又は営業上の情報のみを指すことは規定上明らかである（同法同条4項（著者注：現6項））が，右の有用性の有無については，社会通念に照らして判断すべきである。そこで，この観点から検討すると，原告が保護の対象とする内容は，必ずしも明らかではないが，その主張によれば，極秘に二重に帳簿を作成しておいて，営業に活用するという抽象的な営業システムそれ自体のようであり，そうだとすると，このような内容は，社会通念上営業秘密としての保護に値する有用な情報と認めることはできない。また，真実の利益率より低い利益率を取引相手に示して取引を行うこと自体は，正当な取引手段であるか否かはさておき，特段，原告独自の経営方法と認めることもできない。以上のとおり，原告主張にかかる事項は，営業秘密として保護されるような有用性を有するとはいえないし，非公知であるともいうことができない。」と判示した判決（東京地判平成11年7月19日裁判所ホームページ〔油炸スイートポテト販売価格決定事件〕）や，土木計算システムの販売を業とする会社が，そのシステムには極秘とされているS県土木部作成の土木設計単価表を秘密の情報として含んでいるところ，同社社員が退職後，このような秘密情報を含む公共工事積算システムを販売する行為が，自社の営業秘密を侵害すると主張して差止め等を求めた事案について，「不正競争防止法は，このように秘密として管理されている情報のうちで，財やサービスの生産，販売，研究開発に役立つなど事業活動にとって有用なものに限り保護の対象としているが，この趣旨は，事業者の有する秘密であればどのようなものでも保護されるというのではなく，保護されることに一定の社会的意義と必要性のあるものに保護の対象を限定するということである。すなわち，上記の法の趣旨からすれば，犯罪の手口や脱税の方法等を教示し，あるいは麻薬・覚せい剤等の禁制品の製造方法や入手方法を示す情報のような公序良俗に反する内容の情報は，法的な保護の対象に値しないものとして，営業秘密としての保護を受けないものと解すべきである。」「上記の原告の主張内容によれば，本件情報は，地方公

第2節　営 業 秘 密　　Ⅳ　生産方法，販売方法その他の事業活動に有用な技術上又は営業上の情報　　*355*

共団体の実施する公共土木工事につき，公正な入札手続を通じて適正な受注価格が形成されることを妨げるものであり，企業間の公正な競争と地方財政の適正な運用という公共の利益に反する性質を有するものと認められるから，前記のような不正競争防止法の趣旨に照らし，営業秘密として保護されるべき要件を欠くものといわざるを得ない。」との理由でその請求を棄却した判決（東京地判平成14年２月14日裁判所ホームページ〔公共土木積算システム事件〕）等は，前記のように有用性の要件に，公序良俗違反あるいは反社会的情報は「営業秘密」に含まないとの趣旨を含んで解釈した事例ということができよう。

　そこで，臨床検査会社が，顧客である医療機関から検査を受託するに際して，医療機関に対して支払われる診療報酬と寄託検査料金との差額を利得できるように低額で受託することによって新たな受託先を開拓するために用いる顧客情報については，そのような営業活動が必ずしも違法にも公序良俗違反にも該当しないためか，有用性があると認められている（大阪地判平成28年６月23日裁判所ホームページ〔臨床検査顧客情報事件〕）。

　このような公序良俗に違反する情報とはいえないが，当該情報が技術的にも営業的にも有用な効果があるか疑わしい場合も「有用性」が否定されることがある。例えば，クレープの調理及び販売についてフランチャイズ事業を主宰する者が，フランチャイジーに提供している調理マニュアルに記載された調理方法について，当該調理方法ができあがったクレープの品質や食感・風味等にどのような効果があるか不明であるとして，有用性のみならず，非公知性，秘密管理性も否定した判決（東京地判平成14年10月１日裁判所ホームページ〔クレープの作成マニュアル事件〕）は，情報の技術的な保護価値を有用性の要件で考慮した事案といえるだろう。

　このほか，最近では，融雪板の構造や生産方法に関する複数の技術情報に関して，各情報はすでに公開されている特許発明や実用新案等の技術思想と実質的に同一若しくは「当業者の通常の創意工夫の範囲内において，適宜選択される設計事項にすぎない」との理由で有用性を否定し，またこれら複数の技術情報を組み合わせた全体情報も「それぞれが公知か又は有用性を欠く情報を単に寄せ集めただけのものであり，これらの情報が組合せられることにより予想外の特別に優れた作用効果を奏すると認められない」として，有用性を否定した

判決も存在する（大阪地判平成20年11月4日判時2041号132頁〔融雪板構造事件〕）。

ただ，特許発明における技術的進歩性と営業秘密の有用性の相違を考えれば，全体情報について非公知性の有無を問擬することは相当でないとはいえないが，有用性がないとして営業秘密としての保護を否定してよいかは問題である。

V　公然と知られていないもの

1　相対的秘密

前掲営業秘密報告書は，「公然と知られていないこと」とは，「不特定の者が公然と（不正な手段によらずして）知りうる状態にないこと」であるとしている。そして，「経済的な価値があり，秘密として管理している情報であっても，公然と知られている情報は，特許法等の無体財産権法で保護されていない限り，法的保護の対象とするべきではないと考えられる。仮にある情報が特定の者に由来するものであったとしても，一旦公知のものとなれば」こうした情報について一定の権利行使を認め，保護することは不要であり，「財産的情報として保護すべき利益が認められるためには，一般には知られていない情報であることが必要である」とされる。「一般に知られていない場合」という表現は，「一般に」という意味が複数あるため誤解を招くおそれがある（営業秘密報告書16頁）。しかし，業界の者が多く知っているのに，新規参入者だけが知らない事項などは秘密ではない。

秘密は，同一の対象について，独自に，同時に，複数の秘密（状態）が成立しうる。それは，秘密が法律上「相対的秘密」で足りるものであることに由来する。法律が取り上げんとする秘密は，相対的秘密であって，絶対的秘密ではない。したがって，秘密保有者によって，一定の限定された人的範囲（秘密領域）が形成され，当該人的範囲に属する者が保有者に対して秘密保持の義務を負い，秘密対象が公開されない限り，この人的範囲が拡大されても，なお秘密性は持続する（同旨，逐条解説営業秘密60頁）。

営業秘密に対する保護は，事実状態に対する競業的利益が対象となっているために，事実状態の影響は海外に及ぶとするのが定説である。なぜなら，観念の流通には国家的障壁はなく，ある国における営業秘密が他の国において漏洩

されると，その影響は海外に及び，秘密（状態）は消滅するからである。例えば，ドイツにおけるドイツ企業の技術的な営業秘密が，日本とフランスのある企業に対し使用許諾され，秘密のもとに使用されているとする。この場合，フランスにおいて漏洩され日本の他の企業に伝達されると，ドイツ企業の営業秘密はもはや秘密でなくなる。あるいは，ドイツ企業の過失で特許出願され，ドイツで当該秘密技術の内容が特許の公開公報に登載されると，営業秘密はもはや秘密でなくなる。

　営業秘密に対する保護は，事実状態に対する不正競業法上の保護であるため，秘密性が保持される間のみ存在する。したがって，営業秘密は開示されたときに消滅する。開示は善意たると，悪意たるとを問わない。もちろん，秘密の保有者自らによると，被用者によると，第三者によるとを問わない。さらに，技術的な営業秘密などの場合，その営業秘密とまったく別個独立に，その対象が他の者によって公表されたときには，公表者以外の者が有していた営業秘密の「非公知性」も消滅する（小野・新営業秘密610頁）。

2　公知と開示

　秘密は基本的には，秘密の対象が知られていないがゆえにこそ，秘密の価値があり，公開された知識は，もはや保護対象たるに不十分である。秘密という概念のなかに，すでに対象情報が公開されていないものであるということが包含されている。このことは，法律上の秘密概念において，すべての説の等しく承認しているところである。

　しかし，秘密が公開されているということは，関係者のすべてが現実に知っていることを意味するものではない。秘密の対象がその保有者の管理のできる範囲外の者に入手可能な状態であれば足りる。すなわち，その秘密の対象とされるものを入手しようとする者が，何ら困難を伴うことなく，かつ誠実なる手段によって入手しうるならば公開されているといえる（東京地判平成23年12月14日裁判所ホームページ〔プログラム技術情報事件〕）。

　しかし，保有者に対して，法律上又は条理上の秘密保持義務を負担する者が知っている場合には，「公知」となったとはいえない。

　公然知られていないこと，すなわち，秘密状態にあることは，裁判所が認定する事実問題である。公知であることについての認定のための最も典型的な資

料は，刊行物，例えば，新聞・雑誌などの記載である。それが，秘密保有者に起因してなされようと保有者と関係なくなされようとを問わない。専門雑誌への発表は，原則的に情報の非公知性を破壊してしまう。

　雛型などの現物の陳列も同様である。しかし，この場合は陳列物をみることによって，当業者が容易にその秘密情報を知得しうる程度のものであったときに，秘密は陳列によって公開され公知になっているということができ，非公知性は消滅する。しかし，陳列をみても，当該秘密情報の内容が当業者に明瞭でないときには，その構造上の秘密の非公知性は，陳列によっても，なお消滅していない（小野・新営業秘密557頁）。

　この関係で，当該商品を技術的に解析（リバース・エンジニアリング）すれば，営業秘密を知ることができる場合に，当該商品を市場に流通させるなどして不特定多数人が入手可能な状態においたときには営業秘密は公知となったといえるかが問題となる。

　この点は，平成2年不正競争防止法改正によって「営業秘密」が導入される際にも，その要件である非公知性との関係でどう解釈すべきかが問題となった。しかし，前掲のフォセコ・ジャパン事件においても，会社が有する冶金副資材に関する製造技術が「市販の製品の分析より容易に製造できるものではなく，会社は客観的に保護されるべき技術上の秘密を有している」（奈良地判昭和45年10月23日判時624号78頁〔フォセコ・ジャパン事件〕）と，市販の製品の解析によっても容易に入手できない技術上の秘密は営業秘密として保護に値すると判示していたことも踏まえ，立法担当者の見解も，リバース・エンジニアリング可能であることで一律に非公知性がないということではなく，その営業秘密の抽出可能性の難易によって判断しようということになった。すなわち，「具体的にはリバース・エンジニアリングといっても誰でもごく簡単に製品を解析することによって営業秘密を取得できるような場合には，当該製品を市販したことによって営業秘密を公開したに等しいと考えられることから，非公知性を失った情報となると考えられる。これに対し，リバース・エンジニアリングによって営業秘密を取得することができるといっても特殊な技術をもって相当な期間が必要であり，誰でも容易に当該情報を知ることができない場合には，製品を市販したことをもって営業秘密が公知化することにはならない」（逐条解説営業

秘密155頁）というのである。

　その後の判決でも，この基準を適用してセラミックコンデンサー積層機の設計図に関する営業秘密について，合計6000枚に及ぶ設計図には，1機種あたり数百から千数百点に及ぶ各部品の形状，寸法選定及び加工に関する情報が記載されており，CADソフトの活用によって高い有用性を有しているものであることを認定し，かような電子データの量，内容及び態様に照らすと，リバース・エンジニアリングによって近い情報を得ようとすれば，専門家により多額の費用をかけ長時間にわたって分析することが必要であるとの理由で非公知性を認めている（大阪地判平成15年2月27日裁判所ホームページ〔セラミックコンデンサー設計図事件〕）。

　これに対して，原告が「営業秘密」であると主張する光通風雨戸の補助的な部品が「一般的な技術的手段を用いれば光通風雨戸の製品から再製することが容易なもの」であり，このような「市場で流通している製品から容易に取得できる情報」は非公知性を有しないとする判決もある（知財高判平成23年7月21日判時2132号118頁〔光通風雨戸事件〕）。同様に「医療用三次元画像解析システム」に関し画像の陰となるべきところが明るく抽出される現象が営業秘密といえるか否かが争われた事例で，このような現象はコンピュータで一定の操作をすれば画面上に現れる現象であるから，特にそのことについて顧客等から指摘がなくとも「不特定の者が公然と知り得る状態にないとはいえない」から非公知性がないとした判決もある（東京地判平成24年2月21日裁判所ホームページ〔医療用三次元画像システム事件〕）。

　さらに，錫製品に用いる合金の組成の非公知性が争われた事案において，ICP発光分光分析法によれば多くの元素を定性・定量分析が可能であって，多くの合金の成分元素の分析にも用いられていることからすれば，原告の製品をこの分析法により分析すれば，その成分元素と構成割合を知ることが可能であること，また，錫合金の各元素の含有量を解析するには，添加元素をすべて特定した上で，その含有量を分析しなければならないことから，錫と結合可能な100余りの元素をすべて分析しなければならず，その分析には高額の費用と半年ないし1年の期間を要するとの原告の主張に対して，「鉛フリーの錫合金については，……錫合金を製造する事業者においては，錫合金で使用されている

添加成分についておおよその見当を付けることができる」から，100余りの元素をすべて分析する必要があるとはいえないので比較的安価に成分元素を特定することができること等の理由をあげて，原告が営業秘密を主張する合金の成分については「原告製品の分析により，第三者が容易に知ることができるものであり，非公知性を欠くというべきである」とした判決もある（大阪地判平成28年7月21日裁判所ホームページ〔錫合金組成事件〕）。ただ本事件は，リバース・エンジニアリングの容易性に関しては限界的な事例と見ることができる。

　いずれにせよ，このように，特段の技術や労力・費用を要しないで当該情報を知りうる場合には，当該商品が秘密保持義務を負わない者の下で使用可能になった時に，非公知性は失われるとみるべきであろう。

　もっとも，リバース・エンジニアリングによって営業秘密の入手が可能な商品を市場に流通させることは一定のリスクを伴う。なぜならば，上記の基準は特殊な技術を用いて長時間の解析を要する場合には，リバース・エンジニアリング可能な商品を市場においてもそれだけでは営業秘密が公知となったとはいえないというだけであり，何人かが現実にリバース・エンジニアリングをして営業秘密を知り，これを公表してしまえば非公知性は失われるからである（逐条解説営業秘密155頁）。わが国では特許権の対象たる発明でさえ試験・研究のための実施は特許権の対象とはならず（特69条1項），まして特許の対象とならない営業秘密の解析行為そのものを違法とする根拠がない。しかし，この点は今後の課題といえよう。

　実務的には，商品の供給先との間でリバース・エンジニアリングを禁止する合意をなし，違反すれば債務不履行を理由として契約を解除し，あるいは損害賠償請求を行うという対処方法が考えられるが，これとて供給先が違反を覚悟で現にリバース・エンジニアリングを行い，それによって得られた営業秘密を公開することを防止できない（もっとも上記のようなリバース・エンジニアリングを禁止する契約上の不作為請求権を被保全権利としてまさに行われようとしているリバース・エンジニアリングを停止させる仮処分申請は可能かもしれない）。

　なお，営業秘密を構成する情報（部分的な情報）が公知になったとしても営業秘密とされる情報全部（全体的な情報）が公知となるわけではない。例えば，ある事業者がその営業活動の用に供するため保有する顧客名簿は，これを構成す

る顧客の住所・氏名が公知情報であるとしてもなお，その集合体である名簿自体は秘密情報である場合がある（同旨，田村・概説〔第2版〕333頁）。ただ，情報の大部分がすでに公知となっている場合には，なお公知な情報の集合体あるいは公知な情報に付随する情報（例えば，前記顧客名簿に来店の頻度や顧客の好み等の情報が記載されている場合）に非公知性があり，かつ有用な情報であることは，それが営業秘密であることを主張する者が主張・立証すべきである。ただ漠然と公知な情報の集合体に営業秘密が存在すると主張するのではなく，営業秘密を構成する非公知な情報を特定して主張・立証する責務がある（知財高判平成23年11月28日裁判所ホームページ〔小型 USB フラッシュメモリ事件〕，大阪地判平成24年12月6日裁判所ホームページ〔撹拌造粒装置事件〕，東京地判平成27年8月27日裁判所ホームページ〔ディンプルキー顧客情報事件〕，東京地判平成28年6月30日裁判所ホームページ〔印章自動製作販売装置事件〕，知財高判令和2年3月24日裁判所ホームページ〔冷媒事件〕）。

　また，製造業・販売業等の販売管理システムにおけるコンピュータ・プログラムに関しても，非公開のソースコードには非公知性が認められるが，個々のデータ項目，レイアウト，処理手順等の設計事項は，対象とする企業の業務フローや公知の会計上の準則等に依拠して決定されるものであるから，機能や処理手順に顕著な差が生ずるものとは考えられないため，当該ソフトウェアでしか実現していない機能ないし特徴的な処理であれば格別，そうでない一般的な実装の形態は当業者にとって周知であるものが多く，表現の幅にも限りがあると解せられるから，自ずと似通うものとならざるを得ないのでかような情報は非公知とはいえないと判示した判決が存在する（大阪地判平成25年7月16日判時2264号94頁〔販売システム事件〕）。

　さらに，新聞社が，将来の効率的な記事作成に備えてあらかじめ有名人の経歴・言動・インタビューをした際の取材メモ・対談録等を収集しデータベース化していたとしても，その大部分がすでに公表されあるいは公知事実となっている情報であるときには，当該新聞社がどの部分がすでに記事として利用されているかを明らかにせず，これらの情報がすべて非公知であると主張するだけでは，これらの集合情報及び個別情報が非公知であるとはいえないと判示した判決も存在する（知財高判平成27年12月24日裁判所ホームページ〔プロ野球選手記事情報事件〕）。

362　第2編　不正競争行為　第5章　営業秘密に係る不正行為（2条1項4号〜10号）

Ⅵ　営業秘密に関するその余の問題点

1　秘密として保護されるに値する利益

　秘密を秘密として承認するのは社会であり，秘密は社会的利益の1つでもある。したがって，秘密の客観的基準は，この利益のなかに見出されるべきである。すなわち，秘密が保護されるべき秘密として承認されるためには，秘密を保持しようとする利益が，社会的に保護に値する利益を有するものとして承認されることを要する。

　前掲営業秘密報告書も営業秘密の要件として，「秘密として保護されることに正当な利益があること」を挙げている。すなわち，「他の営業秘密の要件を満たす財産的情報であっても，公害の垂れ流しや脱税に関する情報など，その内容が社会正義に反するような情報である場合には，これを内部告発し，あるいは取材して報道する行為は差止めの対象とするべきではない」と述べている（営業秘密報告書18頁）。

2　一般的知識・情報に関する問題

　さらに，営業秘密保護の基本原理として，一般的知識・経験・記憶・熟練を用いることは被用者の自由であるという原理がある。前述したように，競業禁止合意の有効性が争点となったフォセコ・ジャパン事件の判決も，従業員がその地位において習得した一般的知識や技能は，当該従業員の人格と不可分であり，このような一般的知識の利用を禁じるような競業禁止合意の効力は認められないことを判示している（奈良地判昭和45年10月23日判時624号78頁〔フォセコ・ジャパン事件〕）。しかし，一般的知識と特別知識をはっきり区別しうるような方式は見出されていない（小野・新営業秘密533頁）。

　上記の営業秘密保護の原理は，営業の自由若しくは自由競争原理に基づく競争の自由のなかに内在する制限の1つの現れである。したがって，行きすぎた営業秘密の保護は，従業員の経済活動の自由を侵すものである。他面，従業員は誠実に一般的知識経験を高めうるが，自己以外の他人の努力を僭用し，使用者と並ぶ競業者となって使用者を圧倒したり，使用者の競業者と結託して使用者の企業を倒壊させるようなことを容認するのは，また逆に従業員の保護の行きすぎである。

疑わしい場合には，営業の自由，労働の自由を尊重すべきである。

特定の企業に特別のものでない一般的な情報は，その性質上，企業競争において決定的役割を果たすものとは考えられない。そのようなものを特定の企業だけが秘密として保持しようとしても，社会的には何ら保護する利益が客観的になく，従業員が自由に使用しうる情報とすべきである。各分野において働いている従業員が，その業務を果たすために，通常獲得され身に付ける技量や経験は，従業員の人格と切り離せないものとして，この意味においても，また使用が自由なものであるとされなければならない（そのような一般的知識は秘密ではないという理論構成もあるであろう）。

秘密は社会的利益の１つであり，営業秘密は，企業者の重要な競争財産である。営業秘密保持の利益について，その利益の保持が社会的に是認されることが必要である。

保持の利益は，ただ単に秘密所有者の経済的利益のみを指すものではない。社会的に，保持に利益が認められることを要する。この両者，すなわち，秘密保護の利益と従業員の利益との衝突を，具体的事案において調和的・衡量的に判断することは，今後判例によって深化されるべき問題である。

これまで判例においても対象情報が従業員の一般的知識であるか否かはしばしば対象情報の秘密管理性の問題として論じられてきた（大阪高判平成26年11月26日裁判所ホームページ〔医薬品販売顧客名簿事件〕，東京地判平成24年6月11日判時2204号106頁〔印刷顧客情報事件〕）。しかし，かような事例の中でも対象情報が本質的に従業員の一般的知識に属するか否かが問題となる事案がないとはいえない。

従業員が使用者の業務に従事する以前から存していた技術情報や個人的な知己や交友関係で取得した顧客情報などは，その後従業員が使用者の業務に使用したとしても当該情報が従業員の一般的知識に属することはおそらく争いがないであろう。

したがって，従業員が退職後にこれらの情報を使用したとしてもその行為は使用者の営業秘密を侵害したことにはならない。

そこで，従業員の行為がかような一般的知識を使用した可能性があるときには，当該従業員が会社の営業秘密にアクセスしこれを使用しなければ当該行為をなしえなかったのか否かが十分検討されなければならない（大阪地判平成28年

11月1日裁判所ホームページ〔学習塾顧客情報事件〕。同旨事案としては知財高判平成28年
6月13日裁判所ホームページ〔栄養補助食品会員名簿事件〕)。

　これに対して，従業員が使用者の業務に従事する過程で入手した住所，氏名
などの情報は純粋に一般的知識とはいい難い。けだしこのような情報は最終的
に使用者に帰属し，使用者の業務において再び利用されることが期待される情
報だからである。

　しかし，かような情報も使用者において顧客名簿又はこれに代わるものとし
て集積せず，あるいは集積してもその管理を怠っていれば秘密管理性が失われ
ることになろう。

　なお，この関係で，使用者が，従業員の退職にあたって，在職中に従業員が
取得した情報が使用者に帰属することを確認させ，退職後の使用を禁止する旨
の誓約書等を徴求することがある。

　従業員が在職中使用者の種々の営業秘密にアクセスする可能性があることを
考えれば，かような包括的合意の効力を一律に否定することはできないが，そ
の効力は情報の性格に応じて検討すべきである。

　仮に，上記のような合意の対象に従業員の一般的知識が含まれる場合には，
合意によりその一般的知識が使用者に譲渡されたり，以後の使用が禁止される
趣旨と解することは当然慎重であるべきであり，従業員がそのような意思を有
していたことが明白でない限り，その効力を認めるべきではない。

　また，支払の業務に従事する際に，従業員が取得した顧客情報等について
も，使用者がこれを秘密として管理する意思を有していた事実の1つとして，
秘密管理性の有無の判断において斟酌されるべきであろう。

Ⅶ　保有する事業者（保有者）

　平成2年の不正競争防止法改正では，秘密として管理する事業活動に有用な
技術上・営業上の情報で公然知られていないもの（営業秘密）を保有する事業
者を「保有者」といっている。営業秘密は情報で排他性がないため，通常の物
の支配を意味する「所有」という用語を避け「保有」としたものである（逐条
解説営業秘密63頁）。

　一般に，①秘密を処分する権限のある者を「秘密所有者」（Geheimnissherr）と

第2節　営業秘密　Ⅶ　保有する事業者（保有者）　*365*

いっている。秘密所有者（秘密主）は，秘密を保持しつづけるか否かを決しうる。次に，②秘密をあかされ（disclose，einweihen）秘密所有者と同様に，秘密情報を知って保有している者を「秘密保有者」（Geheimnistrager）という。秘密所有者も秘密保有者も，ともに秘密を保持しようとする者であり，これらを「秘密保持者」と名づけているが，これが不正競争防止法の「保有する事業者（以下『営業秘密保有者』という。）」（2条1項7号）にあたることになろう。③秘密を知っているが，秘密保有の意思のない者を「秘密関知者」（Mitwisser）という。そして，④秘密について何も知らない者を「第三者」（Aussenstehender）という。窃盗などの不正行為で営業秘密を知っている者は秘密関知者であっても保有者ではない（逐条解説営業秘密63頁）。

　平成2年改正時において不正競争防止法は，「秘密トシテ管理セラルル生産方法，販売方法其ノ他ノ事業活動ニ有用ナル技術上又ハ営業上ノ情報ニシテ公然知ラレザルモノ（以下営業秘密ト称ス）ヲ保有スル事業者（以下保有者ト称ス）ハ……其ノ営業秘密ニ係ル不正行為ニ因リテ営業上ノ利益ヲ害セラルル虞アルトキハ其ノ営業秘密ニ係ル不正行為ノ停止又ハ予防ヲ請求スルコトヲ得」（平成5年改正前1条3項柱書）と規定し，営業秘密侵害行為に対して差止請求権や損害賠償請求権を行使しうる者を営業秘密の保有者に限定していたため「保有者」の解釈に重要な意味があった。そして，「保有者」は当該営業秘密を自ら作り出した者だけでなく，売買契約やライセンス契約などの法的に有効な取引行為の結果，取得している者や雇用関係などの信頼関係に基づいて元の保有者から開示されている者などの「正当な権限に基づいて取得して保持している」者も含むという解釈がされていた（逐条解説営業秘密63頁）。

　その後，平成5年の改正によって営業秘密に係る不正行為（2条1項4号ないし10号）についても他の不正競争行為と同様に，差止請求権は「不正競争によって営業上の利益を侵害され，又は侵害されるおそれがある者」（3条），損害賠償は営業上の利益を侵害された者（4条）に認められることになったので，この面においては「保有者」の意義を厳密に考える必要はなくなった。

　しかし，他方，現在でも保有営業秘密の不正使用・開示行為（2条1項7号）においては，「営業秘密を保有する事業者（以下『保有者』という。）からその営業秘密を示された場合」でなければ不正行為とならない。この「保有者」の意

義に関して立法関与者の解説では，上記のような広い意味での保有者ではなく，「もともとの保有者（本源的所有者）」を意味し，ノウハウのライセンシーなどは含まないと説明している（逐条解説営業秘密87頁）。

第3節　営業秘密に係る不正競争行為

　不正競争防止法2条1項4号ないし10号は，「営業秘密に係る不正行為」の類型を規定する。ここでは，①「営業秘密の不正取得行為」（4号・5号・6号，渋谷達紀教授のいわゆる探知型）と，②「営業秘密の不正開示行為」（7号・8号・9号，同じく漏洩型）に分けられ，さらに，上記①「営業秘密の不正取得行為」を，(i)不正取得秘密の「取得，使用，開示」（4号），(ii)不正取得行為の介在を知っての「取得，使用，開示」（5号），(iii)事後的悪意者の「使用，開示」（6号）に，上記②「営業秘密の不正開示行為」を，(i)保有営業秘密の不正「使用，開示」（7号），(ii)不正開示行為の介在を知っての「取得，使用，開示」（8号），(iii)事後的悪意者の「使用，開示」（9号）の順に類型化して規定している。

　平成27年の不正競争防止法改正では，以上の不正競争行為類型に加えて，上記①，②の各不正競争行為類型のうち「技術上の秘密」，すなわち「営業秘密のうち，技術上の情報であるもの」に関する不正使用行為によって「生じた物」を「譲渡し，引き渡し，譲渡若しくは引渡しのために展示し，輸出し，輸入し又は電気通信回線を通じて提供する行為」を新たな不正競争行為類型として不正競争防止法2条1項10号に追加している。

　　＊　ちなみに，渋谷達紀教授は，①秘密の拡散行為（漏洩行為，スパイ行為），秘密の再拡散行為，②秘密の利用行為（違法取得秘密の利用，適法取得秘密の利用）に分けて論じておられた（渋谷達紀「企業秘密侵害行為の諸類型と判例の対応」特研7号14頁）。さらに，これらの類型は，法改正時に再度統合して整理されるべきであったとされる（渋谷達紀「営業秘密の保護」法曹45巻2号10頁）。

　以下，不正競争防止法2条1項4号ないし10号に該当する不正競争行為及び同法5条の2の推定規定について順次解説を行う。

I　不正取得秘密の取得・使用・開示行為（2条1項4号）

1　意　　義

不正競争防止法2条1項4号は、「窃取，詐欺，強迫その他の不正の手段により営業秘密を取得する行為（以下『営業秘密不正取得行為』という。）又は営業秘密不正取得行為により取得した営業秘密を使用し，若しくは開示する行為（秘密を保持しつつ特定の者に示すことを含む。次号から第9号まで，第19条第1項第7号，第21条及び附則第4条第1号において同じ。）」と規定する。

これを簡略に図示すると下記のようになる（Bが不正競争行為者である）。

不正競争防止法2条1項4号の典型例は、従業員が受注報告書などを持ち出して調査業者に渡した大日本印刷産業スパイ事件のような秘密文書の窃取事件（東京地判昭和40年6月26日判時419号14頁〔大日本印刷刑事事件〕）や、医薬品会社の従業員が国立予防衛生研究所の技官に依頼し，他社の抗生物質の製造承認申請に関する資料の持ち出しコピーがなされた新薬データ事件（東京地判昭和59年6月15日判時1126号3頁〔新薬データ刑事事件〕）、従業員が秘密顧客名簿を窃取し名簿販売業者に売却した京王百貨店顧客名簿事件（東京地判昭和62年9月30日判時1250号144頁〔京王百貨店顧客名簿刑事事件〕）のような場合である（逐条解説営業秘密79頁）。

平成5年改正後の不正競争防止法2条1項4号適用例も、従業員（元従業員）が勤務していた企業から無断で営業秘密たる顧客名簿や技術情報（その写しを含む）を持ち出して、自己又は第三者の営業に使用する行為が問題となった事例が多い（大阪地判平成8年4月16日知的集28巻2号300頁〔男性かつら顧客名簿事件〕、東京地判平成12年11月13日判時1736号118頁〔墓石販売業者顧客名簿事件〕）。

これに対して、同じ従業員であっても会社から開示を受けた営業秘密を無断で自己の利益のために使用し、あるいは第三者に開示する行為は不正競争防止法2条1項7号の対象となる。

368　第2編　不正競争行為　第5章　営業秘密に係る不正行為（2条1項4号〜10号）

　すなわち，不正競争防止法2条1項4号の営業秘密の不正取得行為について，営業秘密報告書では，正当な保有者から不正入手など一定の要件の下に不正に取得し，これを使用又は開示する場合を，「①第三者が窃取などの行為により営業秘密を取得し，使用・開示する場合，②契約関係にある又は契約関係終了後の役員，従業員，受任者，又はライセンシーなどが守るべき契約上の守秘義務などに違反して営業秘密を開示するなどの場合において，第三者が一定の要件の下に当該営業秘密を取得し，使用・開示する場合に分けて考える必要がある」（営業秘密報告書24頁）とし，2条1項4号では前者①の場合を規定し，後者②の場合は後述2条1項7号以下に規定している。

　不正競争防止法2条1項4号は，第三者が窃取などの行為により営業秘密を取得し，これを使用・開示する場合，すなわち，いわゆる秘密探索行為ないし類似行為について規定するものであるが，窃取，強取，欺罔，強迫などの犯罪ないし犯罪に近い手段で営業秘密の取得をする場合は，平成5年の改正では，「(イ)行為自体の悪性が強いこと，(ロ)通常の取引関係により営業秘密を取得しようとする場合と異なり，取引の安定性に配慮する必要がないことから，取得したものが営業秘密であるということの認識など（主観的要件）の有無にかかわらず，不正な行為に該当する」（営業秘密報告書24頁）としたことは当然であろう。

2　その他の不正手段

　不正競争防止法2条1項4号に挙げる「窃取，詐欺，強迫」は営業秘密の不正取得行為の典型的手段の例示であって，不正取得は「その他の不正の手段」によることで2条1項4号違反は成立する。強迫（脅迫）のほか，暴行によって保有者より営業秘密を入手することも2条1項4号に該当しよう。より一般的には，信義誠実に反する手段によって営業秘密を入手するということに不正競業的性格を認めている。したがって，いわゆる金銭による被用者買収，及び，地位提供による雇用契約破棄の誘引を伴うような，他人の営業秘密を開示させるために，競業者が競争相手の被用者を，彼の経験のゆえでなく，その知っている営業秘密入手のために誘引行為をなすことも，その他の不正手段に入るであろう（被用者買収・契約破棄の誘引については，小野・新営業秘密586頁参照）。

　ただし，転職の誘引は従業者の職業選択の自由との関係で，その手段，方法，目的等を総合的に評価して違法性を判断すべきであろう。

営業秘密の入手に，住居侵入のような営業秘密領域を侵害するような手段を借るものも，信義誠実に反する不正競業行為である。顧客をよそおうとか，従業員を相手の工場に入り込ませるとか，自ら労働者になって相手に雇われその工場に入り込むとかなどは，この例に該当しよう。

従業員の通常の単なる軽率や，自己の技術自慢等によって，その相手方が偶然営業秘密を知るようになった場合などは，不正手段による取得に入らないが，探知とこのような漏洩の間に多くの段階があり，その限界については判断の難しい場合もあろう。

なお，リバース・エンジニアリングの合法性について，営業秘密報告書は，公の市場から正当な手段により入手できるハードウェア，ソフトウェア製品の，リバース・エンジニアリング及びそれにより得られた情報の使用又は開示は，当該リバース・エンジニアリング行為が法律若しくは契約で禁止されない限り，営業秘密に関する「不正な行為」で取得したわけではない（逐条解説営業秘密151頁。営業秘密報告書24頁，熊谷健一「トレード・シークレットの保護と不正競争防止法の改正」金法1258号57頁）としている。

3　使用と開示

「営業秘密を使用する行為」と「営業秘密を開示する行為」は異なる。また，「営業秘密を開示する行為」には，秘密を公開してしまう場合と，秘密を保持しながら秘密保持義務を負わない特定人にのみ開示する場合がある。不正競争防止法2条1項4号の「秘密を保持しつつ特定の者に示すことを含む。」という法文は，このことを示している。

営業秘密侵害の態様において，営業秘密の不正取得にあたって，不正開示行為（秘密漏洩）を伴うことが多いが，不正取得と不正開示は同一観念ではない。例えば，競業者が自ら秘密窃用を行う場合を例にとると，自らのスパイ行為によって直接営業秘密を不正取得し，秘密の状態のままにして使用するときには，開示はない。第三者への秘密開示行為は伴っていないからである。

この区別は重要である。なぜならば，秘密不正取得行為のみによっては，いまだ直ちに営業秘密の非公知性は消滅しないからである。しかるに，秘密の不正開示行為によって秘密性が損なわれると，営業秘密の非公知性自体が消滅する結果を招来する（小野・新営業秘密580頁）。

不正競争防止法2条1項4号はいずれの行為も含むことを法文上明確にしたのである。

不正開示には種々の形態がある。それは、口頭でなされることもあれば、書面でなされることもあり、図面や模型を与えることによってもなされる。その形式は、本来的には何の重要性もない。さらには、第三者が知ることを妨げないという秘密管理の不作為形式によってもなされうる。また、秘密の不正開示を受けた者がすでに同一の情報を知っていても不正開示は成立するといわれる。不正開示によって営業秘密の全部を知りうることのみならず、一部を知りうる場合であっても妨げないといわれる。それは、営業秘密の不正開示禁止の本質は、通常入手しえない秘密・知識を第三者に入手させることであるからである（小野・新営業秘密583頁）。

4　2条1項4号の差止請求

この場合、差止請求権について、平成5年の不正競争防止法改正前にも以下のように考えられていた。すなわち、「(イ)産業スパイなどの場合に組織的、反復継続的に不正な取得が行われる場合には、事前の通報などにより察知できる……、(ロ)一旦情報が取得されると、その情報を行為者の記憶から消滅させることができないため、情報の化体した媒体の返還・廃棄だけでは不十分であり、取得行為自体の差止めが必要であること、(ハ)取得を差し止めるケースは余り考え難いとしても、現実的に差止めが必要な場合も考え得るのであれば積極的に排除する必要はなく、不正な取得を差止めの対象とすることについて不都合はない」（営業秘密報告書24頁）、「窃取などの不正な取得行為自体は、窃盗罪（営業秘密を化体した媒体の窃取の場合）などの刑罰違反にも該当する虞のある行為であり、こうした窃取などの行為を差止めの対象とすることにより、正当な情報取得の妨害に悪用されることはないと考えられるため、不正な使用または開示行為と区別して差止めの対象から除外する積極的な理由はない」（営業秘密報告書25頁）。そこで、平成2年改正の際にも、営業秘密の不正取得を不正競争行為とし、使用・開示のみならず、取得自体にも差止請求権を認めた。

ただ、不正取得行為は内密に行われるので、その特定は困難である。多くの場合、事後の「使用」や「開示」についてさまざまな間接事実を積み上げて不正取得行為の存在を立証することになろう（小松一雄編・不正競業訴訟の実務346頁）。

Ⅱ　不正取得秘密の悪意転得者による取得・使用・開示行為（2条1項5号）

　不正競争防止法2条1項5号は，「その営業秘密について営業秘密不正取得行為が介在したことを知って，若しくは重大な過失により知らないで営業秘密を取得し，又はその取得した営業秘密を使用し，若しくは開示する行為」と規定する。

　これを簡略に図示すると下記のようになる（ⓒが不正競争行為者である）。

　不正競争防止法2条1項5号は，2条1項4号の不正な行為により直接的に営業秘密を取得した者から，その不正な行為が介在していることを知りながら取得するなど一定の要件のもとに営業秘密を取得，使用又は開示する場合である。

　不正競争防止法2条1項5号の典型例は，大日本印刷産業スパイ事件における秘密文書窃取の後，窃取した従業員から秘密文書を受け取った共犯の調査業者の行為のような場合（東京地判昭和40年6月26日判時419号14頁〔大日本印刷刑事事件〕），他社の抗生物質の製造承認申請に関する資料を持ち出しコピーした国立予防衛生研究所の技官から，持ち出された新薬データを受け取った医薬品会社の従業員の行為のような場合（東京地判昭和59年6月15日判時1126号3頁〔新薬データ刑事事件〕），秘密顧客名簿を従業員から買い取った名簿販売業者が共犯者であったような場合（東京地判昭和62年9月30日判時1250号144頁〔京王百貨店顧客名簿刑事事件〕）である（逐条解説営業秘密83頁）。

　不正競争防止法2条1項5号の場合には，当然これを適用すべき主観的要件が問題となるが，不正競争防止法は，不正な行為が介在していることの認識がありながら又は認識がないことに重大な過失がありながら，営業秘密を取得し，これを使用又は開示する行為を不正競争行為とすることで足りるものとした。取得者に，より積極的な「不正競争の目的」，「自己又は第三者の利益を図り，若しくは他人に損害を加える目的」という目的的な主観的要件などの積極

的な不正競争意図がなくとも，情を知りながら営業秘密を取得し，又は，これを使用・開示する行為自体が不正競争行為であると考えられたのである。

この点の主張・立証も対象が行為の内心の主観的事情に関するため，場合によっては困難を伴うが，ある程度外形的な事実からその存在を証明することは可能である。

まず，勤務先から不正取得した営業秘密を使用する会社を設立し，その代表取締役など名目のいかんを問わず実質的な経営者になった場合，設立された会社自体が悪意であることは容易に認められる（東京地判平成12年11月13日判時1736号118頁〔墓石販売業者顧客名簿事件〕）。このほか，ある事業部門の責任者が自ら退職するとともに元の会社と競業する会社を設立し，元の会社から従業員の引き抜きに伴って同従業員らが不正に取得した営業秘密たる機械や金型の製造上の技術情報が記載された設計図のデータなどを使用した場合には，責任者やその設立した会社に悪意又は重大な過失が認められる（福岡地判平成14年12月24日判タ1156号225頁〔半導体全自動封止機械装置設計図事件〕）。

また，同じくセラミックコンデンサー積層機などの設計図に関する営業秘密を元の会社から不正に取得した元従業員が，被告会社代表者に出資を依頼した直後から，従来被告が関与していなかったセラミックコンデンサー積層機や印刷機の製造を開始した事案では，当該出資はセラミックコンデンサー積層機などに関してなされたものであることが推認でき，このような事実関係のもとでは，被告会社も元従業員らが元の会社から不正に取得したことを知っていたと認定した判決例もある（大阪地判平成15年2月27日裁判所ホームページ〔セラミックコンデンサー設計図事件〕）。

Ⅲ　不正取得秘密の事後的悪意転得者による使用・開示行為（2条1項6号）

不正競争防止法2条1項6号は「その取得した後にその営業秘密について営業秘密不正取得行為が介在したことを知って，又は重大な過失により知らないでその取得した営業秘密を使用し，又は開示する行為」と規定する。

不正競争防止法2条1項6号も，2条1項4号の不正な行為によって直接的に営業秘密を取得した者からの営業秘密の転得をした者についての規定であるが，前記Ⅱとの相違は，転得者が転得時には不正取得行為が介在したことにつ

いて善意でかつ重大な過失がなく，取得後に悪意等になった者についての規定である。行為としては，2条1項4号・5号と異なり，営業秘密を取得した後の行為であるから，行為は当然営業秘密の使用と開示のみで，取得行為は規定されていない。事後的悪意は通常，警告や訴状の送達によって生ずる（逐条解説営業秘密86頁，渋谷・前掲法曹45巻2号18頁）。

　この関係を簡略に図示すると下記のようになる（Ⓒが不正競争行為者である）。

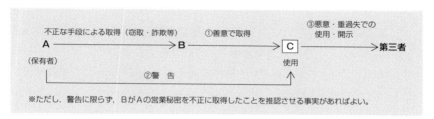

　このように，間接的に営業秘密を取得した場合において，営業秘密報告書は「取得時に故意又は重過失がなく営業秘密を取得したが，その後悪意となった者（以下，事後的悪意者という。）について，その使用又は開示を差止請求権の対象とするか否かについては，営業秘密は一旦開示されると回復し難い損害が発生することなどから，営業秘密についても事後的悪意者は，例えばその後の使用は認められるとしても，開示行為は差止めの対象とするべきであるという考え方」（営業秘密報告書30頁）があったとする。しかし，不正競争防止法19条1項7号（旧2条1項5号）の適用除外規定で一定の善意取得者保護に権限範囲内の継続使用を認めることで利害関係を調整することにより，開示行為のみならず使用行為も原則禁止とした。

　しかし，不正競争防止法19条1項7号（旧2条1項5号）の適用除外規定で善意取得者保護に権限範囲内の継続使用を認める場合は，「取引によって」営業秘密を取得した場合である。取引とは売買や実施許諾の場合であって，他企業の旧従業員の採用は取引ではないとされている（逐条解説営業秘密115頁）。したがって，このような取引行為による取得の場合以外での善意取得者，他企業の旧従業員の採用に基づく，あるいは，他企業の研究員の中途採用に基づく営業秘密の善意取得者である事後的悪意者に対しても，使用について19条1項7号（旧2条1項5号）の準用を認め，ないしは，取引を広義に解して（渋谷・前掲

法曹45巻2号20頁）売買や使用許諾による営業秘密の取得の場合との公平を図るべき場合が，将来出てくるのではなかろうか（逐条解説営業秘密115頁も，例えば，中途採用した他企業の旧研究員等との営業秘密取得にあたってその個々の取引を認めることによって解釈を緩和している）。また，設備などの使用については，利益衡量の見地から権利濫用を適用すべき場合も出てくるであろう。

IV　保有営業秘密の不正使用・開示行為（2条1項7号）

不正競争防止法2条1項7号は，「営業秘密を保有する事業者（以下「営業秘密保有者」という。）からその営業秘密を示された場合において，不正の利益を得る目的で，又はその営業秘密保有者に損害を加える目的で，その営業秘密を使用し，又は開示する行為」と規定する。

この関係を簡略に図示すると下記のようになる（Bが不正競争行為者である）。

判例で不正競争防止法2条1項7号の適用が認められた事例としては，従業員が使用者から開示されていた顧客名簿を退職時に持ち出し，その後，これを利用して競業行為を行った「エーアンドネイチャー事件」（札幌地決平成6年7月8日取消集51号442頁〔エーアンドネイチャー事件〕），在職中に使用者からフッ素樹脂シートの溶接技術に関する技術情報の開示を受けた従業員が，退職後新会社を設立し，前記技術情報を新会社に開示した「フッ素樹脂シートライニング事件」（大阪地判平成10年12月22日知的集30巻4号1000頁〔フッ素樹脂シートライニング事件〕）などがある。

1　意　義

不正競争防止法2条1項7号に規定する行為は，営業秘密の正当な保有者から示された情報を，不正目的で使用又は開示する行為である。

営業秘密侵害の態様において，秘密の不正取得，不正使用，及び不正開示を混同してはならないことは，すでに述べた。

例えば，保有者より示されて営業秘密を取得した後，雇用契約などに違反し

第3節　営業秘密に係る不正競争行為　Ⅳ　保有営業秘密の不正使用・開示行為（2条1項7号）　*375*

て雇用中自ら使用する行為，あるいは，他の特定の第三者や不特定の者に開示する行為などが不正競争防止法2条1項7号違反である。2条1項7号は，秘密領域において業務に従事した結果，営業秘密を示された者，又は，一般的に接近しえた者による侵害行為である。

　秘密領域外の競業者は，従業員買収その他の手段によって営業秘密領域を侵して営業秘密を入手しようとしたりする，すなわち，信義誠実に反する手段によって営業秘密を取得しようとする場合を不正競争防止法2条1項4号ないし6号が規制する。しかし，秘密領域内の従業者らが保有者から知得した営業秘密を使用して外部で競業する，あるいは，外部の競業者に開示するような場合には，2条1項7号が適用される。

　従業員らの職業選択，営業の自由は尊重されるべきものであるが，不当に自己又は第三者の利益を図り，若しくは営業秘密の保有者に損害を加える意図のもとに保有者の営業秘密を使用又は開示するような行為まで自由に行うことができるとは考えられない（営業秘密報告書23頁）。不正競業性を与えるこの主観的要件としては，①行為者が，不正な行為に該当する義務違反を行っていることを知っている，又は，知りうべき状況下にあることとする考え方と，②より積極的に「不正競争の目的」，「自己又は第三者の利益を図り，若しくは他人に損害を加える目的」などの目的的な主観的要件とすべきであるという考え方がある（営業秘密報告書25頁）。不正競争防止法2条1項7号は，不正の競業その他の不正の利益を図る目的で行為をなし，若しくは保有者に損害を加える目的をもって使用する行為又はその目的をもってこれを開示するという積極的な主観的要件を規定した。

2　保有者より示された営業秘密

　不正競争防止法2条1項7号の開示は，「秘密を守るべき法律上の義務に違反して営業秘密を開示する行為」に限定されないが，その典型例は雇用契約における従業員の行為である。

　被用者（従業員）は使用者の業務に従事するにあたり，営業秘密を開示される場合がある。これがここにいう「保有する事業者から営業秘密を示された場合」に該当することは明白である。

　ただ，使用者が積極的に営業秘密を開示しなくとも，被用者が使用者の業務

に従事する過程で知得した情報が「営業秘密を示された場合」に該当するか否かは問題であろう。

このような場合でも，使用者と被用者との間で「秘密保持契約」が締結されあるいは勤務規則等で被用者に秘密保持義務が課されている場合には，被用者は知得した情報が使用者（保有者）の営業秘密であることを認識することができれば，契約又は勤務規則上の守秘義務を負う。かような場合には，使用者の具体的な開示行為がなくとも「保有する事業者から示された」と解してよいであろう。

ただ，このような明確な秘密保持合意がない場合にも，被用者には労働契約の付随的義務としてあるいは信義則上の秘密保持義務があると解する説が多い（小野・新営業秘密581頁，土田道夫「労働市場の流動化をめぐる法律問題（上）」ジュリ1040号54頁等）。ただし，この場合にも不正競争防止法2条1項7号の「保有する事業者から示された」といえるかは疑問がある（ただし，事情によっては黙示的な秘密保持合意の存在を擬制することができる場合もある）。

これに関係して，被用者が当該営業秘密の形成に関与した場合（例えば，被用者が使用者の業務に関連して技術的なノウハウを創作した場合），このような営業秘密を不正競争防止法2条1項7号の保有者（使用者）から示された営業秘密と解するかについても争いがある。この問題は後述する。

なお，仕入先との間の交渉によって決定された仕入価格は，仮にそれが営業秘密に該当するとしても，それは合意によって決定されたものであって，少なくともその秘密の保有者から示された情報ではないので，これを第三者に開示する行為は不正競争防止法2条1項7号の営業秘密の侵害行為には該当しない。したがって，契約当事者間でこれを秘密とする合意がない限り，仕入価格を開示することが問題とされることはない（知財高判平成18年2月27日裁判所ホームページ〔薬品原価セールス事件〕）。

同様に，原告が被告の前身であるAとの間で，A本店内におけるダイニングサービスに関する業務委託契約を締結し，その後，被告がその契約上の地位を承継したところ，この業務を遂行するにあたり被告の担当者の指揮・監督の下，原告と被告の担当者で相互に提案・打合せ・了解の下で作成したダイニングサービスの手順や方法を定めたマニュアルは，それが営業秘密に該当すると

しても，上記業務委託契約に基づき業務を履行するための具体的な手順を詳細に記載したものである。そこで，原告と被告の合意の下に作成されたものであるから，同マニュアル情報は，原告と被告が原始的に保有するものであって，被告は原告から原告が保有していた秘密情報を「示された」ものではないとして，不正競争防止法2条1項7号の適用を否定した判決も存在する（東京地判平成19年6月29日裁判所ホームページ〔マニュアル使用差止請求事件〕）。

さらに，相手方との共同事業の前提として，一方が有していた固有の顧客情報は他の当事者から「示された情報」といえないとした判決も存在する（東京地判平成19年11月27日裁判所ホームページ〔カードレスプリペイドサービス事件〕）。

なお，不正競争防止法2条1項7号の保有者には当該秘密の実施（使用）権者も入ると解する考え方もある（逐条解説営業秘密87頁，渋谷・前掲法曹45巻2号24頁）。

3　従業者が職務上知得した営業秘密

この関係で問題となるのは，従業員が使用者のもとでその業務に関して自ら創作した技術的ノウハウや，使用者の業務に関連して取得した顧客情報などが，ここでいう「保有者より示された」営業秘密といえるか否かである。

この点については，その前提として大きく2つの考え方がある。

その第1は，営業秘密の帰属に関して，当該営業秘密の性格に応じて特許法35条や著作権法15条の趣旨を適用ないし類推適用して，その営業秘密の帰属を決定しようとする考え方である（鎌田薫「財産的情報の保護と差止請求権(5)」L＆T11号42頁，逐条解説営業秘密87頁）。

これに類する考え方としては，「営業秘密が事業者の発意に係るものであり，かつその業務範囲に属し，しかもその従業員の職務に属していたものであれば，その事業者が保有者であるとの推定が働く」としつつ，最終的には従業員の貢献度などを考慮して実質的に決定するという説（山本・要説〔第4版〕162頁），また，一般的には特許法35条や著作権法15条を類推適用することを否定しつつ，技術的ノウハウが「発明」（特2条1項）に該当するような高度な技術思想であるときには，発明に関する特許法上の取扱いとの均衡を図るために特許法35条を類推適用して，職務発明に対応する職務ノウハウに限り予約承継を認めるべきであるとする説（松村信夫「不正競争防止法と工業所有権法」パテ51巻2号30頁，判例としては，東京地判昭和58年12月23日判時1104号120頁〔連続グラッド装

置事件〕）などがある。

　これに対して，第2の考え方として，そもそも不正競争防止法2条1項7号の性格から営業秘密の帰属者を一義的に決定しなければならないものではないという考え方がある。

　このような考え方をとる説でも，その理由はいろいろである。一般に，営業秘密の保護はこれを権利として保護するのではなく，不正な取得や開示など違法な方法で侵害することを規制することにある。したがって，個々の不正行為類型に該当するか否かは，当該行為類型の予定する違法性があるか否かにあるのであり，誰に帰属したかによって決するものではないとの理由をあげる説が有力である（中山信弘「営業秘密の保護に関する不正競争防止法改正の経緯と将来の課題（上）」NBL470号11頁，田村・概説〔第2版〕342頁）。また，実質的理由として営業秘密の多様性から考えて，その性格に応じて特許法35条や著作権法15条を類推適用するといっても判断に窮する場合が多いこと（田村・概説〔第2版〕343頁。同様の指摘は，牧野＝飯村編・座談会不競法178頁ないし181頁など）があげられる。この説に立った場合，職務ノウハウのように，合意があれば会社に原始的に帰属する営業秘密について実際上どのような保護が与えられるかが問題となるが，田村教授は，このような営業秘密についても使用者と従業員の間で秘密保持契約をしておけば，従業員がこれに違反すれば，契約上の履行請求権として当該従業員の使用・開示などを差し止めることもあるいは損害賠償請求も可能であり，また従業員が契約に違反して開示した秘密を悪意・重過失で取得した者には，不正競争防止法2条1項8号に該当する行為として同法3条・4条による権利行使が認められるのであるから，帰属を決定しなくとも実際的不都合はないと主張する（田村・概説〔第2版〕344頁）。

　これらの説以外に，営業秘密の「保有者」とは，「営業秘密の使用権原又は開示権原を有する事業者」をいい，不正競争防止法2条1項7号の「営業秘密を示された」者とは，「保有者から適法に営業秘密の開示を受けた者であって，保有者に対して当該営業秘密の使用避止義務又は不開示義務を負う者をいう」とする説がある（渋谷・講義Ⅲ〔第2版〕136頁・153頁・154頁）。この説は，従業員の創作にかかる知的成果物との関係について「営業秘密を示された者には，保有者に対して当該情報につき使用避止義務又は不開示義務を負う者が含

第3節　営業秘密に係る不正競争行為　Ⅳ　保有営業秘密の不正使用・開示行為（2条1項7号）　*379*

まれる。そのような者として，職務発明につき特許を受ける権利を雇用主などに承継させ（特35条2項），契約により発明の使用開示義務又は不開示義務を負うことになった従業員……職務著作をした従業者などがある。職務著作をした従業者の場合は，著作物の開示権と広く重なり合う公表権が著作者である雇用主などに帰属するため（著15条），従業者は職務著作につき法律上の不開示義務を負うことになる」（渋谷・講義Ⅲ〔第2版〕155頁）と解している。

　この説は，営業秘密に関する従業員の使用，収益，処分権を尊重しつつ，使用者にも「営業秘密の譲受人や使用権者」としての地位を広く認めることにより，「保有者」として独自に差止請求や損害賠償請求を認めようとする点に特徴がある。

　ところで，営業秘密の帰属を重視する第1の説でも，いったん使用者に帰属した営業秘密を，従業員が図利又は加害の目的で使用し，あるいは第三者に開示する場合に，直ちに不正競争防止法2条1項7号の不正競争行為に該当するか否かについてさらに考え方が分かれる。

　なぜならば，不正競争防止法2条1項7号は「保有者からその営業秘密を示された」という事実が必要であるからである。しかし，職務上創作された技術上のノウハウなどは，それが使用者に帰属したところで従業員が記憶したり個人的な研究ノートなどに記録した情報そのものまで消し去ることができない以上，従業員は使用者の下にある情報をあらためて開示されなくとも，当該技術ノウハウを使用・開示することができる。そうすると，このような場合には，「保有者から示された営業秘密」といえなければ，2条1項7号の不正競争行為には該当しないことになる。

　この点に関して，従業員の創作した営業秘密であっても，いったん使用者に帰属した以上，従業員はこれを自由に使用・処分することができず，使用者から許された範囲で業務上これを使用する権限しかないので，実質的に「保有者から示された営業秘密」に該当することを明言する説がある（鎌田・前掲論文）。

　これに対して，営業秘密を創作した従業員と使用者との関係では，「保有者から示された」とはいい難いと考える説もある（竹田稔・知的財産権侵害要論（不正競業編）162頁）。

　さらに，第2の説のように営業秘密帰属を問題にしない説の間でも，おそら

く見解が分かれると思われる。例えば，田村教授のように，使用者と従業員との間の秘密保持契約によって従業員に秘密保持義務を負わせる場合には，おそらく契約上の履行請求権が不正競争防止法2条1項7号に優先すると考えられる。ただ，同教授は，これのみではなく「明示の契約がない場合にも『帰属』を持ち出す見解の価値判断を尊重すべき場合が仮にあるのだとしても，そのような事態に対しては，従業者に信義則上の義務を認めて同様の帰結を導き出すことで対処しうるのである」（田村・概説〔第2版〕345頁）として，その例として雇用契約上の義務としての守秘義務などをあげている。

　いずれにせよ，この問題は不正競争防止法2条1項7号にとどまらず，不正競争防止法上の営業秘密侵害（不正）行為規制の性格，対象となる営業秘密が技術上のノウハウのようなものか顧客名簿等の顧客情報のようなものか，使用者と従業員の雇用形態，従業員と使用者の営業秘密の創作又は形成に対する関与の程度といった諸要因によって，想定される法律関係や当事者の利害関係が異なっている。したがって，このような事情を抜きに個々の説の当否や適用範囲を一概に比較することは意味がない。

　そこで，諸説が対立し，学説・判例ともいまだ定説をみないことを指摘するにとどめる。

4　不正利益を図る行為・損害を加える目的

　いわゆる「図利加害目的」である。不正使用，不正開示の形態はいろいろであり，例えば，開示に例をとっても，口頭でなされることもあれば，書面でなされることもあり，図面や模型を与えることによってなされることもある。

　開示の形式は問わないが，不正競争防止法2条1項7号を適用するためには，営業秘密を，不正競業その他不正利益を図るとか，保有者に損害を加える「目的で」使用するという不正競争行為者の認識よりも一段加重された主観的要件である不正競業目的が必要であり，営業秘密の開示も，このような「目的で」開示するという主観的要件である不正競業目的が必要である（2条1項7号参照）。

　ただし，主観的要件が充足されれば，第三者が営業秘密を知ろうとしていることを妨げないというような不作為によって秘密の開示がなされることも入る。また，秘密の不正開示を受けた者がすでに営業秘密を知っていても，また

営業秘密の全部でなく一部のみを知りうる場合であっても不正競争防止法2条1項7号の適用を妨げない。

5　行　為　者

　不正競争防止法2条1項7号の場合としては，まず，役員・従業員・受任者等又はライセンシー等であって，地位又は契約に基づいて営業秘密を取得した者が，一定の要件の下に使用又は開示する場合が，2条1項7号の使用又は開示に該当する。なお，ここでいう図利加害目的による不正使用・開示行為の前提として当事者間に法律上又は信義則上の秘密保持義務が存在することが必要である。このような秘密保持義務は，秘密保持契約書などにより，明示的に秘密保持義務が課せられていても，黙示的に課せられていてもよい。一般的に，会社に対して秘密保持義務を有する者が，退職後にノウハウの開示を受けた者を教唆して秘密を開示させることは，自らも秘密保持義務違反となる（東京地判昭和62年3月10日判時1265号103頁〔アイ・エス・シー事件〕参照）。

　明示的には，秘密保持契約書，秘密使用禁止契約書などによって課せられるが，就業規則のように，従業員と使用者との間の労働条件等を規定する文書に記述されていてもよい。黙示的に課せられている場合というのは，秘密保有者の一定の行動，例えば，秘密の開示又は自己のためにする使用を禁ずるための管理防止手段を秘密所有者が講ずることによって，秘密保持義務を課しているとみることが妥当とされる状態の場合である（小野・新営業秘密558頁）。契約関係にある又は契約関係終了後の役員・従業員，受任者又はライセンシーなどが，守るべき契約上の守秘義務などに違反して営業秘密を開示するなどの場合において，不正競争防止法2条1項7号に該当するときには，開示行為などが契約上の守秘義務違反などに該当するばかりでなく，2条1項7号違反の不正競争行為にも該当することになる。また，営業秘密の保有者と製造販売契約を締結し秘密保持義務を課されて営業秘密を開示された者が，製造委託契約が解除された後も当該営業秘密の使用を継続する場合（東京地判平成23年2月3日裁判所ホームページ〔ブラインド雨戸事件〕）や業務委託契約を遂行するために委託者から開示された営業秘密たる顧客名簿を同契約終了後も保持し，これを自己の営業に使用する場合（知財高判平成23年6月30日判時2121号55頁〔LPガス顧客名簿事件〕。ただし秘密管理性否定）なども同様である。役員・従業員，受任者又はライセン

シーなどが，契約による守秘義務を負っていなくても退職後に信義則に違反して営業秘密を開示するなどの場合において，2条1項7号違反の不正競争行為にも該当することになるとする考え方もある（渋谷・前掲法曹45巻2号26頁，なお従来法制定前に，退職後の従業員の行為を不問に付した判決例として，名古屋地判昭和61年9月29日判時1224号66頁〔美濃窯業炉事件〕）。

図利加害目的が認められた事案としては，退職従業員が当該営業秘密を利用して保有者と競業行為を行ったり，その準備行為を行ったりする場合が多い（札幌地決平成6年7月8日取消集51号442頁〔エーアンドネイチャー事件〕）。

従業員が転職に際して，元の会社（人材派遣会社）の営業秘密である派遣労働者の雇用契約や派遣先に関する情報を競争会社に開示する行為や元の会社の派遣スタッフと連絡をとる行為なども，通常，図利加害目的があると認められる（東京地判平成14年12月26日裁判所ホームページ〔人材派遣事業顧客情報（東京）事件〕（中間判決））。

これに対して，コンピュータのソフトウェア開発に関しシステムエンジニアなどの派遣を業とする会社の従業員である被告が，退職に際してコンピュータ内に存在する派遣社員（システムエンジニア）の連絡先・売上高・報酬・粗利益率が記載されたデータを持ち出した事案について，その後，被告がこれを自己のコンピュータに保管し，特定の者（元従業員）の問い合わせに応じて3回ほどディスプレイ上にその者のデータを表示して開示した事実が認定された事案では，開示行為の当時，被告には上記のような図利加害の目的が認められないとして，不正競争防止法2条1項7号の営業秘密の侵害を認めなかった判決例もある（東京高判平成16年4月22日 LEX/DB28091320）。

6 使用と開示

営業秘密侵害において，秘密の使用行為と開示行為とを混同してはならない。もちろん，営業秘密を使用もし，また開示もする場合もあるが，使用と開示は同一観念ではない。

例えば，開示を受けた者が競業者となって直接営業秘密を侵害した場合にも，競業者となって不正使用をし，かつ，秘密情報を売却するなど他に開示した場合には，営業秘密の不正使用行為と開示行為がともに存在する。しかし，秘密を保ったまま自己が使用するにすぎない場合には，営業秘密の不正使用行

為はあるが，不正開示行為はない。次に，競業者が，従業員又は従前従業員であった者を買収し，又は雇用し，その秘密保持義務に違反させて，営業秘密対象を入手するときには，不正競争防止法2条1項7号の被用者の秘密の不正開示行為と，2条1項4号の競業者の秘密不正取得行為が並存する。

V 不正開示秘密の悪意転得者による取得・使用・開示行為（2条1項8号）

不正競争防止法2条1項8号は「その営業秘密について営業秘密不正開示行為（前号に規定する場合において同号に規定する目的でその営業秘密を開示する行為又は秘密を守る法律上の義務に違反してその営業秘密を開示する行為をいう。以下同じ。）であること若しくはその営業秘密について営業秘密不正開示行為が介在したことを知って，若しくは重大な過失により知らないで営業秘密を取得し，又はその取得した営業秘密を使用し，若しくは開示する行為」と規定する。

この関係を簡略に図示すると下記のようになる（Cが不正競争行為者である）。

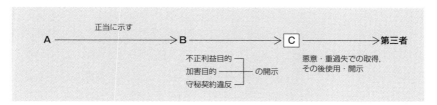

不正競争防止法2条1項8号は，2条1項7号の行為により直接的に営業秘密を取得した者から，その不正開示行為であること，あるいは，それが介在していることを知りながら営業秘密を取得，使用又は開示する場合等の規定である。

不正競争防止法2条1項8号の行為の例は，通信販売業者の役員が在職中に同業会社を設立し，秘密の顧客名簿を旧部下の従業員に持ち出させてこれを用いた通信販売カタログ事件（大阪高判昭和58年3月3日判時1084号122頁〔通信販売カタログ事件〕）や，ロボット製造会社の従業員が同業会社の設立に参画し，退職の際に元の会社のノウハウを持ち出して開示した事件（東京地判昭和62年3月10日判時1265号103頁〔アイ・エス・シー事件〕）のような場合，当該従業員が秘密保持義務を負っていることを知っている例がこの典型である(逐条解説営業秘密97頁)。

また，平成5年改正後に不正競争防止法2条1項8号が適用された事件とし

ては，フッ素樹脂シートライニング事件（大阪地判平成10年12月22日知的集30巻4号1000頁〔フッ素樹脂シートライニング事件〕），人材派遣事業顧客情報（東京）事件（東京地判平成14年12月26日裁判所ホームページ〔人材派遣事業顧客情報（東京）事件（中間判決）〕），作務衣販売顧客情報事件（東京地判平成16年5月14日判例不競法1250ノ240ノ31頁），PCプラント図面事件（東京地判平成22年3月30日裁判所ホームページ〔PCプラント図面事件（第一審）〕，知財高判平成23年9月27日裁判所ホームページ〔PCプラント図面事件（控訴審）〕），保険契約者顧客名簿事件（東京地判令和2年6月11日裁判所ホームページ〔保険契約者顧客名簿事件〕），リフォーム事業標準構成明細書事件（大阪地判令和2年10月1日裁判所ホームページ〔リフォーム事業標準構成明細書事件〕）などがある。

　不正競争防止法2条1項8号の場合には，2条1項7号の不正開示行為だけでなく，「秘密を守る法律上の義務に違反」する場合も含まれる。開示を受けた秘密でなくとも保有者と守秘義務を締結した秘密情報などがこれにあたる。そこで，開示する行為が契約上の守秘義務違反などに該当するばかりでなく，一定の要件を満たす場合には開示を受ける（取得）行為及び取得後の使用又は開示行為も不正競争行為に該当するものとした。開示を受ける側も，開示者が不正開示行為に該当しているとの認識がありながら，又は，認識がないことに重大な過失がありながら営業秘密を取得し，使用又は開示する行為は不正な行為であるとの考え方に基づく。

　不正競争防止法2条1項8号では，上記のような，2条1項7号の不正開示行為が介在していることについての認識がありながら，又は，認識がないことに重大な過失がありながら（主観的要件をもって）営業秘密を取得するという，二重の主観的要件の存する行為を不正競争行為としている。したがって，取得者に対する請求については，「不正競争」，「不正の利益を図り」，「損害を加える目的」というような目的的な主観的要件の加わった2条1項7号の不正開示行為があったこととともに，取得者がその情を知りながら営業秘密を取得したという，二重の主観的要件の立証が必要となる（重大な過失が認められないとされた事例として東京地判平成29年7月12日裁判所ホームページ〔光配向用偏光光照射装置事件〕，知財高判平成30年1月15日判タ1452号80頁〔光配向用偏光光照射装置事件（控訴審）〕，重大な過失が認められた事例として東京地判平成30年11月29日裁判所ホームページ

〔ソースコード盗用事件〕がある)。

　主観的要件を判断する時点としては，転得者が間接的に営業秘密を取得した時点であり，営業秘密の保有者の利益と，営業秘密を善意・無重過失で取得した者の利益を保護し取引の安定性を確保するという要請が，比較衡量される。

VI　不正開示秘密の事後的悪意転得者による使用・開示行為（2条1項9号）

　不正競争防止法2条1項9号は，営業秘密を「その取得した後にその営業秘密について営業秘密不正開示行為があったこと若しくはその営業秘密について営業秘密不正開示行為が介在したことを知って，又は重大な過失により知らないでその取得した営業秘密を使用し，又は開示する行為」と規定する。

　この関係を簡略に図示すると下記のようになる（Cが不正競争行為者である）。

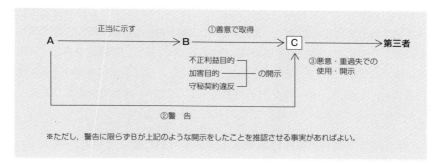

　不正競争防止法2条1項9号も2条1項6号（2条1項4号の行為に関する）と同様，2条1項7号の行為により直接的に営業秘密を取得した者からの，営業秘密の転得者ないし再転得者についての規定であり，事後的に事情を知った者についての規定である。

　行為としては秘密の取得はすでに終わっているので，不正競争防止法2条1項6号と同様に営業秘密の取得行為は規定されてなく，使用又は開示行為のみが対象である。2条1項9号が設けられた理由は2条1項6号と同じである。

　契約などに基づいて営業秘密を取得した者について，例えば，守秘義務などに反し，不正に自己又は第三者の利益を図り，若しくは営業秘密の保有者に損害を加える意図がある場合などは不正競争防止法2条1項7号及び2条1項8号で一定の使用行為などが差止めが可能となる。この場合の各行為の主観的要

386　第2編　不正競争行為　　第5章　営業秘密に係る不正行為（2条1項4号〜10号）

件である図利加害目的の判断時点は，それぞれの行為の時点である。営業秘密報告書は2条1項9号に関して「現実的には，使用を開始した時点ではこうした意図が無かったにもかかわらず，事後的に不当に自己又は第三者の利益を図り，若しくは営業秘密の保有者に損害を加える意図を持つに至るようなことは余り考えられないのではないかと思われる」（営業秘密報告書31頁）としているが，そうともいえないであろう。

　ただ，不正競争防止法2条1項9号は安易に適用すべきでなく，厳格に適用すべきである。2条1項9号についても，不正競争防止法19条1項7号の適用除外規定で，技術契約（ノウハウ・ライセンス契約）のような場合には一定の善意取得者保護のために，権限範囲内の継続使用を認めることで，利害関係を調整している。

　開示行為のみならず使用行為も原則禁止としているが，不正競争防止法19条1項7号の適用除外規定で，善意取得者に権限範囲内の継続使用を認めているのは，取引により営業秘密を取得した場合のみである。退職従業員による雇用は取引によるとはいい難い。したがって，このような取引以外での事後的悪意者にも，公平上19条1項7号の準用ないしは広義の取引の観念を認めて，公平を図るべき事例が，将来出てくるのではなかろうか。

Ⅶ　技術上の営業秘密に関する不正使用行為によって生じた物の譲渡等行為（2条1項10号）

　平成27年に行われた不正競争防止法改正では新たに「技術上の秘密（営業秘密のうち，技術上の情報であるものをいう。）」に関する前記ⅠないしⅥの不正競争行為のうち当該技術上の情報である営業秘密を使用する行為（これを「不正使用行為」という）により「生じた物」を「譲渡し」「引き渡し」「譲渡若しくは引渡しのために展示し」「輸出し」「輸入し」「電気通信回線を通じて提供する行為」（以下「譲渡等」という）を不正競争行為類型として追加した。

　本類型は，営業秘密侵害行為に対する抑止力の向上を目的として，次に述べる営業秘密不正取得行為における生産方法に関する秘密に関する推定規定（5条の2）とともに設けられ，営業秘密侵害行為による不正な成果（生じた物）の譲渡等も差止めや損害賠償の対象とすることを目的としている。

ただし，「生じた物」の「譲渡等」を受けた者が，譲り受けた時に，当該「物」が不正使用行為によって生じた物であることを知らず，かつ知らないことにつき重大な過失がない場合には，この者が行う譲渡等については不正競争行為とはしない（2条1項10号第2括弧書）。

ここで注意すべきは，不正使用行為の対象となる技術上の秘密が「物の生産方法」等に限定されないことである（5条の2の反対解釈）。したがって，例えば対象となる技術上の秘密が「物の構造」に関する秘密情報であったり，生産工程における特殊な方法（工程）に関する秘密情報であっても，このような「技術上の秘密」を使用した結果「生じた物」は，不正競争防止法2条1項10号の「譲渡等」の対象となる（知財高判平成30年3月26日裁判所ホームページ〔PCソースコード内蔵パソコン機器事件〕）。

さらに，物の発明に関する特許権の間接侵害類型（特101条1号・2号）にあたるような，物の生産に用いられた機械，工具や物の部品部材が技術上の営業秘密の対象であった場合にも，当該機械，工具や部品，部材を用いて生産された物も，文言上は「技術上の営業秘密を使用する行為」によって「生じた物」に該当する。

この点に関して本類型が立法化された過程を見ても公表された資料からは，その対象とすべき行為の範囲を厳密に検討されたか否かが明らかではない（平成27年1月にパブリックコメントが行われた「産業構造審議会・知的財産分科会・営業秘密の保護・活用に関する小委員会平成27年2月の中間とりまとめ」（以下「中間とりまとめ」という）でも本類型の条文化について明確な構想は提示されてはいない）。

もっとも，このような行為類型については，侵害者からの直接の譲受人といえども，その物が他人の「技術上の営業秘密」である機械，工具や部材，部品等を使用して生産された物（すなわち「生じた物」）であることについて善意無重過失であることが多いと思われるので，実際上の不都合はある程度解消されるのかも知れない。また，他人の技術上の秘密である部材を組み込んだ「物」が「譲渡」等をされた場合の損害賠償の額についても，従来，部材に関する特許権侵害に関する損害賠償訴訟において行われてきた「寄与度（寄与率）」斟酌の方法によって，具体的に妥当な結論を導くことは可能であろう。

ただ，不正競争防止法2条1項10号の類型をもとにして新たな刑事処罰規

定（21条1項9号）が設けられたこととの関係では，「構成要件の明確化」を柱とする罪刑法定主義との調和をはかるためには「生じた物」の範囲をめぐる解釈が重要となろう。

　上記のように不正競争防止法2条1項10号に関する判例はいまだ少ないが，パソコンに内蔵されたRF信号自動切換器，地上波用特殊RF切換器等に内蔵されているマイコンに搭載されたソフトウェア（以下「PCソフトウェア」という）のソースコード（以下「PCソースコード」という）が営業秘密であり，これを不正に開示を受けた者から不正に取得した被告が，自己が製造販売する同種機器に搭載して販売した行為が，2条1項8号，10号に該当するとされた事案において，裁判所は当該ソースコードを搭載した被告製品（RF信号自動切換器等）を2条1項10号の不正使用行為によって「生じた物」と認定して，その製造・販売の差止め等を命じるとともに，原告製品のうち不正使用されたのはPCソースコードのみであるから，原告製品のうちPCソースコードに相当する部分の利益額をもって不正競争防止法5条1項1号の「物の単位数量当たりの利益額」であると判示した判決がある（知財高判平成30年3月26日裁判所ホームページ〔PCソースコード内蔵パソコン機器事件〕）。2条1項10号の趣旨及び5条1項の趣旨に則った妥当な判断といえよう。

> **Ⅷ　技術上の営業秘密の使用による生産等の推定**（5条の2）

1　5条の2の趣旨

　前記Ⅶで述べたように，平成27年の改正によって，技術上の営業秘密に関する不正競争行為によって生じた物の譲渡等を新たな不正競争行為類型として追加した（2条1項10号）。

　ただ，この不正競争行為が成立するためには，譲渡等の対象となる「物」が不正競争防止法2条1項4号ないし9号に該当する行為（ただし技術上の営業秘密の使用行為）によって生じたことが必要であり，侵害訴訟の原告である被害者はこの事実を主張・立証しなければならない。

　そこで，同年の不正競争防止法改正において，営業秘密侵害行為（特に2条1項10号の該当行為）に対する抑止力向上を目的として，被侵害者の立証の負担を軽減する趣旨から①侵害者が前記のような不正競争行為によって技術上の営

業秘密を取得したこと，②当該営業秘密が物の生産方法等に係るものであることを立証することによって，侵害者が譲渡等する物が，当該技術上の営業秘密を使用する行為によって生産した物であると推定する規定を設けることになった。

こうして平成27年改正によって設けられた推定規定が，次の不正競争防止法5条の2である。

■平成27年改正時の5条の2（令和5年改正前）

> 技術上の秘密（生産方法その他政令で定める情報に係るものに限る。以下この条において同じ。）について第2条第1項第4号，第5号又は第8号に規定する行為（営業秘密を取得する行為に限る。）があった場合において，その行為をした者が当該技術上の秘密を使用する行為により生ずる物の生産その他技術上の秘密を使用したことが明らかな行為として政令で定める行為（以下この条において「生産等」という。）をしたときは，その者は，それぞれ当該各号に規定する行為（営業秘密を使用する行為に限る。）として生産等をしたものと推定する。

例えば，営業秘密たる技術情報を記載した「設計図」等を不正取得した者が，一般に当該技術情報を使用して生産された物ではないかと疑われる「物」を生産している事例を想定すると，当該営業秘密の保有者が原告となり，当該営業秘密の不正取得者と疑われる者を被告として，当該営業秘密の使用の差止め（具体的には「物」の生産等の差止め）と当該営業秘密を使用する行為によって生じた「物」（上記生産によって生じた「物」）の譲渡等（2条1項10号）の差止めを求めて提訴することが想定される。かような場合に，被告が営業秘密を使用して物を生産したことを否認して争ったとしても，原告が①営業秘密たる技術情報は当該「物」の生産方法等に関するものであること，②被告が当該秘密を不正に取得したこと，③被告がその営業秘密を用いて生産することができる物を生産していることの3点を立証すれば，被告が当該営業秘密を使用してその「物」を生産したことが推定され，被告がその「物」を当該営業秘密を使用せずに生産等していることを反証しない限り，上記のような原告の主張が立証されたことになるという効果が生ずる。

ただ，同年の改正では，技術上の営業秘密に関する不正競争行為のうち，不正競争防止法2条1項4号，5号及び8号に該当する不正競争行為に限定されていることから，推定が適用される範囲が狭く，立法担当者が期待したような立証軽減効果が生じないとの指摘もあった。

2 令和5年不正競争防止法改正による適用対象の拡大

そこで，令和5年改正に際しては，不正競争防止法5条の2の前提となる不正競争行為の範囲について拡大することが検討された。

ただ，このような対象範囲の拡大に積極的に賛成する意見が存在する反面，例えば，営業秘密を保有する事業者からその営業秘密を示された者のように，当該営業秘密の取得行為自体は正当である者が行う不正使用行為（2条1項7号）についても，不正競争防止法5条の2の推定の対象とすべきか否かについて疑義を示す意見や，取得時善意無重過失転得（事後的悪意転得）型の不正競争行為（2条1項6号・9号）についても5条の2の適用をする場合には，いわゆる「転職者受入企業」に対する萎縮的効果についても配慮すべきであるとする慎重な意見も存在した（産業構造審議会知的財産分科会小委員会令和5年報告書23頁）。

産業構造審議会での検討等を踏まえ，令和5年に不正競争防止法5条の2は改正された。その結果，2条1項4号，5号，8号の不正競争行為（ただし，技術的営業秘密に限る）に関しては，改正前の推定規定をほぼそのまま維持するとともに（5条の2第1項），これに含まれない前記のような各類型を新たに5条の2の推定規定の対象とするとともに，立法の検討過程で示された前記のような懸念に配慮して対象となる行為の態様につき，以下のようなより厳しい制限を設けている。

まず，「取得時善意無重過失取得型」といわれる不正競争防止法2条1項6号及び9号の不正競争行為類型に関して，「技術上の秘密情報を取得した後に，その技術上の秘密情報について不正取得行為あるいは不正開示行為が介在したことを知って，又は重大な過失により知らないで，その技術上の秘密に係る技術情報記録媒体等（技術上の秘密が記載され，又は記録された文書，図画又は記録媒体をいう），その技術上の秘密が化体された物件又は，当該技術秘密媒体等に係る送信元識別符号（自動公衆送信（公衆によって直接受信されることを目的として公衆からの求めに応じて自動的に送信を行うことをいい，放送又は有線放送に該当するものは

除く）の送信元を識別するための文字，番号，記号その他の符号をいう）を保有する行為があった場合において，その行為をした者が生産等をしたとき」は，その行為をした者は，２条１項６号に掲げる不正競争行為（営業秘密を使用する行為に限る）又は２条１項９号に掲げる不正競争行為（営業秘密を使用する行為に限る）として生産等をしたものと推定される（５条の２第２項・４項）。

また，いわゆる「正当取得型」といわれる不正競争防止法２条１項７号の不正競争行為に関しては，「取得者が提示された技術上の営業秘密に関して図利加害の目的で当該技術上秘密の管理に係る任務に違反して，以下の①ないし③のいずれかの方法でその技術上秘密を領得する行為をした場合において，その行為をした者が生産等をしたときには，その者は２条１項７号の不正競争行為（営業秘密を使用する行為に限る）としてその物を生産等した者と推定される（５条の２第３項）。

① 技術秘密記録媒体等又は技術上の秘密が化体された物件を横領すること
② 技術秘密記録媒体等の記載若しくは記録について，又は技術上の秘密が化体された物件について，その複製を作成すること
③ 技術秘密記録媒体等の記載又は記録であって，消去すべきものを消去せず，かつ，当該記載又は記録を消去したように仮装すること

3 **技術上の秘密の意義**

不正競争防止法５条の２は推定の前提となる「技術上の秘密」に関しては，「生産方法その他政令で定める情報に係るものに限る」と限定している。

このうち，「その他政令で定める情報」に関しては，平成27年改正時には政令による具体的な指定が存在しなかったが，その後不正競争防止法施行令（平成30年政令第252号）により，「情報の評価又は分析の方法（生産方法に該当するものを除く）」（１条）が指定された。

この実例として，逐条解説では「(i)血液を化学的に分析する方法，(ii)機器の稼働情報（センサーデータ等）から機器の状況を評価する技術，(iii)カメラ画像やセンサー・GPSデータ等を分析し，交通の混雑状況を評価（予測）する技術等」があげられている（経産省・逐条解説〔令和元年７月１日施行版〕177頁）。

令和５年の改正に際しては，上記のように，秘密範囲を限定することではデジタル化の進展や事業活動の多様化などの社会状況の変化に対応できないので

はないかとの問題意識から，その範囲の拡大が検討されたが，他方では，対象範囲を技術情報に限定されない営業秘密に拡大すると，顧客名簿に代表される顧客情報等を転職者の受入企業が善意で事業活動に使用するような場合にまで不正競争防止法５条の２の推定が及ぶのではないかとの懸念が示された。

そこで，仮に，不正競争防止法５条の２の対象を営業秘密全般に拡充するにあたっては，転職者受入企業を含む善意無過失によって情報を取得した転得者への配慮措置を講じることを前提とする等の提言がなされた。

このような検討の経過も踏まえて，令和５年の改正では技術上の秘密情報以外の営業秘密について範囲を拡大することは見送られた。

ただし，今後，不正競争防止法５条の２の趣旨や目的に反しない範囲で政令に基づく秘密情報の範囲の拡大は可能であろう。

4　前提となる行為態様と推定の範囲

⑴　2条1項4号，5号，8号に該当する不正競争行為について

①不正競争防止法２条１項４号，５号，８号に該当する行為のうち営業秘密を取得する行為」があった場合において，②その行為をした者が「当該技術上の秘密を使用する行為により生ずる物の生産その他技術上の秘密を使用」したことが明らかな行為として政令で定める行為を行うことが推定の前提要件となる。

上記①の不正競争行為の内容はすでに解説を行った。

これらの不正競争行為によって取得された情報が，前述のように生産方法その他政令で定める情報を含む技術上の秘密であれば，取得者がこれを物の生産等に使用する蓋然性が高く，しかも，これらの者が「物の生産その他技術上の秘密を使用することが明らかな行為」を行ったとすれば，これによって生じた物は技術上の秘密情報等によって生産等されたと推認するのが合理的であるといえる。

不正競争防止法５条の２は，このような経験則を前提とした法律上の推定規定であるといえよう。

したがって，ここにいう「技術上の秘密を使用する行為」と物の生産等との間に合理的な関連性があることが必要である。平成27年改正時には，このような合理的関連性の範囲にある対象行為に関して，条文上は「当該技術上の秘

密を使用する行為により生ずる物の生産」と「その他技術上の秘密を使用したことが明らかな行為として政令で定める行為」とのみ規定されており，政令による対象行為の指定が未了であったため，推定の前提行為の範囲がはなはだ不明確であった。

　その後，不正競争防止法施行令（平成30年政令第252号）により，上記のうち「その他技術上の秘密を使用したことが明らかな行為」として，「法第2条第1項第10号に規定する技術上の秘密（情報の評価又は分析の方法（生産方法に該当するものを含む）に係るものに限る）を使用して評価し，又は分析する役務の提供」（不競令2条）と指定された。

　しかし，これは同施行令1条前段において指定された「技術上の秘密」の範疇に含まれる情報として，同施行令1条において指定された「情報の評価又は分析の方法」をその目的に従って利用する役務が含まれるということを注意的に明らかにしたにすぎず，前記のような同施行令1条後段の「その他技術上の秘密を使用したことが明らかな行為」の内容を具体的に明確にしたとはいい難い。

　経済産業省知的財産政策室編『逐条解説　不正競争防止法〔令和元年7月1日施行版〕』では，このような政令指定の不足を補充する目的によるのか，原告の保有する情報が，①「生産方法（法5条の2）」に該当する場合，②「情報の評価又は分析の方法（生産方法に該当するものを除く）（政令1条）」である場合，③「生産方法のうち，情報の評価又は分析の方法に該当するもの（法5条の2）」である場合等について，被告が技術上の秘密を使用したことが明らかな行為を，具体例を挙げて対比している（同書179〜180頁）。

　これによっても，政令の指定の対象となる行為の外縁が明確になったとはいい難いが，前記逐条解説が例示しているような物の生産等や情報の評価又は分析方法を用いたサービスの提供が，その技術上の秘密と合理的な関連性を有していると認められる典型的な事例については，不正競争防止法5条の2の推定が機能することは明白になったといえる。

(2)　2条1項7号に該当する不正競争行為について

　上記1，2で述べたように，不正競争防止法2条1項7号に該当する不正競争行為に対して，令和5年改正前の検討過程において，改正前の5条の2の推

定規定をそのまま適用することに関し，慎重な意見も存在した。そこで，令和
5年の改正では，保有者から示された営業秘密に関して，これを管理に係る任
務に違反して，一定の方法で領得する行為があった場合，領得をした者が生産
等をしたときには，2条1項7号に掲げる不正競争行為（ただし，営業秘密を使
用する行為に限る）として生産等をしたものと推定するとの規定を設けた（5条の
2第3項1号ないし3号）。

　上記のような推定の前提となる行為類型は，対象が「技術秘密記録媒体」等
であることを除外すれば，刑事処罰の対象となる営業秘密記録媒体等不法領得
罪（21条2項3号イないしハ）の構成要件とほぼ同一である。

　したがって，各領得行為の構成要件に関する解説は，営業秘密記録媒体等不
法領得罪の構成要件に関する解説を参考にしてよいであろう。

(3)　2条1項6号及び9号に該当する不正競争行為について

　上記1，2において述べたように，令和5年改正前の検討過程において，上
記不正競争行為に関しても改正前の推定規定をそのまま適用することについて
は，転職者の受入企業に対する萎縮効果が生じる等の懸念が存在した。そこ
で，①「技術上の秘密に係る技術秘密記録媒体等（技術上の秘密が記載され，又は
記録された文書，図画又は記録媒体をいう）」又は②「技術上の秘密が化体された物
件又は当該技術秘密記録媒体等に係る送信元識別符号（自動公衆送信（公衆によっ
て直接受信されることを目的として公衆からの求めに応じ自動的に送信を行うことをいい，
放送又は有線放送に該当するものを除く）の送信元を識別するための文字，番号，記号その
他の符号をいう）」を保有する行為があった場合において，その行為をした者が
生産等した場合に限定して，これらの場合には不正競争防止法2条1項6号又
は9号に掲げる不正競争（営業秘密を使用する行為に限る）として生産等したもの
と推定をするとの規定を設けた（5条の2第2項及び4項）。

　上記のうち，①の技術秘密記録媒体等については，(2)で述べたように営業秘
密記録媒体等不法領得罪における「営業秘密記録媒体等」の対象となる「営業
秘密」が「技術上の秘密」に限定されたものであり，ほぼ同罪の構成要件の解
釈が参考になるだろう。

　②のうち，「自動公衆送信」の概念は著作権法2条1項9号の4に定義され
ている概念とほぼ同一である。

第3節 営業秘密に係る不正競争行為　Ⅷ　技術上の営業秘密の使用による生産等の推定（5条の2）　*395*

さらに，「送信元を識別するための文字，番号，記号その他の符号」とは，送信元となるコンピュータやその記憶領域等にアクセスするために必要とされるドメイン名，URL等を意味している。

なお，この推定規定は，平成27年改正法施行前になされた不正競争防止法2条1項4号，5号，8号に該当する行為及び令和5年改正前になされた2条1項6号，7号，9号に該当する行為には適用されない。

◆

判例索引（上巻）　*397*

□　判例索引（上巻）

■大審院・控訴院■

大判大正 3 年 7 月 4 日刑録20輯1360頁〔雲右衛門レコード刑事事件〕……………………………*42*
大阪控判大正 7 年 2 月 9 日法律学説判例評論全集 7 巻民事165頁〔専慶流家元事件〕……………*44*
大判大正 7 年 9 月18日民録24輯1710頁〔雲右衛門レコード民事事件〕……………………………*42*
大判大正14年11月28日民集 4 巻670頁〔大学湯事件〕………………………………………………*42*
大判昭和17年 8 月27日新聞4795号13頁〔パン屋の食堂事件〕……………………………………*89,143*

■最高裁判所■

最判昭和33年 3 月27日判時146号 5 頁〔チャタレー偽本事件〕……………………………………*66*
最判昭和34年 5 月20日刑集13巻 5 号755頁〔アマモト事件（上告審）〕……………………*174,175,242*
最大判昭和35年 4 月 6 日刑集14巻 5 号525頁〔菊屋刑事事件（上告審）〕………………*13,17,39,191*
最決昭和35年11月30日刑集14巻13号1766頁〔ラストボロフ事件（上告審）〕……………………*335*
最判昭和36年 9 月29日民集15巻 8 号2256頁〔東京瓦斯事件（上告審）〕…………………………*226*
最判昭和43年 2 月27日民集22巻 2 号399頁〔しょうざん事件（上告審）〕……………………*200,258*
最判昭和44年11月13日判時582号92頁〔摂津冷蔵事件（上告審）〕……………………………*195,197*
最判昭和56年10月13日民集35巻 7 号1129頁〔マクドナルド事件（上告審）〕…………………*228*
最判昭和58年10月 7 日民集37巻 8 号1082頁〔マンパワー事件（上告審）〕………*47,198,214,236*
最判昭和58年10月14日特企180号11頁〔ヨドバシポルノ事件（上告審）〕……………………*195,251*
最判昭和59年 5 月29日民集38巻 7 号920頁
　〔フットボールチームマーク事件（乙）（上告審）〕……………*47,93,159,192,194,199,217,236,251*
最判昭和60年 4 月 9 日特企198号 7 頁〔商品カタログ事件（上告審）〕……………………………*110*
最判昭和60年11月14日特企205号10頁〔少林寺拳法事件（上告審）〕…………………………*44,153*
最判昭和61年 4 月 8 日特企210号 7 頁〔第一次会計用伝票事件（上告審）〕……………………*110,124*
最判昭和61年 7 月 1 日特企213号 7 頁〔ゴールデン・ホース事件（上告審）〕……………………*203*
最判昭和62年 9 月 3 日特企227号 7 頁〔ウエットスーツ事件（上告審）〕…………………………*102,108*
最判昭和62年11月20日特企229号 9 頁〔マイショップ事件（上告審）〕……………………………*146*
最判昭和63年 1 月19日特企232号 2 頁〔ヴィトン図柄事件（上告審）〕……………………………*101*
最判昭和63年 7 月19日民集42巻 6 号489頁〔アースベルト事件（上告審）〕……………………*183*
最判昭和63年 9 月29日速報161号 1 頁4421〔東急グループ事件（上告審）〕……………………*93*
最判平成 5 年 9 月10日民集47巻 7 号5009頁〔SEIKO EYE 事件（上告審）〕…………………*210*
最判平成 5 年11月25日取消集36号464頁〔リッツショップ事件（上告審）〕………………………*14*
最判平成 5 年12月16日判時1480号146頁〔アメックス事件（上告審）〕……………………………*89*
最判平成 9 年 2 月13日判例集未登載〔泉岳寺事件（上告審）〕……………………………………*47,154*
最判平成 9 年 6 月10日判例集未登載〔ワールド事件（上告審）〕…………………………………*47*
最判平成10年 9 月10日判時1655号160頁〔スナックシャネル事件（上告審）〕…………………*47,222*
最判平成10年12月18日判例集未登載〔音羽流事件（上告審）〕……………………………………*10,44*
最判平成16年 2 月13日民集58巻 2 号311頁〔ギャロップレーサー事件（上告審）〕………………*48*
最判平成18年 1 月20日民集60巻 1 号137頁〔天理教豊文教会事件（上告審）〕………*11,44,155,157*

398　判例索引（上巻）

最判平成20年9月8日判時2021号92頁〔つつみのおひなっこや事件（上告審）〕……………*210*

■高等裁判所■

大阪高判昭和27年5月30日下民集3巻5号749頁〔公益社堺業務部事件（控訴審）〕……………*151*
東京高判昭和28年12月7日行集4巻12号3215頁〔新東宝事件〕……………………………………*11*
広島高判昭和32年8月28日高民集10巻6号366頁〔転職禁止事件〕………………………………*69*
東京高判昭和32年9月5日高刑集10巻7号569頁〔ラストボロフ事件（控訴審）〕………………*335*
仙台高判昭和33年1月29日刑集14巻5号537頁…………………………………………………………*13*
東京高判昭和34年9月3日判時200号24頁〔東京瓦斯事件（控訴審）〕……………………………*226*
大阪高判昭和38年2月28日判時335号43頁〔松前屋事件（控訴審）〕……………………*181,224*
大阪高判昭和38年8月27日下民集14巻8号1610頁〔本家田邊屋事件（控訴審）〕………………*88*
大阪高判昭和39年1月30日下民集15巻1号105頁〔三菱建設事件（仮処分控訴審）〕
　……………………………………………………………………………………*47,192,222,235,236*
東京高判昭和39年5月27日下民集15巻5号1207頁〔三愛事件（控訴審）〕………………………*226*
大阪高判昭和41年4月5日高民集19巻3号215頁〔三菱建設事件（本案控訴審）〕
　………………………………………………………………………………*160,193,212,223,259*
東京高決昭和41年9月5日下民集17巻9＝10号769頁〔ワケクシャ事件〕………………………*44,68*
大阪高判昭和43年12月13日判時564号85頁〔バイタリス刑事事件（控訴審）〕………*14,88,200,215*
東京高判昭和45年4月28日判タ254号299頁〔長崎タンメン事件（控訴審）〕……………………*88*
大阪高判昭和46年4月23日判時647号57頁〔家元井上因碩事件〕………………………………*44*
大阪高決昭和48年5月17日無体集5巻1号107頁〔フクロウマーク事件〕…………………………*215*
東京高判昭和48年10月9日無体集5巻2号381頁・判タ302号170頁〔花ころも事件〕…………*185*
東京高判昭和53年10月25日無体集10巻2号478頁〔マクドナルド事件〕……………………………*227*
大阪高決昭和54年8月29日判タ396号138頁〔都山流尺八事件（抗告審）〕…………………*10,44,153*
札幌高決昭和56年1月31日無体集13巻1号36頁・判タ440号147頁
　〔バター飴容器事件（控訴審）〕…………………………………………………………*96,185,186*
東京高判昭和56年3月30日無体集13巻1号360頁〔印相学会事件（乙）〕………………………*201*
大阪高決昭和56年4月27日無体集13巻1号454頁〔ボトルキャビネット事件（抗告審）〕………*109*
東京高判昭和56年7月20日無体集13巻2号529頁〔ダイワ釣具事件（控訴審）〕…………………*214*
大阪高判昭和56年7月28日無体集13巻2号560頁
　〔フットボールチームマーク事件（乙）（控訴審）〕………………………………*93,216,217*
東京高判昭和57年3月25日無体集14巻1号158頁〔マンパワー事件（控訴審）〕…………………*214*
東京高判昭和57年4月28日無体集14巻1号351頁〔タイポス書体事件（控訴審）〕………*90,272,274*
東京高判昭和57年10月28日無体集14巻3号759頁〔ヨドバシポルノ事件（控訴審）〕……*195,199,251*
大阪高判昭和58年3月3日判時1084号122頁〔通信販売カタログ事件〕…………………*44,68,149,383*
東京高判昭和58年6月16日無体集15巻2号501頁〔DCC事件〕………………………………………*172*
大阪高判昭和58年10月18日無体集15巻3号645頁〔フロインドリーブ事件（控訴審）〕…………*161*
東京高判昭和58年11月7日高刑集36巻3号289頁〔盛光刑事事件（控訴審）〕…………………*85,198*
東京高判昭和58年11月15日無体集15巻3号720頁〔第一次会計用伝票事件（控訴審）〕……*110,124*
名古屋高金沢支判昭和59年1月30日判時1118号210頁〔日本利器工業事件（控訴審）〕…………*201*
福岡高宮崎支判昭和59年1月30日判タ530号225頁〔ほっかほか弁当事件（控訴審）〕…*93,145,221*
仙台高判昭和59年3月16日民集42巻6号549頁〔アースベルト事件（控訴審）〕…………………*183*
大阪高判昭和59年3月23日無体集16巻1号164頁〔少林寺拳法事件（控訴審）〕………………*153,213*

判例索引（上巻）　*399*

東京高判昭和59年11月29日無体集16巻3号740頁〔ゴールデン・ホース事件（控訴審）〕………*203*
仙台高判昭和60年4月24日無体集17巻1号188頁〔東北孔文社事件（控訴審）〕…………………*161,212*
大阪高判昭和60年5月28日無体集17巻2号270頁〔ウエットスーツ事件（控訴審）〕…………*102,107*
大阪高判昭和60年10月24日無体集17巻3号517頁〔コードプロテクター事件（仮処分異議）〕
　　　　　　　　　　　　　　　　　　　　　　　　　　　　　　　　　　　　　　　…………………*10,108*
福岡高判昭和61年11月27日判時1224号120頁〔メガネの竹林事件（控訴審）〕…………………*102,147*
大阪高判昭和62年7月15日無体集19巻2号256頁〔ヴィトン図柄事件（控訴審）〕…………………*101*
名古屋高金沢支判昭和62年12月7日無体集19巻3号530頁〔ポルシェ事件（控訴審）〕……………*93*
大阪高判昭和63年1月22日判時1270号133頁〔ゴルフプラザ・ワールド事件（控訴審）〕…………*207*
東京高判昭和63年3月29日無体集20巻1号98頁〔天一事件（控訴審）〕………………………………*176*
東京高判平成元年1月24日無体集21巻1号1頁〔写植用文字盤事件（控訴審）〕……………………*216*
東京高判平成元年7月20日特企249号45頁〔家庭学習センター事件（控訴審）〕……………………*178*
東京高判平成2年1月26日特企255号44頁〔レヴィヨン事件（控訴審）〕……………………………*212*
大阪高判平成2年2月14日裁判所ホームページ〔ニーチェアー事件〕…………………………………*264*
東京高判平成3年7月4日知的集23巻2号555頁〔ジェットスリム・クリニック事件（控訴審）〕
　　　　　　　　　　　　　　　　　　　　　　　　　　　　　　　　　　　　　　…………………*14,184,199*
東京高判平成3年7月11日知的集23巻2号604頁〔ポロクラブ事件（控訴審）〕………………………*173*
東京高判平成3年9月26日判時1400号3頁〔おニャン子クラブ事件（控訴審）〕……………………*48*
東京高判平成3年12月17日知的集23巻3号823頁〔木目化粧紙事件（控訴審）〕‥*46,65,121,264,265*
東京高判平成4年2月26日知的集24巻1号182頁〔コンピュータワールド事件（控訴審）〕………*173*
東京高判平成4年5月14日知的集24巻2号385頁・判時1431号62頁
　　〔ポパイ事件（丙）（控訴審）〕………………………………………………………… *47,93,94,221*
東京高判平成4年7月28日特企287号47頁〔行政書士顧客台帳事件（控訴審）〕………………………*349*
大阪高判平成4年8月26日知的集24巻2号489頁〔ミキハウス事件（控訴審）〕………………………*193*
大阪高判平成4年9月30日知的集24巻3号757頁〔クリスピー事件（控訴審）〕………………………*213*
大阪高判平成4年10月28日知的集24巻3号840頁〔小僧寿し事件（控訴審）〕………………………*259*
東京高判平成5年2月25日裁判所ホームページ〔配線保護カバー事件〕………………………………*188*
東京地判平成5年3月24日取消集34号472頁〔三重リクルート事件〕…………………………………*213*
東京高判平成5年3月31日特企291号54頁・裁判所ホームページ
　　〔リッツショップ事件（控訴審）〕……………………………………………………… *14,200,228*
大阪高決平成5年4月15日速報219号10頁6262〔コンベヤベルトカバー設計図事件（控訴審）〕
　　　　　　　　　　　　　　　　　　　　　　　　　　　　　　　　　　　　　　　……………………*336*
東京高判平成5年4月28日取消集36号463頁〔アメックス事件（控訴審）〕……………………………*89*
大阪高判平成5年11月30日知的集25巻3号476頁〔アルミホイール事件〕……………………………*181*
東京高決平成5年12月24日判時1505号136頁〔モリサワタイプフェイス事件〕……………………*91,272*
東京高判平成6年3月23日知的集26巻1号254頁〔泥砂防止用マット事件〕…………………………*62,125*
大阪高判平成7年7月18日裁判所ホームページ〔カブトテック事件（控訴審）〕……………………*201*
大阪高判平成7年11月30日速報250号8頁7090〔エアマットレス事件（控訴審）〕…………………*117*
大阪高判平成7年11月30日速報250号8頁7091・裁判所ホームページ〔運搬用回転具事件〕
　　　　　　　　　　　　　　　　　　　　　　　　　　　　　　　　　　　　　　　………………*110,117*
大阪高判平成7年11月30日速報250号9頁7092〔美容室ロイヤル事件（控訴審）〕…………………*225*
東京高判平成8年7月24日判時1597号129頁〔泉岳寺事件（控訴審）〕…………………………………*154*
大阪高判平成9年3月25日判時1626号133頁〔音羽流事件（控訴審）〕……………………………*10,44,153*
大阪高判平成10年1月30日知的集30巻1号1頁〔京都コトブキ事件〕…………………………………*228*

400　判例索引（上巻）

東京高判平成10年2月26日知的集30巻1号65頁・判時1644号153頁
　〔ドラゴンキーホルダー事件（控訴審）〕······························295,303
大阪高判平成10年9月25日裁判所ホームページ〔替え刃式鋸における背金の構造事件(控訴審)〕
　···118

大阪高判平成11年2月16日速報288号17頁8674〔仏壇事件（控訴審）〕·····················303
東京高判平成11年10月28日裁判所ホームページ〔京王自動車事件〕·······················175
東京高判平成12年2月24日判時1719号122頁〔ギブソンギター事件（控訴審）〕··········85,184,186
東京高判平成12年11月29日裁判所ホームページ〔おかずを挟んだおにぎり事件（控訴審）〕······291
東京高判平成13年5月29日裁判所ホームページ〔タカラ本みりん入り事件（控訴審）〕···········218
名古屋高判金沢支判平成13年9月10日裁判所ホームページ〔Jaccs.co.jp事件（控訴審）〕·········245
東京高判平成14年1月31日判時1815号123頁〔エアソフトガン事件（控訴審）〕···············287
東京高判平成14年5月31日判時1819号121頁〔電路支持材事件〕························228
仙台高判平成14年7月9日判タ1110号248頁〔ファービー刑事件〕······················264
大阪高判平成15年7月29日裁判所ホームページ〔現代仏壇（第2）事件（控訴審）〕···········122
東京高判平成15年10月30日裁判所ホームページ〔武川米こしひかり事件（控訴審）〕···········101
東京高判平成16年3月15日判例不競法874ノ778頁〔ピーターラビット事件（控訴審）〕············94
東京高判平成16年3月31日判時1865号122頁〔流通用ハンガー事件〕·····················95
東京高判平成16年4月22日 LEX/DB28091320································382
東京高判平成16年7月30日裁判所ホームページ〔がん治療最前線事件〕····················135
東京高判平成16年11月24日裁判所ホームページ〔ファイヤーエンブレム事件〕················193
東京高判平成16年12月16日判時1900号142頁〔天理教豊文教会事件（控訴審）〕··············155
東京高判平成17年2月10日裁判所ホームページ〔自動車用つや出し剤（鏡面ワックス）事件〕···95
大阪高判平成17年6月21日裁判所ホームページ〔アザレ事件〕··························162
知財高判平成17年7月20日裁判所ホームページ〔音楽療法を勉強する講座事件〕·············95
知財高判平成17年7月20日裁判所ホームページ〔マンホール用ステップ事件（控訴審）〕·········125
知財高判平成17年10月27日裁判所ホームページ〔マクロス事件（控訴審）〕·················218
知財高判平成18年2月27日裁判所ホームページ〔薬品原価セールス事件〕··················376
知財高判平成18年9月28日裁判所ホームページ〔PTPシート事件〕··················119,181
大阪高判平成19年10月11日判時1986号132頁〔正露丸包装事件（控訴審）〕················97
名古屋高判金沢支判平成19年10月24日判時1992号117頁〔氷見うどん事件〕···············104
大阪高判平成19年12月4日裁判所ホームページ〔ごはんや食堂事件（控訴審）〕·············166
知財高判平成20年4月23日裁判所ホームページ〔人工魚礁構築事件（控訴審）〕·············121
大阪高判平成20年10月8日裁判所ホームページ〔時効の管理事件（控訴審）〕··············136
知財高判平成22年4月13日裁判所ホームページ〔寒天オリゴ糖事件〕·····················95
知財高判平成22年7月28日裁判所ホームページ〔三菱信販事件〕·······················243
知財高判平成23年3月28日判時2120号103頁〔ドーナツ枕事件（控訴審）〕················95
知財高判平成23年6月30日判時2121号55頁〔LPガス顧客名簿事件〕··················346,381
知財高判平成23年7月21日判時2132号118頁〔光通風雨戸事件〕······················359
知財高判平成23年9月27日裁判所ホームページ〔PCプラント図面事件（控訴審）〕·········341,384
知財高判平成23年11月28日裁判所ホームページ〔小型USBフラッシュメモリ事件〕············361
知財高判平成24年2月29日裁判所ホームページ〔服飾品仕入先情報等事件〕···············346
知財高判平成24年7月4日裁判所ホームページ〔マンション顧客名簿事件（控訴審）〕·········345
知財高判平成24年9月19日裁判所ホームページ〔ジュース容器事件（控訴審）〕·············325
知財高判平成24年9月27日裁判所ホームページ〔東京べったら漬事件（控訴審）〕············134

判例索引（上巻）　401

知財高判平成24年12月26日判時2178号99頁〔ペアルーペ事件（控訴審）〕……………………111,114
知財高判平成25年２月６日裁判所ホームページ〔眼鏡用ルーペ事件（控訴審）〕……………………111
知財高判平成25年２月28日裁判所ホームページ〔花柳流花柳会事件（控訴審）〕……………………152
知財高判平成25年３月28日裁判所ホームページ〔日本車輌事件〕……………………183
大阪高判平成25年４月11日判例集未登載〔阪急住宅事件（控訴審）〕……………………243
大阪高判平成25年４月18日裁判所ホームページ〔包丁研ぎ器事件（控訴審）〕……………………295
知財高判平成25年11月14日裁判所ホームページ〔MST-30事件（控訴審）〕……………………95
知財高判平成26年２月27日裁判所ホームページ〔工事発注情報事件〕……………………346
知財高判平成26年４月22日裁判所ホームページ〔切り離し式カード事件（控訴審）〕……………………111
知財高判平成26年４月24日裁判所ホームページ〔練習用箸事件（控訴審）〕……………………125
知財高判平成26年８月６日裁判所ホームページ〔ソースコード事件〕……………………346
知財高判平成26年10月30日裁判所ホームページ〔全国共通お食事券事件〕……………………211,218
大阪高判平成26年11月26日裁判所ホームページ〔医薬品販売顧客名簿事件〕……………………363
知財高判平成27年１月29日裁判所ホームページ〔巻くだけダイエット事件（控訴審）〕…………136
知財高判平成27年４月14日判時2267号91頁〔TRIPP TRAPP事件（控訴審）〕……………………265
知財高判平成27年11月10日裁判所ホームページ〔英会話教材キャッチフレーズ事件（控訴審）〕
　　　　……………………97
知財高判平成27年12月24日裁判所ホームページ〔プロ野球選手記事情報事件〕……………………361
知財高判平成28年３月８日裁判所ホームページ〔コンサルタント顧客情報事件〕……………………346
知財高判平成28年６月13日裁判所ホームページ〔栄養補助食品会員名簿事件〕……………………350,364
知財高判平成28年12月22日裁判所ホームページ〔フェイスマスク事件（控訴審）〕……………………111
大阪高判平成29年１月26日裁判所ホームページ〔全秦グループ事件（控訴審）〕……………………163
知財高判平成29年２月23日裁判所ホームページ〔吸水用パイプ事件（控訴審）〕……………………111
大阪高判平成29年４月20日判時2345号93頁〔石けん百貨事件（控訴審）〕……………………141
知財高判平成29年９月27日裁判所ホームページ〔うどん販売方法事件〕……………………170
知財高判平成30年１月15日判タ1452号80頁〔光配向用偏光光照射装置事件（控訴審）〕…………384
知財高判平成30年２月28日裁判所ホームページ〔テラレット事件（控訴審）〕……………………128,188
知財高判平成30年３月26日裁判所ホームページ〔PCソースコード内蔵パソコン機器事件〕387,388
知財高判平成30年３月29日裁判所ホームページ〔ユニットシェルフ事件〕……………………111,181
知財高判平成30年６月７日裁判所ホームページ〔半田フィーダ事件〕……………………315
知財高判平成31年１月24日裁判所ホームページ〔サックス用ストラップ事件〕……………………321
知財高判令和元年５月30日裁判所ホームページ〔マリカー事件（控訴審中間判決）〕……………………144
知財高判令和元年６月27日裁判所ホームページ〔アイマスク事件（控訴審）〕……………………111
知財高判令和元年８月29日裁判所ホームページ〔医療用吸引集液器事件（控訴審）〕…………113,114
知財高判令和２年１月31日裁判所ホームページ〔方向性電磁鋼板事件（控訴審）〕……………………342
知財高判令和２年３月24日裁判所ホームページ〔冷媒事件（控訴審）〕……………………361
知財高判令和４年８月22日裁判所ホームページ〔小野派一刀流事件（控訴審）〕……………………153

■地方裁判所■

福島地判昭和28年10月14日下民集４巻10号1476頁〔菊屋事件（仮処分異議）〕……………………13
静岡地浜松支判昭和29年９月16日下民集５巻９号1531頁〔ヤマハ事件〕……………………180
福島地判昭和30年２月21日下民集６巻２号291頁〔菊屋事件〕……………………13,175
東京地判昭和30年７月５日下民集６巻７号1303頁〔固型清缶剤事件〕……………………43

402 判例索引（上巻）

大阪地判昭和32年8月31日下民集8巻8号1628頁〔三国鉄工事件〕……………………88,198

東京地判昭和32年9月30日不競集219頁〔東京瓦斯事件〕……………………226

福島地判昭和32年10月8日刑集14巻5号533頁……………………13

京都地判昭和32年11月13日下民集8巻11号2060頁〔信用交換所京都本社事件〕……………………151

東京地判昭和33年9月19日不競集269頁〔トイレットクレンザー事件〕……………………106,179,247

東京地判昭和34年6月29日下民集10巻6号1396頁〔是はうまい事件〕……………………184

大阪地判昭和35年5月30日判時236号27頁〔ファーストプリンター事件〕……………………106,195

大阪地判昭和36年2月16日判タ117号56頁〔パイロメーター事件〕……………………195

東京地判昭和36年3月2日下民集12巻3号410頁〔趣味の会事件〕……………………219

神戸地判昭和36年6月24日不競集434頁〔チキンラーメン事件〕……………………101

東京地判昭和36年7月15日下民集12巻7号1707頁〔研数学館事件〕……………………10,43,152

神戸地判昭和36年7月24日不競集434頁〔チキンラーメン事件〕……………………175

東京地判昭和36年11月15日判時289号34頁〔池袋明治屋事件〕……………………228

東京地判昭和37年6月30日下民集13巻6号1354頁〔三愛事件〕……………………175,180,226

大阪地判昭和37年9月17日下民集13巻9号1890頁〔ナショナルパネライト事件〕……147,192,221

東京地判昭和37年11月28日下民集13巻11号2395頁〔京橋中央病院事件〕………10,44,152,158,175

神戸地判昭和37年11月30日不競集520頁〔三菱建設事件（仮処分）〕……………………223

岡山地判昭和38年3月26日下民集14巻3号473頁〔日置当流事件〕……………………44

神戸地判昭和39年5月2日不競集623頁〔三菱建設事件（本案）〕……………………223

大阪地判堺支昭和39年6月3日判時378号34頁〔サカエ事件〕……………………175

名古屋地判昭和39年6月16日下民集15巻6号1426頁〔はとバス事件〕……………………228

東京地判昭和39年9月25日下民集15巻9号2293頁〔オリンピックマーク事件〕……………………158

東京地判昭和39年12月26日判時397号47頁〔強力シンセン事件〕……………………175

東京地判昭和40年2月2日判時409号39頁〔山形屋事件〕……………………185

東京地判昭和40年6月26日判時419号14頁〔大日本印刷刑事事件〕……………………72,367,371

松山地判昭和40年7月16日不競集759頁〔潮見観光ホテル事件〕……………………100

東京地判昭和40年8月31日判タ185号215頁〔ワイヤレスマイク事件〕……………………86,106

東京地判昭和40年12月21日不競集826頁〔永大産業事件〕……………………12,196,236

長崎地佐世保支判昭和41年2月21日判タ190号95頁〔山縣西部駐車場事件〕……………………175

大阪地判昭和41年6月29日下民集17巻5＝6号562頁〔オレンジ戸車事件〕……………………106

大阪地判昭和41年6月29日（昭和36年（ヨ）第2708号）〔オレンジ戸車事件〕……………………106

神戸地判昭和41年8月8日下民集17巻7＝8号633頁〔バイエル薬品事件〕……………………220

東京地判昭和41年8月30日下民集17巻7＝8号729頁〔ヤシカ事件〕………49,193,223,235,237

東京地判昭和41年10月11日判タ198号142頁〔住友地所事件〕……………………160,212

東京地判昭和41年10月27日不競集945頁〔ワイキキパール事件〕……………………197

東京地判昭和41年11月22日判時476号45頁〔組立押入れタンス事件〕……………………106,124

大阪地判昭和42年5月31日判時494号74頁〔鐘化事件〕……………………72

東京地判昭和42年9月27日判タ218号236頁〔アマンド事件〕……………………175,180

東京地判昭和42年12月18日判タ218号241頁〔ネスカフェ事件〕……………………197

東京地判昭和42年12月25日判例集未登載〔日本警報装置事件〕……………………69

神戸地姫路支判昭和43年2月8日判タ219号130頁〔ヤンマーラーメン事件〕……………………227,228

東京地判昭和44年3月19日判時559号60頁〔フシマンバルブ事件〕……………………226

東京地判昭和44年6月30日下民集20巻5＝6号438頁〔雪印乳業事件〕……………………43

静岡地沼津支判昭和45年6月5日特企22号67頁〔キャバレーミス熱海事件〕……………………160

判例索引（上巻）　　*403*

奈良地判昭和45年10月23日下民集21巻9＝10号1369頁・判時624号78頁

〔フォセコ・ジャパン事件〕……………………………………………………*44,69,352,358,362*

大阪地判昭和46年2月26日無体集3巻1号62頁・判時621号8頁〔東阪急ホテル事件〕

…………………………………………………………………………………*212,226,228*

大阪地判昭和46年6月28日無体集3巻1号245頁〔積水開発事件〕……………………*92,259*

東京地判昭和47年1月31日無体集4巻1号1頁〔月桂樹マーク事件〕…………………*102*

東京地判昭和47年3月17日無体集4巻1号98頁〔フイゴ履事件〕………………………*59*

大阪地判昭和47年3月29日無体集4巻1号137頁〔道路用安全さく事件〕……………*59*

東京地判昭和47年11月27日無体集4巻2号635頁・判時710号76頁〔札幌ラーメンどさん子事件〕

…………………………………………………………………………*93,145,180,259*

新潟地判昭和48年1月31日判例不競法1012ノ1頁〔海老葬儀店事件〕………………*203*

長崎地佐世保支決昭和48年2月7日無体集5巻1号18頁〔博多人形事件〕……………*263*

東京地判昭和48年2月19日判時713号83頁〔日経マグロウヒル事件〕…………………*70*

東京地判昭和48年3月9日無体集5巻1号42頁〔ナイロール眼鏡枠事件〕……………*107,263*

東京地判昭和48年4月23日無体集5巻1号80頁〔塩瀬事件〕……………………………*213*

大阪地判昭和48年9月21日無体集5巻2号321頁〔大阪第一ホテル事件〕……………*225,229*

金沢地小松支判昭和48年10月30日無体集5巻2号416頁・判時734号91頁〔8番ラーメン事件〕

……………………………………………………………………*93,145,146,221,259*

大阪地判昭和49年9月10日無体集6巻2号217頁〔チャコピー事件〕……………………*94,203*

津地判昭和49年12月12日ニュース4115号1頁〔亀山ローソク事件〕…………………*96*

前橋地決昭和50年10月29日無体集7巻2号411頁〔インスタント焼そば事件〕………*96,109,129,132*

東京地判昭和51年1月28日判時836号73頁〔アン事件〕…………………………………*147*

東京地判昭和51年3月31日判タ344号291頁〔勝れつ庵事件（甲）〕……………………*175*

名古屋地判昭和51年4月27日判時842号95頁〔中部機械事件〕…………………………*181*

東京地判昭和51年4月28日無体集8巻1号144頁〔仮面ライダー事件〕…………………*109,131*

大阪地判昭和51年4月30日無体集8巻1号161頁〔ピロビタン事件〕……………………*175*

大阪地決昭和51年10月5日無体集8巻2号441頁〔フットボールチームマーク事件（仮処分）〕…*93*

札幌地判昭和51年12月8日無体集8巻2号462頁〔バター飴容器事件〕…………………*96,175,200*

東京地判昭和51年12月24日判タ353号255頁〔図鑑の北隆館事件〕……………………*220*

京都地決昭和52年2月24日判タ364号294頁〔都山流尺八事件〕…………………………*44,153*

熊本地判昭和52年4月26日判タ368号213頁〔ニュー火の国ホテル事件〕……………*100*

東京地判昭和52年11月14日無体集9巻2号717頁〔仮面ライダーマン事件〕…………*131*

東京地判昭和52年12月23日無体集9巻2号769頁〔第一次会計用伝票事件〕…………*109,124*

東京地判昭和53年1月30日判タ369号402頁〔セリーヌ事件〕…………………………*173*

東京地判昭和53年5月31日無体集10巻1号200頁〔シャネルバッグ事件（甲）〕………*109,173*

大阪地判昭和53年6月20日無体集10巻1号237頁〔公益社事件（甲）〕………………*152,175,185*

大阪地判昭和53年7月18日無体集10巻2号327頁〔フットボールチームマーク事件（甲）〕………*93*

東京地判昭和53年10月30日無体集10巻2号509頁〔投釣用天秤事件〕…………………*107,122,124,127*

東京地決昭和54年3月3日判タ378号85頁〔漱石復刻版事件〕…………………………*65*

大阪地判昭和54年3月28日判タ396号142頁〔SKKキャスター事件〕…………………*186*

大阪地判昭和54年6月27日特企129号32頁〔公益社事件（乙）〕………………………*152*

神戸地姫路支判昭和54年7月9日無体集11巻2号371頁〔仏壇彫刻事件〕……………*264*

大阪地判昭和54年9月12日ニュース5313号1頁〔阪急サービス事件〕…………………*151*

東京地判昭和55年2月14日判時957号118頁〔建設調査会事件〕………………………*72*

404 判例索引（上巻）

東京地判昭和55年3月10日無体集12巻1号47頁〔タイポス書体事件〕……………………………*90*
大阪地判昭和55年3月18日無体集12巻1号65頁〔少林寺拳法事件〕………………*10,44,153,185,213*
東京地判昭和55年4月18日無体集13巻2号536頁〔ダイワ釣具事件〕……………………………*214*
大阪地判昭和55年5月20日特企140号67頁〔蚊取線香器具事件〕……………………………………*109*
大阪地判昭和55年7月15日無体集12巻2号321頁〔フットボールチームマーク事件（乙）〕
　　……………………………………………………………………………………………………*93,216,217*
大阪地決昭和55年9月19日無体集12巻2号535頁〔ボトルキャビネット事件〕……………*109,125*
東京地判昭和56年1月30日無体集13巻1号6頁〔マンパワー事件〕……………………………*198,214*
大阪地判昭和56年1月30日無体集13巻1号22頁〔ロンシャン図柄事件〕………………………*216*
大阪地判昭和56年3月27日無体集13巻1号336頁〔浮子規格表示事件〕………………………*102*
神戸地判昭和56年3月27日判時1012号35頁〔東レ事件〕………………………………………………*73*
大阪地決昭和56年3月30日無体集13巻1号507頁〔花柳流名取事件〕………………*10,44,153*
東京地判昭和56年4月20日無体集13巻1号432頁〔Tシャツ事件〕……………………………*264*
大阪地判昭和56年6月24日速報74号4頁855〔阪急設備事件〕……………………………………*220*
東京地判昭和56年8月3日判時1042号155頁〔盛光刑事事件〕……………………………*85,198*
東京地判昭和56年10月26日無体集14巻3号768頁〔ヨドバシポルノ事件〕………………*195,199,251*
神戸地判昭和57年1月26日無体集15巻3号655頁〔フロインドリーブ事件〕…………………*161*
大阪地判昭和57年2月26日無体集14巻1号58頁……………………………………………………………*195*
京都地判昭和57年4月23日無体集14巻1号227頁〔餅つき機「つきたて」事件〕…………………*94*
福岡地判昭和57年5月31日無体集14巻2号405頁〔峰屋事件〕……………………………………*213*
東京地判昭和57年9月27日無体集14巻3号593頁〔スペース・インベーダー事件〕…………*102,130*
名古屋地決昭和57年9月29日無体集14巻3号634頁〔漢方製剤商品番号事件〕………………………*95*
名古屋地判昭和57年10月15日判タ490号155頁〔ヤマハ特約店事件〕……………………*93,146,221*
東京地判昭和57年10月18日判タ499号178頁〔キューブ・アンド・キューブ事件（仮処分異議）〕
　　…………………………………………………………………………………………*103,107,127,183*
仙台地判昭和57年10月18日無体集14巻3号716頁〔東北孔文社事件〕………………………*212*
神戸地判昭和57年12月21日無体集14巻3号813頁〔ドロテ・ビス事件〕………………………*173*
浦和地決昭和58年1月26日判タ495号217頁〔チョロQ事件（仮処分）〕……………………*107*
東京地判昭和58年2月16日特企172号41頁〔桐杏学園系列校事件〕……………………………*220*
大阪地判昭和58年2月25日判タ499号184頁〔紙なべ事件〕…………………………………*183,227*
大阪地判昭和58年3月30日判タ495号196頁〔ワールド・インベーダー事件〕…………………*102,130*
福井地武生支判昭和58年3月30日判時1118号212頁〔日本利器工業事件〕…………………*201*
東京地判昭和58年4月25日無体集15巻1号321頁・判時1076号128頁〔ゴールデン・ホース事件〕
　　……………………………………………………………………………………………………*203,252*
浦和地判昭和58年6月24日判タ509号177頁〔リバーカウンター事件〕……………………………*71*
大阪地判昭和58年8月31日判タ514号278頁〔マイキューブ事件（仮処分異議）〕…………*107,127*
大阪地判昭和58年10月14日無体集15巻3号630頁〔ちらし広告事件〕………………………………*92*
横浜地判昭和58年12月9日無体集15巻3号802頁・判タ514号295頁〔勝れつ庵事件（乙）〕
　　…………………………………………………………………………………………*175,177,179,227*
東京地判昭和58年12月23日判タ519号259頁〔ヴィトン偽造時計事件〕…………………………*173*
東京地判昭和58年12月23日判時1104号120頁〔連続グラッド装置事件〕…………………………*377*
大阪地判昭和58年12月23日無体集15巻3号894頁〔ウエットスーツ事件〕……………*102,107,175*
東京地八王子支判昭和59年1月13日判時1101号109頁〔ノーパン喫茶ニナリッチ事件〕……*195,252*
東京地判昭和59年1月18日判時1101号110頁〔ポルノランド・ディズニー事件〕………*47,195,252*

判例索引（上巻）　　*405*

大阪地判昭和59年 2 月28日無体集16巻 1 号138頁〔ポパイ事件（乙）〕…………………… *102*
大阪地判昭和59年 2 月28日判タ536号425頁〔千鳥屋事件〕………………………………… *177*
東京地判昭和59年 3 月12日判タ519号258頁〔神田ソニー・日本橋ソニー事件〕………… *92,195,252*
札幌地判昭和59年 3 月28日判タ536号284頁〔コンピュータランド事件〕………………… *181,183*
大阪地判昭和59年 4 月26日判タ536号410頁〔電線保護カバー事件〕……………………… *108*
東京地判昭和59年 6 月15日判時1126号 3 頁〔新薬データ刑事事件〕……………………… *72,367,371*
大阪地判昭和59年 6 月28日判タ536号266頁〔アソニ・バンバルグ事件〕………………… *174,198,214*
福井地判昭和60年 1 月25日判時1147号134頁〔ポルシェ事件〕…………………………… *93,193*
大阪地判昭和60年 1 月30日判タ559号289頁〔ヴィトン大日本商事事件〕………………… *173*
東京地判昭和60年 2 月13日判時1146号23頁〔新潟鉄工事件〕…………………………… *73*
東京地判昭和60年 3 月 6 日判時1147号162頁〔総合コンピュータ事件〕………………… *73*
東京地判昭和60年 3 月11日判タ566号274頁〔エーザイ事件〕…………………………… *193*
福岡地判昭和60年 3 月15日判時1154号133頁〔第二次会計用伝票事件〕………………… *110,124,125*
大阪地判昭和60年 3 月20日無体集17巻 1 号78頁〔コードプロテクター事件〕…………… *108*
横浜地判昭和60年 3 月22日判時1159号147頁〔シャネルバッグ事件（乙）〕……………… *173*
浦和地判昭和60年 4 月22日判タ555号323頁〔チョロQ事件（本案）〕…………………… *107*
大阪地判昭和60年 5 月29日判タ567号324頁〔ディオール図柄事件〕……………………… *214*
名古屋地判昭和60年 7 月26日無体集17巻 2 号333頁〔東天紅事件〕……………………… *219*
京都地判昭和60年12月25日特企207号44頁〔マイショップ事件〕………………………… *146*
東京地判昭和61年 1 月24日判時1179号111頁〔第三次会計用伝票事件〕…………… *108,124,125,129*
大阪地判昭和61年 4 月25日判タ621号187頁〔ピュアネス事件〕………………………… *110*
神戸地判昭和61年 9 月29日判時1211号116頁〔ゴルフプラザ・ワールド事件〕………… *207*
名古屋地判昭和61年 9 月29日判時1224号66頁〔美濃窯業炉事件〕………………………… *68,382*
大阪地判昭和61年10月21日判時1217号121頁〔マイキューブ事件（本案）〕…………… *107*
東京地判昭和61年11月14日特管別冊判例集（昭61）1375頁〔サパークラブダンヒル事件〕…… *193*
神戸地判昭和61年12月22日判例不競法874ノ136頁〔受講用チケット事件〕…………… *150*
大阪地判昭和61年12月25日無体集18巻 3 号599頁〔中納言事件〕………………………… *92,176*
東京地判昭和62年 2 月20日特企221号83頁〔センチュリー事件〕………………………… *151*
東京地判昭和62年 3 月10日判時1265号103頁〔アイ・エス・シー事件〕………………… *68,381,383*
大阪地判昭和62年 3 月18日無体集19巻 1 号66頁〔ヴィトン図柄事件〕…………………… *101*
大阪地判昭和62年 3 月18日判タ644号223頁〔回転灯事件〕……………………………… *110*
東京地判昭和62年 3 月20日判タ651号211頁〔ベルモード事件〕………………………… *14,180*
神戸地判昭和62年 3 月25日無体集19巻 1 号72頁〔ホテルシャネル事件〕………………… *47,237,195,251*
東京地判昭和62年 3 月30日判タ651号211頁〔ベルモード事件〕………………………… *229*
東京地判昭和62年 4 月27日特企223号76頁〔セリーヌベルト事件〕……………………… *173*
東京地判昭和62年 4 月27日無体集19巻 1 号116頁〔天一事件〕………………………… *176*
大阪地判昭和62年 5 月27日無体集19巻 2 号174頁〔かに看板事件〕……………………… *103,147,228*
東京地判昭和62年 7 月10日判時1258号123頁・特企225号60頁〔日本家庭教師協会事件〕… *95,178*
東京地判昭和62年 9 月30日判時1250号144頁〔京王百貨店顧客名簿刑事事件〕………… *72,367,371*
大阪地判昭和62年10月 7 日特企228号47頁〔ハンドリペッター事件〕…………………… *108*
千葉地判昭和62年10月16日判例不競法810ノ101頁〔東急グループ事件〕……………… *92*
東京地判昭和62年10月23日判時1255号32頁〔おとなの特選街事件〕…………………… *202,211*
大阪地判昭和62年11月30日特企229号83頁〔ステファーノ・リッチ事件〕……………… *181*
東京地判昭和63年 1 月22日無体集20巻 1 号 1 頁〔写植用文字盤事件〕…………………… *216*

406　判例索引（上巻）

東京地判昭和63年3月23日特企233号108頁〔リクルートサービス事件〕……………………151,213

東京地判昭和63年3月30日判時1272号23頁〔日本設備事件〕………………………………71

東京地判昭和63年4月13日特企234号61頁〔イセタン事件〕……………………………220

東京地判昭和63年4月27日判時1336号118頁〔レヴィヨン事件〕………………………212

大阪地判昭和63年4月28日特企235号65頁〔ライフストアー事件〕……………………220

横浜地川崎支判昭和63年4月28日無体集20巻1号223頁〔木馬座企画事件〕…………219

新潟地判昭和63年5月31日判タ683号185頁〔タクシー用表示灯事件〕………………148

大阪地判昭和63年7月28日無体集20巻2号360頁〔スリックカート事件〕…………198,208

東京地判昭和63年9月16日無体集20巻3号444頁〔POS事件〕………………………135

東京地判昭和63年10月12日特企240号84頁〔家庭学習センター事件〕………………178

大阪地判昭和63年12月27日無体集20巻3号656頁〔かにロール包装事件〕……………97,116,132

大阪地判平成元年3月8日無体集21巻1号93頁〔タイプフェイス事件〕…………46,129,266

大阪地判平成元年4月12日判時1306号105頁〔若柳流事件〕……………………………153

京都地判平成元年6月15日判時1327号123頁〔袋帯図柄事件〕…………………45,97,121,266

大阪地判平成元年9月11日判時1336号118頁〔ヴォーグ事件〕…………195,221,231,251

大阪地判平成元年9月13日無体集21巻3号677頁〔森田ゴルフ事件〕…………………208

大阪地判平成元年10月9日無体集21巻3号776頁〔元禄寿司事件〕……………………176,219

東京地判平成2年2月19日無体集22巻1号34頁〔ポパイ事件（丙）〕……93,94,131,160,221

東京地判平成2年2月28日判時1345号116頁〔ミッキーマウス事件〕…………94,221,237

東京地判平成2年2月28日無体集22巻1号108頁〔究極の選択事件〕…………99,148,160

大阪地判平成2年3月15日無体集22巻1号174頁〔小僧寿し事件〕……………………259

名古屋地判平成2年3月16日判時1361号123頁〔アメ横事件〕…………………………177

東京地判平成2年3月18日裁判所ホームページ〔SHIPS事件〕…………………………228

大阪地判平成2年3月29日判時1353号111頁〔ゲラン事件〕……………………………193

福岡地判平成2年4月2日判時1389号132頁〔西日本ディズニー事件〕…………47,193,224,237,251

東京地判平成2年7月20日無体集22巻2号430頁〔木目化粧紙事件〕…………………46

東京地判平成2年7月20日特企261号53頁〔カシオ電気事件〕…………………………212

静岡地判平成2年8月30日知的集23巻2号567頁〔ジェットスリム・クリニック事件〕……………14

東京地判平成2年8月31日無体集22巻2号518頁・判時1358号3頁〔ラジオ日本事件〕……202,225

東京地判平成2年12月21日特企266号45頁〔おニャン子クラブ事件〕…………………48

京都地判平成3年4月25日知的集25巻3号529頁〔アルミホイール事件〕………………298

大阪地判平成3年4月26日知的集23巻1号264頁〔クリスピー事件〕……………………213

大阪地判平成3年6月28日知的集23巻2号489頁〔警告灯事件〕…………………………116

東京地判平成3年9月24日判時1429号80頁〔宮越グールド事件〕………………………45

大阪地判平成3年9月30日判時1417号115頁〔CDレンタル用品事件〕…………………116,151

東京地判平成3年10月25日判時1413号115頁〔留め金具形態事件〕……………………110,117

大阪地判平成3年10月30日知的集23巻3号775頁〔ミキハウス事件〕…………………193

大阪地判平成4年1月30日知的集24巻1号70頁……………………………………………125

東京地判平成4年4月27日判タ819号178頁〔リッツショップ事件〕…………14,179,181,231

東京地判平成4年6月29日判時1480号146頁〔アメックス事件〕…………………………183

大阪地判平成4年7月23日判時1438号131頁〔模型飛行機事件〕…………………86,87,302

大阪地判平成4年8月27日特企290号56頁〔ビオクイーン事件〕……………182,194,227

大阪地判平成4年9月22日知的集24巻3号607頁〔ミキスポーツ事件〕………………200

東京地判平成4年9月25日判時1440号125頁〔患者用移動介助装置事件〕……………60

判例索引（上巻）　　*407*

大阪地判平成 4 年12月24日特企291号41頁〔モリト事件〕……………………………………………*180,246*
東京地判平成 5 年 2 月24日判時1455号143頁〔ワールドファイナンス事件〕………………………*193,207*
横浜地小田原支判平成 5 年 4 月27日速報216号 8 頁6185〔パネル用接合機事件〕…………………*196*
東京地判平成 5 年 6 月23日判時1465号136頁〔つぼ八事件〕………………………*93,145,193,221*
東京地判平成 5 年 6 月23日特企293号55頁〔パワーステーション事件〕…………………………………*178*
大阪地判平成 5 年 6 月29日速報218号 9 頁6234・裁判所ホームページ
　〔室内用ジャングルジム事件〕……………………………………………………………………………*114,117*
神戸地判平成 5 年 6 月30日判夕841号248頁〔神鋼不動産事件〕…………………………………*160,193,220*
東京地判平成 5 年 7 月16日取消集36号448頁〔学研映像制作室事件〕……………………………………*214*
大阪地判平成 5 年 7 月20日知的集25巻 2 号261頁・判時1481号154頁〔シャンパン・ラベル事件〕
　……*87,201*
大阪地判平成 5 年 7 月27日判夕828号261頁〔阪急電機事件〕……………………………………*160,193,220*
東京地判平成 5 年 8 月30日取消集36号452頁〔ヴィトン・シュライサー事件〕…………………………*201*
東京地判平成 5 年 9 月24日取消集36号457頁〔三菱農林事件〕……………………………………………*212*
東京地判平成 5 年 9 月27日取消集36号460頁〔テクノス事件〕………………………………………*193,220*
大阪地判平成 5 年 9 月30日取消集35号637頁〔すのこバスマット事件〕…………………………………*119*
東京地判平成 5 年10月22日速報222号 8 頁6333〔エヌ・ジー・エス事件〕………………………………*96*
大阪地判平成 5 年11月11日速報223号 7 頁6352〔官公庁ファミリークラブ事件〕………………………*209*
東京地判平成 5 年12月22日知的集25巻 3 号546頁〔折りたたみコンテナ事件〕………………………*129*
東京地判平成 6 年 4 月 8 日裁判所ホームページ〔シーブリーズ（SEABREEZE）事件〕……………*201*
大阪地判平成 6 年 5 月31日特企311号74頁〔カブトテック事件〕…………………………………………*201*
札幌地決平成 6 年 7 月 8 日取消集51号442頁〔エーアンドネイチャー事件〕……………*343,374,382*
東京地判平成 6 年 9 月21日知的集26巻 3 号1095頁〔折りたたみ式コンテナ事件〕………………*125*
大阪地判平成 6 年 9 月29日知財協判例集（平 6 ）1435頁〔エアマットレス事件〕……………………*117*
東京地判平成 6 年10月28日判時1512号11頁・判夕863号71頁〔泉岳寺事件〕………………………*154*
神戸地決平成 6 年12月 8 日知的集26巻 3 号1323頁〔ハート型包装容器事件（仮処分）〕……*281,320*
神戸地伊丹支判平成 7 年 1 月23日判例不競法1250ノ172ノ220ノ 1 頁〔三田屋事件〕…………*163*
大阪地判平成 7 年 1 月31日知財協判例集（平 7 ）819頁〔美容室ロイヤル事件〕…………………*225,229*
東京地判平成 7 年 2 月22日知的集27巻 1 号109頁〔UNDER THE SUN 事件〕………………………*137*
大阪地判平成 7 年 7 月11日判時1549号116頁〔フォーミュラー・テーブル事件〕………………………*181*
大阪地判平成 7 年 9 月28日知的集27巻 3 号580頁〔音羽流事件〕……………………………………………*10*
東京地決平成 7 年10月16日判時1556号83頁〔東京リーガルマインド事件〕……………………………*70*
東京地判平成 8 年 1 月31日知管別冊判例集（平 8 ） 1 頁〔フレアマシン事件〕………………………*340*
大阪地判平成 8 年 3 月29日知的集28巻 1 号140頁〔ホーキンスサンダル事件（保全異議）〕
　………………………………………………………………………………………………*281,283,298,309*
大阪地判平成 8 年 4 月16日知的集28巻 2 号300頁〔男性かつら顧客名簿事件〕…………*337,343,367*
名古屋地判平成 8 年 6 月28日知的集28巻 2 号365頁〔料理用つゆ容器事件〕…………………………*203*
大阪地決平成 8 年 7 月30日判例集未登載〔仏壇事件（仮処分）〕………………………………………*303,310*
京都地判平成 8 年 9 月 5 日知的集28巻 3 号407頁〔京都コトブキ事件〕………………………………*227*
大阪地判平成 8 年 9 月26日裁判所ホームページ〔商品サンプルキーホルダー事件〕………………*119*
神戸地判平成 8 年11月25日判夕958号272頁〔ホテルゴーフルリッツ事件〕……………………………*94*
大阪地判平成 8 年11月28日知的集28巻 4 号720頁〔断熱ドレンホース事件〕………………………*277,278*
大阪地判平成 8 年12月24日裁判所ホームページ〔断熱壁・屋根パネル事件〕………………………*118*
東京地判平成 8 年12月25日判時1644号156頁〔ドラゴンキーホルダー事件〕…………………*295,302*

408　判例索引（上巻）

神戸地判平成 9 年 1 月22日裁判所ホームページ〔替え刃式鋸における背金の構造事件〕············*118*
大阪地判平成 9 年 1 月30日知的集29巻 1 号112頁〔紅茶缶事件〕······························*98,132,133*
東京地判平成 9 年 3 月 7 日判時1613号134頁〔ピアス装着用保護具事件〕·*288,296,301,306,308,311*
名古屋地判平成 9 年 6 月20日知財協判例集（平 9 ）2083頁〔ハート型包装容器事件（本案）〕
··*281,320*
大阪地判平成 9 年 6 月26日知財協判例集（平 9 ）1435頁〔スマイル事件〕···························*175*
東京地判平成 9 年 6 月27日判時1610号113頁〔ミニチュアリュック（プチリュック）事件〕·····*291*
大阪地判平成 9 年11月27日裁判所ホームページ〔クラウンタクシー事件〕···························*181*
奈良地決平成 9 年12月 8 日速報294号20頁9039〔ハンガー事件〕·······································*303*
大阪地判平成 9 年12月25日知財協判例集（平 9 ）1946頁〔シャーレンチ事件〕····················*122*
東京地判平成10年 1 月30日判時1648号130頁・判タ970号255頁〔ギフトセゾン事件〕······*160,220*
東京地判平成10年 2 月25日判タ973号238頁〔たまごっち事件〕·····················*103,183,297*
東京地判平成10年 2 月27日判タ974号215頁〔ギブソンギター事件〕···································*184*
東京地判平成10年 3 月13日判タ966号257頁〔高知東急事件〕···*160*
東京地判平成10年 4 月24日速報277号13頁8098〔プルデンシャル生命事件〕·······················*257*
京都地判平成10年 7 月16日判例不競法1160ノ351頁〔ステューシー事件〕····························*181*
東京地判平成10年 7 月22日知的集30巻 3 号456頁〔ALWAYS 事件〕·································*137*
大阪地判平成10年 8 月27日知財協判例集（平10）2016頁〔仏壇事件〕··························*297,298*
大阪地判平成10年 9 月10日判時1659号105頁〔タオルセット事件〕···············*283,284,297,328,329*
大阪地判平成10年 9 月17日知管別冊判例集（平10）2157頁・判タ1021号258頁
　〔網焼プレート事件〕··*288,301,306*
大阪地判平成10年11月26日知財協判例集（平10）2391頁〔エアソフトガン営業誹謗事件〕······*303*
東京地判平成10年11月27日判時1678号139頁〔ELLE CLUB 事件〕·································*243*
東京地判平成10年11月30日特企352号85頁・裁判所ホームページ〔JAL 保険事件〕·········*243,244*
東京地判平成10年11月30日知財協判例集（平10）1210頁〔カッター機器顧客名簿事件〕·········*345*
大阪地判平成10年12月22日知的集30巻 4 号1000頁〔フッ素樹脂シートライニング事件〕
··*341,374,384*
東京地判平成11年 1 月28日判時1677号127頁〔キャディバッグ事件〕··························*276,327*
東京地判平成11年 2 月25日判時1682号124頁〔エアソフトガン事件〕······················*287,312,324*
大阪地判平成11年 3 月11日判タ1023号257頁〔正露丸糖衣錠 AA 事件〕······························*243*
東京地判平成11年 4 月22日速報289号13頁8721〔誕生石ブレスレット事件〕·······················*325*
東京地判平成11年 5 月10日裁判所ホームページ〔建物空調ユニットシステム事件〕···············*321*
大阪地判平成11年 6 月 1 日速報293号16頁8868〔ベッド事件〕··································*303,306*
東京地判平成11年 6 月29日判時1692号129頁〔ファッション時計事件〕·················*298,303,325*
東京地判平成11年 6 月29日判時1693号139頁〔プリーツ・プリーズ事件〕···············*113,131,183*
東京地判平成11年 7 月19日裁判所ホームページ〔油炸スイートポテト販売価格決定事件〕········*354*
東京地判平成11年 8 月31日判時1702号145頁〔脱ゴーマニズム宣言事件〕···························*218*
大阪地判平成11年 9 月 9 日裁判所ホームページ〔レコードジャケット事件〕························*186*
大阪地判平成11年 9 月14日裁判所ホームページ〔会計事務所顧客名簿事件〕························*345*
大阪地判平成11年 9 月16日判タ1044号246頁〔アリナビック事件〕·····························*243,258*
東京地決平成11年 9 月20日判時1696号76頁〔imac 事件〕···*193*
東京地判平成12年 3 月10日裁判所ホームページ〔A BATHING APE 事件〕·························*218*
東京地判平成12年 4 月25日裁判所ホームページ〔おかずを挟んだおにぎり事件〕··················*291*
大阪地判平成12年 6 月 6 日裁判所ホームページ〔街路灯デザイン事件〕·······························*264*

判例索引（上巻）　　409

東京地判平成12年6月28日判タ1032号281頁〔ジーンズ刺繍事件〕……………………………131
東京地判平成12年6月29日判時1728号101頁〔玩具銃（ベレッタ）事件〕………………………218
東京地判平成12年7月12日判時1718号127頁〔猫の手型ゲーム機事件〕…………………………326
大阪地判平成12年7月27日裁判所ホームページ〔結露水掻取具事件〕……………………………325
大阪地判平成12年8月29日裁判所ホームページ〔ガス点火器事件〕………………………………174
東京地判平成12年9月28日裁判所ホームページ〔治験データ事件〕………………………………344
大阪地判平成12年10月24日裁判所ホームページ〔カレンダー事件〕………………………………298
大阪地判平成12年10月26日判タ1060号252頁〔歌川派事件〕………………………………………10
東京地判平成12年10月31日判時1750号143頁〔麗姿事件〕…………………………………………161
東京地判平成12年10月31日判時1768号107頁〔放射線測定機器具事件〕…………………………344
東京地判平成12年11月13日判時1736号118頁〔墓石販売業者顧客名簿事件〕………339,344,367,372
富山地判平成12年12月6日判時1734号3頁〔jaccs.co.jp 事件〕………………………………149,245
東京地判平成12年12月7日判時1771号111頁〔車輌運行管理情報事件〕…………………………346
東京地判平成12年12月21日裁判所ホームページ〔虎屋事件〕……………………………………244
東京地判平成12年12月26日裁判所ホームページ〔FIFA WORLD CUP 事件〕…………………158,243
東京地判平成12年12月26日判タ1061号251頁〔磁気活水器事件〕…………………………………304
東京地判平成13年1月22日判時1738号107頁〔タカラ本みりん入り事件〕………………………218
東京地判平成13年1月30日判時1742号132頁〔小型ショルダーバッグ事件〕……………………278
東京地判平成13年3月27日判時1750号135頁〔システム什器事件〕………………………………125
東京地判平成13年4月24日判時1755号43頁・判タ1066号290頁〔J-PHONE 事件〕………149,245
東京地判平成13年6月15日裁判所ホームページ〔ふりかけ外装パッケージ事件〕………98,135,206
東京地判平成13年7月19日判時1815号148頁・裁判所ホームページ〔呉青山学院事件〕……243,257
東京地判平成13年8月31日判時1760号138頁〔エルメス社バーキン事件〕………………………328
東京地判平成13年9月6日判時1804号117頁〔宅配鮨事件〕…………………………………286,291
東京地決平成13年12月19日裁判所ホームページ〔チーズはどこに消えた事件〕…………………204
東京地判平成13年12月27日裁判所ホームページ〔小型ショルダーバッグ事件〕……………310,320
東京地判平成14年1月24日判時1814号145頁〔全国共通図書券事件〕……………93,104,147,221
東京地判平成14年2月14日裁判所ホームページ〔公共土木積算システム事件〕…………………355
大阪地判平成14年4月9日判時1826号132頁〔ワイヤーブラシセット事件〕……………………283
東京地判平成14年4月25日裁判所ホームページ〔ルイ・ヴィトン事件〕…………………………243
東京地判平成14年7月15日判時1796号145頁〔MP3.COM 事件〕…………………………………149
東京地判平成14年7月18日裁判所ホームページ〔三菱ホーム事件〕………………………………243
東京地判平成14年7月30日裁判所ホームページ〔携帯電話機用2段折れアンテナ事件〕……325,326
東京地判平成14年7月31日判時1812号133頁〔犬の図形事件〕……………………………………228
東京地判平成14年10月1日裁判所ホームページ〔クレープの作成マニュアル事件〕……………355
東京地判平成14年10月15日判タ1124号262頁〔バドワイザー事件〕………………………………225
福岡地判平成14年12月24日判タ1156号225頁〔半導体全自動封止機械装置設計図事件〕……339,372
東京地判平成14年12月26日裁判所ホームページ
　〔人材派遣事業顧客情報（東京）事件（中間判決）〕…………………………………344,382,384
東京地判平成14年12月27日判タ1136号237頁〔ピーターラビット事件〕……………………………94
東京地判平成15年2月20日裁判所ホームページ〔マイクロシルエット事件〕……………………181
甲府地判平成15年2月25日判例集未登載〔武川米こしひかり事件〕………………………………101
大阪地判平成15年2月27日裁判所ホームページ〔セラミックコンデンサー設計図事件〕
　………………………………………………………………………………338,341,359,372

410 　判例索引（上巻）

東京地判平成15年 5 月15日裁判所ホームページ〔氣づきの会事件〕·····················346
東京地判平成15年 6 月27日判時1839号143頁〔AFTO 事件〕···························186
東京地判平成15年 7 月11日裁判所ホームページ〔家庭教師派遣業事件〕··················181
奈良地判平成15年 7 月30日判例集未登載〔三輪そうめん事件〕··························104
東京地判平成15年 8 月25日裁判所ホームページ〔ホテルサンルート事件〕················145
大阪地判平成15年 8 月28日裁判所ホームページ〔トリートメントブラシ事件〕·······283,284
東京地決平成15年11月11日裁判所ホームページ〔マクロス事件〕························160
東京地判平成15年11月13日裁判所ホームページ
　〔人材派遣事業顧客情報（東京）事件（終局判決）〕·······························344
東京地判平成16年 1 月19日判時1858号144頁〔FWGPA（曲技飛行競技会）事件〕········159
大阪地判平成16年 1 月29日裁判所ホームページ〔マクセル（MAXELL）事件〕···········258
大阪地判平成16年 2 月19日裁判所ホームページ〔自由軒事件〕······················163,228
東京地判平成16年 2 月24日裁判所ホームページ〔猫砂事件〕···························325
東京地判平成16年 3 月 5 日判時1854号153頁〔成城調剤薬局事件〕·················95,227
東京地判平成16年 3 月30日判時1859号135頁〔天理教豊文教会事件〕·················154
東京地判平成16年 4 月13日判時1862号168頁〔イベント企画会社顧客名簿事件〕········346
東京地判平成16年 5 月14日判例不競法1250ノ240ノ31頁・裁判所ホームページ
　〔作務衣販売顧客情報事件〕···344,384
大阪地判平成16年 5 月20日裁判所ホームページ〔昇降機顧客名簿事件〕·················346
東京地判平成16年 5 月28日判時1868号121頁・判タ1173号300頁〔キタムラ事件〕·······204
東京地判平成16年 5 月31日裁判所ホームページ〔ヒアルロン酸化粧水事件〕················95
東京地判平成16年 7 月 1 日裁判所ホームページ〔マクロス事件〕······················94,163
東京地判平成16年 7 月 2 日裁判所ホームページ〔ヴォーグ事件〕························243
東京地判平成16年 7 月16日裁判所ホームページ〔東急ファイナンス事件〕·················221
東京地判平成16年 7 月28日裁判所ホームページ〔自動車用つや出し剤（鏡面ワックス）事件〕
　···96,132
東京地判平成16年 7 月28日判時1878号129頁〔パネライ腕時計形態事件〕···············103
東京地判平成16年 8 月25日裁判所ホームページ〔セイコープランニング事件〕·············221
大阪地判平成16年 9 月13日判時1899号142頁〔ヌーブラ（対パスブラ）事件〕·······276,327
東京地判平成16年 9 月29日裁判所ホームページ〔カットソー（LIZ LISA）事件〕·········298
東京地判平成16年 9 月29日裁判所ホームページ〔耐震補強金具形態事件〕·················298
大阪地判平成16年11月 9 日判時1897号103頁〔ミーリングチャック事件〕·················122
東京地判平成16年11月24日判時1896号141頁〔キャラクタードール事件〕·················118
大阪地判平成16年12月16日裁判所ホームページ〔香醋事件〕···························303
東京地判平成17年 2 月15日判時1891号147頁〔マンホール用ステップ事件〕··········125,128
東京地判平成17年 2 月25日判時1897号98頁〔薬品リスト事件〕·······················346
東京地判平成17年 3 月22日裁判所ホームページ〔給湯設備機器顧客ファイル事件〕·········349
東京地判平成17年 3 月30日判時1899号137頁〔ノースリーブ型カットソー事件〕··········310
東京地判平成17年 4 月27日裁判所ホームページ〔アメリカンスリーブ事件〕···············305
東京地判平成17年 5 月24日判時1933号107頁〔マンホール用足掛具事件〕···············287
大阪地判平成17年 5 月24日裁判所ホームページ〔工業用刃物取引先・取扱商品情報等事件〕····346
大阪地判平成17年 5 月26日判タ1203号247頁〔メガネの愛眼事件〕·····················209
東京地判平成17年 6 月27日裁判所ホームページ〔中国野菜仕入先顧客情報事件〕············344
大阪地判平成17年 9 月 8 日判時1927号134頁〔ヌーブラ事件〕························293

判例索引（上巻）　　*411*

大阪地判平成17年12月 8 日判時1934号109頁〔中古車110番事件〕……………………………*142*
東京地判平成18年 1 月13日判時1938号123頁〔PTP シート事件〕……………………………*96,119*
東京地判平成18年 1 月18日判時1938号138頁・裁判所ホームページ〔PTP シート事件〕……*96,119*
大阪地判平成18年 1 月23日裁判所ホームページ〔ヌーブラ（対ナチュラルブラ）事件〕………*327*
東京地判平成18年 1 月31日裁判所ホームページ〔PTP シート事件〕…………………………*96,119*
東京地判平成18年 2 月13日裁判所ホームページ〔伊勢丹商事事件〕…………………………………*243*
東京地判平成18年 2 月21日裁判所ホームページ・判時1949号61頁
　　〔マクドナルド店舗表示事件〕……………………………………………………………………*145,161*
東京地判平成18年 2 月24日裁判所ホームページ〔PTP シート事件〕…………………………*96,119*
東京地判平成18年 3 月15日判時1937号132頁・判タ1216号303頁〔成田国際興業事件〕………*213*
大阪地判平成18年 3 月30日裁判所ホームページ〔ヌーブラ（対リーフブラ）事件〕……………*327*
大阪地判平成18年 4 月18日判時1959号121頁・判タ1238号292頁〔ヨーデル事件〕……………*149*
東京地判平成18年 5 月25日判時1995号125頁・判タ1234号222頁〔PTP シート事件〕……*110,121*
東京地判平成18年 7 月26日判タ1241号306頁〔ロレックス事件〕…………………………………*113,115*
大阪地判平成18年 7 月27日判タ1229号317頁〔正露丸包装事件〕………………………………*97,256*
東京地判平成18年 9 月28日判時1954号137頁〔耳かき事件〕………………………………………*110*
大阪地判平成18年11月16日判時1978号141頁・判タ1249号272頁〔背負いリュック事件〕………*305*
東京地判平成19年 1 月26日判タ1240号320頁〔杏林ファルマ事件〕……………………………*201*
大阪地判平成19年 2 月 1 日判タ1271号238頁〔金属管継手事件〕…………………………………*305*
大阪地判平成19年 2 月 1 日裁判所ホームページ〔派遣スタッフ情報事件〕…………………………*346*
大阪地判平成19年 2 月15日裁判所ホームページ〔イーグル（EAGLE）事件〕…………………*221*
大阪地判平成19年 3 月22日判時1992号125頁〔大阪みたらしだんご事件〕……………………*101,211*
大阪地判平成19年 4 月26日判時2006号118頁〔連結ピン事件〕…………………………………*113*
大阪地判平成19年 4 月26日裁判所ホームページ〔電解水生成器事件〕……………………………*306*
東京地判平成19年 5 月16日裁判所ホームページ〔ELLE GARDEN 事件〕……………………*221*
大阪地判平成19年 5 月24日判時1999号129頁・裁判所ホームページ
　　〔水門開閉機用減速機事件〕…………………………………………………………………*339,341,346*
東京地判平成19年 5 月31日裁判所ホームページ〔オービック事件〕………………………………*221*
東京地判平成19年 6 月29日裁判所ホームページ〔マニュアル使用差止請求事件〕…………………*377*
大阪地判平成19年 7 月 3 日判時2003号130頁〔ごはんや食堂事件〕……………………………*166,205*
東京地判平成19年 7 月17日裁判所ホームページ
　　〔前あきボタン留め長袖カーディガン形態模倣事件〕……………………………………………*304*
東京地判平成19年 7 月26日裁判所ホームページ〔東急産業事件〕…………………………………*243*
大阪地判平成19年 9 月13日裁判所ホームページ〔PS-501事件〕………………………………………*95*
東京地判平成19年10月23日裁判所ホームページ〔人工魚礁構築事件〕……………………………*121*
東京地判平成19年11月27日裁判所ホームページ〔カードレスプリペイドサービス事件〕…………*377*
東京地判平成20年 2 月26日裁判所ホームページ〔東急ドライクリーニング事件〕………………*243*
名古屋地判平成20年 3 月13日判タ1289号272頁〔ロボットシステム事件〕…………………*339,341*
大阪地判平成20年 5 月29日裁判所ホームページ〔時効の管理事件〕………………………………*136*
大阪地判平成20年 6 月12日裁判所ホームページ〔出会い系サイト事件〕…………………………*344*
東京地判平成20年 9 月30日判時2028号138頁〔TOKYU 事件（藤久建設事件）〕………………*243*
大阪地判平成20年10月14日裁判所ホームページ〔マスカラ容器事件〕……………………………*132*
大阪地判平成20年11月 4 日判時2041号132頁〔融雪板構造事件〕………………………………*356*
東京地判平成20年11月26日判時2040号126頁〔ダンスミュージック・レコード事件〕…………*346*

412　判例索引（上巻）

東京地判平成20年12月26日判時2032号11頁・判タ1293号254頁〔黒烏龍茶事件〕……*132,135,206*
東京地判平成21年2月27日裁判所ホームページ〔足袋カバー事件〕…………………………*132*
大阪地判平成21年6月9日判タ1315号171頁〔アトシステム事件〕…………………………*284,293*
大阪地判平成21年9月17日判時2074号140頁〔SWIVEL SWEEPER事件〕…………………*200*
東京地判平成21年11月12日裁判所ホームページ〔朝バナナ事件〕…………………………*135*
東京地判平成21年11月27日判時2072号135頁〔中古ワンルームマンション顧客情報事件〕………*346*
大阪地判平成21年12月10日裁判所ホームページ〔カップホルダ用装飾リング事件〕…………*111*
大阪地判平成22年1月19日裁判所ホームページ〔インテリジェルマット事件〕…………………*111*
東京地判平成22年1月29日裁判所ホームページ〔三菱信販事件〕…………………………*160*
東京地判平成22年3月4日裁判所ホームページ〔派遣エンジニア事件〕…………………………*345*
東京地判平成22年3月30日裁判所ホームページ〔PCプラント図面事件〕…………………………*384*
東京地判平成22年4月28判タ1396号331頁・日裁判所ホームページ〔コエンザイム事件〕
　………………………………………………………………………………………………*339,341*
大阪地判平成22年6月17日裁判所ホームページ〔大日本拳法事件〕…………………………*186*
東京地判平成22年9月17日裁判所ホームページ〔SCRATCH事件〕…………………………*113*
東京地判平成22年10月21日判時2120号112頁〔ドーナツ枕事件〕…………………………*95*
大阪地判平成22年10月21日裁判所ホームページ〔投資用マンション事件〕…………………*346*
東京地判平成22年11月12日裁判所ホームページ〔光源用交換ランプ事件〕…………………*111*
東京地判平成22年11月18日裁判所ホームページ〔TRIPP TRAPP事件〕…………………*113*
大阪地判平成22年12月16日判時2118号120頁〔商品陳列デザイン事件〕…………………*167*
東京地判平成23年2月3日裁判所ホームページ〔ブラインド雨戸事件〕…………………………*381*
東京地判平成23年2月25日裁判所ホームページ〔美顔パック事件〕…………………………*315*
東京地判平成23年4月26日裁判所ホームページ〔デニムパンツ図柄事件〕…………………*303*
東京地判平成23年6月17日裁判所ホームページ〔デジタル歩数計事件〕…………………………*301*
東京地判平成23年6月30日裁判所ホームページ〔プリンタ用薬袋事件〕…………………………*111*
大阪地判平成23年7月14日判時2148号124頁〔ミニバスケット事件〕…………………………*321*
東京地判平成23年7月20日裁判所ホームページ〔常温快冷枕事件〕…………………………*326*
大阪地判平成23年8月25日判時2145号94頁〔包丁研ぎ器事件〕…………………………*295*
東京地判平成23年9月14日裁判所ホームページ〔仕入先名簿事件〕…………………………*346*
大阪地判平成23年10月3日判タ1380号212頁〔水切りざる事件〕…………………………*125,327*
東京地判平成23年10月13日裁判所ホームページ〔東京べったら漬事件〕…………………………*134*
東京地判平成23年11月8日裁判所ホームページ〔マンション顧客名簿事件〕…………………*345*
東京地判平成23年11月30日判時2140号72頁〔書写能力検定事件〕…………………………*152*
東京地判平成23年12月14日裁判所ホームページ〔プログラム技術情報事件〕…………………*357*
東京地判平成24年1月25日裁判所ホームページ〔クマの編みぐるみ事件〕…………………*305,325*
東京地判平成24年2月21日裁判所ホームページ〔医療用三次元画像システム事件〕…………*359*
東京地判平成24年3月21日裁判所ホームページ〔車種別専用ハーネス事件〕…………………*315*
東京地判平成24年3月28日裁判所ホームページ〔ジュース容器事件〕…………………………*325*
大阪地判平成24年4月19日裁判所ホームページ〔デザインポスト事件〕…………………………*111*
大阪地判平成24年6月7日裁判所ホームページ〔ウィンカー装飾品事件〕…………………………*303*
東京地判平成24年6月11日判時2204号106頁〔印刷顧客情報事件〕…………………*346,351,363*
東京地判平成24年6月29日裁判所ホームページ〔花柳流花柳会事件〕…………………………*152*
東京地判平成24年7月4日裁判所ホームページ〔眼鏡用ルーペ事件〕…………………………*111*
東京地判平成24年7月30日判タ1390号345頁〔ペアルーペ事件〕…………………………*111*

判例索引（上巻）　　*413*

大阪地判平成24年 9 月13日裁判所ホームページ〔阪急住宅事件〕······················*243*
大阪地判平成24年 9 月20日判タ1394号330頁〔正露丸糖衣Ｓ事件〕··················*98,256*
東京地判平成24年11月29日裁判所ホームページ〔カスタマイズドール事件〕···············*303*
大阪地判平成24年12月 6 日裁判所ホームページ〔攪拌造粒装置事件〕····················*361*
東京地判平成24年12月25日判時2192号122頁〔コイル状ストラップ付タッチペン事件〕·········*314*
東京地判平成25年 3 月27日裁判所ホームページ〔クリーンウェッター事件〕················*111*
東京地判平成25年 3 月28日裁判所ホームページ〔御用邸の月事件〕·····················*209*
東京地判平成25年 4 月12日裁判所ホームページ〔MST-30事件〕·······················*95*
大阪地判平成25年 5 月30日裁判所ホームページ〔婦人用ショルダーバッグ事件〕·············*279*
東京地判平成25年 7 月12日裁判所ホームページ〔三菱エステート事件〕··················*160*
大阪地判平成25年 7 月16日判時2264号94頁〔販売システム事件〕·····················*361*
東京地判平成25年 7 月19日裁判所ホームページ〔電気マッサージ器事件〕················*315*
大阪地判平成25年10月31日裁判所ホームページ〔練習用箸事件〕······················*125*
東京地判平成25年11月29日裁判所ホームページ〔切り離し式カード事件〕················*111*
大阪地判平成26年 3 月18日裁判所ホームページ〔システムプラン事件〕··················*346*
東京地判平成26年 5 月21日裁判所ホームページ〔エルメス・バーキン事件〕···············*113*
大阪地判平成26年 8 月21日裁判所ホームページ〔ハッピーベア事件〕·················*303,305*
東京地判平成26年 8 月29日裁判所ホームページ〔巻くだけダイエット事件〕···············*136*
東京地判平成26年12月26日裁判所ホームページ〔左官用バケツ事件〕····················*111*
東京地判平成27年 1 月29日判時2249号86頁〔IKEA事件〕··························*142*
東京地判平成27年 3 月20日裁判所ホームページ〔英会話教材キャッチフレーズ事件〕···········*96*
東京地判平成27年 7 月16日裁判所ホームページ〔ブラウス事件〕·····················*298,303*
東京地判平成27年 8 月27日裁判所ホームページ〔ディンプルキー顧客情報事件〕·············*361*
東京地判平成27年 9 月11日裁判所ホームページ〔コンサルタント顧客情報事件〕·············*346*
大阪地判平成27年 9 月29日裁判所ホームページ〔モーノポンプ事件〕····················*211*
大阪地判平成27年10月29日裁判所ホームページ〔草刈機保護カバー事件〕·················*303*
大阪地判平成27年11月 5 日裁判所ホームページ〔UCC事件〕·······················*244*
東京地判平成27年11月11日裁判所ホームページ〔防災キャリーバッグ事件〕···············*315*
東京地判平成27年11月13日判時2313号100頁〔DHC-DS事件〕·······················*149*
大阪地判平成27年11月26日裁判所ホームページ〔医薬品販売顧客名簿事件〕···············*350*
東京地判平成27年12月10日裁判所ホームページ〔吸水用パイプ事件〕····················*111*
東京地判平成28年 1 月14日判時2307号111頁〔スティック状加湿器事件〕··············*271,320*
東京地判平成28年 2 月 5 日判時2320号117頁〔練習用箸事件〕·······················*111*
東京地判平成28年 2 月15日裁判所ホームページ〔美容室顧客情報事件〕··················*346*
東京地判平成28年 4 月21日裁判所ホームページ〔インゴットの小分け事件〕···············*211*
東京地判平成28年 4 月27日裁判所ホームページ〔オートフォーカス製品設計図書事件〕··········*339*
東京地判平成28年 4 月27日裁判所ホームページ〔ワーク加工装置事件〕··················*346*
東京地判平成28年 4 月28日裁判所ホームページ〔青汁粉末包装箱事件〕··················*315*
大阪地判平成28年 5 月 9 日判時2345号104頁〔石けん百貨事件〕·····················*139*
大阪地判平成28年 5 月24日判時2327号71頁〔スーツケース表面形状の商品表示事件〕··········*119*
大阪地判平成28年 6 月23日裁判所ホームページ〔臨床検査顧客情報事件〕·················*355*
東京地判平成28年 6 月30日判時2319号116頁〔極真会館事件〕·······················*163*
東京地判平成28年 6 月30日裁判所ホームページ〔印章自動製作販売装置事件〕··············*361*
東京地判平成28年 7 月19日判時2319号106頁〔フェイスマスク事件〕················*111,315*

414　判例索引（上巻）

大阪地判平成28年7月21日裁判所ホームページ〔全秦グループ事件〕…………………163
大阪地判平成28年7月21日裁判所ホームページ〔錫合金組成事件〕…………………360
東京地判平成28年7月27日裁判所ホームページ〔リンパコンディショニング事件〕……………346
大阪地判平成28年11月1日裁判所ホームページ〔学習塾顧客情報事件〕…………350,363
大阪地判平成28年11月22日裁判所ホームページ〔交通規制情報管理システム事件〕……………341
東京地決平成28年12月19日裁判所ホームページ〔コメダ事件〕…………89,171,205
大阪地判平成29年1月19日判時2406号52頁〔バイクシフター事件〕…………111,142
大阪地判平成29年1月19日裁判所ホームページ〔女性用ブラウス事件〕…………305,310
東京地判平成29年2月24日裁判所ホームページ〔ワンタッチ式テント事件〕……………321
東京地判平成29年6月28日裁判所ホームページ〔テラレット事件〕…………113,114,128,188
東京地判平成29年7月12日裁判所ホームページ〔光配向用偏光光照射装置事件〕……………384
東京地判平成29年8月31日裁判所ホームページ〔ユニットシェルフ事件〕…………113,115
東京地判平成29年9月28日裁判所ホームページ〔ピッキングカート事件〕……………111
東京地判平成29年10月25日裁判所ホームページ〔水産物商品情報事件〕……………346
東京地判平成29年11月28日裁判所ホームページ〔工具箱事件〕……………111
東京地判平成29年12月22日裁判所ホームページ〔半田フィーダ事件〕……………306
東京地判平成30年2月27日裁判所ホームページ〔折り畳み傘事件〕……………114
大阪地判平成30年3月15日裁判所ホームページ〔ゴミ貯留機事件〕……………346
大阪地判平成30年3月26日裁判所ホームページ〔洗浄用泡立て器事件〕……………305
東京地判平成30年4月26日裁判所ホームページ〔女性向けドレス事件〕……………310
東京地判平成30年7月26日裁判所ホームページ〔浄水器交換用カートリッジ（タカギ）事件〕
　　　　　　　　　　　　　　　　　　　　　　　　　　　　　　　　　　…………142,228
東京地判平成30年7月30日裁判所ホームページ〔フリル袖付ノースリーブブラウス事件〕………305
東京地判平成30年8月30日裁判所ホームページ〔ミリタリーパーカ事件〕……………303
東京地判平成30年9月7日裁判所ホームページ〔コート事件〕……………304
東京地判平成30年9月12日裁判所ホームページ〔JAL鶴のマーク事件〕……………244
名古屋地判平成30年9月13日判時2407号53頁〔や台や事件〕……………171
東京地判平成30年9月27日裁判所ホームページ〔マリカー事件〕…………144,244
大阪地判平成30年10月18日裁判所ホームページ〔ごみ箱事件〕……………318
東京地判平成30年11月29日裁判所ホームページ〔ソースコード盗用事件〕……………384
東京地判平成30年12月20日裁判所ホームページ〔アイマスク事件〕……………111
東京地判平成30年12月26日裁判所ホームページ〔医療用吸引集液器事件〕……………115
東京地判平成31年3月19日裁判所ホームページ〔キーマシン事件〕……………346
東京地判平成31年4月24日裁判所ホームページ〔方向性電磁鋼板事件〕……………342
大阪地判令和元年5月27日裁判所ホームページ〔殺菌料製剤成分表示事件〕……………184
東京地判令和元年6月18日裁判所ホームページ〔イッセイミヤケ鞄事件〕……………113
大阪地判令和元年9月19日裁判所ホームページ〔カラー筆ペン事件〕……………111
東京地判令和元年12月3日裁判所ホームページ〔サーボモーター事件〕……………111
東京地判令和元年12月18日裁判所ホームページ〔LEDペンライト事件〕……………113
東京地判令和2年3月24日裁判所ホームページ〔ビジネスサポート事業協同組合事件〕…………96
東京地判令和2年3月25日裁判所ホームページ〔望月流家元事件〕…………152,153
東京地判令和2年6月3日裁判所ホームページ〔バーキンタイプバッグ事件〕……………114
東京地判令和2年6月11日裁判所ホームページ〔保険契約者顧客名簿事件〕……………384
大阪地判令和2年10月1日裁判所ホームページ〔リフォーム事業標準構成明細書事件〕…………384

判例索引（上巻）　　*415*

東京地判令和 2 年11月11日裁判所ホームページ〔化粧水容器事件〕……………………………*114*
東京地判令和 2 年11月17日裁判所ホームページ〔まつげエクステ専門店顧客情報事件〕…………*346*
大阪地判令和 2 年12月 3 日裁判所ホームページ〔トレンチコート（バックプリーツ）事件〕……*325*
東京地判令和 3 年 2 月26日裁判所ホームページ〔価格情報事件〕……………………………………*346*
東京地判令和 3 年 3 月17日裁判所ホームページ〔浄水器交換用カートリッジ（タカギ）事件〕‥*100*
東京地判令和 3 年 3 月23日裁判所ホームページ〔保険顧客名簿事件〕………………………………*346*
東京地判令和 3 年 3 月25日裁判所ホームページ〔見積りシフト事件〕………………………………*346*
東京地判令和 3 年 9 月 3 日裁判所ホームページ〔ふんわりルームブラ事件〕…………………*112,305*
東京地判令和 3 年 9 月29日裁判所ホームページ〔酸素チャンバー事件〕……………………………*339*
東京地判令和 3 年10月29日裁判所ホームページ〔バニーガール衣装事件〕……………*112,305,323*
東京地判令和 3 年12月17日裁判所ホームページ〔小野派一刀流事件〕………………………………*153*
東京地判令和 3 年12月23日裁判所ホームページ〔JS ピン（鎖骨プレート）事件〕…………………*326*
大阪地判令和 4 年 1 月20日裁判所ホームページ〔入札見積データ事件〕……………………………*346*
東京地判令和 4 年 1 月28日裁判所ホームページ〔ライスパワー事件〕………………………………*199*
東京地判令和 4 年 3 月11日判時2523号103頁〔クリスチャン ルブタン事件〕………………*112,114*
東京地判令和 4 年 4 月26日裁判所ホームページ〔GUZZILLA 事件〕…………………………………*245*
東京地判令和 4 年 5 月31日裁判所ホームページ〔テスト設計書事件〕………………………………*346*
大阪地判令和 4 年 6 月13日裁判所ホームページ〔トレンチコート事件〕……………………………*303*
東京地判令和 4 年 8 月 9 日裁判所ホームページ〔AI チャットボット事件〕…………………………*346*
東京地判令和 4 年10月 5 日裁判所ホームページ〔事業情報事件〕……………………………………*345*

事項索引（上巻）

■ア 行

アイデア……………………290
アンブッシュ・マーケティン
　グ……………………………159
一般的知識………………………362
ウィーク・マーク……178,255
営　業……………………………151
　——の自由………………………6
営業上の情報……………………349
営業秘密……………………331,333
営業秘密管理指針……………347
営業表示…………………………142
役務商標…………………………148
応用美術…………………………263
汚　染　→ポリューション

■カ 行

回避可能な出所の詐称……62
回避不可能な技術………269
カスタムパーツ……………287
ガット・ウルグアイラウンド
　……………………………32,330
企業グループ……159,160,161
希釈化　→ダイリューション
希釈化防止規定…………238
技術上の情報……………348
技術上の秘密……………391
技術的機能に由来する形態
　……………………………123
技術的機能論…………124,125
技術的形態除外説………124
寄生広告…………………48
期待可能な混同回避……123
機能的に不可避な形態…289
欺罔的行為（fraudulent
　conduct）………………17
逆混同……………………229
キャッチフレーズ………137
キャラクター…………94,130

狭義の混同…………183,192
競　業……………………………10
　——における信義誠実の原
　　則……………………………38
競業禁止特約…………………69
競業秩序における利益衡量
　………………………………39
競業避止義務…………………69,70
競争上不可避な形態……308
共同体意匠に関するECディ
　レクティヴ案……………316
虚偽の又は誤認を生じさせる
　原産地表示の防止に関する
　マドリッド協定…………32
キーワードメタタグ
　……………………………141,142
クレイトン法（Clayton
　act）……………………………27
形　態
　——が商品の技術的機能に
　　由来する……………………107
　——の模倣……………………275
ゲットアップ（get-up）
　………………………………63,96
検索連動広告……………138
広義の混同
　…182,183,192,220,227,233
公正競業秩序……………39
公知と開示………………357
購入後の混同……………230
小売役務商標制度………220
顧客吸引力…………93,239
コモン・ロー（common
　law）……………………………17
混　同
　——と類似の関係……196
　——のおそれ……195,227
混同行為…………………190

■サ 行

財産的情報………………333
サービス・マーク……41,148
識別性……………………92
システマティック・イミテー
　ション…………………62
シャーマン反トラスト法
　（Sherman Antitrust Act）
　………………………………18,27
自由競争上の権利の濫用の禁
　止………………………………38
宗教団体…………………153
宗教法人
　——の氏名……………157
　——の本来的な宗教活動
　………………………………156
周知営業表示混同行為……89
周知商品等表示……………84
周知商品表示混同行為……86
周知性……………………172
　——の承継……………184
　——の地域的範囲………174
　——の地理的範囲………173
出所識別機能……………93
使　用……………………216
　——による識別性……101
　——による特別顕著性
　………………………………253
商業上の成功……………276
商号自由主義……………226
商号単一の原則…………89
商号の類似………………225
商標の商号化……………147
商標法
　——の周知……………248
　——の著名……………248
　——の類似……………197
商　品
　——の技術的機能……122

418　事項索引（上巻）

――の互換性を確保するために不可避な形態…313
――の容器包装………96
――のライフサイクル………316
商品化事業………131
商品陳列デザイン………167
商品等表示………84,252
商品表示………90
商品ライフサイクルの短縮化………261
職務ノウハウ………377
書籍の題号………135
シリーズ商品………118
ストロング・マーク（強いマーク）………255,256
スレヴィッシュ・イミテーション（隷属的模倣）………45,57,275,267,294
スローガン………137
製作上回避不可能な形態………312,323
セカンダリー・ミーニング（二次的出所表示機能）………64,96,101,115
絶対的秘密（absolute Geheimnis）………332,356
セット商品………283
潜在的競争関係………222
造語的マーク………256
総称的マーク………256
相対的秘密（relative Geheimnis）………332,356
ソフトウェア………289

■タ　行

タイトルメタタグ………142
ダイリューション（希釈化）………194,221,249,250
ただ乗り　→フリーライド………221,249,250
他　人
――により創られた価値の冒用………57

――の成果の利用………267
――の労力，費用の窃用………300
直接的冒用（direct appropriation）………61
直接的利用………268
著　名………240
著名商品等表示冒用行為…232
著名性の地域的範囲……240
強いマーク　→ストロング・マーク
ディスクリプション・メタタグ………141,142
デジタルフォント………90
デッドコピー………261,276
店舗外観………165
統一トレード・シークレット法（Uniform Trade Secrets Act）………335
当該商品の機能を確保するための不可避な形態……306
独占的販売事業者………326
特別顕著性………101
ドメイン名………149
図利加害目的………380
奴隷誘惑訴権（actio servi corrupti）………24,331
トレード・シークレット………67,334
トレード・ドレス…167,206

■ナ　行

二次的出所表示機能　→セカンダリー・ミーニング
ノウハウ………67,348,351
ノウハウ侵害………44
ノウハウ・ライセンス契約………386

■ハ　行

パイオニア商品………309
パッケージの形状………135
パッシング・オフ（passing off：詐称通用）………16

パッシング・オフ・アクション（passing-off action）………26
パブリシティの権利………48
ハーモナイゼーション…267
比較広告………48
美術工芸品………263
秘　密………332
秘密関知者（Mitwisser）…365
秘密管理性………333
秘密所有者（Geheimnissherr）………364
秘密保有者（Geheimnistrager）………365
秘密領域（Geheimsphare）………332,356
表　示
――の使用………216,218
――の独自性………239
――の唯一性………239
品質保証機能………93
複合的要素の結合から成る商品等表示………132
不公正な取引慣行（unfair trade practices）………18
不公正な取引方法………18
不正需要操縦行為………55
不当景品類及び不当表示防止法………8
フランチャイザー…146,259
フランチャイジー…146,259
フランチャイズ………145
ブランドイメージ………232
フリーライド（ただ乗り）…194,221,227,221,249,250
ヘーグ改正条約………31
ホイーラ・リー法（Wheeler-Lea Act）………18,27
防護標章登録………248
ポリューション（汚染）………194,227,249,250

■マ　行

マーチャンダイジング問題

························47
ミスアプロプリエーション
　（不正使用）···············268
メタタグ···················141
模　倣····················293

■ヤ　行

URL·······················149
容器包装··················96
弱いマーク················255

■ラ　行

ライセンスグループ·······259
ラナム法（連邦商標法）··238
リバース・エンジニアリング
　··················290,358,369
隷属的模倣　→スレヴィッシ
　ュ・イミテーション
連邦取引委員会法（FTC法：
　Federal Trade
　Commission Act）·····17,27

■ワ　行

ワンポイント・マーク····101

■著　者

小 野 昌 延（おの　しょうえん）

松 村 信 夫（まつむら　のぶお）

最新 不正競争防止法概説【上巻】

2025年 2 月26日　初版第 1 刷印刷
2025年 3 月18日　初版第 1 刷発行

著　者　小 野 昌 延
　　　　松 村 信 夫

発行者　逸 見 慎 一

発行所　東京都文京区　株式　青林書院
　　　　本郷 6 丁目 4 - 7　会社

振替口座　00110-9-16920／電話03（3815）5897～8／郵便番号113-0033
ホームページ☞http://www.seirin.co.jp

印刷／中央精版印刷　落丁・乱丁本はお取り替え致します。
©2025 小野゠松村
Printed in Japan
ISBN978-4-417-01885-8

JCOPY 〈出版者著作権管理機構　委託出版物〉
本書の無断複製は著作権法上での例外を除き禁じられています。複製される場合は，そのつど事前に，出版者著作権管理機構（電話03-5244-5088，FAX03-5244-5089，e-mail: info@jcopy.or.jp）の許諾を得てください。